Bogucka

Das alte Danzig

Maria Bogucka

Das alte Danzig

Alltagsleben vom 15. bis 17. Jahrhundert

Verlag C. H. Beck München

Titel der polnischen Originalausgabe:
Życie codzienne w Gdańsku. Wiek XVI–XVII, Państwowy Instytut Wydawniczy

Übersetzung aus dem Polnischen von Eduard Merian
Mit einem Vorwort von Johannes Kalisch
Bildbeschaffung Ulla Heise

ISBN 3 406 31723 5
Ausgabe für die Bundesrepublik Deutschland, Berlin-West, die Schweiz und Österreich
Verlag C. H. Beck, München 1987

Gekürzte und überarbeitete Lizenzausgabe von Państwowy Instytut Wydawniczy, Warschau
Printed in the German Democratic Republic
Zeichnungen Hans-Ulrich Herold · Gesamtgestaltung Joachim Kölbel

Inhalt

Vorwort
Von der »urbs Gyddanyzc« nach Gdańsk

Nur wenige Städte des Ostseeraumes haben in ihrer wechselvollen Geschichte eine so folgenreiche Rolle in den internationalen Geschehnissen vor allem des 20. Jahrhunderts gespielt wie Danzig (Gdańsk), dessen Blütezeit an der Schwelle vom Mittelalter zur Neuzeit im vorliegenden Buch von Maria Bogucka, Professor am Historischen Institut der Polnischen Akademie der Wissenschaften, vorgestellt wird.

Die geographisch günstige Lage im Mündungsgebiet der Weichsel (Wisła), dem seit dem frühen Mittelalter wichtigsten Wasserweg Polens, hat Danzig seit seiner Entstehung um die Mitte des 10. Jahrhunderts eine hervorragende Stellung im Wirtschaftsleben des polnischen Staates und des Ostseeraumes gesichert. Bereits 997 wird in der Lebensgeschichte des christlichen Missionars Adalbert von Bremen die «urbs Gyddanyzc» als eine reiche und große Stadt an der Ostseeküste des polnischen Reiches erwähnt. Handel, Handwerk und Fischfang waren hier im 12./13. Jahrhundert hoch entwickelt; die Handelsverbindungen reichten von Flandern bis Rußland und Byzanz, von Skandinavien nach Böhmen und Ungarn. Um das Jahr 1224 verlieh Herzog Swiętopełk von Pommerellen (Ostpommern) einem Teil der Siedlung das Stadtrecht. Danzig gehörte im 14. Jahrhundert mit schätzungsweise 7000 bis 10000 Einwohnern zu den bedeutendsten Handels- und Handwerkszentren des nordöstlichen Europa.

Als Ende des 13. Jahrhunderts die Dynastie der pommerellischen Herzöge ausstarb, nahmen die polnischen Herrscher aus dem Geschlecht der Piasten Przemysław II. und danach König Władysław Łokiętek Pommerellen mit Danzig in ihren Besitz. Aber schon 1308 geriet die Stadt in die Gewalt des Deutschen Ordens, der – 1226 von Konrad von Masowien als «Hilfstruppe» zur Unterwerfung der «heidnischen» Pruzzen (Preußen) herbeigerufen – sich im Verlaufe weniger Jahrzehnte einen eigenen Staat geschaffen hatte. Sein expansionistisches Vorgehen bedrohte fortan sowohl Polen als auch Litauen, was am Ende des 14. Jahrhunderts zur Vereinigung dieser beiden Staaten unter der Dynastie der Jagiellonen führte.

Mit der Eroberung durch den Deutschen Orden wurde Danzig von dem natürlichen polnischen Hinterland abgeschnitten, was sich bald sehr nachteilig auf seine Entwicklung auswirkte. Das Streben nach Überwindung dieses Zustandes – durch die Politik der Kreuzritter gefördert, die die wirtschaftlichen Interessen Danzigs, das seit 1361 Mitglied der Hanse war, empfindlich schädigte – führte die Stadt 1440 in die Reihen des Preußischen Bundes, einer Vereinigung von 53 preußischen Landadligen und 19 Städten, die ihr ständisches Mitbestimmungsrecht gegenüber den Kreuzrittern durchsetzen, die alleinige Herrschaft des Ordens brechen und schließlich den Ordensstaat Polen anschließen wollte. Im Februar 1454 erhob sich der Bund gegen die verhaßten Kreuzritter und suchte beim polnischen König Kazimierz Jagiellończyk um Schutz und Hilfe nach, der am 6. März 1454 Preußen samt allen zum Ordensstaat gehörenden polnischen Gebieten durch ein Inkorporationsedikt in den Staatsverband Polens eingliederte und dem Deutschen Orden den Krieg erklärte. Durch den Friedensvertrag zu Thorn (Toruń) vom 19. Oktober 1466 fielen Pommerellen mit Danzig, das Kulmerland und der westliche Teil des eigentlichen Preußen mit Marienburg (Malbork) und Elbing (Elbląg) – später «Königspreußen» genannt – sowie das Bistum Ermland (Warmia) direkt an Polen, während der Rest des Ordensstaates polnischer Lehnsoberhoheit unterstellt wurde. Dieses sogenannte Ordenspreußen – in der Folgezeit auch als Ostpreußen bezeichnet – wurde im Jahre 1525 unter dem Hochmeister Albrecht von Hohenzollern zu einem erblichen Lehnsherzogtum Polens (Fürstentum Preußen) säkularisiert und gelangte schließlich 1618 durch Erbvertrag in den Besitz des Kurfürsten von Brandenburg.

Im Dreizehnjährigen Krieg (1454–1466) unterstützte vor allem Danzig Polen sehr tatkräftig gegen den Deutschen Orden und erhielt als Gegenleistung eine Reihe von Privilegien, die – wie spätere Betrachter konstruieren – die Basis für die besondere Stellung der Stadt innerhalb des polnisch-litauischen Staates abgegeben haben soll. Ähnliche Privilegien besaßen auch Elbing und Thorn, sie erlangten aber nie jene Bedeutung im Handelsverkehr zwischen Ost- und Westeuropa und im Wirtschaftsleben Polens wie Danzig, dessen herrschende Kräfte im Bewußtsein ihrer ökonomischen Macht zunehmend über die Privilegia Casimirana hinausgehende Rechte in Anspruch nahmen, eigene außenpolitische Aktivitäten entfalteten und auch in anderer Weise ihre hervorragende Stellung im polnischen Staats- und Wirtschaftsorganismus bekundeten.

Denn mit der Eingliederung in den polnischen Staat war für Danzig eine nahezu zwei Jahrhunderte anhaltende Blütezeit angebrochen. Der rasch ansteigende Getreide-, Holz- und sonstige Rohstoffexport Polens nach Westeuropa und der Handel mit westeuropäischen Gewerbeerzeugnissen, für die im Lande eine wachsende Nachfrage bestand, sicherten der Stadt hohe Einkünfte. Über Danzig gingen etwa vier Fünftel des polnischen Seehandels, da die Weichsel mit ihren weitverzweigten Nebenflüssen für den Warenverkehr großer Gebiete Polens günstige Transportmöglichkeiten gewährleistete.

Im 16. Jahrhundert und in der ersten Hälfte des 17. Jahrhunderts spielte Danzig vor allem als Umschlagplatz polnischen Getreides nach Westeuropa eine überragende Rolle. In Konjunkturjahren – wie etwa 1618 – wurden hier über 120 000 Last, das heißt etwa 250 000 Tonnen, Getreide nach Holland, England und anderen westeuropäischen Ländern verschifft. Gleichzeitig entwickelte sich die Hafenstadt zu einem gewichtigen Gewerbemittelpunkt. Berühmtheit erlangten namentlich das Möbel-, Textil- und Kunsthandwerk, deren Erzeugnisse vom polnischen Adel, der Geistlichkeit und von den reichen Bürgern der Städte in ganz Polen gern gekauft wurden. Darüber hinaus wurde Danzig in jener Zeit auch zu einem bedeutenden Zentrum internationaler Bank- und Kreditgeschäfte. Zu den Kreditnehmern der dortigen Bank- und Handelshäuser gehörten Könige und Fürsten, Magnaten und Adlige, Bürger und ebenso Bauern.

Von der Prosperität der Stadt zeugte nicht zuletzt das dynamische Wachstum ihrer Einwohnerzahl, die bis zur Mitte des 17. Jahrhunderts die stattliche Größe von 80 000–100 000 erreichte. Der Einzugsbereich ihrer Bevölkerung beschränkte sich keineswegs auf die polnischen und deutschen Territorien, sondern erstreckte sich – wenngleich in unterschiedlichem Grade – auf die Niederlande, Frankreich, England, Schottland, Skandinavien und die baltischen Gebiete bis nach Italien. Die von einigen Historiographen und Publizisten genährte Vorstellung, Danzig sei seit dem Mittelalter eine «rein» deutsche Stadt gewesen, erweist sich also schon im Lichte dieser Tatsachen als abwegig. Auf die Ausformung ihres – von zunehmenden inneren sozialen Auseinandersetzungen gekennzeichneten – wirtschaftlichen, politischen und kulturellen Lebens wirkten vielfältige Einflüsse ein.

Das zeichnete sich auch bei dem großen kulturellen Aufschwung ab, den Danzig in seiner Blütezeit im 16./17. Jahrhundert erlebte. Bei seinem weltoffenen Bürgertum fielen die fortschrittlichen Ideen der Renaissance und des Humanismus auf fruchtbaren Boden und fanden im juristischen und ökonomischen Denken, in Wissenschaft und Kunst ihren Niederschlag. Auch das äußere Antlitz der Stadt erhielt in dieser Epoche des Aufbruchs in die Neuzeit neue Züge. Viele herrliche Renaissancebauten wie das Rathaus, das Zeughaus, die ausgedehnten Befestigungswerke mit ihren mächtigen Toren und zahlreiche prachtvolle Patrizierhäuser sind damals errichtet worden. Mit dem Reichtum Danzigs konnten sich nur wenige Städte Mitteleuropas messen.

Aber Mitte des 17. Jahrhunderts ging diese Blüteperiode langsam zu Ende. Einerseits bewirkten der mit der vollen Entfaltung der auf der Leibeigenschaft der Bauern beruhenden Gutswirtschaft in Polen einhergehende wirtschaftliche Regreß, der Verfall der Königsmacht – vor allem nach der Einführung der «freien Königswahl» nach dem Erlöschen der Jagiellonendynastie (1572) – und die Herausbildung der Magnatenoligarchie sowie die langwierigen Kriege Polens gegen Rußland, Schweden und die Türkei einen raschen Niedergang der ökonomischen und politischen Kräfte des Landes. Damit schrumpften nicht nur seine Exportmöglichkeiten zusammen, sondern nahm auch die Nachfrage nach westeuropäischen Importwaren erheblich ab. Andererseits wurden die Wirtschaftsbeziehungen Polens zu Westeuropa durch den dort zu verzeichnenden Anstieg der agrarischen Produktion und die wachsende amerikanische und russische Konkurrenz im Getreide- und Rohstoffhandel immer stärker eingeengt. Von besonderer Tragweite waren jedoch die sich anbahnenden grundlegenden Veränderungen im internationalen Wirtschaftsgefüge, die auch von der Entstehung neuer Konjunkturen in den Handelsbeziehungen begleitet waren. Unter diesen Bedingungen verlor der Ostseehandel im europäischen Maßstab ohnehin mehr und mehr an Bedeutung.

Diese veränderte Lage hatte für Danzig höchst nachteilige Folgen, da der Warenaustausch Polens mit Westeuropa ständig zurückging und der Absatz der Danziger Erzeugnisse auf dem traditionellen polnischen Markt in der zweiten Hälfte des 17. und in der ersten Hälfte des 18. Jahrhunderts immer schwieriger wurde. Trotzdem hielt die Stadt der polnischen «Adelsrepublik», der Rzeczpospolita, selbst in argen Notzeiten die Treue. Ein hervorragendes Beispiel hierfür war die Haltung Danzigs im polnisch-schwedischen Krieg 1655–1660, in dem die Stadt der schwedischen Belagerung standhielt, dem polnischen König Jan Kazimierz Zuflucht und große finanzielle Hilfe gewährte und auch militärisch recht aktiv zum Sieg über Schweden beitrug. Von den Folgen dieses Krieges konnte sich die Stadt freilich nur mühsam erholen.

Danzig geriet vor allem während des Nordischen Krieges (1700–1721) in eine heikle Lage, da die einander bekämpfenden Parteien immer wieder bestrebt waren, einen Teil ihrer Kriegskosten auf die reiche Stadt abzuwälzen. Im Polnischen Thronfolgekrieg (1733/35), in dem Danzig für den König Stanisław Leszczyński Partei ergriff, wurde es durch Belagerungen und Kontributionen geradezu ausgezehrt. Die Kriegsverwüstungen und die schweren Geldbußen, die der Gegenspieler Leszczyńskis, der sächsische Kurfürst und spätere polnische König August III., und die russische Zarin Anna der Stadt auferlegten, waren Schläge, die angesichts des rapiden Rückgangs der wirtschaftlichen Konjunktur der Hafenstadt nicht so rasch wettgemacht werden konnten. Neue Gefahren drohten ihr sowohl von preußischer wie von russischer Seite im Verlauf des Siebenjährigen Krieges (1756–1763), die zu erhöhten Verteidigungsausgaben, aber auch zu einer Politik der Bestechungen und des Lavierens zwangen, um die fremden Heere von Danzig fernzuhalten. Wenige Jahre später sah es sich zahlreichen wirtschaftlichen und politischen Repressalien Friedrichs II. von Preußen ausgesetzt. Um sich ihrer zu erwehren, suchte es in Holland, England, Frankreich und Dänemark sowie in Rußland um Schutz und Hilfe nach, da ihm die Rzeczpospolita – mehr und mehr zum Tummelplatz russischer, preußischer und österreichischer Einflüsse geworden und in ihrem eigenen Bestand durch diese drei Nachbarmächte bedroht – nicht die erforderliche Sicherung seiner Existenz- und Entwicklungsbedingungen zu gewährleisten vermochte. Aber auch in dieser Zeit fühlte sich Danzig als Bestandteil des polnischen Staates mit dessen Geschicken eng verknüpft.

Seit der Mitte des 18. Jahrhunderts fehlte es in der Rzeczpospolita nicht an Anzeichen, daß sich in ihrem wirtschaftlichen und politischen Leben ein neuer Aufschwung abzuzeichnen begann. Er äußerte sich in einer erhöhten agrarischen Produktion, in der Gründung zahlreicher Manufakturen sowie in einer Belebung des Handels. Er war auch von einer kulturellen Blüte begleitet und bildete den Hintergrund für politische und soziale Reformbestrebungen. Sie mündeten schließlich in die Annahme der Verfassung vom 3. Mai 1791 ein, die vor allem eine Stärkung der staatlichen Zentralgewalt anstrebte und Breschen in das bestehende Feudalsystem schlug, indem dem Bürgertum zahlreiche Rechte gewährt und den Bauern juristischer Schutz durch die Behörden gegenüber den Gutsbesitzern zugesichert wurden. Diese nicht zuletzt auch für Danzig hoffnungsvolle Entwicklung wurde jedoch durch die drei Teilungen Polens zwischen Preußen, Rußland und Österreich jäh unterbrochen.

Preußen wartete schon seit langem auf eine günstige Gelegenheit, Pommerellen als Landbrücke zwischen Brandenburg-Pommern und dem seit 1618 durch Erbvertrag erworbenen Ostpreußen an sich zu reißen, das 1657 mit schwedischer Unterstützung durch den Vertrag von Wehlau (Welawa) defacto aus der Lehnabhängigkeit von Polen herausgelöst worden und 1660 im Frieden von Oliva endgültig unter die souveräne Herrschaft der Kurfürsten von Brandenburg – seit 1701 «Könige in Preußen» (wie fortan der Gesamtstaat der Hohenzollerndynastie bezeichnet wurde) – geraten war.

Eine Verwirklichung dieser Pläne rückte 1771/72 in greifbare Nähe. Aber damit wäre Danzig von seinem natürlichen polnischen Hinterland abgeschnürt worden. Welche negativen Auswirkungen dies auf das Wirtschaftsleben der Stadt haben mußte, erkannten damals weite Kreise ihrer Bürgerschaft.

Welch düstere Stimmung die Danziger Bürgerschaft 1772 bei der Besetzung der Weichselmündungen durch die preußischen Truppen beherrschte, zeigt eine Äußerung von Johanna Schopenhauer, der Freundin Goethes und Mutter des Philosophen Arthur Schopenhauer, in ihren Memoiren: «An jenem Tage überfiel das Unglück wie ein Vampyr meine dem Verderben geweihte Vaterstadt und saugte jahrelang ihr bis zur völligen Entkräftung das Mark des Lebens aus.»

Deshalb entfaltete Danzig 1772 gegen die preußischen Annexionspläne eine wirkungsvolle diplomatische Aktivität. Bei der ersten Teilung Polens (1772) geriet es zwar nicht unter preußische Herrschaft, doch wurde sein Schicksal dadurch besiegelt, daß Preußen einerseits die Weichselmündungen besetzte und somit die Stadt von der Ostsee abschnitt und andererseits infolge der Annexion Pommerellens und des Kulmerlandes den gesamten Weichselhandel unter seine Kontrolle bekam. Der fortan mit hohen preußischen Zöllen belegte polnische Warenverkehr über Danzig schrumpfte derart zusammen, daß die Stadt bald vor dem wirtschaftlichen Ruin stand. Bereits 1774 ließ Friedrich II. dem Danziger Rat durch seinen Gesandten Reichardt ausrichten, er werde die Stadt nicht durch militärische Gewalt einnehmen, sondern sie ihres gesamten Handels berauben, aushungern und an den Bettelstab führen. 1789/90 versuchte Preußen im Zuge von Verhandlungen über ein Bündnis mit Polen, Danzig als Kaufpreis von der Rzeczpospolita zu erhalten. Preußen mußte damals noch aus taktischen Gründen auf seine Aspirationen auf Danzig verzichten, aber 1793 – bei der zweiten Teilung Polens – fiel die Stadt doch in preußische Hand. Ihre bisherige Selbstverwaltung und alle ihr von den polnischen Königen verliehenen Privilegien wurden aufgehoben. In wirtschaftlicher Hinsicht ging die einst so mächtige und stolze Hafenstadt nunmehr einer unsicheren Zukunft entgegen.

Nach der Niederlage Preußens im Krieg gegen das Napoleonische Frankreich (1806/07) bekam Danzig den Status einer Freien Stadt (1807–1814) zuerkannt, doch lieferte sie der Wiener Kongreß am 12. Februar 1815 erneut an Preußen aus, in dessen Staatsverband sie bis zum Inkrafttreten des Versailler Friedensvertrages am 10. Januar 1920 verblieb.

Für die Entwicklung Danzigs war diese Regelung alles andere als vorteilhaft, denn der größte Teil seines polnischen Hinterlandes befand sich fortan als Königreich Polen (Kongreßpolen) unter der Gewalt des russischen Zaren. Trotz aller Bestimmungen des Wiener Kongresses, die einen ungehinderten Warenverkehr zwischen den polnischen Teilungsgebieten vorsahen, wurden ihm sowohl von preußischer als auch von russischer Seite in zunehmendem Maße Hindernisse in den Weg gelegt. Obendrein leiteten die preußischen Behörden systematisch einen erheblichen Teil der Waren aus dem Einzugsbereich der oberen Weichsel aus politischen Gründen über den Bromberger Kanal nach Stettin (Szczecin). Diesem neuen, vom preußischen Staat unterstützten Konkurrenten war der Danziger Hafen bald nicht mehr gewachsen. Während Stettin 1913 einen Warenumschlag von etwa 6 Millionen Tonnen bewältigte, betrug er in Danzig im gleichen Jahr nur wenig mehr als 2 Millionen Tonnen.

Im 19. Jahrhundert wurde Danzig zu einer preußischen Provinzstadt. Es entwickelte sich unverhältnismäßig langsamer als andere Städte und zählte

1864 mit 78 000 Einwohnern nicht einmal so viele Bürger, wie es schon um die Mitte des 17. Jahrhunderts besessen hatte. Eingemeindungen und Auswirkungen der Industrialisierung führten zwar bis 1910 zu einer Erhöhung der Einwohnerzahl auf rund 170 000; aber damit rangierte Danzig, das zu Beginn des 19. Jahrhunderts noch den vierten Platz unter den Städten Preußens eingenommen hatte, nur an 19. Stelle in der preußischen Städteliste.

Seine Niederlage im ersten Weltkrieg mußte Deutschland im Juni 1919 mit dem Frieden von Versailles völkerrechtlich besiegeln, dabei auch auf den Besitz Danzigs verzichten. Aber die Hafenstadt, die seit Jahrhunderten mit Polen verbunden gewesen war, kehrte trotzdem nicht in den polnischen Staatsverband zurück. Denn sie wurde mit ihrem Umland zu einer Freien Stadt unter dem Patronat des Völkerbundes erklärt, der auch ihre Verfassung garantierte. Sie sollte Polen zugleich «als Tor zum Meer» dienen, was in zahlreichen völkerrechtlich verbindlichen Verträgen und Rechtsvorschriften verankert wurde. Über deren Auslegung und Verwirklichung kam es seit der Proklamierung Danzigs zur Freien Stadt am 10. November 1920 zu vielfältigen Konflikten von internationaler Resonanz und Tragweite, die bis 1939 mit unterschiedlicher Intensität anhielten und ein Barometer der deutsch-polnischen Beziehungen waren.

Im Morgengrauen des 1. September 1939 begann mit den Salven des deutschen Panzerschiffs «Schleswig-Holstein» auf das polnische Munitionsdepot auf der Danziger Westerplatte der zweite Weltkrieg. Als Hitlerdeutschland 1945 zusammenbrach, war seit der Konferenz von Jalta im Februar 1945 klar, daß Danzig fortan endgültig Bestandteil Polens sein würde.

Von der einst so blühenden Stadt mit ihren prachtvollen Renaissancebauten war freilich nur wenig übriggeblieben. Es galt deshalb, die notwendigsten Lebensbedingungen der Einwohner zu sichern, die Industrie – namentlich die Werften – neu aufzubauen, Wohnungen zu errichten, kulturellen und wissenschaftlichen Einrichtungen die erforderlichen Voraussetzungen für ihr Wirken zu schaffen. Ein schwerer Anfang ...

Mit Traditionsbewußtsein und Kunstverständnis wurden in den Jahren danach die alten Gebäude von Gdańsk in ihrer ursprünglichen Pracht restauriert; ein in der Welt nahezu einmaliges Werk! Die Stadt, deren Blüte im 16./17. Jahrhundert Maria Bogucka in ihrem Buch beschreibt, ist heute wieder eine der schönsten Städte Polens.

Johannes Kalisch

Speicher voller Getreide

«Dieser Teil der Stadt, wo die Speicher stehen, kann sich, was seine Ausdehnung anlangt, durchaus mit anderen bedeutenden Städten messen. Menschen wohnen dort nicht, auch darf man nicht mit offenem Feuer hantieren, nicht einmal mit brennenden Kerzen; im Winter ist es dort öde, im Sommer dagegen herrscht sehr geschäftiges Treiben.» Das schrieb ein Reisender, der vor dreihundert Jahren Danzig – oder vielmehr sein pulsierendes Herz, die Speicherinsel – besuchte.[1] Jenes Mekka des polnischen Adels (Schlachta) zog jahrhundertelang ununterbrochen unzählige Weichselschuten an, die bis an den Rand mit Getreide, Pech und Pottasche beladen waren.

Tafel 14, 15

«Was der polnische Acker erbringt,
das Meer verschlingt.
Nicht sättigt der Gutsherr das grundlose Meer,
das ganze Land nicht der Herren Gier.
Was der Untertan bringt,
wie im Abgrund versinkt.
So ist der unselige Handelsbrauch:
Die Schute, wie ein leerer Bauch,
frißt alle Hab und alles Gut,
ist der Gutsherr nicht auf der Hut.
Den Schweiß redlicher Bauern bringen nach Gdańsk
diese Bäuche – vielmehr nach Chłańsk.»

Diese Verse schrieb der bekannte polnische Dichter Sebastian Fabian Klonowic (um 1545–1602) in seinem Poem «Holzflößer».[2] Er benutzte dabei ein Wortspiel: Chłańsk bedeutet etwa «alles verschlingender Polyp». Der dichterische Vergleich, so berechtigt er war, deutet natürlich nur einen Aspekt an, der aber, allein betrachtet, einseitig bliebe. Die andere Seite der Medaille war, daß über den Hafen an der Mottlau (Motława) in die Höfe und Paläste des damaligen Polens auch die begehrten Luxusartikel der westlichen Welt gelangten: kostbare Woll- und Seidengewebe, feine Stoffe und Spitzen, Südfrüchte, ausländische Weine und exotische Gewürze. Hier war für alle Import- und Exportgeschäfte die Umschlagstelle, und hier gewann der adlige Magnatendünkel den Anreiz zum Luxus.

Als Folge des Dreizehnjährigen Krieges (1454 bis 1466) mußte der Deutsche Ritterorden die Rückkehr Danzigs zu Polen anerkennen. Das polnische Reich konnte ebensowenig ohne den Danziger Hafen existieren wie die endlich vom Orden frei gewordene Stadt Danzig ohne ihr Hinterland. So wurde das Land Polen in den Sog der Weltwirtschaft hineingezogen und nahm, ohne sich dessen recht bewußt zu sein, teil an dem Prozeß, der das Antlitz Europas veränderte. Dabei erstarrte es jedoch im Verlauf des 16. und 17. Jahrhunderts selbst im alten Schema und schien jedweden Veränderungen abgeneigt.

Es war die Epoche großer geographischer Entdeckungen. Bisher bestehende, scheinbar unumstößliche Vorstellungen von der Welt wurden umgeworfen, ungeahnte Horizonte öffneten sich. Seefahrer und Abenteurer erkundeten neue Handelswege. Der Handel mit anderen Ländern nahm zu, die Absatzmärkte wuchsen. Der Handwerker in seiner kleinen Werkstatt arbeitete nicht mehr nur für den in der nächsten Nachbarschaft wohnenden Abnehmer. Es lohnte sich, viel und schnell zu produzieren. In einigen Ländern Westeuropas – England, den Niederlanden, Frankreich – begann eine neue, moderne Produktionsart Fuß zu fassen, die größere Gewinne brachte. Organisiert wurde sie von Kaufleuten und gewinnsüchtigen Meistern zum Nachteil kleiner, rückständiger Handwerksbetriebe. Zunächst noch zaghaft und nur in wenigen Ländern, dann immer offener und räuberischer, betrat der Frühkapitalismus die Weltbühne. Die Menschheit stand an der Schwelle eines neuen Zeitalters, die Grundfesten des alten feudalen Systems gerieten ins Wanken. Die sich im Westen rasch entwickelnde Industrie, deren Kern die Tuchfabrikation war, brauchte viele Arbeitshände und große Mengen an Rohstoffen. In einigen Ländern wurde deshalb auf Kosten der allgemeinen Landwirtschaft die Schafzucht vorangetrieben, die die auf den Märkten gesuchte Wolle lieferte. Diese von Jahrzehnt zu Jahrzehnt an Intensität zunehmende Erscheinung hatte bedeutende Konsequenzen. Schafe wurden hauptsächlich von großen Landbesitzern gezüchtet, auf Ländereien, die mit List oder Gewalt den armen Bauern entrissen wurden, um sie dann in Weideflächen zu verwandeln. Die enteignete und weithin verarmte Landbevölkerung, die über die «Schafe, die die Menschen fressen», klagte, zog in Scharen in die Stadt. Dort konnte sie tatsächlich in den ersten eingerichteten industriellen Betrieben, den Manufakturen, Arbeit finden. Unlängst noch Bauern, wurden sie, sobald sie die Schwelle der Manufaktur betraten, Arbeiter. In einer Reihe von Ländern, vor allem im Westen Europas, wuchs die industrielle Produktion rasch an, die Intensität der Landwirtschaft dagegen nahm ab. Allzubald zeigte sich, daß zuwenig Lebensmittel erzeugt wurden, viel zuwenig, verglichen mit den Bedürfnissen der Bevölkerung. So entstand die Notwendigkeit der Einfuhr von Grundnahrungsmitteln aus dem Ausland. Getreide und andere Erzeugnisse der Landwirtschaft waren in jener Zeit auf den Märkten von Holland, England und anderen Ländern des Westens sehr gesucht. Man hatte sie auch früher importiert, infolge von Mißernten und Teuerungen, aber nie in so großen Mengen. Diese Tatsache wirkte sich auf die Wirtschaft der osteuropäischen Länder negativ aus, für Danzig dagegen wurde sie für viele Jahrzehnte zur Quelle seiner großen Macht und seines Wohlstandes.

Osteuropa schlug einen anderen Entwicklungsweg ein. Die industrielle Produktionsweise formte sich hier viel langsamer und schwächer heraus als im Westen, und die Industrie spielte im Verhältnis zur Landwirtschaft nur eine zweitrangige Rolle. Das Feudalsystem war noch nicht erschüttert und hatte Aussicht auf eine langjährige Existenz. Der mächtige Adel war in der Lage, die Bauern zur schweren Fronarbeit zu zwingen. Weizen und Roggen, Hafer und Gerste brachten jährlich reiche Erträge. Das führte dazu, daß die Gebiete östlich der Elbe Kornkammer und Rohstofflieferant für das westliche Europa wurden, ein gewaltiger Speicher gleichsam, aus dessen unermeßlichen Vorräten die Bevölkerung zahlreicher Städte jenseits der Grenzen ernährt wurde. Jeden Herbst erwartete man in Amsterdam mit Ungeduld das Eintreffen der baltischen Schiffe. Von ihrer Landung hing nicht nur der Verdienst der Kaufleute und Reeder, der Kapitäne und Seeleute ab, sondern auch die ausreichende Versorgung der holländischen Städte im Winter mit Brot. Selbst diejenigen, die in Zeiten der Teuerung phantastische Preise für einen Brotlaib zahlen konnten, sehnten die glückliche Heimkehr der baltischen Flotte herbei, denn eine hungernde Stadtarmut war ein gefährliches Element. Der Bäcker schlug in Teuerungszeiten seinen Geldbeutel voll, er konnte aber während der Hungerrevolten genauso alles verlieren.

Die industrialisierten, reiche Städte des Westens waren in hohem Maße von diesen Gebieten Osteuropas abhängig, wo die Feudalen mit alten Methoden wirtschafteten. Eine solche Kornkammer war vor allem Polen. Ohne sie konnten sich die holländischen und englischen Manufakturen nicht entwickeln.

Die Mitte des 15. Jahrhunderts war in dieser Hinsicht entscheidend. Die große militärische Leistung während des Dreizehnjährigen Krieges zerbrach die Macht des Deutschen Ritterordens und drängte ihn endgültig von der Weichselmündung zurück. Danzig kehrte zurück in den Schoß des Mutterlandes. Angesichts einer gewaltigen, weltweiten Konjunktur knüpfte der polnische Adel eilig ein Bündnis mit der Kaufmannschaft an der Mottlau. Das durch den Schweiß leibeigener Bauern gewonnene Getreide ergoß sich nach dem Westen. Zehntausend Last (ein Last = etwa 2000 kg) Getreide gingen Ende des 15. Jahrhunderts jährlich von der Danziger Speicherinsel auf fremden Schiffen ins Ausland. Im 16. Jahrhundert betrug die Getreideausfuhr bereits das Vier- bis Fünffache. Zu Beginn des 17. Jahrhunderts übertraf der Export 100 000 Last. Prall gefüllte Geldbörsen der Danziger Bürger, eine wohlgenährte Schlachta und große Reichtümer der Magnaten (= hoher polnischer Adel) einerseits, auf der anderen Seite die abgerackerten, ausgemergelten Dorfbewohner – das war die Bilanz damaligen Außenhandels.

Für Danzig war die Zeit seines größten Aufschwungs gekommen. Die Stadt wurde zum wichtigsten Handelshafen an der Ostsee. «Venedig des

Nordens», «Zierde der ehrwürdigen Polnischen Krone», «Fortunas Liebling» – das waren Epitheta, die die Fremden und die eigenen Bewohner ihrer Stadt gaben. Handelsbeziehungen der Danziger Kaufmannschaft reichten von den Küsten Spaniens und Portugals über verschiedene französische und englische Häfen, über Amsterdam, Lübeck und Hamburg bis nach Stockholm und Bergen in Norwegen. An den Liegestellen des Danziger Hafens
Tafel 2 machten Hunderte von fremden Schiffen fest. Ein Reisender aus dem 16. Jahrhundert berichtet, daß

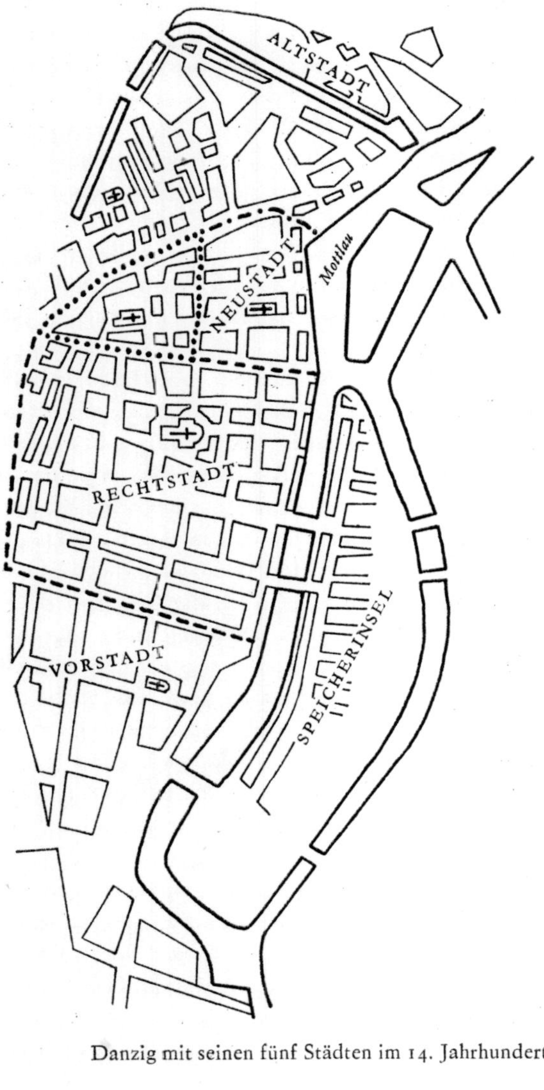

Danzig mit seinen fünf Städten im 14. Jahrhundert

manchmal an einem einzigen Tag 50 bis 60 und noch mehr Getreideschiffe anlegten. Es kamen nach Danzig Händler und Seeleute aus fernen Ländern, so daß sich in den Straßen stets eine vielsprachige Menge bewegte. Der größte Betrieb herrschte freilich an der Mottlau und auf den Brücken. Hier wurden Tausende von Geschäften abgeschlossen, Warenmuster, Rechnungen, Quittungen und Wechsel gingen von Hand zu Hand. Makler und Dolmetscher konnten kaum alle Klienten zufriedenstellen. In den nahegelegenen Wirtschaften sah man sowohl den polnischen Edelmann, der sein Getreide in die Stadt brachte, als auch den gebürtigen Danziger, den englischen Kaufmann und den holländischen Schiffer bei einem Krug Bier. Allenthalben hörte man neben dem Polnischen auch die deutsche, holländische, portugiesische und französische Sprache, sah man polnische und fremde Trachten.

Über das große Treiben in Danzig schrieb um die Mitte des 16. Jahrhunderts ein Augenzeuge, der Italiener Ruggieri: «Im August findet hier ein großer Jahrmarkt statt, welcher am Tage des St. Dominicus beginnt und vierzehn oder mehr Tage dauert. Dann kommen Deutsche, Franzosen, Flamen, Engländer, Spanier, Portugiesen hierher, und mehr als 400 Schiffe, vollbeladen mit französischen Weinen und spanischer Seide, mit Öl und Zitronen, Konfitüren und anderen spanischen Früchten, mit portugiesischen Spezereien, mit Zinn und Tuchen aus England, legen im Hafen an. Hier finden sie bereits über und über gefüllte Lager vor, mit Weizen, Roggen und anderem Getreide, mit Lein, Flachs, Wachs, Honig, Asche, Bauholz, gesalzenem Rindfleisch und kleineren Dingen, mit welchen die Kaufleute ihre leer gewordenen Schiffe erneut beladen, was in den ersten acht Tagen des Jahrmarktes geschieht. In der folgenden Woche, aber auch das ganze Jahr hindurch, treffen in dieser Stadt nicht nur Käufer aus dem Inland ein, sondern auch viele andere Personen, um Wein, Tuche, Gewürze und andere Dinge einzukaufen.»[3]

Besonders zahlreich zog Jahr für Jahr die Schlachta aus ganz Polen an die Mottlau und verkaufte die Erzeugnisse ihrer Güter. Sie tat das selbst, ohne die polnische Bürgerschaft an der Goldader des Getreidehandels profitieren zu lassen. Farbenprächtig beschreibt solch eine Reise nach Danzig der hervorragende Memoirenschreiber aus dem 17. Jahrhundert Jan Chryzostom Pasek: «Von Smogorzów, wo ich in dieser Zeit wohnte, unternahm ich zum ersten Mal eine Floßfahrt. Noch unerfahren, hielt ich mich an die älteren Flissen. Sie drohten mir, man werde mich dort als einen Neuling über den Löffel balbieren; doch mit Gottes Hilfe verkaufte ich vorteilhafter als sie, um 40 Złoty teurer, nämlich so: Der Starost Piegłowski aus Ujsk und der Warschauer Mundschenk Opacki zerstritten sich mit den Kaufleuten. Diese sprachen sich ab, ihnen zum Trotz nichts abzukaufen, mir aber, der in ihrer Reihe war, zahlten sie für den Weizen 150 Złoty, ihnen zum Verdruß. Es kaufte bei mir Herr Jarlach, und sie flehten ihn an, daß er auch ihren Weizen kaufen möchte, schließlich bekamen sie ihn zu 110. So wurden diejenigen, die mir Angst machen wollten, selbst über den Löffel balbiert.»[4]

Wie aus den Tagebüchern weiter hervorgeht, fand Pasek Geschmack an der Flößerei, und seitdem zog er jährlich mit seinem Weizen und Roggen nach Danzig. Solche wie er gab es viele; so schrieb der schon erwähnte Sebastian Fabian Klonowic:

«Wer sich dem Flößen verschrieb und dem Meer,
den hält das Frühjahr zu Hause nicht mehr.
Nach Gdańsk zu eilen ist sein Gebot,
auf der Suche nach Brot.

Nichts schreckt den braven Flissen zurück,
nur die Fremde verheißt ihm das Glück,
allem entsagt er, was einst ihm so teuer,
es lockt das Abenteuer.»[5]

Mit seinem Getreide glaubte der Adel «fremde Völker zu ernähren». Danzig wurde dabei immer reicher und spielte eine immer mächtigere Mittlerrolle in dem zunehmenden und sehr vielfältigen Austausch. Eine lateinische Inschrift im Danziger Rathaus aus dem 17. Jahrhundert verkündete: «Coelesti iungimur arcu» (= durch den himmlischen Bogen vereint). In Wirklichkeit waren es andere, konkretere und dauerhaftere Bande, die Danzig mit der polnischen Krone und dem Adel einten: wirtschaftliche Interessen, ein Netz von Anleihen und finanziellen Machinationen und schließlich und vor allem die Weichsel, auf der Jahr für Jahr polnisches Getreide nach der Ostsee transportiert wurde.

Die Ratsherren

Nicht jeder, der im alten Danzig wohnte und arbeitete, war Bürger der Stadt. Danziger zu sein, das bedeutete eine große Auszeichnung, und nicht alle, die in die Stadt kamen, wurden dieser Ehre teilhaftig. Um das Bürgerrecht zu erreichen, war vor allem Geld nötig, ferner das Zeugnis einer freien und rechtmäßigen Geburt. Der Bewerber mußte zuerst die vorgeschriebenen Abgaben entrichten und im Besitz einer Waffenrüstung sein, um sich im Notfalle zum Kampf mit dem Gegner stellen zu können. Schließlich mußte er sich in eine Zunft oder Gilde einkaufen und möglichst ein Haus in der Stadt erwerben.

Die Massen der Stadtarmut, der Hafenarbeiter, der Träger, die sich zum Lastentragen verdingten, der ambulanten Händler, der Gesellen und des Gesindes, das heißt die zahlenmäßig starken untersten Schichten der Stadt, besaßen freilich keine Bürgerrechte. Verächtlich schaute auf sie herab der Handwerker und Krämer, der Schankwirt und Makler; diese nämlich waren der Kern der Danziger «Bürgerschaft» oder «gemeinen Bürgerschaft», der betriebsamen Mittelklasse, die sich um die zahlreichen Zünfte, Konfraternitäten und Bruderschaften scharte. Als angeblich vollberechtigte Bürger besaßen sie jedoch in Wirklichkeit nur einen geringen – eigentlich gar keinen – Einfluß auf das Regiment der Stadt. In Danzig, wie überall an der Ostsee von Lübeck bis nach Riga, gehörte die Macht einem kleinen Kreis von Patriziern: Sie sind die wohlhabendsten Kaufleute, die Besitzer stattlicher Häuser im Zentrum der Stadt, die Schiffsmakler und Wucherer in einer Person, die im Rathaus die bequemen und ehrenvollen Sessel einnehmen. Das Amt des Ratsherren wurde in Danzig seit undenklichen Zeiten, noch aus den Jahren der Herrschaft des Ritterordens, auf Lebenszeit vergeben. Neue Mitglieder an die Stelle der durch den Tod ausgeschiedenen wurden nur vom Rat gewählt, der aus den verwandten und verschwägerten Familien auch die Bürgermeister stellte.

Während Danzig im Dreizehnjährigen Krieg dem Deutschen Ritterorden tapfer Widerstand leistete, erlangte sein Patriziat vom polnischen König Kasimir IV. Jagiellończyk (1447–1492) bedeutende Privilegien. Zu nennen ist hier vor allem das Recht des freien Handels mit ganz Polen, das für die Kaufmannschaft an der Mottlau von größter Wichtigkeit war, weil es gleichzeitig die Zusicherung bedeutete, daß keine neuen Zölle auf der Weichsel erhoben würden. Das zur Stadt gehörende Gebiet wurde auf Grund jener Vorrechte durch die Eingliederung der benachbarten Güter und Dörfer im *Tafel X* Danziger Werder (Żuławy) und auf den sogenannten Danziger Höhen wesentlich erweitert. Alle Besitzungen des Ordens im Weichbild der Stadt gingen in das Eigentum der Stadtverwaltung über. Der Danziger Rat wurde mit einer so großen administrativen, richterlichen und finanziellen Macht ausgestattet, daß er in der Tat eine fast völlige Selbständigkeit erlangte. Seither besaßen die Ratsherren (früher Ratmannen genannt) unter anderem das Recht, die Schiffahrt im Hafen zu regeln, eigene goldene und silberne Münzen mit dem Adler oder dem Bildnis des Königs zu prägen, das Recht, Vorschriften zu erlassen, die das Leben in der Stadt regelten (= sogenannte Willküren und Zunftrollen) und das ehrenvolle Privileg, mit rotem Lack zu siegeln. Darüber hinaus verpfändete der König gegen eine bedeutende, für Kriegszwecke ausgeliehene Summe, an das Danziger Patriziat die Starosteien von Putzig (Puck) und Dirschau (Tczew) sowie die Halbinsel Hel (Hela) für viele Jahre.

Die zweite Hälfte des 15. Jahrhunderts war gekennzeichnet durch ein rasches Wachstum des Wohlstandes der Danziger Patrizier. Die aristokratischen Geschlechter der Feldstete, von Suchten, Angermünde und andere trieben weitreichenden Handel, spekulierten mit Immobilien und gaben kleinere und größere Summen gegen Wucherzins. Die hochbejahrten Firmeninhaber und Familienväter machten ausführliche Testamente, in welchen sie die Früchte ihres arbeitsamen Lebens unter die Nachkommen, Verwandten und Freunde aufteilten. Solche Verschreibungen waren in der Tat eindrucksvoll. So nannte das Testament des Danziger Ratsherrn, des großen Finanziers und Wucherers, des Spekulanten mit Boden und Schiffen Otto Angermünde vom Jahre 1492 neben den Immobilien (Parzellen in der Stadt, Besitzungen auf der Halbinsel Hel, eine Brauerei und zwei Wohnungen in der Gerbergasse, drei Speicher, eine Scheune mit Garten, ein Holzlager, eine Schlachtbank, ein Wohnhaus, welches er mit seiner Familie bewohnte, dazu noch eine leerstehende Wohnung) die gewaltige Summe von 20000 Preußischen Mark in bar. Einen besonderen Platz im Testament nahmen die Kleinodien ein: Gold- und Silberschmuck, Korallen, Perlen, Kolliers, Silberzeug, aber auch wertvolle Kleidungsstücke wie kostbares Pelzwerk, Mäntel, Stiefel – alles in allem repräsentierten diese einen Wert von 8000 Preußischen Mark.

Das berühmteste der Danziger Patriziergeschlechter waren wohl die Ferber. Die Geschichte dieser Familie, von Historikern mehrfach untersucht und beschrieben, ist ein klassisches Beispiel für die Entwicklung der Danziger Aristokratie: von bescheidenen Anfängen als geldgieriger Wucherer und Händler über das Anhäufen von Reichtümern und Würden bis zu fast selbstherrlicher Leitung der Geschäfte der Stadt, ja bis zu einem Landadelstatus. Das war der typische Entwicklungsweg der Danziger Großkaufmannschaft. Deswegen lohnt es, ihn genauer zu betrachten.

Der Begründer des Geschlechts, Eberhardt, kam aus dem Rheinland in der ersten Hälfte des 15. Jahrhunderts nach Danzig. Er betrieb Holzhandel, aber noch eifriger Wucher (= alte Bezeichnung für Geld- bzw. Zinsgeschäfte) und erwarb sich mit letzterem sehr bald ein bedeutendes Vermögen. Bereits um die Mitte des 15. Jahrhunderts errichtete er in der Marienkirche eine Familienkapelle (Ferbersche Dreifaltigkeitskapelle), das sicherste Zeichen einer gediegenen Stellung in der Stadt. Johann, Eberhardts Sohn und langjähriger Bürgermeister von

Danzig, festigte diese Stellung, erweiterte die Firma und ließ die Kapelle mit großem Aufwand ausschmücken.

Als Johann im Jahre 1501 starb, hinterließ er zahlreiche Nachkommen: zehn Söhne und eine Tochter. Berühmtheit erlangten zwei dieser Geschwister, der jähzornige Moritz, der seine unruhige Karriere eines mondänen Jünglings damit beendete, daß er das Priestergewand nahm (schließlich tat er sich auch hier hervor und wurde 1523 Bischof von Ermland), und der begabte und hochmütige Eberhardt. Während der ersten beiden Jahrzehnte des 16. Jahrhunderts war Eberhardt der «König von Danzig», bis er 1522 von der Bürgerschaft seiner Machtstellung enthoben wurde.

Wie alle Danziger Patrizier war Johann Ferber bemüht, seinen Kindern ein sorgfältige Erziehung angedeihen zu lassen. Eberhardt besuchte die beste Pfarrschule an der Marienkirche. 1481 wurde er an den Hof der mecklenburgischen Herzöge geschickt, wo er als Page höfische Manieren und später das ritterliche Handwerk erlernen sollte. Letzteres weckte in ihm größtes Interesse. Er stürzte sich in die kriegerischen Auseinandersetzungen zwischen den Hanseaten und Flandern, stellte sich in Lübeck zum Turnier, vergaß dabei aber nicht, bei sich bietender Gelegenheit die Interessen der Firma zu vertreten und den dortigen Schuldnern seines Vaters die Wechsel zu präsentieren. Als gehorsamer Sohn kehrte er 1494, dem Ruf seines Vaters folgend, nach Hause zurück. Hier, in der Familienberatung, fielen bedeutsame Beschlüsse: Schliff und ritterlicher Ruhm waren erreicht, jetzt wurde es Zeit, seßhaft zu werden, zu heiraten, an die Karriere in der Stadt zu denken.

Die Heirat in einer ehrbaren Kaufmannsfamilie bedeutete traditionsgemäß eine reiche Partie. Also ehelichte Eberhardt eine der wohlhabendsten heiratsfähigen Töchter in Danzig, Margarete Valand, ungeachtet des wenig ansprechenden Äußeren der zukünftigen Gattin. Gleichzeitig ließ er sich wie die anderen Patriziersöhne in das Richterkollegium, die Schöffenbank, wählen. Hier hatte er die Streitigkeiten zwischen den Bürgern zu schlichten, Testamente und Vermögensteilungen zu begutachten, den Urteilsspruch über diejenigen zu fällen, die sich Schlägereien und Krawalle hatten zuschulden kommen lassen.

Der Tagesablauf, eingeteilt in Schöffensitzungen und Tätigkeit im Kontor, schien dem jungen Patrizier recht eintönig. Sich seiner früheren Abenteuer erinnernd, träumte er davon, wenigstens noch einmal dem täglichen Einerlei zu entfliehen. Eine Gelegenheit bot sich 1496. Der pommersche Herzog Bogusław, der eine Pilgerfahrt nach dem Heiligen Land unternahm, war gern bereit, in sein Gefolge drei Danziger Bürger aufzunehmen, Vertreter der vornehmsten Geschlechter der Stadt: Rudolf Feldstete, Johann Stutte und Eberhardt Ferber. Die Beteiligung von Söhnen wohlhabender patrizischer Familien an ritterlichen Zügen war in jener Zeit keine seltene Erscheinung.

Das Unternehmen dauerte zwei Jahre und war für die Teilnehmer sehr erlebnisreich. Sie sahen Deutschland und Italien, sie überstanden einen gefährlichen Zusammenstoß mit den Türken auf dem Mittelmeer. Angeblich geriet Eberhardt für kurze Zeit in muselmanische Gefangenschaft. Jerusalem brachte den Höhepunkt der ritterlichen Karriere des jungen Ferber: Aus der Hand des Herzogs Bogusław erhielt er hier den ehrenvollen Ritterschlag. Nach Danzig kehrte er 1498 zurück, erfüllt von Eindrücken und mit Ruhm bedeckt. Mit offensichtlichem Hochmut trug er seine Tapferkeit und Energie und seinen Reichtum zur Schau. Das übermütige Auftreten und die großherrschaftlichen Manieren waren nicht dazu angetan, den Freundeskreis der Familie zu vergrößern. Besonders die älteren, seit je in Danzig seßhaften Familien – Angermünde, Feldstete, von Suchten – beobachteten mit Unwillen und Neid den Erfolg der neureichen Ankömmlinge.

Auf solchem Hintergrund kam es in Danzig zur Wiederholung der romantischen Geschichte von Romeo und Julia. Analogien sind augenscheinlich,

16 Danziger Münzen vom 14. bis 17. Jahrhundert,
auf der Vorderseite ist jeweils der polnische König (oder der polnische Adler) dargestellt,
auf der Rückseite das Danziger Stadtwappen

III
GROSS:AR
TRIP:CIVI
GADANINSIS
1579
III
GROS.ARG
TRIP.CIVI
GEDANENSIS
1592

wenn es auch an Unterschieden nicht mangelt. Hier wie dort haben wir zerstrittene Familien, eine unerwartete Bekanntschaft zweier junger Menschen, Liebe auf den ersten Blick, unüberwindliche Hindernisse. Doch in Danzig spürte man deutlich durch den zarten Schleier einer romantischen Liebe den Klang des Goldes. Die Geschichte endete nicht mit einer dramatischen Szene im Grabgewölbe, vielmehr alltäglicher, realistischer. Das Mädchen heiratete einen anderen, von der Familie vorgesehenen Mann. Ferbers Sohn nahm das geistliche Gewand.

Die Danziger Julia war Anna, die Tochter eines zu Ferbers Gegenpartei gehörenden wohlhabenden Kaufmanns Pilemann, der Danziger Romeo Eberhardts Bruder, der heißblütige Moritz. Anna und
Tafel 8
Moritz lernten sich auf der Hochzeit des Patriziers Georg Proite kennen. Ob es darüber hinaus noch andere Begegnungen gab? Die gewöhnlich so vorwitzigen Chronisten schweigen. Jedenfalls begab sich Johann Ferber zu den Pilemanns, um für seinen Sohn um die Hand Annas zu bitten. Sicher brauchte Moritz ihn nicht lange zu drängen – eine wohlhabende einzige Tochter hätten die Ferbers schon gern genommen, trotz der Meinungsverschiedenheiten mit der Familie. Die Pilemanns allerdings waren anderer Meinung. Sie sagten entschieden nein.

Der verliebte, vielleicht aber einfach trotzige Jüngling gab nicht auf. Insgeheim, durch die Vermittlung eines bestochenen Dienstmädchens, schickte er seiner Auserwählten Briefe. Der Inhalt, der uns in lateinischer Sprache überliefert wurde, kann diejenigen, die Liebesschwüre erwartet haben, nur verwundern und enttäuschen. «Cara virgo Anna ...», «Teure Jungfer Anna», schrieb der ungestüme Moritz. «Ich erfuhr, daß Euer Vater Euch antrauen will, aber wenn Ihr einen andern nehmt, dann stelle ich etwas an, daß man noch nach zehn Jahren drüber sprechen wird, selbst wenn ich meinen Kopf wagen sollte. Wenn also Euer Vater oder die Verwandten Euch fragen, sagt ihnen, daß Ihr mir bei der Hochzeit von Georg Proite die Hand versprochen habt; wenn sie das hören, werden sie ihre Einwilligung geben.»[6]

Das vernarrte, vielleicht auch erschrockene Mädchen erklärte ihrem Vater, daß sie mit dem jungen Ferber verlobt sei. Durch diese Neuigkeit beunruhigt, begab sich der alte Pilemann zu Reinhold Feldstete, dem Beschützer und Vertrauten der Familie. Beide Herren begannen nun, Anna auszufragen, die aber bei ihrer Behauptung blieb, vielmehr noch hinzufügte, daß sie als Verlobungspfand Moritz ein Goldstück geschenkt habe. «Du hest quadliken gedan, das du dy myt em verlofet hest ane dynes vaders und frunde weten und willen», entrüstete sich Feldstete. «Lewe Ohem, et ys doch nu geschen, ik bidde ju um gades willen, spreket doch tohem bestem», flehte das erschrockene Mädchen. Aber Feldstete blieb unerbittlich. «Wo sal ik tom besten spreken, id begin ys nichts god, yd middel noch dat ende», erklärte er streng.[7]

Da diese Angelegenheit tatsächlich ernst war, wurde der Familienrat einberufen; Anna mußte ihm beiwohnen. Diesmal vom Haupte der Familie, dem alten von Suchten, ausgefragt, wiederholte sie noch einmal ihre Version von der Verlobung. Ins Kreuzverhör genommen – woher sie zum Beispiel das Pfand hatte, jenes Goldstück, das doch der Vater ihr nicht gegeben haben konnte –, brach sie in Tränen aus. Jetzt griffen auch die Frauen in die Handlung ein. Eine ältere Dame, Barbara von Suchten, führte das verängstigte Kind aus der Stube und beruhigte es gütig. Unter vier Augen war es nicht schwer, aus Anna das Geständnis herauszubekommen, daß sie ein Brieflein erhalten habe, in dem der jähzornige Jüngling, statt zärtliche Geständnisse zu machen, Drohungen ausstieß. Der Brief selbst wurde dem Absender wieder zugestellt, denn Moritz, umsichtig genug, verlangte ihn auf demselben Weg zurück, auf dem er an die Auserwählte gelangt war.

Die sensationelle Entdeckung erregte die Familie und die Verwandtschaft. Das verräterische Dienstmädchen wurde sofort entlassen. Nach einer längeren Beratung beschloß man, daß etwas geschehen müsse, die Sache dürfe nicht im Sande verlaufen; der dreiste Jüngling müsse bestraft werden.

Zu dem Treffen der feindlichen Parteien kam es auf neutralem Boden, in der Marienkirche, wo die Patrizier nicht selten manche ihrer Angelegenheiten schlichteten. Johann Ferber erschien in Begleitung seiner zehn Söhne und hörte sich mit scheinbarem Gleichmut den entrüsteten Vortrag über die schändliche Art, wie Moritz Anna erobern wollte, an. Er sei in der Lage, erklärte er, seinen Sohn auf den rechten Weg zu weisen. «Kann er kein Mädchen von 10000 Mark bekommen, so mag er eine von 1000 nehmen und es machen wie ich, der ich auch nicht viele Tausende mit seiner Mutter bekommen habe», fügte er heuchlerisch hinzu. Die versöhnliche Haltung des Vaters gefiel den jungen Ferbers nicht. Als erster, noch in der Kirche, begann Eberhardt zu murren. Zwischen Moritz und dem alten Feldstete brach ein direkter Streit aus. Auf die Frage, was er im Brief geschrieben habe, gab der Jüngling aufsässig zur Antwort: «Was mir diente; ihr seid mein Beichtvater nicht.»

Durch das Treffen freilich wurde der Streit nicht beigelegt. Am 23. November 1498 erschien Heinrich von Suchten in Begleitung befreundeter Patrizier (in seinem Gefolge waren Feldstete, Melmann, Angermünde und selbstverständlich der alte Pilemann) im Rathaus und erhob gegen Moritz wegen Erpressung der Heiratszusage offiziell Anklage. Johann Ferber als Bürgermeister und Eberhardt als Schöffe waren bei diesem Akt zugegen, mehr noch, sie nahmen zwischen den Richtern Platz. Von beiden Seiten fielen böse Worte, man schreckte nicht vor Verleumdungen zurück. Ganz besonders ging das Temperament mit Georg Melmann durch, der den alten Ferber einen Gauner und Spitzbuben hieß, welcher auf reiche Mitgift aus sei. Für diese ungebührlichen Worte wurde er mit einer Geldbuße belegt und gezwungen, öffentlich Abbitte zu tun. Unter den Richtern überwog der Einfluß der Ferbers. Das Urteil lautete, daß die beiden jungen Leute – Anna und Moritz – von gleicher Geburt seien und sich aus freien Stücken verlobt hätten. Daher könne von Erpressung oder Verführung keine Rede sein. Der durch solch günstiges Urteil moralisch gestärkte Moritz begann nun, seine Ansprüche vor dem geistlichen Gericht im Winter 1499 geltend zu machen. Doch bei der Gegenüberstellung vor dem bischöflichen Beamten sagte Anna, die in Begleitung des alten von Suchten erschienen war, dem jungen Ferber ins Gesicht, daß sie ihm niemals ihre Hand versprochen habe. Moritz beantragte darauf beim Gericht, Anna möge aus der Wohnung Heinrichs von Suchten, wo sie sich seit Beginn des Streites aufhielt, in ein anderes, ehrbares und sicheres Haus gebracht werden, damit sie nicht von ihren Verwandten gezwungen werde, falsche Aussagen zu machen. Nun brauste von Suchten auf. «Ich schwöre bei allen Heiligen, und tausend Teufel sollen mich holen, daß ich niemals die Jungfrau zum Leugnen angehalten habe, wenn ihr wollt, will ich hundert Eide darüber ablegen», stammelte er außer sich vor Zorn.

Das bischöfliche Urteil, das im Juli 1499 gefällt wurde, fiel nicht zu Moritz' Gunsten aus: Es sprach ihm das Recht auf Anna ab. Der störrische Jüngling gab sich mit dieser Niederlage nicht zufrieden. Er appellierte an den päpstlichen Stuhl und machte sich selbst nach Italien auf, um das sprichwörtliche Schneckentempo der römischen Rechtsprechung zu beschleunigen. Es begann ein langwieriges, kostspieliges Prozessieren, das in Danzig nicht wenig Unruhe stiftete. Es genügt zu erinnern, daß aus eben diesem Grunde die Stadt 1500 mit dem Bannfluch belegt wurde; die Schließung der Kirchen und die Behinderung des religiösen Lebens führte zu gefährlichen Unruhen. Unterdessen suchte der nimmermüde Moritz nach immer neuen Beweisen seiner Rechte auf Annas Hand. Mal war es ein Goldstück, ein anderes Mal ein Streifen Stoff, der ihm angeblich als Zeichen der Verlobung gegeben wurde. Als Antwort darauf erzwang der Bürgermeister von Suchten von einer armen Frau das Geständnis (welches sie später widerrief), daß sie in der Kirche im Gedränge verstohlenerweise jenen Streifen Stoff von Annas Gewand abgeschnitten habe.

Die Intrigen und Streitigkeiten in Danzig wurden in der fernen Stadt Rom zu einem unentwirrbaren Knäuel. Hier dagegen ging das Leben seinen Gang weiter. 1501 verstarben die Anführer der verfeindeten Parteien, die einst die Bürgermeistersessel innehatten, der alte Ferber und der alte von Suchten, und drei Jahre später willigte Anna, des allzulange währenden Jungfernstandes überdrüssig, in die Ehe mit dem jungen von Suchten ein.

Die Wogen der Erregung glätteten sich. 1507 vermittelte der umsichtige Bürgermeister Matthis

Zimmermann, der Ehemann der einzigen Tochter von Johann Ferber, einen gütlichen Vergleich zwischen den beiden Parteien. Moritz kehrte erst 1512 in seine Heimatstadt zurück, bereits als Priester, um hier zunächst die Propstei an der Peter-und-Pauls-Kirche und bald an der Marienkirche zu übernehmen. In nicht weiter Ferne wartete auf den Danziger Romeo die Bischofswürde.

So endete der Hader, der viele Jahre hindurch die Gemüter der Danziger bewegte. Innerhalb der hiesigen hitzigen und reichen Kaufmannschaft fehlte es nie an Konflikten, keiner jedoch spielte eine so wichtige Rolle. Anna und Moritz waren die Ursache dafür, daß sich die Stadt fast im Kriegszustand befand. Schließlich ging es den gewöhnlichen Bürger wenig an, ob die Ferbers die Mitgift der Jungfer Pilemann an sich rissen oder ob diese der Familie von Suchten zufiel. Der Ärgernis erregende Prozeß, in welchen die Mitglieder der wohlhabendsten, scheinbar ehrbaren Familien verwickelt waren, machte den Danzigern bewußt, welch geringes moralisches und sittliches Niveau die sogenannten «höheren Kreise» auszeichnete. Vor allem waren es die Ferbers, die mit ihrer Gier nach Reichtum und Macht, ihrem zügellosen Dünkel und dem rücksichtslosen Vorgehen zum Symbol der Verdorbenheit des gesamten Danziger Patriziats wurden. «Reich wie die Ferbers», sagte man in Danzig gegen Ende des fünfzehnten, «stolz wie die Ferbers» zu Beginn des folgenden Jahrhunderts.

Das alles erwies sich für die steile Karriere Eberhardt Ferbers keineswegs als hinderlich. Im Jahre 1506 wurde er Ratsherr, nicht ohne Hilfe des rührigen Schwagers Zimmermann, der gerade das Amt des präsidierenden Bürgermeisters innehatte. Den Bürgermeistersessel bestieg Ferber vier Jahre später. Der ehemalige Kreuzfahrer erklomm nun den Gipfel seiner Karriere. Sein durch Mitgiften geschickt abgerundetes Vermögen übertraf das der anderen Reichen der Stadt. Nach dem frühen Tod der ersten Frau noch im Jahre 1506, heiratete er die junge Witwe des verstorbenen Bürgermeisters Jürgen Bock. Nachdem auch diese das Zeitliche gesegnet hatte, ging er zum dritten Mal auf Brautschau und nahm 1512 Gertrud von Ruden, die Tochter eines der wohlhabendsten Danziger Kaufleute, zur Frau. Um ihre Mitgift (3000 Mark) entbrannte alsbald ein neuer, unschöner Streit. Die Summe wurde unrechtmäßig von Eberhardts Schwager, dem Schöffen Tilemann Hirschfeld, zurückgehalten. Die beiden Herren mochten sich übrigens seit jeher nicht. Mit Verachtung schaute Eberhardt auf den relativ frisch gebackenen Bürger herab, ohne sich daran zu erinnern, daß seinerzeit die «alten», seßhaften Patrizier sich mit der gleichen Abneigung seiner Familie gegenüber verhielten. Jetzt wünschten auch die Ferbers die allzu schnell aufsteigenden Ankömmlinge nicht, die sich sehr bald als gefährliche Konkurrenten im Kampf um das Geld und um die Macht erweisen konnten. «Ich halte mich», so rief Eberhardt, «selbst für einen Bürger, aber ich weiß auch und es ist stadtkundig, daß ich von guten und frommen Eltern geboren bin, wo Du aber her bist, davon trage ich kein Wissen. Und so lange ich das nicht weiß, halte ich mich für besser als Du.»[8]

Es kam von neuem zu öffentlichen, unschönen Szenen im Rathaus. Auf die Erklärung des Schwagers, daß er ein Edelmann sei, schleuderte ihm Ferber die in der damaligen Zeit schlimmste Verleumdung entgegen: Er nannte ihn Bankert, gezeugt im unrechtmäßigen Bett. Tilemann verlangte die Zurücknahme der Ehrverletzung. Stattdessen bedachte ihn Ferber mit neuen Schimpfwörtern. Hirschfeld blieb ihm nichts schuldig und rief unter anderem, daß Ferber das Bürgermeisteramt besudele. Der eingeschüchterte Rat lauschte schweigend dem Auftritt, dessen Verlauf vom Stadtsekretär Ambrosius Storm eifrig protokolliert wurde.

Der schwächere mußte schließlich diesen Zweikampf verlieren. Der unter dem Druck Ferbers stehende Rat belegte Hirschfeld mit einer hohen Strafe (400 Mark) für ungebührliches Benehmen. Die Appellation in Magdeburg bestätigte das Urteil (1518). Hirschfeld wußte, daß in Danzig keine Bleibe für jemand war, der mit Ferber im Streit gelegen hatte, und verließ die Stadt, um sich in Königsberg niederzulassen.

Der Bürgermeister stand auf dem Gipfel der Macht. Die vom Vater geerbte Holzhandlung entwickelte sich günstig. Der im großen Maßstab sowohl unter dem Bürgertum wie auch dem umwohnenden Adel und den Bauern betriebene Wucher brachte beträchtlichen zusätzlichen Gewinn. Seine Einkünfte verwendete Ferber, wie übrigens auch die anderen Patrizier, zum Erwerb von Ländereien, die ihm gleichzeitig bedeutende Einnahmen sicherten. Selbstbewußt regierte im Rathaus der «König von Danzig», wie man ihn seinerzeit zu nennen pflegte. Wie viele gewichtige Entscheidungen entstanden nicht im Beratungssaal, sondern im Hause der Ferbers, in der Langgasse 28! Es war ein schönes, großes Backsteinhaus, mit einem weithin sichtbaren Wappen mit drei Eberköpfen. Der Rat bestätigte die Pläne des schnell aufbrausenden, mächtigen Bürgermeisters ohne ein Wort der Widerrede. Er, Eberhardt Ferber, hatte das Talent zum Regieren, vor allem aber, die große Stadt zu repräsentieren, die sich anschickte, die Rolle des baltischen Venedig zu spielen. Besonders glanzvoll war Ferbers Teilnahme am Wiener Kongreß im Jahre 1515 bei den Verhandlungen zwischen dem polnischen König Sigismund I. und Kaiser Maximilian. Die Unkosten dieser prunkvollen Expedition bezahlte freilich die Stadt. Der «König von Danzig» war es gewohnt, aus der Stadtkasse wie aus der eigenen zu schöpfen, in der Meinung, daß er durchaus das Recht besitze, mit öffentlichen Geldern nach eigenem Gutdünken umzugehen. Es war weniger der Neid der anderen Patrizier oder die aufbrausende Art und das großtuerische Gebaren des Bürgermeisters, als eben dieser «Finanzabsolutismus», der die Feindschaft zu Eberhardt nährte und später die Ursache für seine Niederlage wurde.

Die Ferbers sind die typischen Vertreter der damaligen Danziger Aristokratie. Die Stadt wurde von rücksichtslosen und durchtriebenen Leuten regiert. Die großen Kaufleute und Wucherer träumten vom ritterlichen Leben, von Ruhm und Turnieren, von Reisen und Abenteuern, manchmal verstanden sie es, dieses mit dem Alltag der Stadt zu verbinden. In privaten wie auch in öffentlichen Angelegenheiten waren sie bedenkenlos; es war eine unsentimentale Epoche, nur konkrete Dinge zählten, Geld und gesellschaftliche Stellung, und dieses wie jenes wurde mit großem Kraftaufwand erreicht und weckte den Neid zahlreicher Konkurrenten. Die Patrizier betrachteten die Stadt als ihr Privateigentum. Sie kümmerten sich nicht um den Widerhall, welchen diese oder jene Handlungen beim Volke hatten; sie verachteten die breite Masse der Einwohnerschaft, die betriebsamen kleinen Leute, denen es nicht gelungen war, sich emporzuarbeiten. Sie vergaßen schnell, daß ihre Väter vor nicht langer Zeit als bescheidene Krämer unbekannter Herkunft nach Danzig gekommen waren. Sie brüsteten sich mit ihren relativ neuen Würden, verachteten jeden Fremden. In ihrer Welt herrschte immer Kampf und ständige Rivalität, selbst dem größten Vermögen drohte Bankrott infolge von Schiffskatastrophen oder Piratenüberfällen; wie leicht konnte die Gelegenheit eines guten Geschäftes, einer vorteilhaften Eheschließung, einer Erbschaft oder Mitgift übersehen werden! Genau darauf lauerte der Gegner, geduckt, aber gefährlich, bereit, jeden Fehler des anderen auf sein Konto umzubuchen. Die Welt der Geschäfte war begrenzt, zu eng für unternehmerische, von großem Ehrgeiz getriebene Naturen. Und weil das Glück mal dem, mal jenem hold ist, stiegen einige Familien mit Mühe nach oben, um nach einer gewissen Zeit anderen, tatkräftigeren, mehr vom Glück begünstigten Platz zu machen. Die Danziger Aristokratie war also kein in sich abgekapselter Clan, sondern auf Grund zahlreicher, ungestümer Fermente eine fließende Gruppe von stets neuer Zusammensetzung.

Die Geschäfte der Kaufleute und Reeder

Das Kontor war der Ort, an dem der Danziger Kaufmann einen bedeutenden Teil seines Lebens verbrachte. Er betrat es zuerst als junger Mann, als Lehrling, der alle geheimen Künste seines späteren Berufs erlernen sollte. Um Handel zu treiben, waren Wissen und Fähigkeiten vonnöten: Weiter Gesichtskreis, Kenntnis der Welt und der Menschen. Der Kaufmann mußte fremde Märkte kennen, die erst nach wochenlanger Reise zu erreichen waren, er mußte mehrere Sprachen sprechen, sich im komplizierten Handelsgebaren verschiedener Städte und Häfen zurechtfinden, über Waren Bescheid wissen, die in ihnen gesucht wurden und die er dort vorteilhaft verkaufen konnte. Um erfolgreich an dem internationalen Tauschgeschäft teilzuhaben, mußte man die verschiedenen Arten von Getreide und Tuchen kennen, mit bloßem Auge Herings- und andere Fischsorten unterscheiden, den Wein nach dem Geschmack beurteilen, über Gewürze, Rosinen, Öl Pelze und Wachs, Kupfer und Zinn Bescheid wissen. Um Geschäfte abzuschließen, mußte man allerhand Rechnungsarten und Preiskalkulationen beherrschen sowie mit Brüchen und Prozenten umgehen können. Jede Operation wurde sorgfältig in Bücher eingetragen, ihr Verlauf wurde kontrolliert. Es war dies kein leichtes Unterfangen, wenn man in Betracht zieht, daß in jedem Land und jeder Stadt anderes Geld im Umlauf war, andere Maße und Gewichte verwendet wurden. Hinzu kam, daß das Münzsystem nicht stabil war: Der Gold- und Silbergehalt änderte sich laufend, die Verrechnungseinheiten, die es in Wirklichkeit gar nicht gab (wie die Preußische Mark oder den holländischen Carolusgulden), wiesen ständig eine andere Zahl der Umlaufmünzen auf. Die schwierigen Umrechnungen erleichterte man sich durch die Verwendung von Spielmarken oder eines Abakus.

Schon im 13. Jahrhundert entstanden für die Adepten des kaufmännischen Berufs zahlreiche Mathematiklehrbücher, Traktate über Handelsbräuche, Auskünfte über Jahrmärkte, Maße, Gewichte, Münzeinheiten. Sie kursierten in allen größeren Zentren des Welthandels und waren auch in Danzig bekannt. 1538 wurde hier das erste einheimische Rechenbuch veröffentlicht. «Ich Erhardt von Ellenbogen, Bürger und durch den ehrwürdigen und weisen Rat in der guten königlichen Stadt Danzig bestätigter Rechenmeister ... habe festgestellt, daß Bücher das menschliche Gedächtnis bewahren, deswegen habe ich dieses Buch geschrieben. Ich habe festgestellt, daß kein Buch über unsere Umlaufmünzen gedruckt wurde, deswegen habe ich dieses niedergeschrieben ... Das Werk spricht für den Meister, und denen, die Unsinn reden, soll Schmach geschehen; und jedermann soll wissen, daß ich aller berühmten Rechenmeister Methoden, Wissenschaft und Kunst kenne ...»[9]

Das Wissen des Herrn von Ellenbogen kam tatsächlich etlichen Generationen von Lehrlingen des kaufmännischen Handwerks zugute. Erst 1589 erschien hier ein neues, in der Folge mehrmals verbessertes und ergänztes Handbuch aus der Feder des Danziger Lehrers Sebastian Gamersfelder. Es war ein sehr nützliches Büchlein, welches neben verständlichen Darlegungen der Rechnungsführung eine Reihe praktischer Aufgaben enthielt.

Der Kaufmann mußte nicht nur ein guter Rechner sein. Er mußte gleichfalls die Grundlagen der Navigation, die wichtigsten Regeln der Physik und Mechanik und die Bedeutung der Begriffe wie Kapital, Verlust, Gewinn, Kosten, Aktiva und Passiva, Saldo, Konto, Prozent, Zinsfuß beherrschen: Sich in dieser Welt sicher und fehlerfrei zu bewegen, mußte erst gelernt werden.

Das Kontor war ein recht großer Raum, ausgestattet mit schweren, soliden Möbeln. In den tiefen Schränken und Truhen, die mit mächtigen Schlössern versehen waren, lag Geld aus der ganzen Welt: goldene Dukaten und Louisdors, in Deutschland und den Niederlanden geprägte silberne Taler, spanische Reales und portugiesische Pistolen. In besonderen Fächern befanden sich nicht weniger wertvolle Handelsbriefe und Wechsel. Mit Hilfe der letzteren wurden im 16. und 17. Jahrhundert die meisten Operationen des Ostseehandels abgewickelt.

Schon seit langem kannte man hier den einfachsten Typus eines Wechsels, den privaten Wechsel. Er war gewissermaßen die Verpflichtung des Ausstellers, die genannte Summe an genannter Stelle zu entrichten. «Ich, Martin Koenig, in der edlen Stadt Danzig seßhafter Kaufmann, schulde die Summe von 125 Preußischer Mark und verpflichte mich, sie am Tage des hl. Martin A. D. 1483 zurückzuzahlen», so lautete etwa die Formel.

1
Blick auf Danzig, 18. Jahrhundert
2
Handelsschiffe und Weichselschuten, 18. Jahrhundert

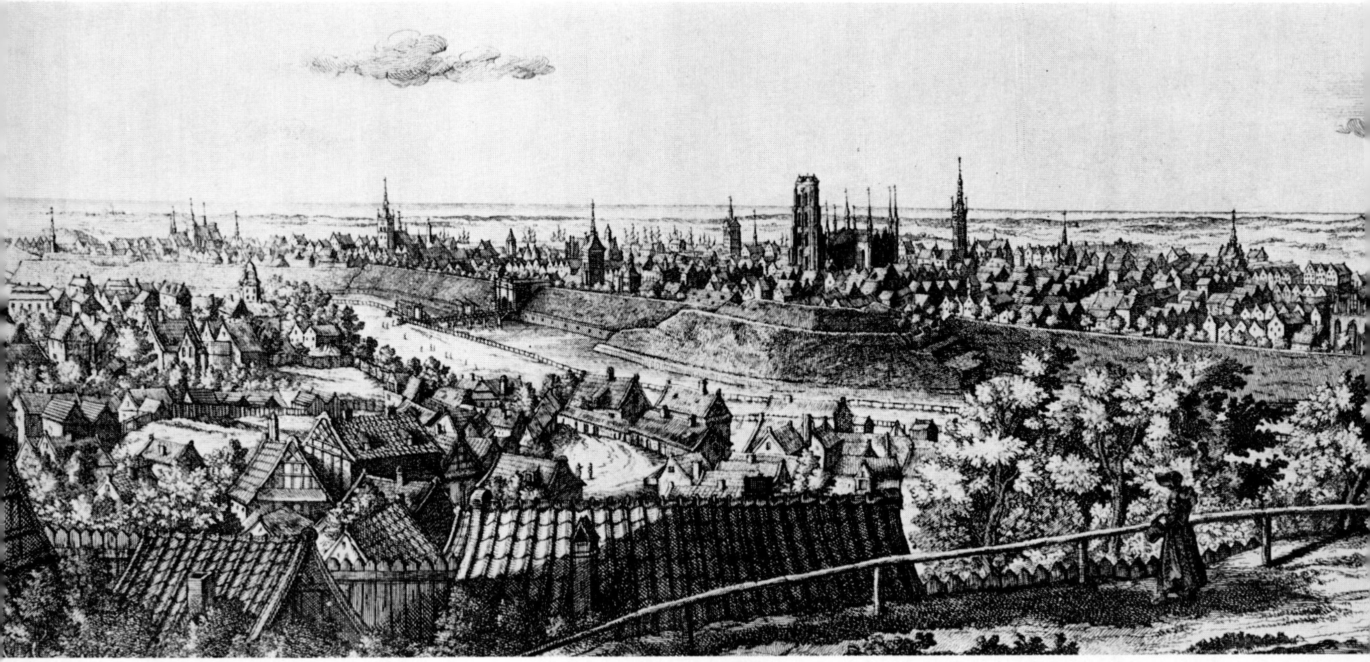

5
Tracht eines Danziger Kaufmanns,
16. Jahrhundert

3,4
Großes Hulksiegel
und Sekretsiegel der Stadt Danzig, um 1400

MERCATOR DANTISCANVS.

LV.

Ein Herr oder Kauffman zu Dantzig.

AVff solche weiß vnd monier/
In sollicher Klaidung vnd zier.
Zu Dantzig die Kaufleuth einher gahn/
Wie gesehen hat mancher Man.

6
Kogge,
der Pfeil über dem Mastkorb zeigt die Fahrtrichtung an, 15. Jahrhundert

7
Der Kran,
links im Hintergrund die Marienkirche

8
Anton Möller,
Porträt des Moritz Ferber,
1590

9
Unbekannter Meister,
Danziger Patrizierin,
1598

10
Sigismund II. August (1520–1572)

11
Martin Opitz (1597–1639)
12, 13
Danziger Gedenkmedaille zur 200-Jahrfeier des Abfalls vom Deutschen Orden, 1654

A NEUUUE MOTLOU B SCHEFFEREYEN BRICK C MELCE KANNEN THOR

A ALTE MOTLOU B CRAHN C H GEIST THÖR D FRAUUEN THOR E GRINE BRICK

14
Speicher an der Nordspitze der Speicherinsel, 17. Jahrhundert
15
Ankerplätze an der Mottlau,
links die Speicherinsel, rechts die Lange Brücke mit dem Kran, 17. Jahrhundert

16
Grüne Brücke und Grünes Tor,
im Vordergrund
beladener Weichselkahn,
17. Jahrhundert

17
Władysław IV.
(1595–1648)

18–23
Danziger Gedenkmedaillen
Oben:
Besuch von Johann Kasimir,
1653
Mitte:
Friedensschluß,
1642 oder 1660
Unten:
Friede zu Oliva, 1660

24
Andreas Stech,
Der Danziger Bürgermeister Heinrich Schwarzwald, 1682

25
Daniel Schulz,
Porträt der Konstanze Schumann, um 1674

Sie wurde nach italienischem Vorbild durch das Aviso, das heißt die Benachrichtigung einer Person von der Verpflichtung, die genannte Summe zu bezahlen, erweitert. Es war eine Art Brief, in dem der eine Kaufmann den anderen bat, dem Inhaber des Wechsels eine bestimmte Summe auszuzahlen. Sich auf eine weite Reise mit solch einem Wechsel zu begeben, war weit sicherer, als Bargeld mit sich zu führen. Von da war es nur noch ein Schritt zum neuzeitigen gezogenen Wechsel oder der sogenannten Tratte, in der der Aussteller den Bezogenen aufforderte, eine bestimmte Geldsumme an den im Wechsel genannten Berechtigten zu zahlen. Schon in der ersten Hälfte des 16. Jahrhunderts kam in Danzig auch der Wechsel mit dem Indossament (Giro) auf, das heißt mit einem Übertragungsvermerk zum einmaligen Empfang der Wechselsumme. Bekannt waren auch Schecks, die nicht zu einem bestimmten Termin, aber von einer bestimmten Person eingelöst werden konnten. Alle diese Papiere, die sich statt Bargeld im Umlauf befanden, erleichterten die Durchführung größerer Handelstransaktionen sehr.

Einen Ehrenplatz im Kontor hatte das in starkes Pergament eingebundene, mit Metallklammern vor zudringlichen Augen geschützte große Geschäftsbuch. Hier trug der solide Kaufmann neben Notizen über das familiäre Leben (Hochzeiten, Beerdigungen, Taufen) alle wichtigeren geschäftlichen Operationen ein, hier wurden die Namen der Schuldner wie die der Gläubiger festgehalten, die Summen der getätigten Anleihen, die Zahlungstermine sowie der Zinsfuß vermerkt, Gewinne und Verluste berechnet. Anfangs waren das einfache, alltägliche Notizen, oft ohne System eingetragen, die, wenn sie nicht mehr aktuell waren, durchgestrichen oder ausradiert wurden. Jedoch schon zu Beginn des 16. Jahrhunderts entwickelte sich in den größeren Firmen eine systematische Buchführung.

Es wurden nicht allein die Schuldforderungen und gewichtigere Verpflichtungen eingetragen, sondern überhaupt der Eingang und Ausgang von Bargeld und Waren. Um sich leichter in der Vielfalt der Operationen zu orientieren, begann man die Eintragungen zweiseitig vorzunehmen; auf der einen Seite wurden die Einnahmen, auf der anderen die Ausgaben festgehalten. Es war nicht mehr weit bis zur Einführung der großen venezianischen Erfindung: der doppelten Buchführung, die auf dem einfachen, aber genialen Grundsatz beruht, daß alles, was auf der «Kredit»-Seite steht, auch auf der «Debet»-Seite erscheinen muß und umgekehrt. Dazu reichte das eine frühere Buch «Omnibus» nicht mehr aus. Gegen Ende des 16. Jahrhunderts standen auf den Regalen der Danziger Kontore neben dem «Capital» oder Hauptbuch, in welches die Gesamtheit einer Transaktion eingetragen wurde, Hilfsbücher und ebensolche Hefte: Warenbuch, Schuldbuch, Tagebuch, Memorial (Merkbuch, wie der Name schon sagt), Kostenbuch. Alle waren sie sorgfältig in Pergament oder Leder eingebunden, mit Rubriken und alphabetischem Verzeichnis versehen, mit Verweisungszeichen und anderen Hilfsmitteln.

Von Büchern umgeben, über das Pult gebeugt, verbrachte der Kaufmann viele Stunden in seinem Kontor. Der Handel war ein schwieriges, gefährliches Unternehmen; nichts durfte ohne Überlegung geschehen, Leichtsinn konnte häufig das Vermögen kosten. Jede überseeische Transaktion erforderte, daß bedeutende Summen ausgelegt oder viele Wechsel in Umlauf gebracht wurden. Die Miete oder der Bau eines Schiffes verschlangen das meiste Kapital. Die Kosten für den Bau eines Hulks mit einer Tragfähigkeit von 20 Last betrugen in Danzig um die Mitte des 15. Jahrhunderts 1440 Preußische Mark oder 38 Kilogramm reines Silber. Im 17. Jahrhundert waren bereits 130 Kilogramm Silber nötig, um ein ähnliches Schiff bauen zu können. Um also den Bau größerer Einheiten zu finanzieren, entstanden ganze Gesellschaften, und solche Fälle, daß ein einzelner Reeder mit seinem Vermögen dafür haftete, waren die Ausnahme.

Allein ein Schiff zu bauen oder zu mieten genügte nicht. Es mußte darüber hinaus die Ware möglichst billig eingekauft werden. Man mußte Seeleute finden, sie anheuern und mit Lebensmitteln versorgen. Die geforderten Zölle in Danzig, im Sund und in

26
Anton Möller, Allegorie des Danziger Reichtums, o. J.

den Zielhäfen mußten entrichtet werden. Der Kaufmann, der solche Ausgaben auf sich nahm, konnte des Erfolges bei dem Gesamtunternehmen noch keineswegs sicher sein. Seefahrt war nie ungefährlich. Wie leicht konnte ein Schiff an Felsenklippen stranden, auf eine Sandbank auflaufen oder im Sturm zerschellen. Die Ware konnte feucht werden und verderben. Oft kam es vor, daß nach einer langen und kostspieligen Reise das Getreide stockig war, die Gewürze muffig, der Wein angesäuert, die Fische verdorben, so daß niemand die Ware kaufen wollte. Damit erschöpften sich die unvermeidlichen Gefahren keineswegs. Auf die mit allen möglichen Gütern vollbeladenen, nicht allzu beweglichen Schiffe lauerten flinke beutegierige, zu jeder Tat fähige Piraten. Der Kampf war in den meisten Fällen ungleich, die Aussichten auf eine Rettung durch die Flucht minimal. So war es in Friedenszeiten. Die damals häufigen Kriege erschwerten den Seeverkehr zusätzlich. Auf den Meeren fanden wahre Jagden auf Handelsschiffe statt, die Beute wurde ungeniert unter den Seeleuten der siegreichen Kriegseinheiten aufgeteilt.

Es kam vor, wenn auch selten – solche Fälle wurden aus verständlichen Gründen durch die Behörden aller Hafenstädte verfolgt und streng bestraft –, daß ein unehrlicher Schiffer dem Besitzer der Ladung großen Schaden zufügte. Im Herbst 1610 wurde in Danzig ein Prozeß zwischen dem Kaufmann Urban Brun und dem Schiffer »Capitain« Joachim Grunse wegen Veruntreuung des ihm zum Transport anvertrauten Gutes geführt. Statt nach Memel, wo Bruns Agent, Melchior Dickmann, die Ware erwartete, wanderte sie nach Libau und wurde dort an Gelegenheitshändler verkauft. Die Ladung bestand nur aus drei Last Salz im Werte von rund 10 Florin (= Goldgulden), 38 Faß Äpfel zu je 2 Mark und 8 Fäßchen gesalzener Gurken zu je 12 Groschen. Der betrügerische Schiffer wurde mit Buße belegt und mußte Brun das für die Waren verausgabte Geld zurückerstatten.

Nicht alle Unternehmungen endeten aber verhängnisvoll. Neben mißglückten Transaktionen fehlte es nicht an gewinnbringenden, sogar sehr profitablen Unternehmen. Eine geschickt geplante und ebenso ausgeführte Fahrt konnte 50, 100 und auch mehr Prozent Gewinn abwerfen. Das in ein riskantes Geschäft investierte Kapital kehrte doppelt und dreifach zurück. In wenigen Monaten konnte man reich werden – oder, wenn einen das Glück verließ, sich in einen armseligen Händler, einen Krämer oder Bettler verwandeln. Die Möglichkeit des schnellen Geldverdienens, wenn das sprichwörtliche Quentchen Glück nicht fehlte, zog wie ein Magnet energische, tatendurstige Männer an. Und eben dieses nicht vorherzusehende Moment des Riskanten führte dazu, daß die reich gewordenen Kaufleute für ihr Kapital andere, sicherere Möglichkeiten der Anlage suchten.

Um das Risiko, dem der Versand der Waren unterworfen war, zu mindern, vereinigten sich die Kaufleute zu Gesellschaften. Die älteste und am weitesten verbreitete Form war die Familiengesellschaft. So taten sich vor allem Brüder, Vettern, Schwäger zusammen, um gemeinsam die Ware einzukaufen – mochten es Getreide, Holz, Pech oder andere Produkte gewesen sein – und später ihren Transport nach England oder Frankreich zu organisieren. Der mit dem Transport beauftragte Familienvertreter kaufte dort für den erzielten Erlös andere Waren ein – Tuche, Bier, Heringe, Salz –, die er nach Danzig brachte. Nach dem glücklichen Anlaufen des Heimathafens wurde abgerechnet: Entsprechend dem eingebrachten Wert erhielten die Teilhaber der Transaktion nach Abschreibung aller Unkosten den ihnen zustehenden Anteil an Ware bzw. Geld. Nicht immer wurde nach jeder Reise abgerechnet. Allmählich bildete sich eine gemeinsame Kasse dieser Gesellschaft, die aus den eingebrachten Beiträgen ihrer Mitglieder bestand; die Mittel der Kasse waren stets im Umlauf, nur der Reingewinn aus den einzelnen Transaktionen wurde den Teilhabern ausgezahlt. Diese waren nicht ausnahmlos Mitglieder derselben Familie. Häufig vereinigten sich völlig fremde Personen. Manchmal waren es Kaufleute in verschiedenen Städten; dadurch wurde der Austausch sehr vereinfacht, auch wenn das eine Gesellschaftsmitglied in Danzig, das andere in Antwerpen, das dritte in London ansässig war. Mitunter befand sich im Kreis der Kaufleute auch ein Schiffer, der neben seinem Kapital als Anteil seine eigene Arbeitskraft einbrachte. Sein persönliches Interesse am Gewinn der Gesellschaft äußerte sich darin, daß er während der großen Fahrt sorgfältiger auf die Ware achtete und daß er bemüht war, die Transportkosten zu senken. Was Wunder, wenn die Kaufleute gern Schiffer in die Gesellschaft aufnahmen! Es gab auch Fälle, daß Edelleute oder Gutsbesitzer, die mit den Danzigern durch laufende Kredite, jährliche Warenlieferungen und vielfältige langfristige Leistungen in geschäftlichem Verkehr waren, den Gesellschaften beitraten.

Kleines Hulksiegel der Stadt Danzig, um 1400

Die häufigste Form der Tätigkeit solcher Gesellschaften war das Kommissionsgeschäft. Mehrere Kaufleute vertrauten die gemeinsame Ware «zu treuen Händen» einem Agenten, der in der Folge die Transaktionen zum Besten aller Beteiligten besorgte. Man konnte übrigens auf diese Weise nicht nur die Ware, sondern schlechthin auch ein bestimmtes Kapital in die Zirkulation bringen. Der Agent kaufte dafür nach eigenem Ermessen Ware, verkaufte sie mit Gewinn, der unter die Teilhaber aufgeteilt wurde: diese brauchten sich nicht um das Geschäft zu kümmern, brauchten keine Entscheidungen über die Art der Einkäufe zu treffen oder Marktforschung zu betreiben. Das erwies sich als besonders vorteilhaft, wenn es um das Kapital von Waisen oder älteren Personen ging, die selbst keine Geschäfte tätigen konnten.

Mußte nicht derjenige, der einem Agenten bedeutende Summen anvertraute, ein Risiko eingehen? Auch hier kamen Veruntreuungen vor, wenn auch selten. Ein unehrlicher Agent galt als «ausgelöscht», nicht nur in der eigenen Stadt; sofort gingen Briefe und Warnschreiben an andere Handelszentren, so daß er nur in Ausnahmefällen einer Strafe entgehen konnte; eine Beschäftigung nach einer solchen Affäre zu finden, war kaum mehr möglich. Die Handelsleute kannten sich vorzüglich und verstanden es, in diesen Dingen wirklich solidarisch zu handeln. Daher finden wir auch wenig derartige Prozesse. 1610 strengte Heinrich Dreiher einen Prozeß gegen Jan Kosicki, seinen ehemaligen Agenten an. Er übergab ihm gewisse Wechsel und bevollmächtigte ihn, in Zentralpolen Schulden einzutreiben. Kosicki kehrte nach Danzig ohne Unterlagen und ohne Geld zurück; von seinem Patron unter Druck gesetzt, flüchtete er nach der Danziger Vorstadt Schottland (Szkoty), später wahrscheinlich ins Ausland.

1615 klagte ein gewisser Kaufmann Martin Kramer gegen seinen Agenten Jakob Schulc. Der pfiffige Jakob leerte nicht nur die Kasse seines Prinzipals, sondern entführte auch dessen Tochter. Die Angelegenheit wurden übrigens gütlich beigelegt, nämlich durch die Vermählung der jungen Leute. Der alte Kramer mußte wohl oder übel die Veruntreuung vergessen und zufrieden sein, daß die Heirat der Tochter den Schandfleck in der Familie, die Geburt eines Bankerts, tilgte. Diese Art von Vertrauensmißbrauch wollte man tunlichst vor der Öffentlichkeit verbergen und friedlich regeln.

Das Betätigungsfeld des Danziger Kaufmanns waren nicht nur das Kontor, die Geschäftsbücher und Beratungen mit den übrigen Gesellschaften. Im 16. und 17. Jahrhundert gab es in der Stadt noch keine Börse. Ihre Rolle spielte im hohen Maße der Lange Markt, vornehmlich der Platz vor dem Artushof. Hier wimmelte es von Agenten, Maklern, Kaufleuten, Schiffern, hier wurden die Nachrichten vom Eintreffen neuer Waren im Hafen weitergege-

Tafel 42

ben, die Preise für Salz, Getreide, Heringe, Öl, Wein, Tuche festgelegt.

Vom Langen Markt war es nicht weit zum Hafen. Dieser befand sich auf dem Südufer der Danziger Bucht, an der Mottlau, innerhalb der Befestigungsmauern, unweit der Stelle, wo der Fluß in die Weichsel mündet, dort nämlich, wo sie mit einem sanft abfallenden Ufer ein großes Knie bildet. Die beträchtliche Entfernung vom offenen Meer gab den Schiffen Schutz vor Stürmen, die über der Ostsee tobten. Eine fortwährende Vertiefung der Mottlau machte das Anlegen großer Schiffseinheiten immer besser möglich.

In der Schiffahrtssaison, vom Frühjahr bis zum späten Herbst, herrschte an der Mottlau ein ungewöhnlich reges Treiben. Täglich legten hier Schiffe an: aus England und Schottland, aus Frankreich und den Niederlanden, aus Schweden und Norwegen. Ein großes Gedränge gab es auf dem Wasser, und es ging dort laut zu, besonders dann, wenn ganze Flottillen ankamen, die Dutzende von Schiffen zählten und der größeren Sicherheit wegen gemeinsam segelten. Es waren wahrhaftige Seekarawanen, die aus dem westlichen Frankreich oder Portugal Salz, aus dem fernen Spanien Wein und Apfelsinen brachten. Entlang dem gesamten Ufer, das sich bis hin zur Schleuse erstreckte, und beiderseits der Speicherinsel drängten sich an besonderen in den Grund gerammten Pfählen angezurrte mächtige Schiffsrümpfe. Darüber ragte, schon von weither sichtbar, ein Wald von Masten in den Himmel.

Der Hafen besaß eine eigene ausgebaute Verwaltung und beschäftigte Hunderte von Menschen. Den Eingang bewachte ein Aufseher mit ein paar Knechten, die auch für den hölzernen Schlagbaum verantwortlich waren. Von Zeit zu Zeit ging dieser hoch, und vorsichtig manövrierend schob sich ein neues Schiff in die Mottlau. Während der Schiffer in der Pfahlkammer (= Zollamt) die ersten Formalitäten erledigte, bestimmte ein besonderer Hafenangestellter den Liegeplatz seines Schiffes. Das war keine so leichte Aufgabe, besonders in der Hochsaison, wenn die mit Getreide bis an den Rand beladenen Weichselkähne (= Galler) in langen Schleppzügen den Strom abwärts fuhren, und auf der Meeresseite, ungeduldig auf dieses Getreide wartend, sich viele Schiffe holländischer und anderer Käufer drängten. Man mußte schon gut aufpassen, daß bei der herrschenden Enge kein Chaos und Durcheinander im Hafen entstand.

Zwischen den großen Schiffen tummelten sich kleine Boote, die beim Entladen oder Beladen nützlich waren. Auch der große Hafenaufzug, der Kran, war in Betrieb. Er besaß zwei recht ein- *Tafel* 7 fache Aufzugsvorrichtungen, eine in der Höhe von etwa 12 Metern, die andere bei 25 Metern. Jede von ihnen bestand aus einem Rad auf einer mächtigen Welle, auf die ein Hanfseil gewickelt war. Von der Welle ging das Seil schräg zum nächstliegenden Stockwerk bis zum äußeren Balken innerhalb einer Holzkonstruktion, und von dort hing es senkrecht zum Wasser herab. Ein großes Rad (fünf Meter Durchmesser) wurde von Sträflingen in Bewegung gesetzt, die es von innen her traten. Das Rad bewegte die Welle, die gleichzeitig seine Achse war. Auf diese Achse wickelte sich das Hanfseil auf, an welches schwere Lasten angehängt wurden: Fässer mit Wein und Bier, Mühlsteine und anderes. Mit Hilfe des Krans wurden auch die Masten auf die Weichselkähne und Seeschiffe gesetzt. Die Aufzugsvorrichtungen am Krantor waren, jede einzeln, in der Lage, eine Last von zwei Tonnen zu heben. Zu Beginn des 17. Jahrhunderts wurde an der Mottlau ein zweiter, bedeutend kleinerer Hafenaufzug errichtet. Er sollte hauptsächlich für das Aufstellen der Maste auf den Weichselschiffen dienen, gebraucht wurde er aber selten, was oft zu Klagen seitens seiner Bedienungsmannschaft Anlaß gab. Das große Krantor erfüllte offensichtlich diese Aufgaben besser.

Dutzende von Hafenarbeitern und Trägern, elend entlohnt und durch die reiche Kaufmannschaft ausgebeutet, krümmten ihre Rücken unter der Last der Getreidesäcke und Holzbalken. Besondere Warenprüfer unter der Aufsicht sogenannter «Getreidekapitäne» kontrollierten auf das Verlangen des Kaufmanns oder Schiffers das in den Speicher gebrachte Getreide. Auf dem Holzverladeplatz arbeiteten erfahrene Bracker, die die Ladungen sortierten und die Qualität des Holzes bestimmten.

Holländisches Handelsschiff,
achtern über dem Ruder
befinden sich
zwei Klosetthäuschen,
dazwischen der Auslauf
für lebend mitgeführte Tiere,
15. Jahrhundert

Tafel 73, 74 Ähnliche Fachkundige waren auch im Teerhof und im Aschhof beschäftigt.

Neben den Holz- und Getreideträgern, den Kontrolleuren und Brackern wimmelte es im Hafen noch von anderen Arbeitern. Charles Ogier beschreibt sie wie folgt: «Ich machte einen Spaziergang zum Hafen und schaute zu – weil es interessant ist zu sehen –, wie die Schiffe entladen und beladen werden; diejenigen, die die Waren auf dem Rücken tragen …, haben nur die Blöße bedeckt, um die Kleidung oder das Hemd zu schonen …»[10] Die einen rollten Fässer mit Bier, gesalzenem Fleisch und Zwiebäcken auf die Schiffe als Proviant für die Besatzung bei langen Seefahrten; die anderen entluden die aus dem Westen angekommenen Schiffe – schwere Tuchballen, Kisten mit Apfelsinen und Zitronen, Säcke mit Zucker, Fässer voll Wein und Öl. Im zeitigen Frühjahr und späten Herbst wurden die Verladearbeiten durch Eisgang auf der Mottlau erschwert. «Am ersten März», so berichtet Ogier an anderer Stelle, «schlenderten wir bei strengem Frost und sonnigem Wetter am Hafen entlang, wo die Waren entladen werden. Ein Schiff aus Holland war gerade angekommen, mit einer Ladung spanischer Weine; damit es am Ufer anlegen und seine Ladung rechtzeitig löschen konnte, mußte mit großem Aufwand und nicht ohne Gefahr sehr dickes Eis aufgebrochen werden.»[11]

Die Arbeit im Hafen war schwer und gefährlich, dazu noch sehr schlecht bezahlt. Getreideträger zum Beispiel erhielten gemäß einer Verordnung vom Jahre 1591 für das Hinauftragens einer Last Getreide in das erste Stockwerk eines Speichers viereinhalb Groschen, für die folgenden Stockwerke zusätzlich je einen Groschen. Obendrein fanden die Auszahlungen und Verrechnungen in Wirtshäusern statt, die den erwähnten «Getreidekapitänen» gehörten. Nach der Entlohnung fing sofort ein Zechgelage an, in dessen Verlauf der größte Teil des Verdienstes der Träger zurück in die Taschen der Kapitäne floß. Was Wunder, daß solche Gelage von Geschrei und Flüchen begleitet waren, so daß die umliegenden Bewohner wiederholt bei den Behörden vorstellig wurden und die Schließung dieser Wirtschaften forderten!

Etwas besser war die materielle Lage der Böttcher und sonstiger Ausbesserer, die auf den Brükken und an den Ufern ihrer Beschäftigung nachgingen. Mitunter fiel von einem unvorsichtig transportierten Faß ein Reifen ab; nicht selten kam es zu anderen Beschädigungen der Verpackung, die eine sofortige Ausbesserung erforderlich machten. Von solchen sporadischen Reparaturen lebte in Danzig eine ganze Gruppe von Handwerkern, die nur ein Bündel mit Werkzeug ihr eigen nannten, aber ganze Tage im Hafen verbrachten. Neben ihnen lungerten an der Mottlau jede Art von Maklern und Vermittlern herum, dazu die in dieser vielsprachigen Masse notwendigen Dolmetscher, Geldwechsler und Agenten größerer Firmen neben verschiedenen Spekulanten, die auf eine Gelegenheit warteten, leicht Geld zu verdienen. Nicht umsonst schrieb Sebastian Fabian Klonowic über den Danziger Hafen:

«Hier find'st du Schipper, Menschen vieler Sorten,
der handelt mit Geld, der andre mit Worten …»[12]

Die erste Reise nach Danzig muß für jedermann sehr beeindruckend gewesen sein. Der Neuling konnte leicht im Gedränge und Sprachengewirr – wie man so sagt – den Kopf verlieren. Wie sonderbar und unbegreiflich sah der Hafen aus. Wir können uns davon lediglich aus den Worten des Dichters ein Bild machen, der schrieb:

«Hier siehst du Kräne und der Lager Rachen,
hier schaust du viele wunderliche Sachen,
wie schon gesagt, dort wo die Speicher,
sind auch die Käufer.
Die Grüne Brücke – dort wollen wir schaffen,
nicht Treppen, Steige, Aufzüge begaffen,
Waagen, Treträder, Bänke, buntes Gewühle,
allerlei Spiele.
In der Brise bläht sich der Segel Tuch
und kündet die Ferne – ein offnes Buch,
Mastbäume ragen aus dem Gewimmel
bis in den Himmel.
Hier siehst du kühne Seefahrerleute,
erfahrene Händler, deine Landsleute;
kaufe, verkaufe, in die Hand schlag ein,
der Gewinn ist dein.»[13]

Der Danziger Rat ließ dem Hafen eine besonders sorgfältige Fürsorge und Kontrolle angedeihen. Hier nämlich war die Quelle großer Gewinne, die den Reichtum der Stadt unaufhörlich mehrten. Vom Zoll der aus- und eingeführten Waren, dem sogenannten Pfahlgeld, wurde eine gewisse Summe als Gehalt für die Wächter und Hafenbeamten abgeführt. Deren Aufgabe war, dafür zu sorgen, daß die im Hafen und auf der Speicherinsel geltenden Regeln strikt eingehalten wurden. Sie mußten streng darauf achten, daß die Mottlau im Schutze der Dunkelheit nicht verunreinigt wurde. Seit dem 16. Jahrhundert wurde mit dem Tode bestraft, wer diesem Gesetz zuwiderhandelte! Ein so hohes Strafmaß war keineswegs überspitzt. Die Verschmutzung und Verschlammung des Hafens konnte sein Ende bedeuten, in der Konsequenz den Ruin der ganzen Stadt.

Wesentliche Teile des Hafens waren die Lastadie und die Brabank: Werften und Reparaturwerkstätten. Lastadie hieß der Abschnitt des Mottlauufers, der sich entlang der Vorstadt hinzog. Schon im 6. Jahrhundert entstanden dort Werkstätten zum Bau von Schiffen. Die Aufsicht über die Lastadie hatten zwei jährlich wechselnde Ratsherren, deren Pflicht es war, alle zu Wasser gelassenen Schiffe zu kontrollieren. Das gesamte Ufer war in Parzellen eingeteilt, wo Baumaterial gelagert und Zimmermannsarbeiten verrichtet wurden. Diese Parzellen wurden an Privatpersonen beziehungsweise Gesellschaften, die Schiffsbau betrieben, in Pacht gegeben.

In der Lastadie wurden nur neue Schiffe gebaut. Die Überholung alter Einheiten sowie jegliche Ausbesserungsarbeiten wurden am anderen Ende des Hafens, in der Brabank, nicht weit von der Einmündung der Mottlau in die Weichsel, vorgenommen. Hier hallten vom frühen Morgen bis zum späten Abend die Axtschläge, hier wurde fieberhaft gearbeitet. Die in Danzig nach langer Reise eintreffenden Schiffe bedurften zahlreicher Ausbesserungen: Mit frischem Flachs- oder Hanfwerg wurden Ritzen abgedichtet, alte und morsche Bretter wurden geteert und neue Maste aufgestellt. Die Danziger Ausbesserungswerkstätten waren auch ausländischen Schiffern wohlbekannt, die ihre Dienste gern in Anspruch nahmen. Handwerker, die die Schiffe bauten und ausbesserten, gehörten mehreren Berufsgruppen an. In erster Linie waren es die Schiffszimmerer, die besonders in der früheren Zeit, eine relativ große Gruppe bildeten. Nach ihnen kamen Ankerschmiede, Seiler (Röper), Segeltuchweber und Segelmacher. Sie alle hatten ihre eigenen Zunftorganisationen, beschäftigten wie die anderen Meister ihre Gesellen und Lehrlinge und unterschieden sich zunächst von den übrigen Danziger Handwerkern nicht. Bei näherer Betrachtung allerdings konnte man bereits sehr deutliche Unterschiede bemerken.

Der Bau eines Schiffes setzte das Vorhandensein eines bedeutenden Kapitals, über welches ein durchschnittlicher Handwerker nicht verfügte, voraus. Also wurde die Organisation der Schiffsbauten von den Kapitalbesitzern in die Hände genommen, an denen es in der Danziger Kaufmannsschicht nicht mangelte. Folglich waren die Schiffszimmerer keine selbständigen Produzenten, wie die Schuhmacher oder Schneider. Sie arbeiteten nicht auf eigene Rechnung und eigenes Risiko, sondern wurden von Schiffsunternehmern, Reedern und den durch diese organisierten Gesellschaften beschäftigt und recht gering entlohnt. Ein im März 1552 erlassenes Statut bestimmte, daß sich die Zimmerleute mit einem Lohn von 16 Schilling täglich begnügen müßten. In der zweiten Hälfte des 16. Jahrhunderts erkämpften sie sich mit Mühe eine höhere Entlohnung, und schon begannen 1579 die Kaufleute zu klagen, daß es in der Stadt zuwenig Handwerker dieser Branche gäbe und diese deshalb allzu hohe Löhne verlangten.

1589 wollten Danzig, Königsberg und Elbing einen gemeinsamen Tarif für Zimmerer festlegen, um die Fluktuation der Arbeitskräfte zu vermeiden. Zu einer Vereinbarung kam es allerdings nicht, und im März des gleichen Jahres setzten die Danziger Behörden auf eigene Faust einen neuen Tarif fest, welcher 10 bis 15 Groschen täglich im Sommer und 7 bis 12 Groschen im Winter betrug. Angesichts des schnellen Wachstums der Lebenshaltungskosten waren diese Löhne äußerst niedrig, und die Zimmerleute waren das ganze 17. Jahrhundert hindurch bestrebt, sie zu revidieren.

Die Arbeit der Schiffszimmerleute war sehr schwer und dauerte 13 Stunden täglich (von 6 Uhr früh bis 7 Uhr abends). Der Meister konnte seinen Arbeitsplatz nicht ohne Zustimmung des Arbeitgebers wechseln. Darüber hinaus war er verpflichtet, wenn jener mit seiner Arbeit unzufrieden war und glaubte, einen Verlust erlitten zu haben, diesen aus der eigenen Tasche zu bezahlen.

Noch schlechter als dem Meister erging es den Lehrlingen und Gesellen, die nicht nur vom Schiffsbesitzer, sondern auch unmittelbar von dem eigenen Patron ausgenutzt wurden. Der Verdienst betrug nur wenige Groschen täglich. Meister zu werden war nicht einfach, und wenn der Bewerber endlich die vorgeschriebenen Dienstjahre absolviert, das Meisterstück abgeliefert hatte und in die Zunft aufgenommen wurde, dann zeigte es sich, daß seine Situation nicht vorteilhafter geworden war.

Etwas besser ging es den anderen Handwerkern in der Schiffsbaubranche. Ankerschmiede, Seiler und Segelmacher gerieten niemals in eine solche Abhängigkeit von den Schiffsgesellschaften wie die Zimmerleute. Diese Handwerker arbeiteten in eigenen Werkstätten, die wohlhabenderen mit Hilfe einiger Gesellen und Lehrlinge. Die von ihnen hergestellten Erzeugnisse – Anker, Seile und Segel – wurden von den Agenten und Maklern einzelner Reeder und Schiffsgesellschaften aufgekauft. Im Verhältnis zu den Meistern der Branchen spielten diese Agenten und Makler die Rolle gewöhnlicher Abnehmer.

Die in zahlreichen Reedereigesellschaften zusammengeschlossenen Schiffsbesitzer nutzten nicht nur die Handwerker aus. Sehr stark ausgebeutet wurden auch die Schiffsbesatzungen, also die Seeleute verschiedener Nationalitäten. Der Seemannsberuf war in früheren Jahrhunderten besonders schwer und gefährlich. Die Reisen dauerten viele Monate, Schiffskatastrophen drohten allenthalben: Stürme und Winde konnten das Schiff zertrümmern, Piraten lauerten auf Beute, nicht selten behinderten Flottillen fremder Staaten die Seefahrt. Das Schicksal der Seeleute erinnerte an das eines Söldners, fern von Familie und Heimat konnte er jederzeit Wunden erleiden, Opfer einer Epidemie werden oder in eine lange, schwere Gefangenschaft geraten. Dabei war sein Verdienst mehr als kümmerlich – er betrug höchstens einige Dutzend Groschen wöchentlich. Die Verpflegung der Schiffsbesatzung war in der Regel schlecht und eintönig. Hauptnahrungsmittel waren Zwiebäcke und gesalzenes Fleisch; völliger Mangel an Gemüse und Obst brachte verschiedene Krankheiten auf dem Schiff mit sich, zum Beispiel die sozusagen berufsbedingte Krankheit, den Skorbut. Häufig bereicherte sich der unredliche Schiffskapitän auf Kosten der ihm unterstellten Leute und kaufte verdorbene Lebensmittel ein oder beschnitt die ohnehin knappen Tagesrationen, reichte nur Wasser statt Bier und ähnliches. In solchen Fällen, aber auch wegen der allzu großen Strenge des Schiffers (er hatte das Recht, die Schiffsbesatzung mit Peitsche und Karzer zu bestrafen) kam es zu Meutereien. Der grausame oder raffgierige Herrscher über das Schiff wurde jedoch nur selten Opfer der Lynchjustiz der Besatzung. Meistens wurden solche Meutereien blutig niedergeschlagen, nach der Rückkehr in den Hafen warteten auf die Rebellen harte Strafen. Trotz dieser unerbittlichen Härte ihres Lebens – vielleicht aber auch deswegen – stellten die Seeleute ein sehr abenteuerliches und leicht entzündliches Element dar. Sie waren an allen Unruhen in der Stadt beteiligt und stets bereit zum Kampf mit dem verhaßten Patriziat, dessen Symbol für sie der Schiffsbesitzer war.

Die reformatorische Bewegung

«Dieses Rastenbergers tochtter Anna gab Jacob Rohböse einem priester zue ehe», berichtet voller Ärgernis die Chronik des frommen Dominikanermönchs Martin Gruneweg.[14] Jener Geistliche war der berühmte Jakob Knade (vielleicht Knothe), der zu Anfang des 16. Jahrhunderts das Amt eines Stellvertreters des Propstes in der Danziger Petrikirche ausübte. Lakonisch berichtet eine andere Quelle: «Von ihm nahm die Reformation in Danzig ihren

Anfang.» Doch lassen wir den Dominikaner weiter sprechen: «Dieser (der Geistliche Jakob) hette an der Annen ein grossen gefallen, den sie war eine sehr schöne jungfrawe (welches ich ihr selbest zeuen mus, wiewol ich sie im altter kanthe). Do nun ihre schöne gestalt und freuntliche geberde dieses priesters und beruhmten predigers augen gar zue sich geczogen hetten, wart ihm oftte bange in seiner studierkamer, das er dan die bucher von sich schob, erwuschte die reverende, lief alle gassen durch, bis er zu dem Jacob Rohbösen kam.» Die Besuche wurden immer häufiger. Die Familie des Mädchens sah den jungen Geistlichen nicht ungern. Nie kam er mit leeren Händen, stets folgte ihm der Kirchendiener mit einem Braten und gutem, starkem Bier. Man schmauste tüchtig und trank lustig dazu, «unde wart des Rohbösen haus dem herr Knoden zum gotteskasten, in welches er alle seine opfferpfennige warff». Aber auch Anna, die er reichlich beschenkte und gewiß durch seine Bildung, Beredsamkeit und den Zauber eines bekannten Predigers für sich einnahm, sah ihn nicht ungern. Während der alte Stiefvater mit der Frau Ursula das priesterliche Bier trank, tuschelten die jungen Leute intim in der Ecke. Der Priester «hatt ihr zu gefallen manichmahl mette, messe unde vesper verseumett unde anstath s. Marien stundlein hielt er mitt jungfrau Annen sein gesprech, die ihm uber die jungfraw Maria besser däuchte».

Es war die Zeit, als nach Danzig seltsame, aufregende Kunde aus dem nicht fernen Deutschland kam. Luther hatte verwegene, antipäpstliche Thesen in Wittenberg verbreitet. Der verliebte Danziger Priester lauschte eifrig den Neuigkeiten aus Wittenberg und anderen von der Reformation ergriffenen deutschen Städten. Schon flüsterte man an der Mottlau über die Notwendigkeit einer gründlichen Wandlung der Kirche, man verhöhnte das Zölibat und die Mönche, verlangte nach der Heiligen Schrift, um darin Argumente für die Dispute zu suchen.

Jakob Knade war einer der ersten, die von der Kanzel aus den Reformator rühmten, den Papst und die Bischöfe kritisierten und den heiligen Stand der Ehe priesen. Und also bat der junge Priester eines Abends den alten Rohböse um Annas Hand. Ob die Familie des Mädchens eine solche Wendung der Dinge erwartet hatte? War es so schwer zu erraten, wohin die immer häufiger werdenden Besuche und Geschenke, um die sie die geizigen Nachbarn beneideten, führten? Die Mutter Ursula begann sich im entscheidenden Augenblick zu widersetzen: Freilich stimme es, daß die Priester in Deutschland sich bereits Ehefrauen nähmen wie die weltlichen Leute, aber in Danzig gäbe es so etwas noch nicht. Solle doch ein anderer das Beispiel geben. Der Stiefvater Rohböse dagegen zeigte sich nachgiebiger, vielleicht hatte er am priesterlichen Braten und Bier Geschmack gefunden, und erklärte, «daß man sich nicht zuwieder secztte einem so reichenn unde gelartten herren». Auf das Drängen des Priesters «hieltten sie hochczeit in grosser pompe unde mit grossem aufsehen der ganczen stat.» Die Historiker sind sich über das Datum dieses Ereignisses nicht einig – war es 1518 oder erst 1525, also schon während des Aufruhrs? Doch unabhängig davon, wann das junge Paar das nicht alltägliche Fest feierte, bezahlte Jakob Knade seine Verwegenheit teuer. Auf Befehl des Bischofs von Kujawien wurde er verhaftet; in Ketten gelegt, verbrachte er ein Jahr im Gefängnis. Erst die Intervention einflußreicher Personen befreite den Geistlichen aus den Verließen. Nach Danzig zurückkehren war ihm jedoch verboten. 1527 treffen wir Jakob und seine schöne, mit so viel Mühe eroberte Frau in Marienburg. Wann Jakob Knade starb, wissen wir nicht. Diese Nachricht hätte auch keine weitere Bedeutung. Er spielte in Danzig die Rolle eines Funkens – eigentlich eines der Funken, die einen Brand entfachten – und verlor sich in den gewaltigen Aschenhaufen der Geschichte. An Funken fehlte es in Danzig nicht. Die Regierungsjahre des Eberhardt Ferber waren für die Stadt von Nachteil. Kaum war die Matternbande liquidiert – eine Zusammenrottung gefährlicher Räuber, die lange Zeit hindurch die Ruhe und Sicherheit der Kaufleute bedrohten –, als von neuem erste Verwicklungen an der Ostsee entstanden. Die Anstrengungen der Stadt Lübeck, die den unaufhaltsamen Untergang der Hanse verhindern sollten, führten schließlich zu einem offenen Konflikt mit Dänemark. Das Ergebnis waren langwierige Kämpfe und Seegefechte, die sich auf den Seeverkehr nachteilig auswirkten und bedeutende Handelsverluste nach sich zogen. Gleichzeitig wurde die politische Situation zwischen dem polnischen Reich und dem Deutschen Ritterorden unmittelbar vor den Toren der Stadt immer bedrohlicher. Anfängliche Spannungen, die sofort lästige Schikanen seitens des Hochmeisters gegen die Danziger Kaufleute zur Folge hatten, entwickelten sich zu einem offenen Krieg. Bewaffnete Auseinandersetzungen wurden bald bis vor die Mauern Danzigs getragen. Die in ein kompliziertes Netz internationaler Fehden verstrickte Stadt war nicht imstande, ihre Bürger vor damit verbundenen Schäden und Unruhen zu bewahren.

Alle äußeren Schwierigkeiten verblaßten jedoch gegenüber der gewaltigen Zuspitzung der inneren Verhältnisse in Danzig selbst. Schon im 15. Jahrhundert erhoben sich die vom Patriziat unterdrückten Massen der Danziger gemeinen Bürgerschaft zum Kampf um ihre Rechte. Nach der Niederschlagung dieser Unruhen wurde die Bedrückung der Bevölkerung seitens wohlhabender Familien geradezu unerträglich. In der Stadt blühte der Wucher und jede Art von Spekulation. Man spekulierte besonders mit Artikeln des täglichen Bedarfs, vor allem mit Lebensmitteln. Die weniger findigen Kaufleute wurden durch die Konkurrenz großer Handelsfirmen, die über bedeutendes Kapital verfügten und denen viele Makler und Agenten zu Diensten standen, in den Ruin getrieben. Infolge des Auftauchens verschiedener Vermittler und Aufkäufer verschlechterte sich die Situation der meisten unmittelbaren Produzenten, der Handwerksmeister aller Berufe. Das seit dem Ende des 15. Jahrhunderts immer raschere Tempo des Geldumlaufs, die immer größer werdende Frequenz und Vielfalt der für jedes Hafenzentrum so typischen Transaktionen, die großen Preisschwankungen und der ununterbrochene Zufluß von Metallen förderte die Anhäufung von Schätzen in den Händen einiger weniger, die sich an den damals häufigen Zusammenbrüchen schwächerer Konkurrenten bereicherten.

Freilich war die Situation des Mittelstandes, wenn auch mit jedem Tag schwieriger, doch gemessen an den Lebensbedingungen der Stadtarmut noch relativ erträglich. Ein großer Teil der Bevölkerung lebte in unvorstellbarem Elend; in den Kellern und Dachgeschossen der Danziger Häuser, in Holzbuden der Vorstädte vegetierten auf kleinstem Raum und im Schmutz Scharen hungriger, armer Schlucker. Auf diesem Hintergrund wirkte sich der schnell wachsende Wohlstand der Patrizier und der Großkaufmannschaft, deren Mitglieder sich durch rücksichtslose Ausbeutung der unteren Schichten bereicherten, bedenklich aus. Zu Beginn des 16. Jahrhunderts war Danzig eine Stadt mit äußerst zugespitzten gesellschaftlichen Widersprüchen. Zwischen den mit Getreide und Lebensmitteln überfüllten Lagern lungerten Menschen, denen es häufig an täglichem Brot mangelte. Äußerste Armut grenzte an verschwenderischen Reichtum. Wenn die prunkvolle Ferbersche Karosse vierspännig durch die Straßen der Stadt dahinjagte, machte die bescheidene Masse der Fußgänger, vom Straßenkot bespritzt, dem «König» demütig Platz. Die schreiende Manifestation des Reichtums durch die besitzenden Klassen mußten jedoch die Massen der armen Bevölkerung reizen. Von Tag zu Tag vertiefte sich die Unzufriedenheit der gemeinen Bürgerschaft und der Vertreter der Stadtarmut.

Die unredliche Kommunalwirtschaft und der Mißbrauch der Macht durch das Patriziat, dessen Mitglieder seit Jahren die öffentlichen Gelder veruntreuten, führten im Frühjahr 1517 zum Zusammenbruch der städtischen Finanzen. Dieser Umstand beschleunigte die sich längst ankündigende Explosion.

Der Anfang der Ereignisse stellte sich recht harmlos dar. Die Empörung der Stadtbevölkerung entlud sich in der spontanen Forderung nach einer Reform der Verwaltung städtischer Gelder. Unter dem Druck der Bürgerschaft, unterstützt durch die empörte Stadtarmut, erklärte sich der kompromittierte Rat bereit, ein neues Organ, eine besondere Vertretung der Danziger Bevölkerung, einzusetzen. Diese Vertretung sollte sich um die Beschaffung der notwendigen Gelder kümmern und ihre Verwendung kontrollieren. Die erste Bresche war geschlagen: Die durch nichts begrenzte und durch niemanden kontrollierte Herrschaft des Rates brach zusammen.

Der Vertretung gehörten vierzig fast ausnahmslos wohlhabende Kaufleute an; auch fehlten unter ihnen nicht Vertreter patrizischer Geschlechter, der Feldstete, Angermünde, Melmann, die sich hier Eintritt verschafften, um die Politik dieser neuen Körperschaft zu beeinflussen. Außer ihnen wurden zu den Beratungen die Elterleute («Oldermänner») der vier wohlhabenden Zünfte zugelassen: Fleischer, Bäcker, Schmiede und Schuhmacher. So zählte das Kollegium schließlich achtundvierzig Personen und war mit den vermögenden Schichten des Bürgertums eng verbunden. Die ärmere Danziger Bevölkerung überzeugte sich davon sehr bald. Die neugeschaffene Körperschaft beriet als erstes, auf welche Weise die Stadtkassen zu füllen seien, und schlug den alten, von den Patriziern begangenen Weg ein. Den Finanzkrach sollten die breitesten Massen bezahlen, die mit hohen außerordentlichen Steuern belegt wurden.

Die Enttäuschung der Bevölkerung über die «Reform» und die Abneigung gegenüber dem neuen Kollegium trat schon um die Wende 1517/1518 offen zu Tage. Darüber hinaus deckten die 6482 Preußischen Mark, die durch die erste Steuerzahlung eingetrieben wurden, die laufenden Ausgaben nicht. Die Aufwendungen für den beginnenden neuen Krieg mit dem Deutschen Ritterorden, für den Unterhalt des Militärs und der Flotte wuchsen schnell. Die immer häufiger einberufene Körperschaft der «Achtundvierzig» hatte stets den gleichen Rat zur Hand: Sie beschloß neue Steuern. So wurden der Bevölkerung immer größere Lasten auferlegt. Besonders kritisch gestaltete sich in jener Zeit die Situation der Stadtarmut. Da die Danziger Behörden eine Belagerung durch die Truppen des Hochmeisters befürchteten, befahlen sie, die jenseits der Stadtmauern gelegenen Vorstädte niederzubrennen. Hoppenbruch (Chmielnik), Schottland (Szkoty), Ohra (Orunia), Stolzenberg (Wysoka Góra), Schidlitz (Siedlce), Bischofsberg (Biskupia Góra), Neugarten (Nowe Ogrody) gingen 1519 in Flammen auf. Hunderte der Ärmsten verloren ihr Obdach. Die weitere Entwicklung der Kriegsereignisse, vor allem die Belagerung der Stadt im November 1520, vertiefte die Not und machte das Maß des Unglücks voll. Erst der Waffenstillstand zu Thorn (Toruń), der im April 1521 zustande kam, erlaubte der Bevölkerung Danzigs und der Umgebung aufzuatmen und auf die Brandstätten ihrer alten Wohnsitze zurückzukehren.

Bei dieser gewaltigen Zuspitzung der inneren Verhältnisse spielten die Nachrichten aus Deutschland, das von der Flamme der Reformation erfaßt war, eine wichtige Rolle. Über Luthers legendären Thesenanschlag und seine Lehre erfuhr man hier – wie schon das Beispiel des Priesters Jakob zeigt – verhältnismäßig schnell etwas. Die lebhaften Beziehungen Danzigs zum Ausland führten dazu, daß neue ideologische Strömungen sehr früh und sehr eindringlich Zugang fanden. Sie wurden nicht nur von den Söhnen wohlhabender Bürger, die an deutschen Universitäten, auch in Wittenberg selbst, studierten, bekannt gemacht. Die Einschleusung radikaler Losungen der Reformation und ihre Verbreitung unter dem Bürgertum besorgten hauptsächlich die Vertreter der mittleren Schichten und die untersten Volksmassen: Wandergesellen, Seeleute aus aller Welt, Makler und Agenten verschiedener Handelsfirmen. Das Danziger Volk lauschte den Neuigkeiten gierig und kommentierte sie eifrig.

Die Vorwürfe, die gegen die Kirche und die geistliche Hierarchie in Deutschland erhoben wurden, fanden in Danzig lebhaften Widerhall. Die finanzielle Tätigkeit der päpstlichen Kollekteure, die Ärgernis erregende Lebensweise der Pröpste, die dem Patriziat entstammten und ihre Ämter nur als Einkommensquelle betrachteten, und viele andere Mißbräuche waren den Danzigern aus eigener Erfahrung gut bekannt. Es nimmt deshalb nicht Wunder, daß eine Fastnachtspantomime, die 1522 in Danzig aufgeführt wurde und den Lutherschen Thesenanschlag sowie seinen Kampf gegen Rom zum Inhalt hatte, sich großer Beliebtheit erfreute. «Das Spiel war künstlich angerichtet, auch sehr lächerlich, aber spöttisch auf den Papst», berichtet der Chronist.[15]

In diesem Jahr begann ein zweiter Anhänger der neuen Strömungen in Danzig zu predigen: Jacob

Hegge, auch Finkenblock genannt. Seine Kanzelreden, in welchen er die kirchliche Hierarchie und mittelbar auch die gesellschaftlichen Verhältnisse scharf angegriffen hatte, zogen große Scharen der Bürgerschaft und der Stadtarmut, besonders aber die Handwerker und das Gesinde an. Sonntag für Sonntag strömten aus den Kirchen angeregte Massen und diskutierten lebhaft über Dinge, die vor noch nicht langer Zeit den Schriftgelehrten vorbehalten waren. «Jeder Bürger ist heut ein Theologe», stellte der Chronist entrüstet fest. Ein anderer fügte hinzu: «Es ist schlecht um das Haus bestellt, wo die Köchinnen Glaubensfragen entscheiden.»

Die jahrzehntelang demütig und ohne Vorbehalte an alles, was die Kirche predigte, glaubenden Bürger verlangten plötzlich nach Selbständigkeit. In überfüllten Wirtshäusern, wo es heiß herging, bildeten sich einfache Gesellen ihre eigene Meinung: Ist es zulässig, Bildern und Figuren, also dem von Menschenhand geschaffenen Werk, göttliche Ehrerbietung zu erweisen? Warum sind wir von den im Evangelium verkündeten Lehrsätzen so weit abgewichen? Wo sind die gepriesenen Tugenden der Armut, Reinheit und Barmherzigkeit geblieben? Würde Christus den Verkauf von Ablässen oder die Erhebung von Zinsen gut heißen?

Besonders diese letzte Frage schürte die Leidenschaften. Wenn das Gesinde und die Tagelöhner über Theologie diskutierten, mußte das Ganze mit einem Sturm auf die Reichen enden. Der Haß des Volkes richtete sich vor allem gegen den Vertreter des mächtigsten Geschlechts in der Stadt, den Großkaufmann und Wucherer, den Bürgermeister Ferber. Gefährliche Unruhen im Herbst 1522 veranlaßten den «Danziger König», aus der Stadt zu fliehen. Vergeblich drohten die Behörden mit Vermögenskonfiskation und Todesstrafe für schädliches Gerede und Agitation gegen Einigkeit und Eintracht. Mehrere Monate nach dem Aufruhr gegen Ferber strömte das Volk am 14. August 1523 erneut auf die Straßen. Die Stadtarmut und andere unbemittelte Bürger stürmten unter Anführung des Barbiergesellen Mattern das Rathaus. Der Sturm endete jedoch mit der Niederlage der schlecht bewaffneten und kaum organisierten Massen. Ihr Anführer wurde am selben Tage auf dem Langen Markt enthauptet. Doch schon im September ging ein Großteil der Bevölkerung Danzigs erneut auf die Straßen, demolierte verschiedene Kirchen und rief auf zum Bruch mit dem katholischen Ritual.

Der bestürzte Rat griff zum letzten Mittel. Angesichts des großen Einflusses der Reformationslosungen auf die Massen zielte er darauf ab, ihnen die radikale gesellschaftliche Spitze abzubrechen. Gelänge es, die ganze Bewegung ausschließlich auf religiöse Gleise abzuleiten, ließe sich das beruhigte Volk von neuem bändigen! Es war eine schwierige, beinahe unausführbare Aufgabe. Und dennoch fand sich ein Mann, der sie in Angriff nahm. Es war der gebildete und gewandte Franziskaner Alexander Svenichen, der das Vertrauen des begüterten Bürgertums besaß und Anhänger des sogenannten gemäßigten Luthertums war.

Um die Jahreswende 1523/1524 führten Svenichen, ausgestattet mit umfangreichen Vollmachten durch den Rat, die Schöffen und das Kollegium der «Achtundvierzig», eine Reihe von Beratungen mit den in der Stadt wirkenden Geistlichen. Der Zweck dieser Zusammenkünfte bestand darin, eine Möglichkeit der Verkündung des so sehr gewünschten «reinen Gotteswortes» zu finden, ohne daß für die Patrizier gefährliche Unruhen entstünden. Der geschickte Franziskaner setzte tatsächlich einige für die Mächtigen der Stadt vorteilhafte Entscheidungen durch. Zur Beruhigung der erhitzten Gemüter wurde erklärt, daß von nun an in den Danziger Kirchen das Wort Gottes nach der Heiligen Schrift verkündet werde, ohne jegliche Beimengungen und spätere Erfindungen. Religiöse Zweifelsfälle sollten von Svenichen entschieden werden, der auf diese Weise zum offiziellen Kommentator des Evangeliums avancierte. Gleichzeitig wurde den Gläubigen verboten, eigenmächtig und spontan die alten Gebräche abzuändern. Statt ungestüm zu verlangen, sollten die Bürger geduldig die Entscheidungen der Behörden abwarten. Um den Einfluß der Volksprediger einzuschränken, wurde die Dauer der Predigt auf eine Stunde beschränkt und verboten, von der Kanzel herab irgendwelche Personen oder Einrichtungen zu kritisieren.

Diese Beschlüsse wurden am 24. Februar 1524 einmütig durch den Rat, die Schöffen und Vertreter der Bürgerschaft bestätigt. Die Freude des wohlhabenden Bürgertums darüber, daß es gelungen war, die gefährliche Situation zu entschärfen, erwies sich als verfrüht. Schon wenige Tage nach Verkündung der genannten Ordnung stürmten revoltierende Massen das Quartier des vorübergehend in der Stadt weilenden Bischofs Drzewiecki, welcher unbedachterweise einen der volkstümlichen Prediger ins Gefängnis hatte werfen lassen. Die Danziger Theologen dachten nämlich nicht daran, wie ihnen empfohlen wurde, auf Entscheidungen von oben zu warten.

Die in der Stadt entstandene Situation verlangte schnelles Handeln. Geschlossene Werkstätten und Krämerbuden brachten ihren Inhabern keine Gewinne. Der Handel stockte, der Hafen entvölkerte sich. Die Reichen verließen die Stadt, das Gesinde legte «dreist» die Arbeit nieder. Auf dem Friedhof der Elisabethkirche versammelten sich fast täglich Gruppen der Bevölkerung. *Tafel 38*

«Weiter klagen wir euer Königl. Maj., daß alle Unkosten der Kriege, es sey zu Wasser oder zu Lande, und was an der ganzen Stadt gebauet ist worden, Ist alles von der Bürger Gelde gebauet worden, ja, daß auch die Spinnerinn bey dem Wokken, und all gemein arm Volk, hat müssen darzulegen. Und von der Stadt Einkunfft ist wenig oder nichts darzu kommen.»[16] – beklagte man sich.

Unter den Versammelten konnte man den Zunftmeister treffen, der seine Werkstatt verließ, den Gesellen und den Seemann, den Höker und den Hafenarbeiter. An die Spitze der Versammlung schob sich der energische Grobschmied Peter Koenig. «Lieben heren und gutten frunde: Ir habet ofte und vele gehort auch yn fremden landen, da man spricht, men kan hye zcu Dantczke keyn recht erlangen, das eyn sweres yst; nu welle wir is also machen, das eynem yderman sal recht geschehen, dem armen so wol alse dem reichen»,[17] erklärte er eines Tages.

Am Sonntag, dem 22. Januar 1525, brach in der Marienkirche ein folgenschwerer Tumult aus. Angeführt von dem armen Gesellen Berndt von Eidten stellte sich die Menge dem auf die Kanzel zugehenden Svenichen in den Weg und sprach ihm als einem Franziskaner das Recht ab zu predigen. Der Rat trat für Svenichen ein und ließ den Wagemutigen verhaften, der für den Tumult verantwortlich war. In den Nachmittagsstunden des gleichen Tages strömten Massen der Bevölkerung, die in derselben Kirche dem Volksprediger Jakob Schwarz zuhörten, unter der Anführung des Bootsmannes Johann Schulz auf die Breite Gasse, die zum Sammelpunkt für die Aufständischen erklärt wurde. Der von Entsetzen gepackte Rat ließ Anschläge an den Kirchen anbringen; auf das Läuten der Glocken hin begann sich das wohlhabende Bürgertum um das Rathaus und den Artushof zu sammeln. Das Zentrum der Stadt, welches unverzüglich in eine wahre Festung umgewandelt wurde, befand sich in den Händen der Patrizier. Die Stadtknechte verriegelten eilig die Tore zur Altstadt und zu den Vorstädten, die von der Bürgerschaft und der Stadtarmut bereits beherrscht waren. Die Ausgänge der von der Langgasse ausgehenden Querstraßen wurden durch eiserne Ketten und eilig in Stellung gebrachte Geschütze gesichert. Begleitet von ununterbrochenem Glockengeläut, liefen Herolde durch die Straßen der Stadt und riefen alle dem Rat ergebenen Einwohner auf, sich auf dem Langen Markt zu stellen. Die erschrockenen Kaufleute verriegelten Hals über Kopf die Geschäfte und Buden, Frauen mit Kindern verbarrikadierten sich in den Wohnungen und Kellern. *Tafel 34*

Unterdessen zogen die Bürgerschaft und die Stadtarmut aus den Vorstädten, aus Langgarten und Neugarten, aus den Gassen der Altstadt und aus Hagelsberg (Osiek) zu den durch die Aufständischen bezeichneten Sammelpunkten. Auf ein bestimmtes Zeichen hin ließen Weber und Schuhmacher ihre Werkstätten im Stich, die Höker verließen ihre Buden, die Brotausträger warfen die Körbe und Mulden hin. Von der Mottlau her eilten muskulöse Träger und Schiffzimmerer herbei, ihnen folgten vom Seewind gebräunte, zu dieser Jahreszeit arbeitslose Seeleute. In den Straßen wimmelte es von Menschen. Aus den Toren der umliegenden Häuser strömten immer neue Gestalten und schlossen sich den Massen an.

Die Nacht brach an, aber niemand in der Stadt machte auch nur ein Auge zu. Der Rat ließ auf dem Langen Markt an vielen Stellen Feuer anzünden. In seinem Lichte tat sich das dem Patriziat nahestehende Bürgertum am Bier gütlich, das aus den Ratskellern heraufgeholt wurde. Obwohl es nicht an Getränk mangelte, war die Stimmung auf dem Langen Markt nicht sonderlich gut. Die drohende Haltung der Massen erfüllte den Rat und seine wenigen Ohrenbläser mit Unruhe. Plötzlich entstand am Ausgang zum Markt ein Tumult, der fast eine allgemeine Panik ausgelöst hätte. Unter den Versammelten wurden bei flackerndem Schein des Feuers zwei maskierte Anführer der Bürgerschaft entdeckt: der Grobschmied Peter Koenig und der Brauer Johann Netack. Sie stahlen sich hier ein, um die Lage des Feindes besser kennenzulernen, und wurden unverhofft erkannt.

Tafel 42

Die Festnahme Netacks und Koenigs veranlaßte die Aufständischen, mit dem Rat zu verhandeln. Die Ratsherren ergriffen bereitwillig dieses Friedensangebot, mehr noch, sie ließen die Gefangenen frei. Die einmal begonnenen Verhandlungen wurden fortgesetzt. Nachdem das Patriziat eingesehen hatte, daß die zahlenmäßige Überlegenheit auf seiten der Aufständischen und mit einem Entsatz von außen nicht zu rechnen war (der polnische König war gerade mit dem Deutschen Ritterorden beschäftigt), kapitulierte es. Dies ereignete sich am Morgen des 24. Januar 1525. Am darauffolgenden Tag mußten die Mitglieder des in die Knie gezwungenen Rates, trotz vieler Verschleppungstaktiken, das Programm der Volkspartei, das im sogenannten Artikelbrief der Danziger Gemeinde festgehalten wurde, anerkennen und mit Siegel bestätigen.

In diesem Dokument mischten sich utopische, schwärmerische Forderungen mit sehr sachlichen Projekten radikaler konkreter Reformen. Man sieht, daß es von Leuten gemacht wurde, die in der Diplomatie nicht bewandert waren, die zwar die Kunst des Regierens nicht kannten, aber heißen Herzens wünschten der Stadt eine bessere, gerechtere Zukunft zu ermöglichen. An den Anfang des Programms wurden die brennendsten ökonomisch-gesellschaftlichen Probleme gestellt. «Die grosen geselschaffter wollen wyr hie nicht leyden in dieser stadt, wente sie haben vns eyne treffliche vffsetzunge gemacht», lesen wir im Artikelbrief. «Und aller wucher ßall abgethon werden, nemlich der pfenninck zcynns vnd was doruff gegeben, das ßall in kurzunge der summe zcu der becalunge sein.»[18] Also ein Schlag gegen die großen Kaufleute und Wucherer, die sich auf Kosten der Danziger Bürger mästeten! Auch die Spekulanten mit Waren des täglichen Bedarfs wurden nicht vergessen. Weiterhin trat das Programm gegen die Benachteiligung der von der Stadtarmut bewohnten Vorstadt auf, es verlangte die Freiheit des Fischfangs, der Jagd auf Wild und Geflügel, schließlich eine besondere Ordnung hinsichtlich der Fürsorge für arme Menschen. Die mittleren Kaufleute und Bierbrauer setzten die Aufhebung der Akzise und des Pfundgeldes durch – Steuern, unter denen besonders die Bürgerschaft litt. Gleichzeitig wurde festgelegt, daß bei der Besteuerung der Vermögensstand des Zahlers zu berücksichtigen sei.

Die Artikel forderten außerdem die Einführung radikaler Veränderungen auf dem Gebiet des Rechtswesens und der Religion. Sie verlangten eine für alle gleiche Rechtsprechung und die Auflösung des kompromittierten Kollegiums der «Achtundvierzig». Der Rat, die Schöffen und alle Beamten sollten von nun an von der ganzen Stadtbevölkerung gewählt werden. Besondere Befugnisse sollten die Repräsentanten des Volkes, die Rentmeister, besitzen. In den Kirchen beabsichtigte man, die Pröpste durch die Gläubigen selbst wählen zu lassen. Als eine der wichtigsten Aufgaben der Geistlichkeit sah man die Verkündung des reinen Gotteswortes nach dem Evangelium an. Die Klöster, Horte des Müßigganges und der Verderbtheit, sollten der Kassation anheimfallen.

Die mit großer Begeisterung von den Massen beschlossenen Artikel erfüllten die vorsichtigen Bürger mit Angst. Ging das Programm nicht etwa zu weit? Wie wird man in der Zukunft leben, die Werkstatt führen oder die Krambude halten in diesem neuen Danzig? Die Stadtarmut, die kaum etwas zu verlieren hatte, strebte indessen nach schneller Verwirklichung der radikalen Losungen. Unter ihrem Druck wurden bereits am 24. Januar die Mönche zum Verlassen der Klöster aufgefordert, die in Hospitäler und Schulen umgewandelt werden sollten. Gewaltige Volksmengen, wobei die ärmsten Bewohner der Stadt und ihrer Umgebung die Mehrzahl stellten, versammelten sich täglich auf dem Langen Markt, wo alle laufenden Angelegenheiten erörtert wurden. Während einer solchen Volksversammlung, die am Nachmittag des 25. Januar stattfand, wurde (in Anlehnung an entsprechende Punkte der Artikel) die Entscheidung gefällt, den alten Rat aller Rechte zu entkleiden und einen neuen zu wählen.

Erzürnt und bestürzt verließen die Ratsherren das Rathaus, wo nun die Volksvertreter Einzug halten sollten. Waren es tatsächlich Vertreter des Volkes? Schon die Tatsache, daß man die allgemeinen Wahlen «vergaß» und die Angelegenheit den Rentmeistern anvertraute, verhieß nichts Gutes. Man wird in diesem angeblich aufständischen, rebellischen Rat vergeblich Vertreter der Armen suchen. Sitz und Stimme hatten erneut die Kaufleute, manch einer sogar aus einem patrizischen Geschlecht. Das einzige Neue war die Mitgliedschaft einiger wohlhabender Handwerker. Bürgermeister wurde ein ehemaliger Ratsherr, Philipp Bischof; zum Stadtsekretär bestimmte man Hans Nimptsch, einen der «Achtundvierzig», beide durch den unlängst geführten Kampf gegen Ferber populär.

Die neuen Behörden begannen zwischen dem Patriziat, der Bürgerschaft und der immer aktiven und gefährlichen Stadtarmut zu lavieren. Auf dem Langen Markt wurde ein Galgen errichtet und ein Schwert aufgestellt – Symbole der Strafe für Verschwörungen gegen die neue Ordnung. Die Verbannung des katholischen Zeremoniells aus den Kirchen, die Besetzung der Propsteien mit radikalen, dem Volke ergebenen Geistlichen (sogar Gewerksgesellen fanden sich unter ihnen!), die Verteilung der Waffenvorräte an die Bevölkerung, die Verkündung der Freiheit des Fischfangs und der Jagd auf Wildgeflügel waren die wichtigsten der von dem Volk im Februar 1525 erzwungenen Veränderungen. Als aber unter dem Druck der Stadtarmut die Aufhebung der Todesstrafe für Diebstahl verkündet wurde und man die praktische Liquidierung des Wuchers zu erörtern begann, geriet das mittlere Bürgertum in Panik. Also machte sich einer der Danziger Pröpste, Johann Bonholt, von Haus aus Patrizier und Anhänger der gemäßigten, wenn auch lutherisch gesinnten Geistlichkeit, nach Deutschland auf. Er führte mit sich einen Brief des neuen Rates an Martin Luther mit der Bitte, einen erfahrenen Prediger nach Danzig zu entsenden, der «nicht eines schwermenden oder stürmischen geistes, sondern in linden und sanften gemütt, den Wegk Gottes mit bescheidenheit anzeigte»[19]. Auch sollte dieser seine Meinung bezüglich der Angemessenheit, Zinsen zu erheben und Wucher zu treiben, darlegen. Die Nachricht, die nach einigen Wochen eintraf, enttäuschte die Hoffnungen der gemäßigten Partei nicht. Luther sprach sich nicht nur für die Verteidigung der Rechte der vom Wucher lebenden Personen aus, sofern dieser sich in bestimmten Grenzen bewegte, sondern rief die Danziger auf, Ruhe und Besonnenheit zu wahren und sogar die alte Ordnung zu schützen. «Auch bitte ich, meine liebe Herren und Freunde», hieß es im Brieftext, «wollet ja alles tun und leiden, was sich immer tun und leiden will, damit ihr Friede untereinander habt, und zusehen, daß nicht irgend Schwarmgeister unter euch kommen, wie leider bei uns in Oberdeutschland solche Leute viel Jammers anrichten, wie E. W. vielleicht wohl gehöret haben. Ist etwas zu ändern oder zu brechen, es sei Bilder, oder was es sei, daß solches nicht durch den gemeinen Mann, sondern durch ordentliche Gewalt des Rats geschehe: damit nicht auch, wie anderswo, einreissen würde, die Obrigkeit zu verachten, welche doch Gott will gefürchtet und geehret haben.»[20]

Der Inhalt des Briefes, vom Rat eifrig verbreitet, trug dazu bei, daß das reiche Danziger Bürgertum sich sicherer zu fühlen begann. Es war kein Geringes, die Billigung und Unterstützung seitens des mächtigen Reformators erlangt zu haben, dessen Stimme in halb Europa gehört wurde. Und schon erhob das Patriziat sein Haupt, und seine Mitglieder, die im neuen Rat Sitz und Stimme hatten, entfalteten eine immer aktivere Tätigkeit. In eben diesem Moment jedoch trat eine andere, vielleicht noch wichtigere Kraft in Aktion. König Sigismund I., der am 10. April 1525 den berühmten Vertrag zu Krakau mit dem Herzog Albrecht abgeschlossen hatte und sich von ihm huldigen ließ, hatte jetzt in bezug auf Danzig freie Hand. Seit langem schon durch die Ereignisse an der Mottlau beunruhigt, die lebhaft an den Bauernkrieg in Deutschland erinnerten, bereitete sich der feudale Monarch auf eine Auseinandersetzung mit den gefährlichen «Aufwieglern» vor, die die geheiligte öffentliche Ordnung umzustürzen suchten. Die erste Handlung des Königs war die Wiedergutmachung des Unrechts, welches dem Günstling des polnischen Hofes, Ferber, angetan worden war. Der Prozeß des Bürgermeisters gegen die Stadt endete am 24. April mit dem Urteil auf Rückgabe aller innegehabten Ämter und die Auszahlung einer Entschädigung in Höhe von 12000 ungarischer Florin an den geflüchteten Patrizier und seine Familie. Wenige Tage danach, am 8. Mai 1525 verließ ein neues Schreiben die königliche Kanzlei, welches die Danziger Bürger kategorisch zur sofortigen Restitution der alten Ordnung, sowohl auf sozialem wie auf kirchlichem Gebiet, aufforderte.

Der Inhalt beider Dokumente traf die Stadt wie ein Blitz aus heiterem Himmel. Den um ihre Rechte besorgten Handwerkern und Krämern war es bis dahin nicht einmal in den Sinn gekommen, daß sie sich die Ungnade des mächtigen Herrschers zugezogen hatten. Vielleicht erboste sich der König, weil er das Wesen und die Art der in Danzig durchgeführten Reformen nicht kannte? Also brach eine Gesandtschaft, angeführt vom Bürgermeister Zimmermann, nach Krakau auf, um König Sigismund I. die Maßnahmen der Danziger zu erläutern und ihn zu überzeugen, daß sie richtig und gerecht waren. Am Hofe indessen wartete niemand auf Erklärungen, und erst recht nicht in dieser Form. Die Gesandtschaft wurde feindselig empfangen, ihre Mitglieder wurden ins Gefängnis geworfen. Der König verlangte, daß zur Klärung der Angelegenheit ehemalige Ratsherren und die Anführer der Volksbewegung vor ihm erschienen.

Den letzteren fehlte es an Mut, vor das Angesicht des erzürnten Herrschers zu treten. In Danzig breitete sich Verwirrung aus. Die neuen Ratsmitglieder suchten immer unverhohlener Unterstützung bei der reichen Kaufmannschaft und knüpften gleichzeitig insgeheim Kontakte zum Hofe an. Unruhe und Mißtrauen herrschten allenthalben. Wer aus der Stadt fliehen konnte, der floh. Eine tiefe Kluft tat sich vor allem zwischen der Kaufmannschaft und dem Handwerk auf. «Die Kaufleuthe und die Wercke sind sehr wieder einander», schrieb aus Danzig im Oktober 1525 Anna Stute an ihren Mann, einen nach Thorn geflüchteten Schöffen.[21]

Während die Massen ratlos durch die Straßen zogen, fanden in den Räumen des Rathauses Beratungen mit vierundzwanzig Vertretern der wohlhabenden und mittleren Schichten der städtischen Bevölkerung statt. In der ersten Hälfte des Dezembers wurde eine Entscheidung gefällt, wonach dem Verlangen des Königs Gehorsam zu leisten sei und langsam – aus Rücksicht auf die empörte Bevölkerung – mit der Restitution der alten Gebräuche begonnen werden sollte. Anfang Januar 1526 wurde eine neue Abordnung an den Hof geschickt, die von Philipp Bischof, einem formgewandten und geschmeidigen Patrizier angeführt wurde, dem es gelungen war, die für die Reichen schlimmen Zeiten unbeschadet durchzustehen und sogar in den neuen, aufständischen Rat zu kommen. Jetzt konnte er jede Tarnung aufgeben. Sobald er die Stadt hinter sich gelassen hatte, nahm er Kontakte mit den geflüchteten Mitgliedern des alten Rates auf. Nach seinem Eintreffen in Petrikau (Piotrków) führte er in fieberhafter Eile Gespräche mit den Vertretern der kirchlichen Hierarchie, und vor dem Antlitz des Monarchen machte er nicht einmal den Versuch, die in Danzig vollzogene Wendung zu rechtfertigen. Ganz im Gegenteil, er flehte offen den König an, nach Preußen zu kommen und an der Weichselmündung die alte Ordnung wiederherzustellen.

Die Nachricht über das Anrücken des Königs mit 3000 Soldaten löste in Danzig eine Panik aus. Doch

I
Danziger Meister, Zehngebotetafel aus der Marienkirche,
Detail mit der Darstellung
des sechsten Gebotes «Du salt nicht unkeuschen»,
um 1480–1485

Du salt nicht vnkeuschen
nicht begeren seines andern weyb

Ein Braut zu Dantzig.

ES ligt ein Statt in Preussenland
Gar weit berühmt bei Dantzig genannt/
Wann da ein Jungfraw wol gestalt
Ihren Christlichen Kirchgang halt/

Wird sie auff diese weiß geziert/
Wann man sie zu der Kirchen führt/
Ich hab mein Lebtag nie gesehn
Ein schöner Braut zu Kirchen gehn.

R iij

Ein Magd zu Dantzig.

DAs ist der Mägd zu Dantzig Tracht/
Von vielen Jaren her gebracht/
Wann sie Wasser tragen zu Hauß/
Wie diese Figur weiset auß.

Wiewol jhr Kleidung ist gering/
So ist es doch ein wunder ding/
Daß man jhr nicht entrathen kan/
Vnd findet jede jhren Mann.

II, III
Jost Amman, Braut und Magd, kolorierte Holzschnitte, 1586

als König Sigismund I. huldvoll die ihm entgegeneilenden Abgesandten in Marienburg empfangen und ihnen versichert hatte, daß niemandem in Danzig Gefahr drohe, legte die Bürgerschaft die Waffen nieder. Das letzte verzweifelte Aufbegehren der plebejischen Gruppe von Radikalen wurde in der Nacht vom 15. zum 16. April niedergeschlagen. Am nächsten Tag rückte der König in die Stadt ein.

Nach dem feierlichen Einzug ließ der Monarch die Maske der Güte fallen. Schon am 21. April wurden die Zünfte und Gilden vor den Artushof gerufen und strenge Untersuchungen in Sachen des Aufruhrs in die Wege geleitet. Es folgten Verhaftungen und Exekutionen. Im Juni berief der König persönlich aus den Repräsentanten des alten Patriziats einen neuen Rat. Die Wiederherstellung der alten Ordnung wurde verkündet und allen strenge Strafen angedroht, die es in Zukunft wagen sollten, sie zu stürzen.

Indessen konnten die Ereignisse der Jahre 1522 bis 1525 nicht völlig ausgelöscht werden. Der Sieg der Reformation über den Katholizismus war nicht rückgängig zu machen. Er sollte tiefe, wenn auch im ersten Moment nicht faßbare Veränderungen auf dem Gebiet der Sitten, der Kultur und Denkungsart der Bevölkerung an der Mottlau hinterlassen. Es verstrich jedoch noch viel Zeit, bis wenigstens die kirchlichen Reformen eine rechtliche Basis erhielten.

Im Danziger Rathaus

Direkt im Zentrum der Rechtstadt, dort wo die Langgasse, die Krämergasse und der Lange Markt zusammenstoßen, erhebt sich ein charakteristisches Gebäude von asymmetrischer Schönheit. Das ist der Sitz der städtischen Behörden, das Rathaus, dessen Geschichte unlösbar mit der Entwicklung der Stadt verknüpft ist. *Tafel* 42, 45

Das Danziger Rathaus wurde gegen Ende des 14. Jahrhunderts als eingeschossiger, recht bescheidener Backsteinbau errichtet. In der zweiten Hälfte des 15. Jahrhunderts stockte man es auf und erhöhte den Turm. Doch erst die Feuersbrünste der Jahre 1550 und 1556 waren Anlaß für einen gründlichen Umbau. Auf dem gotischen Sockel erwuchs ein Renaissancebau mit reichen Dekorationen. Drei von der Nordseite angebaute Flügel bildeten den Innenhof. Die östliche Wand, von der Seite des Langen Marktes gesehen, wurde durch eine ajourierte, mit den Wappen Polens, Danzigs und Königspreußens geschmückte Balustrade abgeschlossen. Die kleinen gotischen Fenster wurden durch große rechteckige Renaissancefenster mit schönen steinernen Umrahmungen ersetzt. Den Turm, in welchem fünfzehn Glocken verschiedene Melodien spielten, krönte ein Renaissancehelm, auf dessen Spitze eine vergoldete Skulptur von Sigismund II. August stand, mit Krone auf dem Haupt und in einem weiten, im Wind flatterndem Mantel. Den Umbau, den der Meister Wilhelm Bart d. Ä. aus Genf leitete, beschloß der Verputz des ganzen Gebäudes und die Ausschmückung einer abgerundeten Nische der Attika der Nordwand mit kunstvoll gemalten Wappen Danzigs, Polens und Preußens. Im folgenden Jahrhundert wurde das gotische Portal an der Langgasse durch ein barockes, mit dem polnischen Wappen am Sturz, ersetzt. Im Jahre 1768 erhielt das Rathaus neue, mit einem von Löwen getragenen Stadtwappen verzierte Türeinfassungen. Dieses Werk des bekannten Schnitzers Daniel Eggert (um 1732 – nach 1768) ist bis heute erhalten. *Tafel* 46

In der weitläufigen Diele grüßte den Besucher eine lateinische Inschrift «Praecedit labor, sequitur honor» (= Erst die Arbeit, dann die Ehre) – zweifellos einer der Wahlsprüche, die das fleißige Bürgertum bevorzugte. Von der mit zahlreichen Patrizierwappen geschmückten Decke schaute die Darstellung der Eintracht herab. Der schönste Schmuck dieses Raumes aber war eine kunstvoll geschnitzte Holztreppe, die sich, einer großen Spirale gleich, zu den höhergelegenen Stockwerken emporwand und in ebenso recht verzierte Galerien mündete. Über ihnen, in der Höhe des zweiten Geschosses, war ein bemaltes Schnitzwerk zu sehen: die Ratsherren, gleichsam lebendig, im Gespräch, heimlich beobachtet von einem neugierigen Künstler.

Gewaltige, mit Schnitzereien und lateinischen Inschriften versehene Türen führten rechter Hand in die Weiße Stube, wo sich eine Porträtgalerie der polnischen Könige befand, linker Hand in den berühmten Sommersaal, auch Roter Saal genannt, nach dem purpurnen Tuch, mit dem die Wände ausgeschlagen waren. Dies war der schönste Raum des Rathauses. Um die Wende des 16. zum 17. Jahrhundert arbeiteten hier die hervorragendsten niederländischen Künstler, die sich in Danzig aufhielten. *Tafel* 44

Die Wände des Roten Saales waren mit gewaltigen allegorischen Kompositionen des Jan Vredemann aus Friesland geschmückt. Die Tugenden und Laster, Symbole, Gleichnisse und Warnungen streckten dem Betrachter aus den kunstvoll geschnitzten Rahmen die Arme entgegen. Das bedeutendste von diesen Bildern war wohl das große *Jüngste Gericht,* in welchem der Künstler, ein Repräsentant der sogenannten Architekturmalerei, das Paradies als ein vollkommenes, zentrales Bauwerk darstellte. Das größte Interesse der Besucher aber weckte gewöhnlich eine Darstellung auf der Tür zum Kleinen Saal, wo im Winter die Ratssitzungen stattfanden: eine männliche Gestalt, die den Kopf durch die angelehnte Tür steckte und warnend den Finger an den Mund hielt. Das sollte an die Notwendigkeit der Diskretion erinnern, an die Pflicht, politische Geheimnisse nicht preiszugeben.

In der Ecke des Roten Saales ragte ein steinernes Wunder empor, kunstvoll gehauen und bunt bemalt: ein Kamin, ausgeführt von Wilhelm Barth dem Älteren im Jahre 1593. Über den Häuptern der ihres Amtes waltenden Ratsherren wölbte sich eine herrliche, in 25 Bildfelder gestaffelte Decke. Anfänglich war sie von Jan Vredemann geschmückt worden, doch traf sein Werk nicht den wählerischen Geschmack der Patrizier. So wurde die Ausstattung der Decke zu Beginn des 17. Jahrhunderts einem anderen Künstler anvertraut, Isaak van dem Blocke, ebenfalls Niederländer. Er stellte im zentralen Oval die berühmte *Allegorie des Danziger Handels* dar. Sie zeigt unter dem bunten Regenbogen die Weichsel, auf deren Wellen mit Getreide beladene Schuten und zahlreiche Flöße schwimmen, weiter unten den Langen Markt mit Gruppen von Kaufleuten, Vertretern des Adels und Flößer. Die Allegorie ist von den Wappen Polens, Litauens, Danzigs und Königspreußens eingerahmt, die von dem Danziger Künstler Simon Herle in Holz geschnitzt wurden. Der restliche Teil der Decke wurde von Isaak van dem Blocke mit Schnitzereien und Malereien versehen. Antike mythologische Darstellungen wechseln ab mit biblischen Motiven; alles hat einen Anflug des Moralisch-Didaktischen. *Tafel* VIII *Tafel* VII

Auch in den anderen Räumen des Rathauses befanden sich zahlreiche Kunstwerke. Die Wände des «Kleinen» und «Großen Christopher» (Gewölbekammern im unteren Turmgeschoß; in einer befand sich die Kapelle, in der anderen das Archiv) waren mit interessanten Malereien bedeckt.

Der Wintersaal war wegen seiner herrlichen Täfelungen und wegen eines Kamins mit der Plastik eines Salamanders im Feuer berühmt. In der Stadtkasse konnte man außer zahlreichen Gemälden auch eine originelle männliche Skulptur bewundern, die aus einem Sack auf dem Rücken goldene Münzen schüttete. Weiterhin gab es bekannte Bilder von Anton Möller aus den Anfängen des 17. Jahrhunderts, den *Zinsgroschen* und den *Tempelbau*, in denen der Künstler den Danziger Alltag wiedergab.

Viele Jahre hindurch war das Rathaus das Symbol der Macht der Stadt und seines Patriziats. Als sich die Danziger gemeine Bürgerschaft zu Beginn des 16. Jahrhunderts erhob, kämpfte sie nicht nur gegen Ferber und andere Ratsherren, sondern auch um das Recht, ins Rathaus einziehen zu dürfen, nicht als Bittsteller oder Angeklagte, sondern als Mitregierende. Die Schaffung der Dritten Ordnung im Jahre 1526 öffnete endlich die Rathaustüren für hundert Vertreter der mittleren Kaufmannsschicht. Die Handwerker aber waren weiterhin unzufrieden. In die Dritte Ordnung wurden nur acht Vertreter der Zünfte aufgenommen, die Ältesten der vier wichtigsten Korporationen (Schmiede, Schuhmacher, Bäcker und Fleischer), die außerdem noch auf vier verschiedene sogenannte Quartiere aufgeteilt waren. Die Beratungen wurden nicht gemeinsam durchgeführt, sondern in Gruppen zu 25 Personen, entsprechend den Bezirken der Rechtstadt, aus denen sich die Hundertmänner rekrutierten. Die Einwohner der Altstadt und der Vorstädte wurden überhaupt nicht zur Repräsentation der Bürgerschaft zugelassen. Da aber das Recht, die Hundertmänner zu benennen wie auch zu Beratungen zu rufen, dem Rat zustand, herrschte auf dem Rathaus auch weiterhin das Patriziat.

Der «König von Danzig», Eberhardt Ferber, kehrte nach der Niederschlagung des Aufruhr nur für kurze Zeit zurück. Von allgemeinem Haß umgeben, von den eigenen Ratskollegen gemieden, mußte er schließlich kapitulieren. Am 23. Juli 1526 legte er seine städtischen Ämter von selbst nieder und verließ erneut die Stadt – dieses Mal für immer. Übrigens starb er bald darauf, am 5. März 1529, in Dirschau (Tczew).

Eberhardt Ferber war, trotz vieler unsympathischer Züge, eine faszinierende und unvergeßliche Gestalt. Sieger bei Stechspielen, Großkaufmann, aalglatter Höfling und rücksichtsloser Finanzier, Diplomat und Liebhaber der Wissenschaften, ragte er inmitten des Danziger Patriziats durch Tugenden und Laster heraus. Er errichtete sich ein Denkmal, herrlicher und beständiger als die prunkvollsten Grabsteine in der Marienkirche. Durch seine Initiative, vielleicht auch durch seine eigene Mitarbeit, entstand die bekannte Zusammenfassung alter Chroniken «Eberhardt Ferbers Buch», das die Geschichte Preußens von den Anfängen bis zu den ersten Jahren des 16. Jahrhunderts überliefert.

Im Rathaus wurde indessen Ferbers Platz von anderen Patriziern eingenommen. Unter den Ratsherren führte der scharfsinnige Philipp Bischof das Wort, derselbe, der während des Volksaufruhrs so geschickt manövriert hatte. Neben ihm kam auch der Günstling des Großkanzlers Krzysztof Szydłowiecki, Johann von Werden, empor. Sie beide, die Ferber weder an Geld noch an Einfluß gleich kamen, ahmten den Ferberschen Lebensstil und seine Manieren nach. Handel allein genügte ihnen nicht mehr; immer mehr Zeit und Geld verwendeten sie für Bankoperationen und den Ankauf von Ländereien. Johann von Werden stand mit vielfachen Anleihen dem preußischen Herzog Albrecht zu Diensten; selbst König Sigismund I. (der Alte) profitierte durch ihn, und als Belohnung verlieh er ihm Adelsprivilegien, die den Glanz des ganzen Geschlechts derer von Werden noch mehr entfalten halfen. Mit dem polnischen Adel liebäugelte auch Philipp Bischof, der in Pommern Gutsherrschaften aufkaufte und Putzig in Pacht nahm. Was die vornehmsten Ratsherren und Bürgermeister taten, das machten die übrigen Mitglieder des Rates und die Schöffen nach. Das 16. Jahrhundert stellte die Danziger Patrizier vor das Dilemma: Bürgertum oder Landadel? Elle oder Pflug? Auf diese wichtige Frage werden wir noch eingehen.

Die persönliche Niederlage Eberhardt Ferbers war nicht die Niederlage des Ferberschen Geschlechts. Aus drei Ehen hinterließ der Bürgermeister eine zahlreiche Nachkommenschaft, darunter zehn Söhne (fast schon Tradition in dieser Familie), von denen sechs das Mannesalter erreichten. Einer von ihnen, Konstantin, sollte Jahre später nach Danzig zurückkehren und hier eine Position einnehmen, die genauso glanzvoll war wie einst die seines Vaters.

Konstantin war Lutheraner; dieser Umstand versperrte ihm den Weg nach oben, solange der erzkatholische Sigismund I. lebte und regierte. Die Situation änderte sich, als 1540 Sigismund II. August *Tafel* 10, VI
den Thron bestieg. Der junge Monarch war kein Fanatiker, im Gegenteil, man flüsterte sich zu, daß er insgeheim verbotene ketzerische Bücher lese und mit Häretikern gern Gespräche pflege. Danzig, wo immer mehr Bürger dem Luthertum zuneigten (dem gesellschaftlich gemäßigten freilich), nutzte den religiösen Liberalismus des Königs später aus, den Bruch mit der katholischen Kirche, der seit 1526 stillschweigend vertieft worden war, öffentlich zu statuieren: 1557 mußte der König sich mit der Austeilung des Abendmahls «in beiderlei Gestalt» einverstanden erklären. So waren Hindernisse, die sich vor Konstantin auftürmten, aus dem Wege geräumt. 1548 wurde er Schöffe, einige Monate später Ratsherr. Das Amt des Bürgermeisters übernahm er 1555. Ein neuer «König» betrat das Danziger Rathaus, und seine Regierungszeit sollte dreiunddreißig Jahre bis zu seinem Tode währen. Konstantin war ein echter Sohn Eberhardts. Mit großem Pomp

renovierte er das Ferbersche Haus in der Langgasse und fuhr eine kostbare sechsspännige Karosse. Die goldene Kette, das Zeichen der höchsten Würde in der Stadt, legte er kaum ab. Seine Frau Dorothee, die Tochter des wohlhabenden Kaufmanns Eggert von Kempen, trug die schönsten Kleider und den kostbarsten Schmuck. Die Empfänge des Bürgermeisters setzten selbst den französischen Gesandten, Jean Belagny, der sich 1572 auf der Durchreise in Danzig aufhielt, in Erstaunen. Er bewunderte Ferbers schönes Haus, die Möbel, die Gemälde, die Bibliothek, das goldene und silberne Tafelgeschirr.

Konstantin stand energisch der Firma vor, die traditionsgemäß in erster Linie Holzhandel und Wucher betrieb. Er unterhielt lebhafte Kontakte zu Kaufleuten anderer polnischer Städte, zu den Magnaten und der Schlachta. Seine Geschäftsvermittler wirkten in den Niederlanden, in Schweden und in England. Er war der Bankier des polnischen Monarchen Sigismund II. August und des schwedischen Königs und stand mit bedeutenden Summen auch dem preußischen Herzog Albrecht zu Diensten. Gleichzeitig aber erwarb er, wie seinerzeit Eberhardt, Landbesitz. Zu den ererbten Besitzungen (Tujsk, Bronowo, Jankowo und Szkarpawa) kaufte er das in der Umgebung von Danzig liegende wüste Moorland und die Wiesen hinzu und siedelte dort Holländer an, um sie mit der Melioration zu betrauen. Auf diese Weise vergrößerte sich der Landbesitz bedeutend. Außerhalb der Stadtmauern ließ er sich eine prachtvolle Sommerresidenz errichten, die halb im Scherz, halb mit Stolz «Konstaninopel» genannt wurde.

Ferbers Macht und Glanz waren Folge und Ausdruck des Aufblühens der Stadt. Die umsichtigen Danziger Kaufleute sicherten sich praktisch – obwohl das in keinem Privileg verbrieft war – das alleinige Recht auf Handel im Stadtgebiet. Dieses Monopol wurde in der Folge die Quelle unerhörter Gewinne. Fremde durften im Hafen keinen direkten Handel treiben. Der Edelmann, der sein Getreide auf Weichselkähnen in die Stadt brachte, durfte die Ladung nicht unmittelbar einem überseeischen Abnehmer verkaufen, wie er auch nicht direkt vom Ausländer Tuche, Wein oder andere notwendige Waren kaufen konnte. Getreide wurde in Danzig ausschließlich von ansässigen Händlern gekauft, und nur sie durften es weiter an englische und holländische Schiffer verkaufen. Ähnlich verhielt es sich mit Waren aus westlichen Ländern: Bevor sie zum unmittelbaren Verbraucher gelangten, mußten sie durch die Hände der Danziger Kaufleute gehen.

Freilich mißgönnte der Adel den Danzigern die Gewinne, die diese auf Kosten der Gutsbesitzer einsteckten, aber er konnte kaum etwas dagegen tun. Schließlich suchten alle, vom König angefangen über die Magnaten bis zu den kleinen Adligen Kredit, statteten sich mit Luxusartikeln aus, ohne die die polnischen Bürger im 16. Jahrhundert nicht auskommen konnten.

Danzig beherrschte den Hafen, der das polnische Reich mit der übrigen Welt verband, und konnte demnach die Bedingungen diktieren. «Möge Eure Königliche Majestät uns von der Versklavung befreien, die wir durch die Danziger Lagerrechte erleiden; sollen sie hier auf dem Reichstage ihre Briefe vorzeigen, die ihnen solche Monopole zusichern», forderte 1553 Mikołaj Sienicki.[22] Doch nützte das kaum etwas.

Die von Jahr zu Jahr mächtiger werdende Stadt war sich ihrer ungewöhnlichen Stellung, die sie in Polen besaß, wohl bewußt. Das Danziger Patriziat, so sehr von Sigismund I. verwöhnt, sollte seinem Sohn eine Menge Querelen bereiten. Es begann schon mit der Hinauszögerung der Huldigung. Die stolzen Bürger gaben dem König unzweideutig zu verstehen, daß sie ihn erst dann als Herrscher anerkennen würden, wenn er die Danziger Privilegien bestätigte. Die erstaunlichen Händel dauerten lange. Im Jahre 1552 schließlich nahm Sigismund II. August die neuen Zwistigkeiten zwischen dem Rat und der Bürgerschaft zum Anlaß, nach Preußen aufzubrechen – die Nachricht hiervon veranlaßte die Stadt, unverzüglich Huldigung zu leisten. *Tafel* VI

Das Patriziat, wenn auch im innersten verärgert, bereitete dem Monarchen einen großartigen Empfang. Der Bürgermeister Johann Stutte eilte dem König mit dreihundert Reitern entgegen. Vor den Toren der Stadt begrüßten dreitausend Bürger, in

Schlachtordnung angetreten und aus Geschützen und Gewehren Salut schießend, den jungen Monarchen. Der mächtige Donner ließ die Luft so erzittern, daß nach einer Salve ein Stück Gesimse am Stadttor sich löste – gerade in dem Augenblick, als der König hindurchritt. Es entstand eine Verwirrung, doch bald war dieser unbedeutende Vorfall vergessen.

Die bürgerliche Opposition – die gemeine Bürgerschaft also – begrüßte Sigismund II. August mit echtem Enthusiasmus. Die Bürger, die der vom Rat abhängigen Dritten Ordnung mißtrauten, wählten spontan hundert Vertreter, die die Forderungen des «kleinen Mannes» ausarbeiten und dem König vortragen sollten. Wie aus diesen Forderungen hervorging, lag der gemeinen Bürgerschaft hauptsächlich an der Umwandlung der Hundertmännerschaft in eine wirkliche Repräsentation der breiten Bürgerschichten wie auch an der Erweiterung ihrer Befugnisse. Zu diesem Zweck wurde die Einberufung von Versammlungen der Ordnungen mindestens zweimal jährlich gefordert, ferner die Kooptierung der Hundertmänner, statt ihrer Nominierung durch den Rat, und die Einführung einer Kontrolle der städtischen Finanzen durch die Dritte Ordnung, ohne deren Zustimmung keine wichtigen Beschlüsse gefaßt werden dürften.

Der König hörte die vorgetragenen Bitten und Klagen der Bürgerschaft aufmerksam an, so aufmerksam, daß die außerordentlich beunruhigten Patrizier ihre Bemühungen um die Gunst des Monarchen und der ihn begleitenden Würdenträger noch verstärkten.

Zur Erheiterung der vornehmen Gäste wurden lustige Schauspiele und Unterhaltungen arrangiert. Schon am 17. Juli, an einem Sonntag, fand auf dem Langen Markt eine Vorführung der Fechtkunst statt: «Vor dem königlichen Haus trat die Fechtschule an, wo die Söldner und Trabanten ... mit den Deutschen ihre Künste zeigten.»[23] Eine Woche darauf führte ein geschickter Seiltänzer seine Kunst vor. Der 1. August, der Geburtstag des Königs, wurde durch ein großartiges Stechspiel vor der Stadt feierlich begangen, wo sich fast ganz Danzig neugierig versammelte. Hafenfahrten und Gastmahle gaben Gelegenheit für Kontakte zwischen den Patriziern und dem König. Schließlich standen sie ihm geistig und gesellschaftlich näher als der kleine Mann. Und falls in den Kassen gähnende Leere war – wer, wenn nicht die Danziger Reichen, konnte dem Monarchen mit Krediten zu Diensten sein?

Schließlich mußte die ablehnende Haltung des Königs gegenüber den Petitionen die breiten Massen des Bürgertums enttäuschen. Das Recht der Finanzkontrolle wurde nicht den Hundertmännern, sondern den königlichen Kommissären zuerkannt. Die Wahl neuer Mitglieder auf vakante Sitze in der Dritten Ordnung wurde als ein Recht des Rates bestätigt. Das gab ihm die Möglichkeit einer weiteren Besetzung dieser Positionen mit verschwägerten oder geschäftlich dem Patriziat verbundenen, also mehr oder weniger von ihm abhängigen Personen.

Sigismund II. August erlebte aber auch nicht die erhoffte Dankbarkeit des Danziger Patriziats für seine Gesinnung. Der beginnende Krieg um Livland und der Konflikt um das «dominium maris Baltici», die Herrschaft auf der Ostsee, zeigten der erstaunten polnischen Adelsrepublik nachdrücklich, daß die staatlichen Interessen nicht immer mit der Unterstützung der Vertreter des Danziger Patriziats rechnen konnten.

Der Stadtrat widersetzte sich energisch dem Versuch, eine königliche Flotte aufzustellen, teils aus Sorge um sein eigenes Seemonopol, teils aus Furcht davor, daß ein Krieg auf der Ostsee den Handel beeinträchtigt. Der enttäuschte und erzürnte König mußte also eine Aktion gegen die sich auflehnende Stadt in die Wege leiten.

> «Auch auf dem Meere
> herrschten seine Heere,
> auch dort wollte er stolz regieren,
> den Feinden des Reiches den Frieden diktieren.»

So beurteilte der Dichter Stanisław Grochowski die Ergebnisse der neuen Aktion.[24] Diese Einschätzung mag vielleicht allzu schwärmerisch sein, dennoch fuhren unter polnischer Flagge auf der Ostsee nicht weniger als 30 Schiffe; Sigismund II. August nahm die mutigsten Schiffer in seine Dienste, er trug sich mit dem Gedanken, seetüchtige Kriegsschiffe zu bauen. Im März des Jahres 1568 wurde in seinem

Auftrag eine spezielle Marinekommission ins Leben gerufen. Ihre Aufgabe bestand darin, die oberste Aufsicht über die im Dienste des Königs stehenden Seeleute auszuüben und überhaupt die Interessen des Königs auf dem Meere zu repräsentieren.

Dieser Schritt rief unter den Danziger Patriziern große Unzufriedenheit hervor. Und so kam es im Juni des gleichen Jahres zu einer unerhörten Provokation. Unter dem Vorwand des Diebstahls von Hühnern verhaftete der Danziger Rat elf Seeleute der königlichen Flotte und verurteilte sie zum Tode durch Enthauptung. Ihre Köpfe wurden auf Pfähle aufgesteckt und, als Ausdruck der Geringschätzung des Monarchen, in die Nähe eines der Stadttore aufgepflanzt. Als der empörte Sigismund II. August eine Sonderkommission zur Untersuchung des Vorfalls nach Danzig entsandte, fand diese die Stadttore verschlossen.

Durch eine solche Arroganz war die Geduld des Königs und seiner Ratgeber erschöpft. Nachsicht hatte die Danziger nur noch kecker werden lassen. Es mußte also nach strengeren Mitteln gegriffen werden. Der Danziger Stadtrat wurde vor das Reichstagsgericht nach Lublin gerufen. Vier seiner vornehmsten Mitglieder – Ferber, Klefeld, Giese und Proite –, die diesen Vorfall klären sollten, wurden am 12. August 1569 unter dem Vorwurf der Majestätsbeleidigung gefangengesetzt. Eine neue Kommission, angeführt vom Bischof Stanisław Karnkowski, wurde nach Danzig entsandt.

Das Danziger Patriziat war diesmal nicht in der Lage, Widerstand zu leisten. Die Aufhebung der Sonderstellung Preußens auf dem gleichen Lubliner Reichstag (1569) war ein harter Schlag für die herrschende Schicht in Danzig. Durch die letzten Ereignisse entmutigt, ihrer Führer beraubt, außerdem durch das Aufbegehren der Massen bedroht, beschloß der Danziger Rat, sich vor dem König zu demütigen.

Am 20. Januar 1570 wurde eine Erhöhung des sogenannten Pfahlzolls beschlossen und die Hälfte der hieraus fließenden Einnahmen dem königlichen Fiskus überwiesen. Außer dieser laufenden Abgabe wurde Sigismund II. August eine einmalige Summe in Höhe von 100 000 Florin offeriert.

Die bedeutenden finanziellen Angebote milderten die Strenge der Kommissäre und des Königs wesentlich. Nichtsdestoweniger enthielten die am 15. März 1570 veröffentlichten Statuten, in der Geschichte als Karnkowski-Statuten bekannt, eine Reihe von Beschlüssen, die die bisherigen Freiheiten des Danziger Patriziats einschränkten. Der Bürgermeister und die Ratsherren mußten von nun an einen Treueschwur gegenüber dem König und dem Polnischen Reich leisten, die Seehoheit wurde als alleiniges Privileg des Königs anerkannt. Es wurde bestimmt, daß eine königliche Kommission alle zwei Jahre die Wirtschaft der Stadt prüft und daß die Zünfte Stimme und Sitz im Rathaus erhalten sollten – freilich im Rahmen der Dritten Ordnung. Diese Beschlüsse wurden jedoch nicht verwirklicht. Bereits zwei Jahre später starb Sigismund II. August. Es begann ein Interregnum, das durch eine kurze Periode chaotischer Regierungsgeschäfte des Königs Heinrich Valois[25] unterbrochen wurde. Schon 1576 entfachte Konstantin Ferber, uneingedenk der Gefängniszeit und der Lubliner Ereignisse, nach Berichten eines Zeitgenossen, «eine neue gefährliche Rebellion». Es begann der bekannte Streit mit König Stephan Bathory, dessen Thronwahl die stolzen Danziger Bürger nicht anerkennen wollten; vor der Ablegung des Treueschwurs verlangten sie die Aufhebung der Karnkowski-Statuten und die Bestätigung der Privilegien der Stadt.

Der König belegte die Stadt zweimal mit der Reichsacht. Die Instruktion von 1577 an die Provinziallandtage bezeichnete die an der Weichselmündung entstandene Situation deutlich: «Die Danziger, dem Gehorsam des Königs unterstellt, wurden reich, haben sich wie die Schweine an den Gütern der Krone gemästet, sind groß geworden, uns aber haben sie getäuscht; durch ihre Taten und Praktiken haben sie bewiesen, daß sie Herren über uns waren, denn alles Getreide, alle Waren und Güter hatten sie in ihren Händen und walteten und schalteten nach eigenem Gutdünken.»[26]

Ob die Schlachta tatsächlich glaubte, die Fesseln der «Danziger Sklaverei» sprengen zu können? Jedenfalls beschloß König Stephan Bathory, die Grundfesten der Macht dieser Stadt zu erschüttern:

Der Handel mit Danzig wurde verboten, die gesamte Flößerei auf der Weichsel wie auch die ausländischen Schiffe wurden nach Thorn (Toruń) und Elbing (Elbląg) umgeleitet.

Dies war ein schwerer Schlag für die Danziger Kaufmannschaft. Die Umsätze gingen erschreckend zurück. Bald breitete sich im Hafen schläfrige Stille aus. In den Speichern entstand, nachdem die alten Vorräte erschöpft waren, gähnende Leere. In der Stadt herrschte Teuerung, das Geld wurde knapp, desgleichen Lebensmittel und Brot. Die Bevölkerung wurde mit immer größeren Steuern belegt, die durch Rüstung und Unterhalt der Söldner bedingt waren. Als schließlich die Zünfte rebellierten, zu deren Anführer sich der kleine Kaufmann Kasper Göbel gemacht hatte, suchte das Patriziat erneut mit dem König einen Vergleich. Bathory, der sich mit dem Gedanken an einen Krieg gegen Moskau trug, ergriff bereitwillig die dargebotene Hand. Bereits im Dezember 1577 nahm er die Huldigung der Vertreter Danzigs in Marienburg (Malbork) entgegen. Der König gewährte der Stadt seine Gunst und bestätigte die Gerechtsame. Danzig verpflichtete sich, Stephan Bathory die gewaltige Summe von 200000 Florin zu zahlen und die Söldner zu entlassen. Die strittige Frage des Pfahlgeldes wurde bis zum Reichstag vertagt.

Nach dem Friedensschluß wurde der Rat mit der «ungestümen» Bürgerschaft ohne Mühe fertig und stellte die alte Ordnung wieder her. Nach diesem Erfolg kamen andere, außenpolitische. Der durch den Krieg mit Moskau und den geplanten Feldzug gegen die Türken in Anspruch genommene König brauchte fortwährend Geld. Dieses gaben ihm die wohlhabenden Danziger, nicht ohne wertvolle Zugeständnisse für sich auszuhandeln. Am 16. Februar 1585 unterschrieb König Stephan Bathory ein Dokument, das als Pfahl-Privileg («tractatus portorii») bekannt ist. Gegen das noch Sigismund II. August zuerkannte Versprechen, die Hälfte des Pfahlgeldes auszuzahlen, erhielt Danzig die Aufhebung der für die Patrizier unliebsamen Karnkowski-Statuten wie auch die Zusage, daß der König keine Kaper (s. Anm. 37) in seine Dienste anwerben werde. Besondere Punkte des Privilegs erweiterten und festigten die Macht der Vertreter des Rates über die gemeine Bürgerschaft.

Im Danziger Rathaus hatte sich also kaum etwas geändert. Der Rat, dem die Vertreter der wohlhabendsten Geschlechter der Stadt angehörten, beherrschte weiterhin das Geschehen, und der Strom der zu erledigenden Geschäfte lief nach althergebrachter Weise ab.

Wie der Hafen das Herz der Stadt war, so war das Rathaus ihr Gehirn. Hier wurden die wesentlichsten Fragen entschieden, hier befanden sich die Zollkammer und die Räume, in denen die für die Kaufleute unentbehrlichen Muster der Gewichte und Maße aufbewahrt wurden. In der Stadtkanzlei wurden wichtige Schreiben und Briefe vorbereitet, mit einem großen roten Siegel versehen und an andere Behörden der Stadt gesandt, an die königliche Residenz, an die Höfe anderer Herrscher. *Tafel* 3, 4 Neunzehn Ratsherren und vier Bürgermeister – auf soviel Mitglieder einigte sich der Rat – betraten durch das mit Wappen geschmückte Portal würdevoll das Rathaus und nahmen in bequemen Sesseln des Sitzungssaales Platz. «Senatus Gedanensis» – so nannte sich selbstherrlich der Danziger Rat, obwohl die entrüsteten polnischen Magnaten und die Schlachta der Meinung waren, daß dieser Titel ausschließlich für die obere Kammer des polnischen Reichstages vorgesehen sei. Danzig nahm die Proteste nicht zur Kenntnis. Dem Rat oder der Ersten Ordnung folgte die Zweite Ordnung, die Schöffen, und schließlich die Dritte Ordnung – die hundert Repräsentanten der gemeinen Bürgerschaft. Zusammen bildeten sie den sogenannten Großen Rat, von dessen Zustimmung alle wichtigeren Beschlüsse der Stadt abhingen. Der Große Rat also beschloß Verordnungen, die «Danziger Willküren», die das Leben in der Stadt regelten, er beriet die politische und wirtschaftliche Situation, bestimmte die Stärke des Militärs, erörterte Handelsfragen, Münzprobleme, beschloß Steuern. Das Recht, die Ordnungen einzuberufen, war dem Patriziat vorbehalten, das dieses Vorrecht eifersüchtig hütete. Etwa von der Mitte des 16. Jahrhunderts an waren die Vorladungen zum Rathaus recht häufig und regelmäßig; die Sitzungen fanden gewöhnlich alle paar Wochen statt.

Die Festlegung der Beratungsordnung oblag grundsätzlich den Ratsherren – eine weitere wichtige Voraussetzung, die es dem Patriziat ermöglichte, die drei Ordnungen so zu leiten und zu lenken, wie es ihm vorteilhaft schien. Sowohl die Schöffen als auch die Dritte Ordnung, aber auch die Zünfte und Privatpersonen, konnten bestimmte Angelegenheiten in Form von Suppliken und Bittgesuchen auf die Tagesordnung setzen. Viele von ihnen sind uns überliefert. Die einen beziehen sich auf die Zuerkennung des Bürgerrechts, in den anderen geht es um die Eröffnung eines Kramladens oder einer Werkstatt. Es fehlen auch nicht Erfinder, die der Stadt mehr oder weniger ausgeklügelte Neuerungen offerierten (einschließlich der Kunst, das überaus begehrte Gold zu machen!) und sich um die Erlaubnis zum Betreiben ihrer geheimnisvollen Künste bewarben.

Die Zünfte bitten um strenge Bestrafung der Handwerker, die auf eigene Faust illegale Werkstätten betreiben, Die Dritte Ordnung verlangt die Senkung der Steuern, forderte eine Einschränkung der Tätigkeit fremder Händler und des Hausierhandels, klagt über die schlechte Qualität und zu geringes Gewicht des Brotes. Die Schöffen erinnern an die Unordnung im Hafen, verlangen eine Vertiefung der Mottlau, die Einschränkung der Ausgelassenheit in den Wirtshäusern. Hausbesitzer tragen Petitionen gegen unliebsame Nachbarn vor, die Schankwirte beklagen sich über die Unbotmäßigkeit des Gesindes und der Fuhrknechte. Aus den vergilbten und verstaubten Blättern tauchen die tausendfachen Probleme der großen Hafenstadt auf, deren Konfliktsituationen infolge des Zusammenlebens vieler Nationalitäten noch stärker als in anderen Hafenstädten zum Vorschein kommen. Das ungestüme Leben fand nur mit Mühe in den Schranken der geltenden Ordnung und der häufig noch aus dem Mittelalter stammenden Rechtsgrundsätze Platz.

Tafel IV

Alle Vorschläge, die den Ordnungen zur Diskussion unterbreitet wurden, beriet zunächst der Rat selbst. Diese Beratungen, die im Sommer im Roten Saal, im Winter im Wintersaal (Kleinen Saal) geführt wurden, waren streng geheim. Nach der Diskussion wurde der Text der sogenannten Proposition schriftlich festgehalten, vorgelesen und durch Stimmenmehrheit bestätigt, wonach die übrigen Ordnungen aufgerufen wurden, ihn anzuhören. Am festgesetzten Tag versammelten sich die Schöffen im nahegelegenen Schöffenhaus, die Dritte Ordnung im Weißen Saal des Rathauses, und warteten auf die Einladung zu gemeinsamen Beratungen im Roten Saal. Endlich öffnete sich die prächtige Flügeltür, die die stolze Inschrift trug «Pro lege, pro grege militemus» (= Laßt uns für das Recht und die Gemeinde kämpfen). Der präsidierende Bürgermeister verlas den Text der Proposition; die Schöffen und Hundertmänner hörten ihn schweigend an und kehrten an den Ort ihrer eigenen Beratungen zurück, um den Termin der nächsten Zusammenkunft zu bestimmen. Unterdessen fertigten in der Stadtkanzlei geschickte Schreiber Kopien dieser Propositionen an, jeweils eine Ausfertigung für die Schöffen und eine für jedes Quartier der Dritten Ordnung.

Tafel 44

Am Vortage des angesetzten Termins bat der den Vorsitz führende Bürgermeister erneut die Ordnungen ins Rathaus. Jetzt erst wurden die Vorschläge diskutiert, es wurde abgestimmt, die Beratungsergebnisse wurden in Form von Protokollen dem Rat übergeben. Das war eine recht langwierige und komplizierte Prozedur, vor allem in der Dritten Ordnung, wo jedes Quartier selbständig beriet. Der Rat mischte sich oft in die Beratungen der Dritten Ordnung ein, entsandte zu den Sitzungen einzelner Gruppen einen Sekretär oder einen der Bürgermeister, scheute sich nicht, Druck auszuüben oder Drohungen auszustoßen.

Am festgesetzten Tag erschienen die Ordnungen erneut im Rathaus und versammelten sich nach der endgültigen Klärung ihrer Ansichten im Roten Saal. Zuerst wurden die Beratungsergebnisse der Hundertmänner vorgetragen, danach referierte der Vertreter der Schöffen die Schlußfolgerungen der Zweiten Ordnung. Für die endgültige Beschlußfassung war das Einverständnis des Rates, der Schöffen und mindestens zweier Quartiere notwendig. Folglich hatte das Patriziat auch weiterhin die entscheidende Stimme bei den Beratungen.

27
Danziger Meister,
Zehngebotetafel
aus der Marienkirche,
um 1480–1485

28
Katharinenkirche, 15. Jahrhundert

Nikolauskirche (auch Kaufmannskirche), ursprünglich dreischiffige Basilika, im 13. und 15. Jahrhundert zur Halle umgebaut

30, 31
Marienkirche, eines der größten und bedeutendsten Werke der Backsteingotik, erbaut im 14./15. Jahrhundert

32
Marienkirche nach vollständiger Wiederherstellung, links die Kuppeln der Königlichen Kapelle

33
Königliche Kapelle, erbaut von Tylman van Gameren und Andreas Schlüter, 1678–1681

34
Inneres der Marienkirche,
Gewölbe erbaut 1499–1502

35, 36
Joos van Cleve, Details vom Reinholdsaltar in der Marienkirche, 1517.
Links: Begegnung im Goldenen Tor. Rechts: Verhöhnung des Joseph

37
Trinitatiskirche, erbaut um 1500

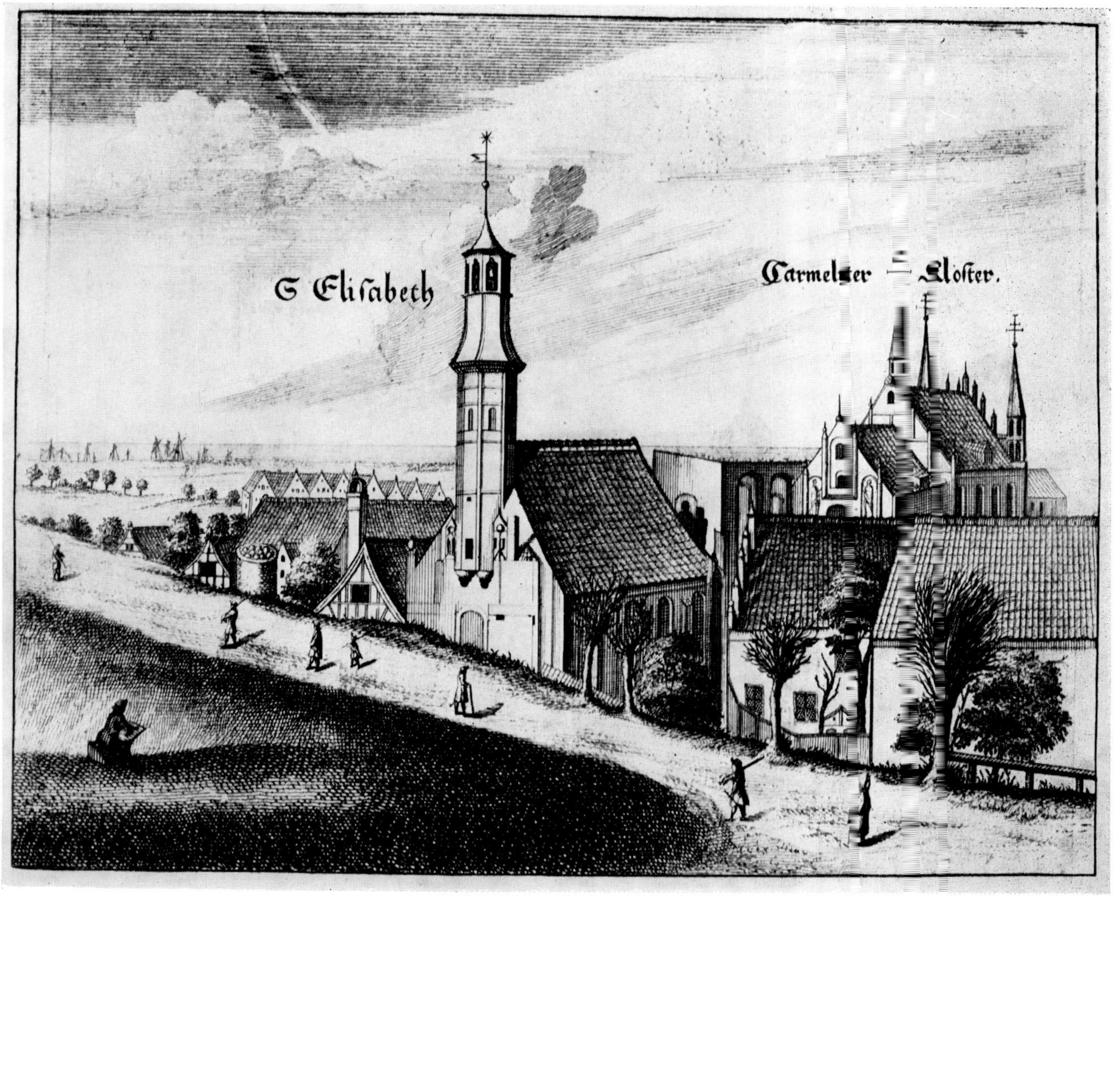

38
Elisabethkirche und Karmeliterkloster, 17. Jahrhundert

So war es in Zeiten der Ruhe, die in Danzig allerdings nicht sehr häufig waren. Fast das gesamte 16. Jahrhundert hindurch gab es heftige Auseinandersetzungen des Rates mit den Zünften. Es waren besonders die mächtigen Brauer und Fleischer, die dem Patriziat viele Scherereien bereiteten. Zu einer sehr gefährlichen Auseinandersetzung kam es zum Beispiel im Jahre 1575. Die Anordnung, wonach Fleisch nach Gewicht und nicht «nach Augenmaß», wie bislang, verkauft werden durfte, ebenso die Veröffentlichung einer Preistabelle für Fleisch und Talg, wodurch die ungeheuren Gewinne der Fleischer beschnitten wurden, führten zu einer wahren Rebellion der Fleischbankbesitzer. Das Patriziat, welches diesmal im Interesse größerer Bevölkerungsschichten handelte, blieb standhaft. Im Ergebnis leidenschaftlicher Auseinandersetzungen, in deren Verlauf die Zunft die Herausgabe der in ihrem Besitz befindlichen Originale ihrer Vorrechte an den Rat verweigerte, weil sie befürchtete, daß sie im Rathaus «verlorengehen könnten», kam es um den 8. Dezember herum zu einem Streik der Fleischer. Die Stadt konnte nicht ohne Fleisch bleiben. Eine Revolte der hungrigen Bevölkerung befürchtend, verkündete der Rat den freien Handel mit Fleisch. Darauf verschickte die aufgewiegelte Zunft an alle Fleischer der Stadt und der umliegenden Ortschaften Briefe mit der Aufforderung, Danzig nicht mit Vieh zu versorgen. Der Rat verlor die Geduld; nach einer stürmischen Beratung im Roten Saal wurde beschlossen, größte Strenge zu üben; um den Fleischern ein für allemal den Aufruhr abzugewöhnen, wurden über achtzig Personen verhaftet. Die zum äußersten entschlossenen und aufgebrachten Meister gaben keineswegs nach. Die dem Verhör unterzogenen Fleischer lehnten es ab, sich vor dem Patriziat zu demütigen, vielmehr verursachten sie im Rathaus, nachdem sie sich mit Gewalt befreit hatten, solchen Tumult, daß die erschrockenen Ratsherren im Begriffe waren, durch die Fenster zu fliehen. Die zur Hilfe gerufenen Stadtknechte verhinderten im letzten Augenblick ein solches despektierliches Handeln, das zweifelsohne der Autorität des ehrwürdigen Rates Abbruch getan hätte.

Der beginnende Streit mit König Stephan Bathory zwang schließlich die Patrizier, die Fleischer unter der Bedingung freizulassen, daß sie sich auf jede Aufforderung hin einstellten. Die Mehrzahl der Freigelassenen flüchteten jedoch nach Marienburg unter die Obhut des königlichen Beamten Jan Kostka oder nach Oliva, wo der Abt Geschkau herrschte, der Danzig nicht wohlgesonnen war. Anschließend gingen sie an den königlichen Hof nach Warschau. Der Prozeß der Zunft mit der Stadt sollte sich noch lange hinziehen; er endete erst, als andere, ernstere Konflikte die Aufmerksamkeit des Danziger Bürgertums in Anspruch nahmen.

Der Anfang des 17. Jahrhunderts brachte Danzig eine neue Welle großer gesellschaftlicher Umwälzungen. Der Streit ging scheinbar um Dogmen; in Dutzenden von Disputen und Schriften brachen lutherische und kalvinische Theologen ihre Lanzen für die Überlegenheit ihres Bekenntnisses. Das Volk gab seinen Gefühlen anders Ausdruck, einfacher: Hunde wurden auf kalvinische Prädikanten gehetzt; es kam auch zu Schlägereien. In Wirklichkeit aber, unter dem Deckmantel religiöser Auseinandersetzungen, ging der Kampf um die Macht, um einträgliche Posten im Rat (beachten wir, daß das Gehalt eines Bürgermeisters im 17. Jahrhundert 2000 Gulden jährlich betrug, das des Ratsherrn 1200, ohne die vielen zusätzlichen Spesen!), um eine Stellung in der Stadt. Die Kluft zwischen dem Bürgertum vertiefte sich mit dem wachsenden Wohlstand gewisser Gruppen. Schon teilte man das Stadtrecht in ein großes (= Kaufmannsrecht) und ein kleines (= Gewerberecht). Die Inhaber des letzteren leisteten freilich einen bescheideneren Beitrag, waren aber auch auf vielerlei Weise diskriminiert, zum Beispiel durch das Handelsverbot. Die Verbesserung des Rechtsstatus und das Hinüberwachsen des Bürgertums in eine höhere Gesellschaftsschicht waren schließlich nicht einfach und erforderten große finanzielle Opfer.

39
Jakobskirche im 17. Jahrhundert,
im Vordergrund exerzierende Bürgerkompanie, links im Hintergrund Schiffe auf Reede

40
Bartholomäikirche im 17. Jahrhundert

Mit der juristischen Diskriminierung hing die politische zusammen. Diejenigen Mitglieder zahlreicher Danziger Zünfte, denen der Zugang ins Rathaus versperrt war, meuterten immer häufiger. In Wirtshäusern und Schenken, beim üblichen Krug Bier, wurde nicht nur über die schnell wachsenden Steuern geklagt, über die ungezählten Opfer des Hundertsten Pfennigs, die Akzise auf Mehl, Bier, Fleisch und Malz, über die Kopf- und Herdsteuer. Man beschuldigte die Ratsherren immer offener, genau wie zu Anfang des 16. Jahrhunderts, der Aneignung öffentlichen Gutes und der betrügerischen Verwaltung des kommunalen Besitzes. Solange nicht ehrliche Handwerker ins Rathaus einziehen, solange wird es nicht gut um die Danziger Angelegenheiten bestellt sein, sagte man.

Abends, wenn es dunkel wurde, sangen Unbekannte in den Straßen ein Lied von den Reichen, die die Armen auffressen; die letzte Strophe schilderte, wie ein mit Gold prall gefüllter Bürger dem Teufel in den Rachen gerät – «jeder wird also Opfer seinesgleichen». Von Liedern, Spötteleien und lauter verkündeten Ansprüchen war es nicht mehr weit zu ernsten Ausschreitungen.

Der Liebling großer Bürgerkreise war seit 1669 der Rektor des Akademischen Gymnasiums und Prediger an der Dreifaltigkeitskirche, der ehemalige Professor an der Universität Wittenberg Aegidius Strauch. Seine flammenden antikalvinischen, nicht selten demagogischen Reden begeisterten die Massen. Als man Strauch wegen Kontakten mit den Schweden anklagte und ihn der Ämter enthob, brach in der Stadt ein Tumult aus. Am 29. August 1675 versammelten sich vor dem Rathaus, wo gerade die Ordnungen berieten, viele Handwerker und verlangten, man möge Strauch seine Ämter wiedergeben, das rückständige Gehalt auszahlen und schließlich die lästigen Akzisen abschaffen. Angesichts des Widerstandes der Behörden erklärten die erregten Mitglieder der Zünfte, daß sie solange niemanden ins Rathaus lassen würden, bis ihre Forderungen positiv erledigt wären. Der Versuch der Ratsherren, das Haus durch einen Seitenausgang zu verlassen, wurde bemerkt und unter feindseligen Zurufen vereitelt. Die Belagerung zog sich bis in die Nacht hinein; die Meuternden umstellten, mit Fackeln und Lampen versehen, das ganze Rathaus und bewachten streng alle Türen.

Von den Ordnungen gab die Dritte als erste auf. Ihr folgten die Schöffen und schließlich der Rat. Gegen halb fünf Uhr nachmittags wurde den Zünften ein Schreiben ausgehändigt, in dem sich die Stadt verpflichtete, Strauch in seine Stellung wiedereinzusetzen. Die beruhigten Rebellen gingen nach Hause. Es dauerte nicht lange, und das Patriziat sorgte dafür, daß man den gefährlichen Prediger aus Danzig verwies und sogar für eine längere Zeit unschädlich machte. Er wurde – nicht ohne die Intrigen eines der Danziger Ratsherrn – vom brandenburgischen Kurfürsten in Küstrin (Kostrzyń) ins Gefängnis geworfen. Seine Freiheit erlangte er im Jahre 1678 zurück.

Die Befreiung des populären Kanzelredners war zu einer der wichtigsten Forderungen der Danziger Zünfte geworden; ihre Aktion wurde bis an den königlichen Hof vorgetragen. Schon im Juli 1675 traf in Jaworów, wo der König Johann III. Sobieski gerade weilte, eine Deputation der Danziger Handwerker ein, angeführt von dem Ältesten der Schuhmacherzunft, Christian Mejer. Die nicht alltäglichen Sendboten warteten tagelang vergeblich auf eine Audienz beim König. Unter Umgehung des üblichen Weges überrumpelten sie die Höflinge: Sie schlichen sich in den Schloßhof und warteten am Wege, auf dem Sobieski täglich spazierenging. Auf diese recht amüsante Weise gelangte das Bittgesuch der Danziger Brüderschaft bis zum König; sie erflehten von ihm die Rettung der «unterdrückten Bürger», die das Patriziat «aus Freien zu Unfreien» machte. Angesichts der drohenden türkischen Gefahr bekundete der König für die Danziger Querelen kein größeres Interesse. Erst nach Abschluß des Waffenstillstandes von Żórawno, im Herbst 1676, begann ihn die Danziger Frage im Zusammenhang mit seinen Ostseeplänen lebhafter zu interessieren.

Im Mai 1677 brach der König mit der Königin, seinem Sohn Jacob und seiner Tochter Theresa Kunigunda nach Danzig auf. Die Reise auf der Weichsel dauerte über zwei Monate. Am 1. August bereitete die Stadt dem Herrscher, der sich ihr über den alten Königstrakt näherte, von der Seite des Goldenen Tores her, einen festlichen Empfang. Mit Blumen und frischem Grün geschmückte Häuser, große Menschenmengen auf den Straßen, neugierige Gesichter in den Fenstern, Gaffer auf den Dächern und Mauern zeugten davon, wie sehr dieser Tag herbeigesehnt wurde.

Den Aufenthalt des königlichen Paares in Danzig feierte man mit schon zur Tradition gewordenen Spielen und Unterhaltungen. Am 3. August führten die Schiffer auf dem Langen Markt, begleitet von lauttönender Musik, einen Florettanz vor, danach produzierte sich unter großem Gelächter ein geschickter Gaukler. Zum Abschluß des Schauspiels traten Kürschner mit papierenen Kronen auf dem Kopf, mit brennenden Lichtern über der Stirn und biegsamen Reifen in den Händen auf und zeigten einen interessanten artistischen Tanz. Noch am gleichen Tage, um sieben Uhr abends, wurde den erhabenen Gästen die Geschichte von Jason und Medeia geboten, zwischen neun und elf Uhr wurden künstliche bunte Lichter abgebrannt. Den größten Beifall fand im Laufe der nächsten Tage ein gigantisches Feuerwerk, welches den Sturm der polnischen Heere auf das türkische Feldlager bei Chocim darstellte. Es dauerte mehrere Stunden und hätte um Haaresbreite die Stadt in Flammen aufgehen lassen.

Die Schauspiele und Unterhaltungen waren freilich nur ein Teil des seltsamen Wettrennens zwischen dem Patriziat und den Zünften um die Gunst des Herrschers und der ihn Umgebenden. In diesem Wettstreit war jedes Mittel recht. Da der König gerne Austern aß, lieferten ihm die reichen Kaufleute diskret ganze Transporte frischer Muscheln von bester Qualität. Fässer vorzüglicher Heringe, Körbe voll Apfelsinen und Zitronen, teure Weine wanderten in die königliche Küche. Ähnliche Andenken erhielten auch die Mitglieder der königlichen Familie, einflußreiche Magnaten und Hofleute. Nicht selten wurden statt der Naturalien diesem oder jenem ein wertvoller Pokal, eine Kette oder ein voller Geldbeutel zugesteckt. Man gab sich der Hoffnung hin, die so gewonnenen Freunde würden die Angelegenheiten des Rates beim König zuverlässig unterstützen.

Aber auch die Zünfte taten ihr möglichstes, um bei der Werbung von Bundesgenossen Schritt zu halten und sich die Gunst der Herrschenden zu sichern. So wurde dem König ein prachtvolles Werk der Danziger Leineweber zum Geschenk gemacht: ein großes leinenes buntes Tischtuch, auf dem die Krönungsszene und die Wappen Polens, Litauens, Königspreußens und Danzigs auf dem Hintergrund verschiedener Blumen meisterhaft dargestellt waren. Die Handwerker vergaßen auch keineswegs die «Ehrung» einzelner Senatoren und wetteiferten um die Zuneigung der königlichen Günstlinge. Jedoch waren die finanziellen Möglichkeiten der wohlhabendsten Bruderschaften viel geringer als die der Geldpotentaten, die ihren Sitz im Rat hatten.

Trotz dieser ungleichen Chancen war der Kampf erbittert, und in seinem Verlauf büßte das Patriziat einiges von seiner Macht ein, übrigens nicht zugunsten der Zünfte. Wie üblich, wo sich zwei streiten, gewinnt der dritte. Um die Hundertmänner vom Zusammengehen mit dem Handwerk abzubringen, erklärte sich der Rat bereit, der nicht unbedeutenden und seit langem geforderten Erweiterung ihrer Rechte zuzustimmen. So erhielt die Dritte Ordnung das «ius praesentandi» (= das Recht, die Kandidaten für die Mitglieder, je zwei auf jeden vakanten Sitz, selbst vorzuschlagen). Seit dieser Zeit hörte die willkürliche Ernennung der Vertreter der Bürgerschaft durch das Patriziat auf. Den Hundertmännern wurde eine umfassende Mitwirkung in der Verwaltung der Güter und städtischen Einnahmen und die Stimme bei der Berufung evangelischer Geistlicher an die Kirchen (= «ius patronatus») sowie bei der Besetzung einiger Stadtämter zugestanden.

Die Zünfte mußten sich mit viel geringeren Erfolgen zufrieden geben. Entscheidend dafür war die unentschlossene und inkonsequente Politik des Königs. Schon im November 1677 äußerte Johann III. Sobieski den Wunsch, möglichst schnell aus Danzig abzureisen. Offiziell wurde dies mit unaufschiebbaren Staatsangelegenheiten und mit der dem König nicht zusagenden städtischen Lebensweise motiviert. Doch war es weniger der Mangel an Bewegung und «das fehlende tägliche Ausreiten» als vielmehr die Aufgabe der früheren baltischen Pläne, die dazu führte, daß Johann III. Sobieski sich mit dem Bau einer katholischen Kirche begnügte und Katholiken in die Dritte Ordnung einführte (übrigens nur für kurze Zeit). Nachdem er vom Rat ein reiches Geschenk in Form von 200 000 Florin erhalten hatte, verzichtete der König auf andere Ansprüche. Das berühmte Dekret vom 12. Februar 1678 verdoppelte die Zahl der Handwerker in der Dritten Ordnung, aber damit endete auch seine «revolutionäre» Rolle.

Der Danziger «gemeine Mann» wurde wiederholt vom Hofe enttäuscht. Nur in naiven Legenden kommt der «gute König» den armen Schluckern zu Hilfe und schützt ihre Rechte gegen die Reichen und Ausbeuter. In der Praxis vermochten es die Herren stets, sich untereinander auf Kosten des einfachen Mannes zu verständigen. Seit Sigismund I. hatte Danzig mehrmals die Möglichkeit, sich davon zu überzeugen. Daß dennoch eine stetige, wenn auch langsame Demokratisierung der inneren Verhältnisse in Danzig voranschritt und das Patriziat sich auf immer schmaler werdende Positionen zurückzog, muß den inneren Spannkräften der Stadt zugeschrieben werden.

Elle oder Pflug

Die malerische Umgebung von Danzig war und ist weithin bekannt. Die Stadt liegt im Herzen eines wahren Labyrinths von Hügeln und Tälern, sanften Erhebungen und Hohlwegen, Wiesen und Wäldern, in einem Netz von Bächen und Flüssen, zwi-
Tafel schen Teichen und Seen. Die anmutige Lage der
IX, Stadt bewunderten im 16. und 17. Jahrhundert zahl-
X reiche Reisende. Kaufleute und wohlhabendere Handwerker, ihrer engen Stadtwohnungen überdrüssig, fühlten sich von der Schönheit des Landlebens angezogen. Von den verstohlenen Sehnsüchten zeugten auch die an den entlegenen Enden der Patrizierbesitzungen aufgehäuften Miniaturhügel, auf denen die Bürgerinnen mit großer Sorgfalt Maiglöckchen, Veilchen oder Rosen, aber auch die im 17. Jahrhundert ungewöhnlich in Mode gekommenen, speziell aus Holland eingeführten Tulpen hegten und pflegten. Die Enge der mittelalterlichen Stadt bot keine Möglichkeit, die winzigen Gärtchen auszubauen. Erst in den Vorstädten, jenseits der Stadtmauern, breiteten sich weite Gärten aus, voller Blumen, Sträucher und Obstbäume, die sowohl zur Zierde als auch zum Gebrauch angepflanzt wurden. Heute kann man nur schwer feststellen, wann die wirkliche Expansion des Bürgertums aufs Land begann; in jedem Falle war das ein sehr altes und nicht nur in Danzig anzutreffendes Phänomen. Es scheint, als ob das Land schon seit früheren Jahrhunderten eine besondere Anziehungskraft für das in Handel und Seefahrt erworbene Kapital besaß. Die Kaufmannschaft vieler europäischer Städte legte schon im Mittelalter ihr Kapital nicht nur in Immobilien in der Stadt, sondern auch in zahlreichen Besitzungen auf dem Lande an. Diese Eigenart war von Italien bis England, von Frankreich bis Böhmen und Ungarn so verbreitet, daß sie als eine der charakteristischen Besonderheiten der Entwicklung des Handelskapitals im Feudalismus galt. Das hatte recht unterschiedliche, in hohem Maße auch von den lokalen Bedingungen abhängige Ursachen. Die wichtigste war wohl diese, daß der Eigentümer durch Erwerb von Landbesitz wenigstens einen Teil des Vermögens vor dem Risiko schützte, das mit dem Handel und mit Finanzoperationen zusammenhing. Wichtig für den praktisch veranlagten Bürger war, daß derart angelegtes Kapital nicht ruhte, sondern bedeutende Gewinne in Form der Grundrente abwarf. Der Erwerb von Grundbesitz war in vielen Fällen bequemer und einträglicher als Investitionen in der Produktion, die verschiedenen Beschränkungen durch die Zünfte unterlagen. Keine geringe Rolle spielten auch gesellschaftliche, ja psychologische Faktoren: der Wunsch, es dem Adel gleichzutun, oder die Überzeugung, Landbesitz stärke die gesellschaftliche Position des Eigentümers.

Viele Historiker sehen in diesem Abfluß des bürgerlichen Kapitals aufs Land eine der Ursachen für die Schwächung der Stadt. Während noch im 14. und 15. Jahrhundert so mancher Edelmann in die

Stadt zog, haben wir es in der späteren Zeit mit einem entgegengesetzten Prozeß zu tun.

Das Danziger Bürgertum begann sich schon im 15. Jahrhundert – ja noch früher – für Landbesitz zu interessieren. Einzelne schnell reich gewordene Bürger, die einen Teil ihres in riskanten Handelsunternehmungen oder durch die Seefahrt erworbenen Vermögens an einem sicheren Ort anzulegen suchten, kauften oder pachteten die in der Nähe gelegenen Ländereien. Wie wir sahen, schuf seit der zweiten Hälfte des 15. Jahrhunderts der Bedarf für landwirtschaftliche Erzeugnisse und Rohstoffe in Westeuropa eine günstige Konjunktur für die Produzenten dieser Güter – besonders, wenn ihre Höfe in der Nähe von Straßen und Handelsplätzen lagen. Die Danziger Kaufleute merkten bald, daß Getreideproduktion sich sehr gut bezahlt machte und bei weitem nicht so risikoreich war wie die Schiffahrt. Die Möglichkeiten einer zusätzlichen Ausbeutung der Bauern durch den auf dem Lande betriebenen Wucher stellten einen weiteren Faktor dar, der die Aufmerksamkeit der Danziger auf das Land lenkte. Unter den Besitzern oder Pächtern verschiedener Güter in Pommern finden wir im 15. Jahrhundert die vornehmsten Vertreter des Danziger Patriziats, die Familien von der Becke, Bischof, Bock, Falke, Feldstete, Niederhoff. Dennoch war es nur eine Randerscheinung der wirtschaftlichen Aktivität, deren Kern unbestritten der ausgedehnte überseeische Handel und die Schiffahrt war.

Die Situation änderte sich im Laufe des 16., besonders aber während des 17. Jahrhunderts. Bekannt ist die Umstellung des Danziger Handels jener Zeit von einem aktiven in einen passiven. Das Patriziat interessierte sich immer lebhafter für den Ankauf und die Nutzung von Liegenschaften und immer weniger für den Warenaustausch und die Seefahrt. Um Geld zu verdienen, brauchte man nicht mehr zur See zu fahren. Das System des verbindlichen Zwischenhandels im Hafen ließ die noch unlängst umsichtigen Kaufleute träge werden. Die Danziger Flotte, die zu Beginn des 16. Jahrhunderts noch etwa 200 Schiffe zählte, hatte gegen Ende des folgenden ganze 50 bis 60 Einheiten, die außerdem klein und lediglich zum Transport geringer Warenmengen auf kürzeren Strecken geeignet waren. Kaufleute wie Georg Hewel, der noch in den ersten Jahrzehnten des 17. Jahrhunderts über ein Dutzend Schiffe unter Segeln hatte, waren Ausnahmen. Der durchschnittliche vermögende Bürger hörte auf, sich für Reederei zu interessieren, und den Liegeplatz im Danziger Hafen nahm statt des heimischen Schiffes ein holländisches ein. Dieser Umstand beunruhigte diejenigen, die ansehnliche Gewinne aus dem Verkauf des polnischen Getreides zogen, keineswegs. Sie verzichteten auf Reisen, auf gefahrvolle Fahrten nach Spanien oder zu den Britischen Inseln, denn sie waren überzeugt, daß der polnischen Rohstoff immer begehrt bleiben und im Austausch stets westliche Waren bringen würde. Auf diese Weise könnte man, ohne sich von der Stelle rühren zu müssen, ohne Risiko und Transportkosten, große Summen durch Vermittlung verdienen.

Waren es nur die Scheu vor dem Risiko und der Mangel an Unternehmungslust, die so einschneidende Veränderungen im Charakter des Danziger Handels bewirkten? Es muß auch das Dilemma, Elle oder Pflug, berücksichtigt werden, vor dem der zeitgenössische Bürger stand. Hier einige Ziffern, die diesen Prozeß anschaulich machen: Im 15. Jahrhundert rekrutierten sich die Mitglieder des Danziger Rates aus 132 Familien. Davon besaßen kaum 11, also etwa 8 Prozent, Landbesitz. In der folgenden Zeit wuchs die Zahl der Grundbesitzer im Danziger Rathaus schnell. Im 16. Jahrhundert waren 30 von 72 Familien, also etwa 42 Prozent, bereits als Besitzer verschiedener Dörfer und Meierhöfe bekannt. Im 17. Jahrhundert hatten schon von 62 Patrizierfamilien 31 bedeutende Summen in Landbesitzungen investiert, also 50 Prozent.[27] Interessant ist, daß die Grundbesitzer deutlich die «Spitze» des Patriziats darstellten. Unter den Geschlechtern, die mehr als nur einen Sitz im Rat innehatten, also unter denjenigen, die ständigen und entscheidenden Anteil an der Lenkung der Kommunalpolitik nahmen, war der Prozentsatz von Landbesitzern noch höher: Im 16. Jahrhundert betrug er 78 Prozent und im 17. Jahrhundert 76 Prozent.

Der Besitz ausgedehnter Güter außerhalb der Stadt drückte dem Charakter des Danziger Patriziats im 16. und 17. Jahrhundert einen eigentümlichen Stempel auf. Viele seiner Vertreter verlieren die bürgerlichen Eigenschaften und beginnen, die Lebensweise des Adels, ihre Bräuche und Mentalität zu übernehmen. Die Geschlechter von Werden, Feldstete, Ferber erhalten aus den Händen der Könige den Adelstitel, die anderen Patrizier ahmen eifrig ihren Lebensstil nach. Den Geschlechtern von Suchten, Czirenberg, Zimmermann, Rosenberg, Kerschenstein, von der Linde und so weiter, die gegen Ende des 16. und Anfang des 17. Jahrhunderts verschiedene Stadtämter bekleiden, gehören bedeutende Landbesitzungen. Die Grundrente und die mehr oder weniger legalen Einkünfte aus der Bekleidung der höchsten Ämter machen das Gros ihrer Einnahmen aus. So kommt es zu einer paradoxen Situation: Die Mitglieder der Stadtverwaltung in Danzig sind eigentlich keine Stadtbürger mehr; die Stadt wird von Auswärtigen regiert, denen die Bedürfnisse des Handels und der Schiffahrt gleichgültig sind. In der zweiten Hälfte des 17. Jahrhunderts verkünden die breiten Massen des Bürgertums in ihrem Kampf gegen das Patriziat eine neue sehr bezeichnende Losung: Sie verlangen, daß ein Drittel der Sitze im Rat und in der Zweiten Ordnung den Kaufleuten zur Verfügung gestellt werden. Das bezeugt nachdrücklich die Loslösung des Patriziats von seiner hauptsächlichen und ursprünglichen Tätigkeit, dem Handel.

Dem Beispiel der großen Kaufleute und des Patriziats folgend, begann auch das mittlere und kleine Bürgertum seine Ersparnisse außerhalb der Stadt anzulegen. Grundbesitz kauften Höker und Handwerker, Makler und reich gewordene Agenten. Selbstverständlich führte das zu einem erheblichen, für die Kommunalwirtschaft sehr ungünstigen Abfluß des Geldes. Gleichzeitig wurde es auf dem pommernschen Dorf eng. Zwischen mittlerem Bürgertum, Patriziat und Adel verschärfte sich von Jahr zu Jahr der Kampf um Erwerb und Besitz von Landgütern.

Die Ausschaltung der unbequemen Konkurrenz des mittleren Bürgertums durch das Patriziat wurde gewöhnlich auf administrativem Wege vorgenommen. Anfang des 17. Jahrhunderts führte der Rat ein, daß beim Erwerb bäuerlichen Grundbesitzes durch den Stadtbürger dieser verpflichtet wurde, zuvor eine besondere Erlaubnis bei den städtischen Behörden einzuholen. Dadurch sollte die Freiheit der Anlage von Kapital in Grundbesitz beschränkt und für das mittlere Bürgertum, das in der Regel die bäuerlichen Parzellen aufkaufte, erschwert werden. Solche Verordnungen riefen freilich scharfe Proteste seitens breiter Massen der Danziger Bevölkerung hervor. Im Mai 1622 wurde diese Angelegenheit den einzelnen Ordnungen zur Beratung vorgelegt. Angesichts der Erbitterung der Hundertmänner, die sich selbst für Landerwerb interessierten, motivierte der Rat seine Schritte damit, daß die Bürger solchen Grundbesitz kauften, der mit verschiedenen Verpflichtungen und Scharwerken belastet wäre. Infolgedessen ergäben sich ernste juristische Unklarheiten: Die neuen Besitzer weigerten sich, die auf dem Grundbesitz lastenden Verpflichtungen zu erfüllen, ferner sei es ungewiß, welcher Gerichtsbarkeit sie unterlägen und so weiter. Diese Erklärungen überzeugten die Dritte Ordnung nicht, die trotz der angeführten Argumente die völlige Freiheit für den Kauf von Landbesitz verlangte. Die Losung nach Freizügigkeit des Grunderwerbs wurde auf dem Gebiet der städtischen Jurisdiktion allmählich zu einer ständigen Forderung der damaligen bürgerlichen Opposition. Die städtischen Behörden, die systematisch dem einfachen Bürger den Erwerb bäuerlicher Parzellen (die Einwilligung zum Kauf von Scharwerkland wurde lediglich unter der Bedingung gegeben, daß der Käufer auf das Stadtrecht verzichtete und aufs Land zog, um «sich außerhalb der Stadt der bäuerlichen Gerichtsbarkeit zu unterstellen»[28]) erschwerten, befanden sich in immer schärferen Konfliktsituationen mit vielen Einwohnern der Stadt. Diese brachten zum Ausdruck, daß das Verbot der Erwerbung bäuerlicher Güter im Widerspruch zu den um die Mitte des 15. Jahrhunderts von Kasimir IV. Jagiellończyk verliehenen Privilegien stehe; mit Recht erinnerten sie daran, daß viele Mitglieder des Rates «neben beschwerlichen Ämtern ihrem Beruf nachgingen und darüber hinaus bäuerliche Besitzungen außerhalb der Stadt ihr eigen nannten».[29] Die augenfällige Mißachtung der vom Patriziat selbst erlassenen

Vorschriften beweise deutlich, daß sie eine Erschwernis der Tätigkeit des gemeinen Bürgers bezwecke. Dieser empfand die Beschränkungen um so schmerzlicher, weil kapitalkräftige Unternehmer nach dem ersten schwedischen Krieg[30], als viele Bauern ruiniert waren, große Möglichkeiten zu billigem Aufkauf bäuerlicher Parzellen hatten.

Der zunehmende Drang des Bürgertums nach Erwerb möglichst großer Ländereien konnte aber auch nicht ohne eine Gegenaktion des damals wichtigsten Grundbesitzers, des Feudaladels, bleiben. Der preußische Adel fühlte sich zu Beginn des 17. Jahrhunderts durch das starke und aufs Land drängende Bürgertum äußerst bedroht. In dem Maße, wie sich der Landbesitz der Stadtbürger erweiterte, ging der der Feudalen zurück. Infolgedessen leiteten die Adligen im 17. Jahrhundert eine umfangreiche Aktion in die Wege, die sich gegen die Bürger der Stadt richtete, die gleichzeitig Grundbesitzer außerhalb der Stadt waren.

Diese Kampagne konnte freilich nicht auf der ökonomischen Ebene entfaltet werden, denn hier war das Übergewicht zweifellos auf seiten der Städter. Es blieb nur der Weg der Übergriffe und der Gewalttätigkeit. Schon im Dezember 1621 klagte die Dritte Ordnung während ihrer Beratungen über die Ausfälle der Adligen gegenüber den Stadtbürgern. Immer häufiger kam es zu Schlägereien, ja zu Totschlag, zu Raubüberfällen oder zur Vernichtung der Güter. Nach Meinung der Hundertmänner verfolgten die Gewalttaten das Ziel, «die Einwohner der ehrbaren Stadt Danzig in Untergebene zu verwandeln und ihren Tod mit einer geringen Geldstrafe zu sühnen».[31] Die Eigenmächtigkeiten des Adels riefen heftige Empörung im Rathaus hervor: Sollten die Privilegien, die König Kasimir den Danzigern verliehen hatte, ihnen nicht die gleichen Rechte sichern wie dem Adel? Man fragte sich: Sind denn die Bürger eines mächtigen Hafens von geringerem Wert als die adligen «Wohlgebornen»? Die Unruhen und Nachteile, die die feudalen Nachbarn stifteten und verursachten, konnten die bürgerlichen Landbesitzer nicht zum Verlassen ihrer Güter zwingen. Sowohl die Schöffen wie auch die Dritte Ordnung sprachen sich für eine energische und baldige Intervention in dieser Angelegenheit aus und äußerten volle Solidarität mit den Geschädigten. Doch die folgenden Jahre brachten keine Beruhigung. Am 16. Juni 1633 teilte der Rat den Ordnungen mit, daß der Adel unter Führung des einflußreichen Geschlechts der Działyńskis das Ziel verfolge, den Danzigern das Recht auf Grundbesitz streitig zu machen. Diese Nachricht wurde mit großer Entrüstung durch das Bürgertum aufgenommen; die Zweite wie auch die Dritte Ordnung sahen trotzdem von einem offiziellen Prozeß gegen die Schlachta ab, denn sie fürchteten, die Stadt könnte durch einen unvorteilhaften Richterspruch ihrer bisherigen Gerechtsame verlustig gehen. Vielmehr wurde sofort eine vertrauliche Intervention beim König, dem Erzbischof von Gnesen (Gniezno), dem Großkanzler und den Senatoren in die Wege geleitet. Gleichzeitig traf man Vorbereitungen zum Schutz der Landgüter im Falle irgendwelcher Übergriffe seitens des Adels. Verächtlich äußerte sich dabei das Bürgertum über seine Gegner: Die Feigheit des Adels sei im Kriege gegen die Schweden Anfang des 17. Jahrhunderts an den Tag gekommen. «Wir wissen, was das für Leute sind!» Man spottete: Sie werden sich hüten vor einem Konflikt mit der Stadt, von der sie sagen, daß sie «einem feurigen Roß gleiche, das seine Kräfte nicht kennt.»[32]

Die Briefe an den König, den Primas und den Großkanzler mit den Klagen gegen Działyński und den Bitten um Schutz der bürgerlichen Rechte seien abgegangen, erklärte der Rat am 4. Juli 1633. Bei dieser Gelegenheit wurde beschlossen, auf dem preußischen Landtag, der für den 18. Juli nach Graudenz (Grudziądz) einberufen wurde, gegen die Ausschreitungen des Adels einen scharfen Protest einzulegen. Darüber hinaus empfahl der Rat seinen Bürgern, alle Kredite und jegliche Dienste zugunsten Działyńskis und seiner Anhänger zu verweigern. Als Grund dafür wurde offiziell angegeben, das Bürgertum wolle sich vor Nachteilen schützen, die ihm durch diese Personen böswillig angetan würden. Zweifellos lagen hier andere Berechnungen zugrunde. Der wirtschaftliche Boykott des Adels durch die mächtige Stadt konnte in der Auseinandersetzung eine wesentliche Rolle spielen.

Auch dieses Mal warfen die Danziger einen entscheidenden Faktor in die Waagschale: das Geld. Einerseits sicherte es der Stadt die Gunst des finanziell von ihr abhängigen Königs und der höchsten Würdenträger des Staates, andererseits ermöglichte es die Anwendung wirtschaftlicher Schikanen gegenüber ihren Gegnern. Es war zweifellos der beachtlichen ökonomischen Macht Danzigs zu verdanken, daß seine Bürger das Recht zum Erwerb und Besitz von Ländereien behalten konnten, obwohl gleichzeitig der Kapitalabfluß aufs Land negative Folgen auf ihre Situationen haben mußte.

Das Interesse und die Vorliebe für den ländlichen Lebensstil prägte die Umgebung der Stadt. Große Geldsummen, die in die Trockenlegung von Sümpfen und die Kultivierung von Brachland investiert wurden, ließen die Weichselniederung aufblühen, einem «Klein-Holland» gleich. «Am 29. September, welches der Michaelistag war, reisten wir, nachdem wir die Messe gehört hatten, von Marienburg nach Danzig, und zwar bei dem schönsten Wetter und durch die fruchtbarsten Gegenden», berichtet ein Reisender. Und er bemerkt: «Nirgends sieht man so viele Gänse und so fette Kühe mit so starken Eutern wie hier. Niederländische Kolonisten haben diese Landstriche trocken gelegt und die nutzlosen Sümpfe durch Ausgrabung langer Kanäle und Bäche in Ackerland, Wiesen und in fruchtreiche Gärten verwandelt.»[33]

Hier und da waren gemauerte oder aus Holz errichtete Meierhöfe zu sehen. Das waren die Sommersitze der Patrizier, in denen sie einen Großteil des Jahres verbrachten. Die Häuser waren geräumig und hatten eine Diele und mehrere Zimmer, oft ein Obergeschoß, Laubengänge und Terrassen und waren mit großem Aufwand ausgestattet, ähnlich wie die Stadtwohnungen wohlhabender Kaufleute. Sie standen inmitten herrlicher englischer Gärten, in denen seltene Sträucher und Bäume wuchsen.

Zu jedem Haus gehörte ein Obstgarten, in dem Pflaumen, Äpfel und Birnen reiften. Auch fehlte es nicht an exotischen Gewächsen, zum Beispiel Feigenbäumen, die, wenn sie sehr sorgsam gepflegt wurden, reife und schmackhafte Früchte trugen. Auch Wein wurde angebaut.

Die Gärten glichen Parkanlagen und waren von einem Netz gepflegter Alleen durchzogen. Inmitten der Parks befanden sich Terrassen, Stufen, Wasserspiele und Skulpturen. Hier und da luden Altane die Spaziergänger zum Verweilen ein. Im Frühjahr wie im Sommer trafen sich in den so reizvoll eingerichteten Anlagen ganze Gesellschaften aus Danzig zu unbekümmertem Zeitvertreib. Der folgende Bericht von Charles Ogier beschreibt einen dieser Maiausflüge:

«Der Gesandte brach in Begleitung des Bürgermeisters Czirenberg zu dessen Landhaus jenseits der Vorstadt Altschottland auf. Hier traf auch die *Tafel*
unvergleichliche Konstantia ein, die den ganzen 51
Tag mit den Lerchen um die Wette sang. Dieser Ort ist durch die Segnungen der Natur paradiesisch schön ... Sanfte Hügel wechseln ab mit lieblichen Tälern, Wälder schießen in die Höhe, Wiesen dehnen sich aus, Bäume und Blumen blühen, hier und da fließen Bäche und füllen zahlreiche Teiche, die zum Baden oder Angeln einladen. Über dem Teich, auf dem zwei schneeweiße Schwäne ziehen, kreisen zwei prächtige Pfauen und ein Schwarm anderer Vögel ... Auch fehlt es nicht an besonderer Kunst bei der Gestaltung dieses großartigen Gartens; weil aber die Natur jeglicher Kunst, woher sie auch kommen mag, überlegen ist, deshalb lobpreise ich den Genius dieses natürlichen Fleckens. Da sind besondere Blumenrabatten, sind Terrassen und Wege wie mit einer Schnur gezogen so gerade, sind Pfade und Labyrinthe, wachsen unzählige okulierte Bäume. Auch fehlt es nicht an Brunnen aus gehauenem Stein und versteckten Rohren, die die Unvorsichtigen mit Wasser bespritzen ...»[34]

Die Stimmung der Gesellschaft war heiter, zumal der Gastgeber mit Trunk nicht geizte. Der Franzose berichtet: «Wir machten es uns auf dem Rasen bequemer als auf seidenen Kissen, und um uns herum lagen Flaschen mit ungarischen, spanischen, französischen und rheinischen Weinen im Gras. Ich sang unsere Bacchuslieder, denen Konstantia begehrlich lauschte und die sie mit ihren eigenen verschönerte ... Ein ganzer Vogelschwarm umgab sie. Die Schwäne streckten ihre langen Hälse vor und lauschten, die beiden Pfauen näherten sich ihr zutraulich, gleichsam ihrer Juno. Der Tag reichte nicht aus für diese anmutige Wonnen ..., und erst der Anbruch der Nacht mahnte uns an den Rückweg in die Stadt ...»[35]

Außer dem Sommersitz Czirenbergs besuchten die französischen Gesandten auch andere Landhäuser wohlhabender Bürger. Ogier weilte unter anderem auf dem Landsitz des begüterten Bürgermädchens Agathe Konnert. Das Landhaus, unmittelbar am Meer, bescherte besondere Vergnügungen. Zu ihnen gehörte ein «schrecklich angenehmer» Spaziergang am Ostseestrand und das Sammeln von Bernstein, «der vom Wind mit dem Schaum des Meeres ans Ufer gespült wurde».[36]

Damit auch diejenigen, die sich eigene Landhäuser und Parkanlagen nicht leisten konnten, Spazierfahrten unternehmen und die Schönheit der Ostsee bewundern konnten, gründete ein energischer Bürger gegen Ende des 17. Jahrhunderts ein besonderes Unternehmen. Er kaufte eine ziemlich große Schute und stattete sie entsprechend aus. Gegen ein kleines Entgeld konnte man den ganzen Sommer hindurch Ausflüge zur Weichselmündung unternehmen. Viele Krämer und Handwerker mit ihren Familien nahmen die Dienste dieses Mannes in Anspruch. Mit vollen Körben und gefüllten Krügen gingen sie auf die Reise. Die Kinder kreischten vor Vergnügen, wenn die geschickten Flößer mit langen Stöcken das Boot von den Untiefen fernhielten. In sonntägliche Gewänder gekleidete Frauen fütterten die um den Kahn kreisenden Möwen mit Kuchen. In Geschrei und Gedränge unterhielten sich die Massen nicht weniger gut als die Reichen auf ihren ausgedehnten Gütern, zu deren Erhaltung Jahr für Jahr bedeutende Summen aufgewendet werden mußten.

Neuer Krieg

Als Pieter Spiring, der noch unbekannte Tapetenfabrikant aus Delft, sich 1614 in Danzig um die Auszahlung eines Erbes aus ferner Verwandtschaft bemühte, ahnte niemand, daß die Zurückhaltung dieser 15 000 Dukaten für die Danziger Kaufleute so weittragende Konsequenzen haben würde. Der rachgierige Holländer, der feststellen mußte, daß seine Ansprüche nicht befriedigt wurden, schwor, an der Stadt Vergeltung zu üben. Nachdem er sich beim schwedischen König als Kaper[37] verdingt hatte, gewann er auf diese Weise einen mächtigen Protektor und entfaltete auf der Ostsee eine regelrechte Jagd auf die Danziger.

Heute kann man sich kaum noch vorstellen, welche Verwirrung eine solche private Freibeuterei stiften und wieviel Schaden sie anrichten konnte. Danzig empfand sie um so schmerzlicher, als die internationale Situation seit einiger Zeit der Stadt abträglich war. Der sich anbahnende polnisch-schwedische Konflikt um Livland, geschürt durch einen komplizierten Dynastienstreit, entwickelte sich langsam zu einer Fortsetzung des großen Krieges um das «dominium maris Baltici». Trotz Saumseligkeit, ja sogar deutlichen Unwillens der Mehrheit der polnischen Schlachta wurde im Hafen von Puck (die Danziger gaben den ihren dazu nicht her) eilig eine königliche Flotte aufgestellt. «Eine Flotte auf dem Meer», führte der Oberbefehlshaber der polnischen Streitkräfte in Livland, Krzysztof Radziwiłł, aus, «auch wenn sie mit der Übermacht Schwedens nicht fertig werden würde, wäre vonnöten, um im Verein mit den Landtruppen des Hetmans die feindlichen Kräfte auseinanderzureißen, um Schweden zu intimidieren (= einzuschüchtern), um die dortigen Bürger in Furcht zu versetzen, um den Inkursionen (= Einfällen) vorzubeugen, die der Feind von der See her unternehmen kann, um den ungehinderten Zugang und den Nachschub zu vereiteln und um den Sieg zu unterstützen – wenn Gott der Herr ihn uns bescheren wollte. Denn was kann uns schon die Unbeständigkeit und das schwankende Schicksal des Feindes in Livland helfen, wenn auf dem Meere die Bereitschaft fehlt, die Gelegenheit beim Schopfe zu fassen.»[38]

Danzig dagegen verfolgte ohne Begeisterung die Schritte Sigismunds III. Wasa (1587–1632), teils weil es um sein Monopol auf der Ostsee fürchtete, teils, weil es nicht an einen Erfolg glaubte. Das Danziger Patriziat sah das aufkommende Gewitter, und es wiegte sich nicht in der Hoffnung, daß es der Stadt gelingen werde, eine sichere Neutralität zu wahren. Als der kriegerische Gustav Adolf den schwedischen Thron bestieg, griff die Kriegsflamme auf Preußen über. Für Danzig brachen schwere Zeiten an; die Stadt verwandelte sich in ein befestigtes Heerlager. Noch vor diesen Ereignissen begann der Rat, die Stadtbefestigungen zu verstärken. Tag und Nacht wurden die Mauern bewacht. An den Straßenecken wurden Kessel mit Pech aufgestellt, schwere Ketten versperrten Gassen und Durchgänge. Man hatte es plötzlich eilig mit dem Gießen von Geschützen und Kugeln; Musketen wurden aus dem fernen Bremen eingeführt und Söldner in Dienst genommen. Die Bürger holten Waffen und Harnische aus den Truhen, schliffen die Schwerter, übten sich im Schießen. Den Zünften und Gilden wurden bestimmte Mauerabschnitte zur Verteidigung zugewiesen. Offiziere und Ratsherren saßen abends über Landkarten gebeugt, prüften den Zustand der Rüstkammer, inspizierten unverhofft die Türme, wo wachsame Wächter angestrengt nach dem Feind Ausschau hielten.

Der Umsatz im Hafen schrumpfte bereits erschreckend zusammen, bevor noch die unheilverkündenden Silhouetten schwedischer Schiffe auf der Reede sichtbar wurden. Im fernen Amsterdam schnellten die Getreidepreise in die Höhe. Auch die Danziger trugen Verluste davon. Der Stadt drohte freilich kein Hunger, sie war gut mit Getreide versorgt, aber die Kaufleute wehklagten in ihren Kontoren über den Stillstand der Geschäfte. Das aus dem Umlauf gezogene Geld setzte in den Truhen Grünspan an, statt den Besitzern Gewinne zu bringen. Schwere Schlösser hingen an den Türen der Magazine, in denen ganze Ballen von Häuten, Säcke voller Mehl und Graupen, zur Verschiffung sorgfältig vorbereitete Fässer mit Äpfeln, Kisten mit Speck und geräuchertem Fleisch dem Verderb preisgegeben waren. Aus Angst vor den ohne Arbeit gebliebenen Tagelöhnern öffneten die Krämer nur unwillig ihre Läden. Auf den Straßen herrschte gähnende Leere. Dafür war es in den Wirtschaften und Schenken voll; hier tranken die Zunftbrüder, die sich plötzlich in Soldaten verwandelt hatten. Man mußte aber auf der Hut sein, um nicht in die Hände der Stadtwache zu fallen, der befohlen war, Trunkenbolde festzunehmen.

Drei Jahre lang dauerte das schwere, verlustreiche polnisch-schwedische Ringen, welches das Leben in der Stadt zerrüttete. Die im Herbst 1629 in Stary Targ (Altmarkt) ausgehandelte Waffenruhe war für Danzig nicht besonders vorteilhaft. Vom Meer her wurde die Stadt von der schwedischen Flotte blockiert. Diese erhob einen mehr als fünfunddreißigprozentigen Zoll auf alle ein- und ausgeführten Waren. Der Handel litt sehr darunter, und die seit vielen Jahren an freien Seeverkehr gewöhnten Kaufleute und Schiffer klagten laut.

Diese Zölle, die die Ausfuhr des Getreides aus Polen erschwerten, trafen gleichzeitig den gesamten Adel. So war es kein Wunder, daß die Herrschaft Władysławs IV. Wasa (1632–1648), des Nachfolgers Sigismunds III., von Anfang an unter dem Zeichen energischer Vorbereitungen auf einen Krieg gegen Schweden stand. *Tafel* 17

Niemand zweifelte daran, daß es ein Seekrieg werden würde. Auf der Halbinsel Hel, in Władysławów und Kazimierz wurden Festungen gebaut, königliche Ingenieure bereiteten die Verteidigung des Unterlaufs der Weichsel auf den Fall eines Angriffs vor. Władysław IV. schloß mit dem wohlhabenden Danziger Bürger Georg Hewel einen Vertrag über den Ankauf seiner Schiffe ab. Später erwarb er noch zehn andere hinzu. Das war der Anfang einer neuen polnischen Flotte.

Am 19. Dezember 1634 traf der Monarch, der persönlich seine Hand über die Seeangelegenheiten halten wollte, in Danzig ein. Die Stadt hatte sich inzwischen von der Krise erholt, überall herrschte geschäftiges Treiben. Ganze Scharen von Einwohnern, die auf die Ankunft des Herrschers neugierig waren, versammelten sich um das prachtvolle Begrüßungstor.

Władysław IV. zeigte sich im September 1635 im Zusammenhang mit den Verhandlungen in Stuhmsdorf (Sztumska Wieś) erneut für einige Tage in Danzig. Die Schweden, durch den langwierigen Krieg in Deutschland in Anspruch genommen, verzichteten kampflos auf die für Polen nachteiligen

Bedingungen, die in Stary Targ ausgehandelt worden waren. Das Danziger Patriziat dankte – laut Bericht des Sekretärs der französischen Gesandtschaft, Charles Ogier – dem Himmel, daß die Gefahr des Krieges gebannt wurde, und ehrte dieses Ereignis mit einer besonderen Gedenkmünze, die von dem bekannten Medailleur Sebastian Dadler geschaffen wurde. Die friedliche Stimmung dieses typisch barocken Kunstwerkes spiegelt die große Erleichterung wider, die die Stadt nach der Unterzeichnung des Vertrags empfand. Die schwedischen Zölle entfielen, auch die Händel mit dem rachsüchtigen Spiring und die ständigen Unruhen, die den Danziger Kaufleuten und Schiffern ihren Schlaf geraubt hatten, nahmen ein Ende. Der Sturm auf der Ostsee ebbte ab, am Horizont zeigten sich bereits die Silhouetten zahlreicher nach Danzig eilender Schiffe.

Als Władysław IV. im Januar 1636 erneut in der Stadt seinen Einzug hielt, wurde er mit großer Begeisterung empfangen. Die Feierlichkeiten und Vergnügungen nahmen kein Ende, zumal der König den ganzen Karneval und die Fastenzeit in Danzig zu verbringen gedachte. Gemeinsam mit ihm unterhielten sich die ihn begleitenden Magnaten und Hofleute und verbrüderten sich mit den reichen Bürgern der Stadt. Den Tagebüchern Ogiers verdanken wir die lebhafte Schilderung eines solchen Festes, das im Logis des Fürsten Radziwiłł stattfand: Der litauische Kanzler lud eine Schar von Senatoren, das Gefolge des französischen Gesandten wie auch die vornehme Danziger Gesellschaft zu sich ein. Nach einem üppigen Mahl wurden die Tische abgeräumt, und die Unterhaltungen begannen. «Es war gar lustig zu sehen», berichtet Ogier, «wie die Danziger Mädchen und Ehefrauen, die bei Gott nicht von königlichem Geblüt sind, sich mit diesen Wojewoden, oft älteren Herren, amüsierten und wie sie sich vertraulich mit ihnen unterhielten und ihnen artige Worte sagten.»[39]

Zweifellos war der Grund der Verbrüderung Władysław IV. mit den Danziger Patriziern und ihren Familien nicht allein der Wunsch nach Amüsement oder die natürliche Unkompliziertheit im Umgang mit Fremden. Der König trug sich 1636 in bezug auf Danzig schon mit gewissen Plänen, allein er ahnte, daß sie nicht einfach zu verwirklichen sein würden. Dem 1637 zusammengetretenen polnischen Reichstag wurde ein interessantes Projekt vorgelegt, welches nach dem Beispiel anderer Länder vorsah, die Stadtkasse durch Erhebung eines polnischen Seezolls aufzufüllen. Die Gelder sollten für die Umorganisierung der königlichen Flotte und der Seestützpunkte zum Schutz der polnischen Küste verwendet werden. Der Reichstag stimmte dem Projekt zu, und schon im Oktober des gleichen Jahres postierten sich vier königliche Schiffe an der Weichselmündung, um darauf zu achten, daß *Tafel* 67
kein Schiff durchschlüpfte, ohne Abgaben zu entrichten.

Die Danziger Kaufleute waren sprachlos. Ein solcher Schlag seitens des sympathischen Königs, mit dem man so artige Salongespräche geführt hatte, kam völlig unerwartet. Die Schiffe lagen auf Reede, also mußte der Fehdehandschuh aufgenommen werden. Der Danziger Rat schloß demonstrativ den Hafen und schickte an den König ein Protestschreiben. Gleichzeitig wurden die Danziger Emissäre, uneingedenk der Loyalität gegenüber dem eigenen Monarchen, in England, Holland, Frankreich und Dänemark vorstellig und baten um Hilfe.

Am 1. Dezember 1637 griff die von den Danzigern herbeigeholte dänische Flotte unter dem Befehl von Admiral Kork hinterrücks die polnischen Schiffe an. Zwei Einheiten wurden gekapert, eine versenkt, das vierte Schiff entkam glücklich in den Hafen von Władysławów. Im Bündnis mit einer fremden Macht stellte sich Danzig offen gegen seinen König.

Der beleidigte Monarch beschloß, sein Verhältnis zu Dänemark zu überprüfen wie auch die verwegene Stadt, die die königliche Majestät beleidigt hatte, streng zu bestrafen. Danzig wurde vor das Reichstagsgericht gerufen: In ganz Polen wurden Stimmen der Entrüstung laut: «Das uns untertane Danzig wagt offen und unbehelligt zu sagen, daß unser Recht und die Herrschaft über das Meer nicht weiter als einen Steinwurf reichten. Alles rührt daher, daß wir unsere Seeherrschaft vernachlässigt haben», rief Ossoliński.[40] Der Adel pflichtete ihm träge bei, wie immer, wenn es um Dinge ging, die ihm fern lagen. Unterdessen entwickelten die Danziger, über ihren Schritt selbst erschrocken, eine lebhafte Tätigkeit. Freigiebige Geschenke erweichten die Herzen und Sinne einflußreicher Magnaten, den Rest tat die französische Intervention.

Der Adel wurde überzeugt, daß der Zoll den Getreideproduzenten schade, die Ausfuhr erschwere und gleichzeitig die Preise für eingeführte Waren erhöhe. Władysław IV. mußte resignieren und sich mit einer einmaligen Summe von 600 000 Florin begnügen, die ihm die Stadt antrug. So kamen die Pläne zur Gründung einer polnischen Flotte nicht zur Ausführung. Die in Handelsschiffe umgebauten Kriegseinheiten waren dem Verfall preisgegeben. Wind und Sand zerstörten nach und nach die Forts in Władysławów und Kazimierz.

Der Nachfolger Władysławs IV., sein Bruder Johann Kasimir (1648–1668), versäumte nicht, bald nach seiner Thronbesteigung in Danzig zu erscheinen. Im September 1651 empfing die Stadt mit großem Prunk das königliche Paar – nicht zuletzt um die jüngsten Streitigkeiten in Vergessenheit geraten zu lassen. «Die zwei Wochen, die wir in Danzig weilten, waren ausgefüllt mit kostspieligen Unterhaltungen», lesen wir im Tagebuch des Höflings Jakub Michałowski.[41]

Nach zwei Tagen ausgedehnter Spiele und Feierlichkeiten[42] unternahm der König mit seinem Hof einen Ausflug zur Weichselmündung, wo er von Geschützsalven begrüßt wurde und eine «Seeschlacht» zu sehen bekam. An ihr nahmen sechs speziell zugerüstete kleine Schiffe teil, die sich mit großer Heftigkeit attackierten. Laut schreiend gingen die Flößer so eifrig aufeinander los, daß es von weitem wie eine richtige Schlacht aussah. Der König stattete
Tafel 67 auch dem Fort[43] einen Besuch ab, wo er aufmerksam die Einrichtung inspizierte. Ob er dabei, wie Władysław IV., an den Ausbau der polnischen Seemacht dachte, an die Aufrüstung einer Flotte oder an die Errichtung von Stützpunkten an der Küste? Man möchte daran zweifeln. Der nicht besonders weitsichtige König, der voll und ganz mit der Feuersbrunst in der Ukraine[44] beschäftigt war, übersah die Gefahr, die gerade vom Norden drohte.

Danzig dagegen schätzte diese Gefahr, eingedenk der Lektion von Gustav Adolf, keineswegs gering. Der Rat scheute keine Ausgaben für den Kauf von Geschützen und Waffen (1644 mußte dafür ein zweites Arsenal errichtet werden) und für den Ausbau der Fortifikationsanlagen. Im Jahre 1649 legte ein

Fahne eines Danziger Bürgerregimentes, 1645

speziell nach Danzig beorderter holländischer Ingenieur einen Plan zum Ausbau eines äußeren Verteidigungsringes vor, der die natürlichen Erhebungen in der Umgebung einbeziehen sollte. Bald ging man an die Verwirklichung dieser Projekte und trieb zur Aufschüttung der Wälle und Bollwerke die Bauern aus der Umgebung zusammen. Gleichzeitig wurden Söldnerabteilungen geworben und die Bürger selbst in der Kriegskunst unterwiesen, so im Fechten, in der Handhabung von Pistolen und Gewehren, ferner im Bedienen von Geschützen. Erfaßt wurden alle männlichen Einwohner, die das Bürgerrecht mindestens ein Jahr lang besaßen.

Als im Sommer 1655 die schwedische Lawine Polen überrollte, war allein Danzig zum entscheiden-

den Widerstand bereit. Während die Wogen der «Sintflut» das ganze Land überschwemmten, nahm das Danziger Bürgertum die schwedische Herausforderung an und machte damit den früheren Verrat und Eigennutz wieder gut. Diese Entschlossenheit resultierte schließlich aus eigenem, wohlverstandenem Interesse der Stadt: Der Gedanke an eine schwedische Herrschaft schreckte nicht nur den Rat, sondern auch die Massen der Bürgerschaft. Es wurde ein Sonderkriegsrat einberufen, der aus dem Bürgermeister und den Abgesandten aller drei Ordnungen bestand; die militärische Seite der Verteidigung wurde einem hervorragenden holländischen Feldherrn, dem General Pieter Perceval, anvertraut. Kein Opfer schien den Danzigern jetzt zu groß. Um eine Ausfuhr der Lebensmittel und die Aushungerung der Einwohner zu verhindern, wurde der Hafen gesperrt. Außerordentliche Steuern wurden beschlossen: Kopfsteuer und Erhebung des sogenannten Hundertsten Pfennigs, die für die Soldzahlung bestimmt waren. Die Einnahme von Thorn und Elbing im Dezember 1655 und der Verrat des brandenburgischen Kurfürsten, der im Januar 1656 als Herrscher des Herzogtums Preußen mit Gustav Karl eine Übereinkunft abgeschlossen hatten, erschütterten die entschiedene Haltung Danzigs nicht. Auf die Kunde vom Anmarsch des Schwedenkönigs begannen die Bewohner Danzigs, die stadtnahen Siedlungen zu zerstören, damit sie dem
Tafel 52 Feinde nicht als Rückhalt dienten: Schidlitz, Hoppenbruch, Schlochau (Siedlce, Chmielnik, Żelichowo) gingen in Flammen auf. Da die Einwohner
Tafel 51 der Vorstadtsiedlung Schottland ihre Häuser nicht freiwillig verlassen wollten, steckten Soldaten den ganzen Ort mit Gewalt in Brand, ohne das Kloster und die Jesuitenkirche zu schonen. Feuersbrünste, Wehgeschrei von Frauen und Kindern, fluchende Männer, Flüchtlinge, die ihre letzten Habseligkeiten retteten und das brüllende, erschrockene Vieh vor sich her trieben – dieses ganze schreckliche Bild kündete, daß der Krieg erneut das Land überzog.

Längere Zeit hindurch konnten sich die Schweden nicht entschließen, die stark befestigte Stadt direkt anzugreifen. Sie hielten sich schadlos, indem sie die Umgebung verwüsteten, die blühenden Dörfer und Meierhöfe, in der Mehrzahl Besitz der Danziger, ausplünderten und vernichteten. Hinter ihren Wällen, außerhalb jeglicher Gefahr, schauten die Bürger voller Zorn und ohnmächtig den Raubüberfällen zu; völlig untätig waren sie aber nicht. Zwar konnten die Danziger Abteilungen Marienburg, das im März 1656 in die Hände des Feindes fiel, nicht rechtzeitig zu Hilfe eilen, dafür eroberten sie Oliva und verhinderten die Übergabe von Putzig durch den hasenfüßigen Kommandanten an die Schweden.

Im Sommer nahm Gustav Karl den Danziger Werder und das Danziger Haupt ein. Der schwedische Ring um die Stadt wurde enger. Der König selbst mußte in das Innere des Landes eilen, ließ aber in Preußen den listigen General Steenbock, einen durch viele Grausamkeiten berüchtigten Befehlshaber zurück. Um die Danziger zur Übergabe zu zwingen, leitete dieser das Wasser der Radaune (Radunia) aus dem Danziger Kanal und brachte so die städtischen Mühlen zum Stillstand. Damit die *Tafel* 75, 76
Bevölkerung Brot backen konnte, mußte das Getreide mit Pferdemühlen gemahlen oder einfach, wie vor Jahrhunderten, mit der Hand gerieben werden. Am Ende entschloß sich der Rat zu einem verzweifelten Schritt: Er ließ die Deiche zerstören und den ganzen Werder unter Wasser setzen. Über die unerwartete Überschwemmung fluchend, mußten die Schweden die Belagerung aufgeben. Gleichzeitig zeigten sich in der Danziger Bucht holländische und dänische Schiffe, die die Einheiten von Gustav Karl zum Abdrehen zwangen.

In den folgenden Jahren unternahmen die schwedischen Heere keine größeren Operationen gegen Danzig. Die feindlichen Abteilungen marodierten in der Umgebung, plünderten Dörfer, überfielen Kaufleute, erschwerten die Versorgung. Fast täglich erlitten die Danziger Verluste. Der eine büßte durch Feuer seinen Hof ein, der andere sein Vieh im Werte von vielen Hundert Florin. Von den in der Nähe von Konradów liegenden Bleichen zum Beispiel raubten die Schweden einmal Leinen im Werte von 30 000 Florin. Die entsetzten Bauern flüchteten aus ihren Behausungen, die Dörfer entvölkerten sich, die unbestellten Äcker verunkrauteten. Die mit so viel Mühe ausgehobenen Entwässe-

Wahrhafftiger und gründlicher

Bericht

von

Belager = und Eroberung

der

Haupt = Schantze

in der Dantziger Nährung
zwischen der Theilung des Weissel = Strohmes
von den Schweden
ANNO M DC LVI.
auffgeführet und befestiget
von den Dantzigern aber
ANNO M DC LIX.
in den Monaten
October, November und December belagert
und endlich durch Göttlichen Beystand erobert.
Täglichem Verlauff nach zusammen getragen
von

Peter Vogeten.

Dantzig ANNO M DC LXI.
in Verlegung des Autoris
druckts David = Friedrich Rhete.

Titelblatt von
Peter Vogetens
Bericht
von der Belagerung
der Hauptschanze,
1661

rungskanäle im Werder (weshalb die Danziger Umgebung «Klein-Holland» genannt wurde) versandeten und verschlammten. Zählt man noch den fast völligen Niedergang des großen Import- und Exportgeschäftes dazu, so war das Bild der Verluste und Nachteile, die Danzig durch die «Sintflut» davontrug, in der Tat niederdrückend.

Die Schweden schlugen der Stadt vor, sie möge ihre Neutralität erklären, auch wurde sie mehrmals zur Übergabe aufgefordert. Umsonst! Alle Überredungsversuche beantworteten die Danziger trotzig damit, daß sie Polen, welches ihnen zweihundert Jahre lang Schutz und Wohlstand garantiert hatte, nicht die Treue brechen könnten. Es schien, als ob die Zeit des Dreizehnjährigen Krieges erneut angebrochen war. Die Bürger schonten nicht ihr Blut, und von ihrem finanziellen Opfergeist zeugten die beachtlichen Unterstützungen, die sie Johann Kasimir zum Weiterführen des Krieges zukommen ließen. Insgesamt beliefen sich die Kosten der «Sintflut» für die Stadt Danzig auf die ungeheure Summe von etwa fünf Millionen Florin.

Die harte Treueprobe, die der schwedische Einfall bedeutete, überstand Danzig siegreich und ohne zu schwanken. Das gleiche Bürgertum, auf dessen Gewissen viel Verschulden gegenüber dem polnischen Reich lastete und dessen Politik die Pläne von Sigismund II. August und Władysław IV. zum Scheitern gebracht hatten, gab dem ganzen Land ein erhabenes Beispiel für Mut und Ausdauer. Nach der glücklichen Vertreibung der Schweden stellte die Reichsverfassung vom Jahre 1658 sehr treffend fest, daß «Tugend, Glaube und Standhaftigkeit unserer Stadt Danzig – wiewohl schon früher, besonders aber im Kriege gegen die Schweden unter Beweis gestellt – ein würdiges Beispiel sind und gleichzeitig unseren Respekt vor den Unkosten, welche sie gern auf sich nahm, heischen ...»[45]

Die langwierigen und komplizierten Friedensverhandlungen, die im Frühjahr 1660 in Oliwa geführt wurden, verfolgte das Bürgertum mit lebhaftem Interesse. Der Mißerfolg Schwedens im Krieg gegen Dänemark und Holland und der plötzliche Tod des großen «nordischen Räubers» Gustav Karl (13. Februar 1660) taten das Ihrige. Von polnischer Seite drängte die allgemeine Erschöpfung des Landes zum Abkommen. Darüber hinaus wünschte das Magnatentum eine freie Hand für die Wiederaufnahme des Krieges gegen Rußland, um seine Latifundien im Osten wiederzugewinnen. Unter diesen Umständen nahm Johann Kasimir, wenn auch mit einem «weinenden Auge» (er mußte auf den schwedischen Thron verzichten), die von Frankreich suggerierten Bedingungen an. Die polnische Adelsrepublik gab den größeren Teil Livlands auf. Der Stadt Danzig wurde uneingeschränkte Handels- und Zollfreiheit garantiert. Auf der Ostsee sollte endlich der langersehnte Friede einziehen.

Die letzten strittigen Punkte wurden in der Nacht vom 2. zum 3. Mai 1660 erörtert und entschieden. Sofort brach aus Oliva ein Bote mit der freudigen Nachricht nach Danzig auf. Der Bürgermeister und die Ratsherren eilten zum Rathaus; sie ließen an den Kirchen Bekanntmachungen anschlagen und alle Einwohner aus dem Schlaf wecken. Zu Ehren dieses Tages beschloß der Rat, den 3. Mai alljährlich als Feiertag zu begehen. Verschiedene Gedenkmünzen wurden geprägt: Eine zeigt das Panorama *Tafel*
von Danzig mit dem polnischen Adler darüber. 22,
Die Rückseite zeigt das Meer voller Schiffe unter 23
einem sonnigen und heiteren Himmel mit der Umschrift «IAM VENTI POSUERE» (= die Winde haben sich gelegt).

Der Artushof

«Es gibt in dieser Stadt ein öffentliches Gebäude, nicht unähnlich dem Pariser Hospital St. Gervais, dessen Wände – wenigstens nach meinem Urteil – mit den schönsten aus dem Altertum herrührenden Gemälden und mit lateinischen und deutschen Versen geschmückt sind. Auch befinden sich da viele Bilder der Heiligen und andrer Heroen, mit Darstellung geschichtlicher Fabeln zusammengepaart. Hier sieht man den Erzengel Michael, den St. Christoph, den Sebastian und andre der Art; dort, oder auch in buntem Gemische mit jenen, den Merkur, den Bacchus, den Aktäon und die Diana mit ihren Nymphen. Wäre Ariost jemals nach Preußen gekommen, so würde ich glauben, daß der Entwurf zu diesem Tempel von ihm herrühre.»[46] So schrieb Charles Ogier über den berühmten Danziger Artushof.

Mitten in der Stadt, neben dem Rechtstädtischen Rathaus, war das schöne Gebäude der Mittelpunkt des gesellschaftlichen Lebens der ansässigen Kauf-
Tafel 68, 69 leute und eine Attraktion für zahlreiche Fremde. Nicht nur die einheimischen Bürger besuchten den Hof. Hier weilte 1562 der Schwedenkönig Johann mit seinem ganzen Gefolge, der anläßlich der Trauung mit Katharina Jagiellonka nach Danzig gereist war. Im Hof hielten sich Mitglieder des polnischen Herrscherhauses auf, zum Beispiel Prinz Władysław, der spätere Władysław IV. Dreizehn Jahre später trug sich Johann Kasimir lateinisch in das Gästebuch ein: «Conscia mens recti famae mendaciae ridet» (= das Bewußtsein des Rechts triumphiert über den falschen Ruhm). Es waren auch Diplomaten und ausländische Magnaten häufig im Artushof zu Gast. 1591 hielt sich hier der Sekretär des Senats von Venedig, Marco Ottoboni, auf; zwei Jahre später Johann Christoph Waldstein. 1633 verbrachten daselbst die Herzöge von Liegnitz und Brieg, Georg und Ludwig, einen Abend, zehn Jahre später beherbergte der Artushof den durchreisenden Herzog von Schleswig und Holstein, Waldemar Christian. Auch der polnische Adel suchte häufig den Hof auf, und die Magnaten trugen sich gerne in die Brüderbücher ein.

Die Blütezeit des Artushofes – wie der ganzen Stadt – fällt in das 16. und 17. Jahrhundert, seine Anfänge aber und die Tradition reichen ins tiefe Mittelalter zurück. Die Bezeichnung des Hofes stammt vom Namen des sagenhaften Königs und heldenmütigen Führers der Kelten, der angeblich im 5. Jahrhundert in Britannien lebte. Im Mittelalter gingen in ganz Europa Sagen und Lieder über den mutigen König Artus und seine tapferen Mannen um. Für die Zeitgenossen war er das Vorbild für Ritterlichkeit, und die legendäre «Tafelrunde», an der er sich mit seinen Rittern versammelte, galt als Symbol der Harmonie und Gleichheit. Die Popularität der Legende bewirkte, daß einige ihrer Elemente auch ins Alltagsleben Eingang fanden. Die zunächst in England und später in anderen Ländern errichteten Häuser, in denen sich die Ritter und die Patrizier trafen, wurden häufig Artushöfe genannt. Dieser Brauch wurde besonders in den Ostsee- und pommerschen Städten geübt. Artushöfe entstanden in Thorn, Elbing, Culm (Chełmno), Braunsberg (Braniewo), Königsberg, Riga und vielen anderen Städten. Keiner allerdings war großartiger und besaß solch eine Berühmtheit wie der Danziger Hof.

Voll berechtigten Stolzes schrieb 1580 der Ratsherr Salomon Brandt, «... dass bey vielen sonderlich sehefarenden und handtierenden frembden wie auch andernn fuhrnehmen Leutten diesses Hausz der löbliche Königliche Artus Hoff allen andern Trinckstuben und versamblungen fast in gantz Europa weitt vorgetzogen und gerumet wirdt, auch also, des man sich beduncken lest, dieses Trinckhauses gleich nicht bald mag gefunden werden.»[47]

Die Herren des Artushofes waren einige Bruderschaften, die in besonderen, nach ihnen benannten Bänken Platz nahmen. Zu den Bruderschaften gehörten ausschließlich die Vertreter des Patriziats und des wohlhabenden Bürgertums. Den Handwerkern, Kleinkrämern, Schenkern und allen vom Tagelohn Lebenden war das Betreten des Artushofes streng untersagt. Die älteste und berühmteste der Bänke war die Reinholdsbank; hier saß in den Anfängen des 16. Jahrhunderts der Bürgermeister Eberhardt Ferber, hier saßen auch die späteren bedeutendsten Danziger Bürger. Auch die anderen Bänke – die Georgenbank, die Marienburger Bank (der Name stammt von dem Gemälde, das die *Belagerung der Marienburg* darstellte und über der Bank hing), die Dreikönigsbank oder die Schöffenbank – waren bestimmten Personengruppen vorbehalten. Allabendlich versammelten sich hier die reichen Kaufleute wie auch die in der Stadt weilenden Fremden, um beim Bier Unterhaltung zu suchen. Zum Eintritt mußte eine Pauschalsumme für den Trunk gezahlt werden; anfänglich waren es vier Schillinge, später, im 16. Jahrhundert, drei Groschen. Im 17. Jahrhundert wurde der Eintritt

IV, V
Betrunkene in der Schenke und Kriegsschiff, Illustrationen aus der «Kronika der preusen», 1553

Sigismundus augustus
kunygk kam dauch
denn 8 Juli vnd
zog denn 30 Augusti
wider awег Ano 1552

auf drei Schilling herabgesetzt. Außer diesem Eintrittsgeld wurden keine Gebühren erhoben, mit Ausnahme eines Talers, den man bei der Aufnahme in die Bruderschaft entrichten mußte.

Einige «Nationen», die besonders häufig in der Stadt weilten, genossen im Artushof Vorrechte. Die Holländer zum Beispiel besaßen hier eine eigene Bank. In der Lübischen Bank nahmen hauptsächlich die Danziger Kaufleute Platz, die sich auf den Handel mit Lübeck orientierten. Geschäftliche Verhandlungen waren ursprünglich im Hof nicht gestattet. *Tafel* 69 Als «Börse» diente in der Regel der Platz vor dem Artushof. «Vor diesem Gebäude befindet sich eine sehr breite Straße», berichtet Charles Ogier im 17. Jahrhundert, «wo angesehene Männer, sowohl Bürger wie Edelleute, in großer Zahl zusammenkommen und sich über ihre Geschäfte und Handelsangelegenheiten miteinander besprechen, so wie es auf der Börse zu Paris oder zu Lyon geschieht.»[48] Die Zusammenkünfte im Artushof sollten ausschließlich dem näheren Kennenlernen, dem freundschaftlichen Gespräch wie auch der Entspannung dienen. Doch in der Praxis wurden hier verschiedene Geschäfte abgewickelt, Verträge abgeschlossen oder Informationen über Preise, Zölle und anderes eingeholt.

Der Artushof gehörte zweifellos zu den schönsten Bauwerken der Stadt. Im 14. Jahrhundert errichtet (die «curia regis Arthus» wird bereits Ende 1350 in den Quellen erwähnt), fiel er einem Brand zum Opfer, den eine lustige verspätete Gesellschaft in der Nacht vom 27. zum 28. Dezember 1476 verursacht hatte. Das Feuer vernichtete das gesamte Gebäude, unter den Trümmern fanden, nach Berichten verschiedener Chronisten, einige Dutzend Menschen den Tod. Die Danziger wollten jedoch ihre traditionellen Begegnungen nicht missen. Zum provisorischen Treffpunkt wurde ein Haus in der Langgasse, gegenüber dem Rathaus, ausgewählt. Indessen wurde an der Wiedererrichtung des zerstörten Hofes angestrengt gearbeitet. Am 2. Dezember 1481 wurde der Neubau eröffnet, was nicht bedeutet, daß nicht weiterhin an seiner Ausstattung gearbeitet wurde. Der Ausbau und die Ausschmükkung des Hofes waren fortan ununterbrochen mit der Entwicklung der Stadt verknüpft. Bereits 1552 wurde die Stirnseite verändert und ein Giebel mit dekorativen Voluten angebaut, so wie er auf dem zeitgenössischen Gemälden von Anton Möller *Der Zinsgroschen* (heute Muzeum Pomorskie, Gdańsk) dargestellt ist. In den Jahren 1616/1617 ersetzte der berühmte niederländische Baumeister Abraham van dem Blocke den alten Giebel durch einen manieristischen und versah ihn mit einer schönen Balustrade. Gleichzeitig wurde das Dach umgebaut und das Gemäuer durch Bossage vollendet. Auf dem Giebel wurde eine Skulptur der «Glücksgöttin» aufgestellt, zum Zeichen dessen, daß Fortuna den Danzigern wohlgesonnen war. In den Giebelnischen fanden die Personifikationen der «Gerechtigkeit» und der «Macht» ihren Platz. «Die zweite herrscht über die Stadt, die erste mußt du suchen», spöttelten jene, die am Rat Kritik übten. Zwischen den Fenstern auf den Kragsteinen wurden Statuen antiker Helden aufgestellt. Beidseitig des schönen Portals waren Medaillons mit den Büsten der Wasa angebracht: Sigismunds III. und seines Sohnes Władysław IV.

Das prachtvolle Äußere des Artushofes wurde vom Luxus der Innenausstattung noch übertroffen, an welcher ganze Generationen arbeiteten. Der Innenraum bestand aus einer großen dreischiffigen Halle, deren sterngeschmücktes Gewölbe von vier schlanken Säulen getragen wurde. *Tafel* 72 Das Tageslicht fiel durch sechs große spitzbogige Fenster, je drei auf jeder Seite, ein. Sorgfältig in Blei gefaßtes Glas zeigte die Wappen der Danziger Patrizier. Der Saal war mit seltenen Kunstwerken ausgestattet. Das älteste von ihnen war der berühmte *Heilige Georg* von Johann Brandt, einem Künstler der zweiten Hälfte des 15. Jahrhunderts. Unter den an den Wänden hängende Waffen, Hirschgeweihen, Wappenschildern, Gobelins und ähnlichen Gegenständen fielen zwei Bilder auf: Es waren die (während des zweiten Weltkrieges verlorengegangenen, heute nur als Reproduktionen zugänglichen) anonymen

VI
Sigismund II. August,
Illustration aus der «Kronica der preusen»,
kolorierte Handschrift, 1553

Werke aus dem Ende des 15. Jahrhunderts: die *Belagerung der Marienburg* und das *Kirchenschiff*. Das erste Bild knüpfte an die folgenschwere, aber ruhmreiche Zeit des Dreizehnjährigen Krieges an. Die Danziger erinnerten sich offensichtlich gern an diese heldenmütige Vergangenheit ihrer Stadt. Der Künstler bemühte sich, wahrheitsgetreu die Silhouette der drohenden Ordensfestung wiederzugeben, an deren Beherrschung dem Preußischen Bund so sehr gelegen war. Dank der Perspektive von oben konnte der Betrachter in das Innere der Festung schauen, auf den Burghof, wo es von bewaffneten Ordensrittern wimmelte. Um die Mauern bildeten die Belagerungstruppen einen festen Ring. Vortreffliche, realistische Szenen aus dem Lagerleben der farbenprächtig gekleideten Soldaten machten das Gemälde besonders anziehend.

Die Thematik des zweiten Bildes ist völlig anders. Formal eine Allegorie der Kirche, stellte es in Wirklichkeit eine getreue Wiedergabe der Silhouette eines Handelsschiffes dar, wie sie in jener Zeit die Ostsee befuhren. Die detailliert wiedergegebenen Besonderheiten der Aufbauten und der Takelage beweisen, daß der Künstler ein vorzüglicher Beobachter war. Wieviel Stunden muß er im Hafen verbracht haben, oder war er möglicherweise selbst zur See gefahren?

Echten Luxus im Artushof brachten das 16. und 17. Jahrhundert. Eine intensive Ausgestaltung begann 1531 und wurde einige Jahrzehnte lang fortgeführt. Damals wurden die Wände mit schönen hölzernen Paneelen und Friesen mit mythologischer oder historischer Thematik ausgestattet. Besonders großartig war der 1585 von Lukas Ewert geschaffene Fries, der den Triumphzug König Kasimirs nach Marienburg im Jahre 1457 darstellte.

Alte, einfache Tische und Stühle wurden durch reich geschnitzte Möbel ersetzt. Auch schuf der bedeutende Danziger Bildschnitzer Adrian Karffycz eine herrliche Gruppe von Köpfen der Danziger Bürger. Die realistischen oder grotesken, aber stets ausdrucksvollen Gesichter von Kaufleuten und Handwerkern, Patriziern und Gelehrten sind zweifellos die Porträts von guten Bekannten des Künstlers – Gesichter, die täglich auf den Straßen des alten Danzigs zu sehen waren. Sie stellten gleichsam eine vertraute Akzentuierung des Alltags in der festlichen Atmosphäre der Halle mit ihren Bildern und Schnitzarbeiten religiösen, mythologischen, historischen oder allegorischen Charakters dar.

An den Wänden standen reich bemalte Statuen von Heiligen und Herrschern: der noch gotisch steife Kasimir mit seinen Söhnen fast in natürlicher Größe und der schon im Stil der Renaissance von Adrian Karffycz geschnitzt heilige Reinhold, der legendäre Pilger Christophorus vom Meister Paul und die barocke Gestalt der Maria mit dem Jesuskind. Über der Wandtäfelung hingen zahlreiche Bilder bekannter Danziger Maler in zierlich geschnitzten Rahmen: von Meister Georg, Lorenz Lauenstein, Martin Schoninck, Lukas Ewert. Zu den berühmtesten und künstlerisch wertvollsten Werken der Jahrhundertwende gehörten *Orpheus unter den Tieren* von dem aus Friesland stammenden Maler Vredemann de Vries (für seine Arbeit erhielt der Künstler ein Honorar von 300 Mark), und das *Jüngste Gericht* des wohl bekanntesten Danziger Malers Anton Möller. Diese beiden Bilder verursachten seinerzeit großes Aufsehen. Über das erste äußerten die Zeitgenossen boshaft, es sei eine Allegorie des Artushofes: Orpheus, der mit seiner Musik die wilden Tiere besänftigte, gemahne an eine Wirtschaft, wo die betrunkenen Männer nur mit Mühe gezügelt werden können (kam es doch nicht selten in den ehrwürdigen Mauern zu Zank und Schlägereien, und das Verbot der langen Messer aus den ersten Jahren des 16. Jahrhunderts war nicht unbegründet). Das *Jüngste Gericht* – ein von den Danziger Künstlern, die unter dem Einfluß einer strengen, protestantischen Religiosität standen, bevorzugtes Thema – sollte an die Pflicht eines tugendhaften Lebens erinnern und durch die Vision höllischer Strafen Schrecken einflößen. Das Bild hing als drohendes Memento über dem für die Schöffen reservierten Platz, die manche ihrer Sitzungen hier abhielten. Es war ein großes, erschütterndes Gemälde. Die zentrale Gestalt der Komposition ist nicht der über dem Knäuel von Menschenleibern schwebende Christus, auch nicht der vom Himmel herabsteigende Erzengel Michael, das Symbol der

Gerechtigkeit; die Hauptfigur ist eine prächtiggekleidete und mit einem Diadem gekrönte, verführerische weibliche Gestalt, mit der einen Hand das Zepter haltend, mit der anderen eine gigantische Schlange greifend. Es ist die durch herausfordernde fleischliche Üppigkeit personifizierte Weltlust. Zu Füßen dieser Figur ist die Erbsünde dargestellt, eine finstere, dunkle Gestalt mit zwei gekreuzten Totenbeinen auf der Stirn, die mit beiden Händen eine Schlange gepackt hält. Rechts im Bild symbolisiert eine andere männliche Gestalt, die mit furchtsamem Gesicht das Kreuz zerbricht, den Unglauben, links verkörpert eine entblößte Frau das böse Gewissen. Um diese zentrale Gruppe ordnen sich viele andere, kleinere Gestalten. Es bedarf keiner großen Phantasie, um in ihnen Passanten Danziger Straßen wiederzuerkennen: Da ist der Edelmann, dort eine vortrefflich beobachtete Gruppe von drei Zechern, dort wiederum in spanische Gewänder gekleidete Kaufleute. In der Ferne schimmert die Silhouette einer Stadt mit den Umrissen gut bekannter Gebäude. Es kann kein Zweifel sein – das ist Danzig.

Der Schöpfer des *Jüngsten Gerichts* hatte wegen der zu realistischen Behandlung des Themas viele Unannehmlichkeiten. Es begann damit, daß sich drei Danziger Patrizierfrauen in der Personengruppe wiedererkannten, die die Hoffahrt versinnbildlichte (der Künstler gab einer von ihnen die Symbole der Eitelkeit, Spiegel und Fächer, in die Hand). Bald begann man sich zuzuflüstern, daß in der Gestalt des Unglaubens einer der Ratsherren porträtiert wurde. In den mit einem Kahn zur Hölle fahrenden Verdammten glaubte man Ähnlichkeiten mit hervorragenden Mitgliedern der städtischen Behörden festzustellen. Eine Legende berichtet, daß auf Einspruch des empörten Rates der Künstler einen Engel malen mußte, der im letzten Augenblick jenes fatale Boot vor dem Sündenfall rettet. Sicher waren es diese Deutungen und Verdächtigungen, die dazu beitrugen, daß die Karriere des hervorragenden Künstlers so unglücklich endete. Im zweiten Jahrzehnt des 17. Jahrhunderts fließen nur spärliche Nachrichten über ihn und künden nichts Gutes; angeblich hörte er auf zu malen und verarmte. Eine Zeitlang arbeitete Anton Möller als Buchhalter im Danziger Gymnasium, später verdiente er sich seinen Lebensunterhalt als Höker. Er starb in den zwanziger Jahren des 17. Jahrhunderts in völliger Armut.

Außer den Bildern befanden sich im Artushof die Wappen von Danzig und Polen, die der polnischen Könige und einzelner Patrizier. Von der Decke hingen kunstvoll gearbeitete Schiffsmodelle herab. Besondere Aufmerksamkeit der Gäste erregte ein großer, in schönen Mustern aus Drahtgeflecht hergestellter Käfig, der in der Saalmitte aufgehängt war und in dem exotische Vögel gehalten wurden. Besonders dekorativ wirkte ein zwölf Meter hoher Ofen des Meisters Georg Stelzner, der in den Jahren 1545/1546 errichtet wurde. In den oberen fünf aus gleichmäßigen Kacheln bestehenden Etagen befanden sich 268 Brustbilder, von denen jedes einzelne ein Miniaturporträt einer Frau oder eines Mannes in zeitgenössischen Kostümen zeigte. Der großartige Ofen blieb jedoch immer kalt, zum Heizen diente schon im 16. Jahrhundert ein anderer, der weniger repräsentativ, dafür aber praktischer war.

In diesem mit Kunstwerken und wertvollem Zierat gefüllten Saal wimmelte es stets von Menschen, und wenn es Zeit war, den Hof zu schließen (anfänglich um 22 Uhr, später um 24 Uhr), gingen die dort Versammelten nur ungern und zögernd nach Hause. Kein Wunder! Nach einem arbeitsreichen Tag im Kontor oder am Ufer der Mottlau saß man gern bei einem Krug Bier in diesem großartigen Saal; man hörte ein wenig Stadtklatsch, erfuhr Neuigkeiten aus dem Ausland, plauderte über Politik, über Holz- und Getreidepreise, unterhielt sich über die Größe und Geschwindigkeit der Schiffe, sammelte vielleicht auch Informationen über fremde Schiffer und die Fracht, die sie mit sich brachten.

Ab und zu wurden die Abende durch Auftritte von Gauklern und «Springern» bereichert. Ein Seiltänzer, der zudem einmal gefährliche Künste mit zwei Messern darbot, trug solchen Erfolg davon, daß ein an Gefahren gewöhnter und in der Welt viel gereister Schiffer beim Anblick dieser «Vorstellung» in Ohnmacht fiel. Tagtäglich traten im Artushof Musikanten und Sänger auf, für die gegen

Ende des 16. Jahrhunderts ein besonderer Balkon über dem Eingang gebaut wurde.

Auch Glücksspieler würfelten im Artushof oder spielten Karten, was allerdings offiziell verboten war. Man vergnügte sich ebenfalls mit den damals in Danzig sehr beliebten Wetten. Ob die Getreidepreise auch weiterhin steigen oder fallen werden? Wie groß die Heringsladungen sein werden? Wann trifft wohl im Frühjahr die erste Flotte aus Holland ein? Ob die Tiefe von der Koggenbrücke bis zum Grunde der Mottlau größer ist als die Höhe vom Pflaster des Langen Marktes bis zum Giebel des Artushofes? Im Jahre 1567 wurde gewettet, wann der Frieden zwischen Schweden und Polen geschlossen würde. Nach der Wahl des Heinrich Valois auf den polnischen Thron wettete man um den Zeitpunkt, wann der neue König nach Polen kommen werde. Der Verlauf des Dreißigjährigen Krieges war eine wahre Fundgrube für Wetten. Das starke Bier stieg schnell zu Kopfe, und man fand Gefallen an intimeren Dingen. Es wurde die Frage aufgeworfen, ob die Köchin bei Gregor Melmann für den Vater ihrer beiden Kinder den Brotherrn oder jemand anderen erklären werde. Manchmal waren völlig unsinnige und brutale Dinge Gegenstand von Wetten: So wollte jemand im Jahre 1556 einer frei umherlaufenden Gans mit einem Schlage Füße und Hals abschlagen. Andere wollten sich ein ganzes Jahr lang die Haare nicht stutzen lassen und sich nicht kämmen. Man schloß Wetten um kleinere und größere Summen, um einen Ballen Tuch, ein Faß Bier, ein Abendbrot. In der Rage kam es mitunter zu Streitigkeiten. Wie leicht konnte es passieren, daß ein hitziger Kaufmann seinem Gegner einen *Tafel IV* Bierkrug auf dem Kopf zerschlug, obwohl die Vorschriften im Artushof großen Wert auf gute Umgangsformen und taktvolles Benehmen legten. Alle Ausschreitungen wurden mit Geldstrafe belegt, manche Frevler wurden für immer des Hauses verwiesen.

In diesem Bacchustempel war stets eine lustige Stimmung, die sehr häufig ins Frivole umschlug. Davon zeugen Eintragungen in die Brüderbücher des Artushofes in vielen Sprachen – deutsch, lateinisch, französisch, englisch:

«Je n'ayme rien en ceste vie
Qu'uny bon cheval é belle amie
Bone renomée é loyaulx amis
É quand ie meure, le paradis.»[49]

So schrieb im Jahre 1607 ein Franzose. Ein anderer Gast warnte zwei Jahre später:

«Grossen Herren und schönen Jungfrauen
Soll man gerne dienen, aber selten trauen.»[50]

Es kamen auch heitere «fromme» Wünsche vor:

«Hylf heiliger sangt Jörg,
dass ein teuffel den andern erwörg.»[51]

Ein Engländer vermerkte:

«Drunk at night and drunk at noon,
So is a many money quickly gone.»[52]

Wir finden ebenfalls ernstgemeinte Eintragungen, die an die politische Lage gemahnen oder philosophisch gefärbt sind:

«Krieg und Aufruhr in der ganzen Welt,
So haben dy Kapiteins und Soldaten Geldt.»[53]

Es wurden auch, wie immer schon in solche Bücher, Sprichwörter, Wünsche und Paradoxa eingeschrieben: «Fortune ayde tousiours aux plus hardiz entre preneurs» (= Das Glück ist dem mutigsten Unternehmer hold).[54]

«Vos qui cum Jesu itis, non ite cum Jesuitis» (= Wer Jesus folgt, der meide die Jesuiten)[55], warnte mit den Mitteln des Wortspiels ein Feind der Gegenreformation.

In der Regel trank man im Artushof nur Bier. Es wurde aus dem Keller gebracht und von Knechten, die aufmerksam die Wünsche der Gäste erfüllten, ausgeschenkt. «Ein jeder kann so viel Bier trinken, wieviel in ihn hineingeht», notierte ein Reisender im 16. Jahrhundert.[56] Gewaltige Trinkgläser und kostbare silberne Pokale und Becher kreisten unentwegt. Es war üblich, sie bis auf den Grund zu leeren. Trinkfestigkeit galt als die wichtigste Tugend eines Bankbruders. Auf einem 1593 angefertigten Pokal steht: «Wer mich zwölfmal austrinken kan, Wird von Sanct Reinhold Ablaß han.»[57]

Der über solche Sittenlosigkeit entrüstete Charles Ogier schrieb: «Da gibt es nichts als beständiges und unermüdliches Trinken, aber nicht das Mindeste zu essen. Dazu ist vor alter Zeit eine Brüderschaft gestiftet worden, und wer in dieselbe aufgenommen und eingeschrieben werden will, zahlt für die Aufnahme und den Eintritt einen Reichstaler. Nach einmaliger Erlegung dieses Beitrages hat man dann das Recht, sich täglich, wenns beliebt, in diesem Gebäude einzufinden und den ganzen Tag, auch die Nacht hindurch, wenn man nicht vom Platze weichen will, Bier zu trinken, welches einer dem andern zutrinkt. Zur Beaufsichtigung und Bedienung sind in diesem Bacchustempel Aufwärter angestellt, die, gleich den Kirchendienern, in leinenen Gewändern einhergehen, Leute von ernstem Ansehen, gefälliger Miene und mit breitem Barte, welche die silbernen Humpen nach Art der Danaiden füllen; denn sie werden sofort wieder geleert.»[58]

Zu besonderen Anlässen wurden im Artushof Gastmähler ausgerichtet. Anfänglich waren sie bescheiden und bestanden aus einem Gang. Im Laufe des 16. Jahrhunderts verwandelten sie sich in stundenlange, üppige Festgelage.

Häufig überschritten die Unterhaltungen und Gastereien die Grenzen des Anstandes. Besonders laut wurden die Klagen über Sittenlosigkeit und zügellose Rohheit im 17. Jahrhundert, so daß der Rat sich mehrfach genötigt sah, dagegen einzuschreiten. In einem Erlaß lesen wir: «Zu wissen, das nach deme vormercket und tag täglich gehöret, auch mit augen angesehen wird, welcher maszen alhier auff dem könig Artus hoffe von etzlichen ein wildes, rohes, böses, ja heydnisch leben in saufen, trommeten, trommelschlagen und aller ander üppigkeit gebraucht und getrieben wird, wodurch beydes, die hohe goettliche Majestät und die Menschen verseret werden und solch leben von Christen nicht gehöret werden solle. Indem jetzo etzliche Brüder doselbst nicht allein des tages über, sondern die gantze Nacht her durch nur des Bancketirens undt voll saufens sich befleissen und üben Trommelschlagen und Feldtgeschrey blaszen laszen, auch offtmahls Hader, gezäncke, schläge und verwundung darausz erfolgen, dasz guete ehrliche Leuete von Burgern und frembden für solcher Gesellschaft und zusammenkunfft ein Abscheu haben, dieses hauszes enthalten und den vollen Brüdern den Platz und raum allein gönnen und lassen müssen.»[59] Die den Mutwilligen auferlegten Strafen halfen allerdings nicht allzuviel. Es geschah, daß die betrunkenen Gäste es sich auf den Bänken zum Schlaf bequem machten, den Saal verunreinigten und den Dienern viele Scherereien bereiteten. Abends sang man im Chor das Lied, das sich gleichsam zur Hymne des Artushofes entwickeln sollte:

«Hic madidi fratres spumantia pocula sicant,
Hic nihil est aliud vivere quam bibere!»[60]
(= Der nassen Brüder Zunft macht hier die Becher leer,
hier heißt man das gelebt, wenn man trinkt frisch umher.)

Der Artushof war freilich nicht nur Bacchustempel und Ort der mehr oder weniger vornehmen gesellschaftlichen Begegnungen. Im 17. Jahrhundert begannen die Maler und Buchhändler den so stark besuchten Saal zu okkupieren. Gleich am Eingang konnte man die zum Verkauf ausgestellten Bilder und «Verlagsneuheiten» in Augenschein nehmen. Unter anderen verkaufte hier seine Druckerzeugnisse der bekannte Danziger Drucker und Buchhändler Andreas Hünefeldt, derselbe, der in den Jahren 1634 bis 1647 eine Reihe von Auflagen der «Janua linguarum reserata» des Jan Amos Komenský besorgte.

Manch einer kam in den Artushof, nur um die ausgestellten Bücher zu sehen. «In diesem Gebäude sind auch Bücher feil, bei welchen die Vorübergehenden verweilen und dann Gelegenheit haben, die Trinkbrüder zu beobachten. Diese lassen sich jedoch durch kein Schamgefühl verlegen machen, weil sie glauben, daß sie zu dem, was sie tun, da es auf ganz erlaubte Weise und unter öffentlicher Autorität geschieht, ein volles Recht haben.»[61]

Es gab auch Zeiten, da die Pforten des Artushofes sowohl für die nach Unterhaltung Dürstenden als auch für diejenigen, die nach Neuigkeiten auf dem Büchermarkt suchten, verschlossen blieben. So verkündete man am 22. Oktober 1626 eine vorübergehende Schließung des Artushofes infolge der schwedischen Gefahr. Die Danziger konnten allerdings nicht ahnen, daß diese «vorübergehende» Schließung fast fünf Jahre dauern würde, bis 1. Juni 1631. Auch in den schweren Jahren der «Sinflut» verödete der Artushof; er war vom 29. Mai 1656 bis Oktober 1661 geschlossen. In der zweiten Hälfte des 17. Jahrhunderts war er zugänglich. Es wurden sogar einige Renovierungs- und Verzierungsarbeiten durchgeführt. Man bestellte bei dem bekannten Danziger Maler Andreas Stech ein neues Bild, den *Kampf der Horatier und Curiatier*. Doch allmählich wurden die lärmenden, sorglosen Gelage und kostspieligen Gastmähler seltener. Im Brüderbuch der Dreikönigsbank lesen wir beim Jahre 1707:

«Zu dieser Zeit	Des Handels Fall
Ist wenig Freud.	Drückt überall.
Krieg wird geführt,	Gott woll es wenden
Die Pest regiert.	Und Hülfe senden.»[62]

Als sich im Jahre 1742 einige Handelsfirmen an die städtischen Behörden mit dem Vorschlag wandten, den Artushof in eine Börse zu verwandeln und auf ihn als Ort der Vergnügungen zu verzichten, stimmte der Rat bereitwillig zu. Danzig standen schwere Zeiten bevor; man mußte an die Rettung des im Verfall befindlichen Handels denken, nicht an Unterhaltung. So wurden die «Übermütigen» aus dem Artushof verjagt. An die Stelle frivoler Nekkereien und Wetten traten ernste Handelsgespräche und Spekulationen; es ging um Preise für Getreide, Heringe, Tuche. Die Stadt verlor damit ihre berühmteste Versammlungsstätte.

Während der Kriegsereignisse 1945 stürzte der größte Teil der schönen Gewölbe ein. Feuer und Hitze zerstörten die schlanken Pfeiler des Artushofes. Die Vorderfront erlitt starke Beschädigungen, das Innere wurde schrecklich verwüstet. Die berühmtesten Gemälde sind spurlos verschwunden. Die Zerstörung überstanden glücklicherweise zahlreiche Skulpturen, Kacheln vom großen Ofen, Fragmente der Holztäfelung und einige wertvolle Malereien. Heute ist der Artushof nach seiner vollständigen Restaurierung in den letzten Jahren wieder in alter Schönheit erstanden.

Tafel 69

Das Handwerk

Um die Mitte des 15. Jahrhunderts sollen in Danzig, nach Schätzungen verschiedener Historiker, etwa 20 000 Menschen gelebt haben – durchaus nicht wenig, verglichen mit anderen zeitgenössischen Städten. Das 16. Jahrhundert brachte mit der schnellen Entwicklung des Danziger Hafens eine Verdoppelung der Einwohnerzahl. Im folgenden Jahrhundert war Danzig für die damaligen Verhältnisse bereits eine große, 50 000 bis 70 000 Einwohner zählende Stadt. Es waren keineswegs nur Kaufleute, Seefahrer und Hafenarbeiter; fast die Hälfte der Bevölkerung waren Handwerker verschiedener Branchen.

In allen Gegenden der Stadt befanden sich zahlreiche größere oder kleinere Werkstätten. Der Straßenpassant konnte ungezwungen das scheinbar leichte und unkomplizierte Leben der ansässigen Handwerker beobachten. Von weitem schon kündete das bunt bemalte Zunftzeichen – ein aus Blech geschnittener Stiefel, ein Schlüssel oder ein Werkzeug –, daß sich hier eine Werkstatt befand. Im Frühling und im Sommer konnte man durch die weit geöffneten Türen einen Blick in das Innere der dunklen, vollgestopften Werkstätten werfen. Manche Arbeit wurde bei günstiger Witterung auf offener Straße ausgeführt. Hier wurden Körbe geflochten, der Tischler hobelte Bretter, dort flickte der Schuster zerrissene Schuhe.

Manche Straße oder Gasse, in der besonders viele Handwerker einer Berufsgruppe lebten, wurde nach ihnen benannt. So finden wir in Danzig eine Fleischergasse, Gerbergasse, Webergasse, Beutlergasse. Über diesen schwebten charakteristische Gerüche: der Gestank des gegerbten Leders, der saure Dunst von Farbe, der anziehende Geruch rohen, frisch geschnittenen Holzes. Zu den ältesten und am stärksten vertretenen Handwerkszweigen gehörten das Fleischerhandwerk, das Bäckerhandwerk und das Brauwesen. Die große, volkreiche Stadt brauchte täglich große Mengen Brot, Fleisch und Bier. Viele Lebensmittel benötigte auch der Hafen. Das Nahrungsmittelgewerbe mußte sich also sehr schnell entwickeln, um die ständig wachsenden Bedürfnisse zu befriedigen. Der Danziger Fleischer kaufte mit Unterstützung besonderer Agenten in ganz Pommern, auch in Masowien (Mazowsze), sogar tief im Inneren Polens Schlachtvieh auf. Viehtreiber brachten es nach Danzig. Nachdem es sich erholt hatte und auf den umliegenden Wiesen hochgefüttert worden war, kam es in die Schlachthäuser. Die Zunftvorschriften regelten ziemlich genau die Schlachtbedingungen; unter anderem verboten sie unnötige Tierquälerei. Das frische Fleisch wurde in 166 Fleischbänken verkauft, gesalzenes und in Fässern eingelagertes dagegen ging auf die Schiffe. Ihre Versorgung mit Fleisch war ein sehr einträgliches Geschäft, was dazu führte, daß bereits im 16. Jahrhundert einige wenige Fleischer hierfür faktisch das Monopol besaßen.

Die Bäcker – Roggen- und Weizenbrotbäcker – waren gleichfalls an der Versorgung der Schiffe beteiligt, indem sie an die Schiffer Fässer mit besonderen Zwiebäcken lieferten. Ihre Qualität war oft die Ursache von Reibereien.

Streitigkeiten gab es auch wegen der Qualität des gelieferten Bieres. Der Grund dafür lag in der «Sparsamkeit» mancher Schiffskapitäne. In den Danziger Brauereien wurden etliche vorzügliche Biere gebraut. Besonders das sogenannte «Danziger Bier» und das «Jopenbier» erfreuten sich großer Beliebtheit und hatten im Ausland viele Abnehmer.

Im Laufe des 16. und zu Beginn des 17. Jahrhunderts ergab sich im Zusammenhang mit dem allgemeinen Waffenstillstand und dem Wachstum der Stadt ein schnelles Aufblühen des Lebensmittelgewerbes. Neue Bäckereien entstanden, die bis dahin unbekannte Backwaren herstellten: Das sogenannte holländische Brot, süßes Gebäck, Kuchen und Striezel kamen in Mode. Um diese Zeit tauchten in der Stadt die ersten Metsieder, Pastetenbäcker, Schnapsbrenner und Likörhersteller auf. Auch andere Spezialisten, die auf die Befriedigung der Bedürfnisse der anwachsenden Bevölkerung und des nach Danzig strömenden Adels eingestellt waren, gingen ihren Gewerben nach.

Ähnliche Tendenzen wies auch die Holzbranche auf. Die sich immer großartiger entfaltende Stadt brauchte viele Zimmerleute und Tischler: Die wunderschön geschnitzten Fensterrahmen und die gewundenen Treppen der Danziger Bürgerhäuser waren ihr Werk. Der Danziger Möbelbau hatte einen hohen künstlerischen Rang; seine Erzeugnisse, zum Beispiel die berühmten Danziger Schränke und *Tafel* Tische, waren im ganzen Land bekannt und gehör- 79, 80 ten zur Einrichtung unzähliger Landhäuser des polnischen Adels. Neben luxuriösen Möbeln, die für die Patrizier, das wohlhabende Bürgertum und die Schlachta bestimmt waren, stellten die Danziger Tischler und Kistenmacher auch einfache, billige Gegenstände für die minderbemittelten oder gänzlich armen Bevölkerungsschichten her. Diese Produktion dominierte quantitativ über der ersten und war für die kleinen Meister und die Masse der Gesellen die eigentliche Existenzgrundlage.

In enger Beziehung mit dem Danziger Brauwesen und Handel stand das Böttcherhandwerk, das die verschiedenen Behälter und Verpackungen lieferte. Schon gegen Ende des 16. Jahrhunderts zählte Danzig einige Dutzend Meister, die der Böttcherzunft angehörten. Das 16. Jahrhundert brachte in diesem Gewerbezweig nicht nur eine zahlenmäßige Zunahme, sondern auch eine weit fortgeschrittene Spezialisierung. So wurden in der einen Werkstatt nur Fässer für Heringe, Butter oder Fleisch hergestellt, in einer anderen solche für Bier, Wein und Met. Auch existierte eine besondere Gruppe der Faßausbesserer, die im Hafen und auf den Straßen arbeiteten, also dort, wo beim Verladen die Verpackung beschädigt werden konnte.

Eine nicht weniger zahlreiche Gruppe stellten die Gerber, Schuhmacher und Kürschner dar, die schon zu Beginn des 14. Jahrhunderts in Danzig ihr Handwerk betrieben. In den beiden folgenden Jahrhunderten tauchten viele vorher in dieser Branche unbekannte Spezialisten auf: Gürtler, Sattler, die Sättel und Pferdegeschirr herstellten, Handschuhmacher, Beutler, die verschiedene Taschen, Beutel und Geldbörsen anfertigten, schließlich Weiß- und Rotgerber, deren Spezialität die Herstellung wertvoller Sämischleder war. Bereits zu Beginn des 17. Jahrhunderts begann man in Danzig auch, teures Korduanleder (genarbtes Saffianleder) mit Hilfe besonderer spanischer Kräuter und Gerblohen nach geheimen Rezepten herzustellen. Anfangs war es nur für den städtischen Bedarf bestimmt, doch bald fand es auch Abnehmer im Ausland. Es wurden nicht nur diese teuren und feinen Leder exportiert, sondern auch billige Leder- und Pelzwaren, zum Beispiel Lammfell- und Fuchspelzmützen. Sie gingen in viele größere und kleinere pommersche Städte, wo sie von der armen Stadtbevölkerung und den Bauern gekauft wurden.

Das 16. Jahrhundert brachte neben der zahlenmäßigen Zunahme des Metallgewerbes auch weitgehende Spezialisierung und zweifellos technischen Fortschritt. In diesem Zeitraum treffen wir neben Schiffsschmieden und Grobschmieden auch Schlosser, Hufschmiede, Plattner (die vortreffliche Harnische und Schwerter anfertigten), Sporer (die sich auf Herstellung eiserner und silberner Sporen spezialisierten), Uhrmacher, Nadel- und Nägelschmiede, Blech- und Kesselschmiede (die kupferne Kessel und Schüsseln trieben), Drahtzieher und andere mehr. Die kunstvollen Beschläge der Danziger Truhen und Türen, die meisterhaften
Tafel Knaufe an den Türklopfern, zierliche Fenstergitter,
77, schöne Leuchter und Spiegeleinfassungen waren das
78 Werk eben dieser Handwerker, unter denen nicht selten ein echter, phantasiebegabter Künstler war.

Eine besondere Gruppe unter den Metallgewerken bildeten die Zinngießer. In ihren Werkstätten stellte man kunstvoll geformtes Geschirr her: schlanke Krüge und Kannen, fein ziselierte Teller und Schüsseln, Schalen und Löffel, also Gegenstände, die in die Anrichteschränke eines jeden bürgerlichen Hauses gehörten. Doch nicht nur diese bescheidene Produktion blühte in Danzig. Gegen Ende des 16. Jahrhunderts entstanden hier zahlreiche Geschütz- und Kugelgießereien. Insgesamt müssen die Metallgewerke mit den Meistern, Gesellen und Lehrlingen zusammen mehrere Hundert Personen beschäftigt haben. Die Erzeugnisse aller Gruppen dieser Branche, die einen sehr hohen Fertigungsgrad besaßen, waren weithin bekannt. Besonders ein Zweig des Metallgewerbes arbeitete fast ausschließlich für den fremden Markt: die Panzer- und Waffenschmiede, deren Abnehmer der Adel aus den verschiedensten Teilen Polens war.

Sehr interessant stellt sich die Geschichte des Textilgewerbes in Danzig dar. Im 15. Jahrhundert existierten kaum zwei Produktionszweige auf diesem Gebiet: die Leinenweberei und die sehr schwach entwickelte Wollweberei. Die eigentliche Entfaltung dieses Gewerbes begann zu Beginn des 17. Jahrhunderts. Im Laufe weniger Jahrzehnte verwandelte sich die Stadt in ein Zentrum der Tuchfabrikation, der Herstellung von Baumwoll- und Seidengeweben, der verschiedenen Gattungen von Stoffen und Filzarten. Wie die Pilze nach dem Regen schossen Betriebe aus dem Boden, die allerlei Arten billiger Stoffe (Baumwoll-Schafwoll-Gewebe oder Baumwoll-Leinen-Gewebe) produzierten oder die sich auf die Herstellung kostbarer Gewebe (Damast, Seide, Goldbrokat) verlegten. Die Arbeit in der Textilbranche war damals so gut wie nicht mechanisiert. Es gab allerdings Versuche, das

Ambulanter Topfhändler in Danzig, Mitte 18. Jahrhundert

Weben produktiver zu gestalten: Eine allzu große Geschicklichkeit und Erfindergabe mußte jedoch in jener Zeit nicht immer nützlich sein, ganz im Gegenteil, wie das Schicksal eines fast legendären Danziger Webers beweist, der eine «sehr kunstvolle Maschine erfand, die gleichzeitig 4 bis 6 Stoffe weben konnte». Laut Zeugnis eines Italieners spielte sich die Geschichte in der zweiten Hälfte des 16. Jahrhunderts ab. Sie endete tragisch. «Der Danziger Rat fürchtete, daß jene Erfindung viele Arbeiter in Bettler verwandeln werde und ließ deswegen die Maschine vernichten, den Erfinder selbst in aller Stille erdrosseln oder ertränken.»[63]

Eine wesentliche Bedeutung für die Entwicklung der Textilproduktion hatte der Zustrom fremder Handwerker, besonders aus Holland, die sich zahlreich in Danzig und seiner Umgebung ansiedelten. Dank dieser Einwanderung, die durch Unruhen und Religionskriege in Westeuropa bedingt war, kamen viele Fachleute in die Stadt, die neue Produktionsmethoden und bis dahin unbekannte Erzeugnisse mitbrachten. Den Danziger Handwerkern kam die Konkurrenz jener Ankömmlinge gar nicht gelegen; sie versuchten, ihnen auf jede Weise das Leben schwer zu machen. Vor allem wurden sie als «Häretiker» verschrieen, denn es waren in der Mehrzahl Mennoniten[64], also des Stadtrechtes «Unwürdige». Zum Glück bewies der Stadtrat in dieser Sache einen gesunden Menschenverstand und erlaubte den geschickten Leuten in den meisten Fällen, sich niederzulassen und eine Werkstatt zu eröffnen. Dennoch wurden ihnen verschiedene unliebsame Beschränkungen auferlegt, so daß viele von ihnen auf die in der Nähe von Danzig liegenden Besitzungen des Bischofs von Leslau (Włocławek) übersiedelten.

Den holländischen Einwanderern verdankte Danzig das Aufblühen der Posamentier- und Bortenmacherkunst, die in ganz Polen schnell berühmt wurde. Besonders geschätzt und gesucht waren wollene und seidene, einfarbige oder gemusterte Gürtel, die einen enormen Absatz beim Adel fanden. Die Herstellung von Gürteln, Bändern, Schnüren, Borten und Besatz war seinerzeit sehr lohnend. Die reichen Posamentierer fuhren in Danzig zum Ärgernis der Kaufleute sechsspännig, sie erwarben schöne Landhäuser und Güter.

Im Zusammenhang mit dem Aufblühen des Textilgewerbes entwickelte sich im 16. und 17. Jahrhundert die zuvor kaum vertretene Färberkunst. Die Danziger Färber stellten keine Zunft dar. Dieses Gewerbe betrachtete man als Freie Kunst, und jeder konnte ihm nachgehen, der genügend Geld besaß, eine Färberei einzurichten. Manche Färber spezialisierten sich, sie färbten zum Beispiel ausschließlich Seide oder Bombasin, andere waren Spezialisten für einzelne Farben (Azur, Purpur, Grün und andere).

Einen wesentlichen Anteil am Danziger Handwerk hatten die Kleidermacher, Sticker, Schuhmacher, Mützenmacher, Kürschner, mit einem Wort alle, die Kleidung herstellten oder verzierten. Die sich ändernde Mode, der Hang zu Überfluß und Luxus, ein echter Wettlauf in der Kleidermode, dem sich in Danzig weder die Frauen noch die Männer entzogen, all das schuf für das Dienstleistungsgewerbe die denkbar günstigsten Bedingungen. Im 16. Jahrhundert boten über 200 Schneiderwerkstätten den Einwohnern ihre Dienste an. Ebensoviel Kürschner, Sticker und Schumacher suchten, die Bürgerfrauen zum Kauf von Neuheiten zu bewegen. In den ärmeren Wohnvierteln wirkten Kleiderausbesserer und Flickschuster, die von der mittelbegüterten und armen Stadt- und Landbevölkerung in Anspruch genommen wurden.

Tafel 83

Die Dienstleistungen mußten auf die hohen Ansprüche der Kunden Rücksicht nehmen. Es existieren noch Prozeßakten über ein verpfuschtes Kleid aus italienischer Seide in «Pfauenfarbe», das die launische Klientin nicht annehmen wollte. Da festgestellt wurde, daß das Kleid in der Tat unter dem Arm «kniff» und außerdem noch zu kurz geraten war, wurden der Klägerin die Materialkosten zurückerstattet. Eine andere Bürgersfrau prozessierte mit einem Sticker, der zu wenig von dem ihm anvertrauten Gold und den teuren Perlen für die Haube verwendet hatte. Es kam auch zu Streitigkeiten über einen nicht korrekt angesetzten Kragen oder nachlässig umsäumte Hemden!

Im 14. und 15. Jahrhundert dominierte im Danziger Handwerk die für das Mittelalter typische

Kleinproduktion. In der Werkstatt arbeitete der Meister mit zwei bis drei Gesellen sowie einem Lehrling. Die Aufträge wurden relativ langsam, aber sorgfältig ausgeführt. Für die Fertigung eines Gegenstandes, sei es für ein Möbel, ein Schwert oder eine Kanne, wurde keine Mühe gescheut. Ebenso langsam und gewissenhaft arbeitete der Nachbar in derselben Straße, und auch der andere Handwerker, der um die Ecke wohnte. Abends, nach getaner Arbeit, wechselten sie einige Worte über das Wetter, die Kunden, die Rohstoffpreise.

In dieser Zeit begann sich bereits eine gewisse Vermögensungleichheit zwischen einzelnen Zunftmeistern abzuzeichnen. Der reiche Weber erweiterte seine Werkstatt, trieb die Gesellen zur Arbeit an, damit sie fleißiger und schneller das Tuch webten, auf das der Käufer ungeduldig wartete. So verfuhren auch der wohlhabende Schneider, Böttcher oder Möbelmacher. Der eine oder andere führte in seiner Werkstatt eine Verbesserung ein, eine «neumodische Idee», die zwar die konservativen Handwerker empörte, dafür aber schneller als bisher zu produzieren erlaubte. Die schnellere Produktion bedeutete einen größeren Verdienst, eine höhere Sprosse auf der Erfolgsleiter. Es begann ein echtes Wettrennen der Geschicklichkeit und des Einfallreichtums, denn Fleiß allein genügte nicht mehr, um reich zu werden. Der Verlierer war zweifach, ja dreifach gestraft. Der ärmere Meister wurde von der besseren Kundschaft gemieden, was zur Folge hatte, daß die Gesellen davonliefen. Während die einen Werkstätten leer wurden, bevölkerten sich die der glücklicheren Mitbewerber. In Danzig fand somit das Konkurrenzwesen, obwohl durch die Zunft- und Handwerkssatzungen noch eingeschränkt, mit dem Aufblühen einer besonderen Konjunktur des Handwerks seinen Eingang.

Häufig tauchte in einer schlecht gehenden Werkstatt ein Kaufmann auf, gab eine Anleihe, um die ersten Schwierigkeiten überwinden und den für die Produktion notwendigen Rohstoff kaufen zu helfen. Diese «Philanthropie» machte sich hundertfach bezahlt. Für einen elenden Lohn begann der bis dahin unabhängige Handwerker für seine Gläubiger zu arbeiten. Die erste Anleihe zog in der Regel eine zweite und dritte nach sich. Der verarmte Meister verwandelte sich, ohne zu wissen wie und wann, in einen vom Unternehmer abhängigen Heimarbeiter. Jener mußte nicht immer ein Kaufmann sein. Sehr häufig war es ein Handwerker, der dem weniger findigen Nachbarn sein Material zur Verarbeitung gegen einen jämmerlichen Gesellenlohn gab.

Auf solche Weise kam es in Danzig zu einer Abhängigkeit der ärmeren Handwerker von Kaufleuten oder Besitzern größerer Werkstätten. Dieser Zustand rief Erbitterung und verständliche Proteste der Geschädigten hervor. Die Zunftsatzungen aus dem 14., 15. und 16. Jahrhundert spiegeln am offenkundigsten den hoffnungslosen Kampf, den das mittlere und arme Handwerk gegen die aus ihrem Schoß emporwachsenden kleinen und größeren Unternehmer führte, wider. Es wurden viele Verfügungen erlassen, die eine Vermögens- und gesellschaftliche Differenzierung zwischen den Mitgliedern einer Innung verhindern sollten. Zum Beispiel war es verboten, in gutgehenden Werkstätten Meister als Gesellen zu beschäftigen, was nicht selten vorkam; man versuchte, die Anzahl der Gesellen und Lehrlinge zu beschränken; es bestanden Anordnungen für den gemeinsamen Ankauf von Rohmaterial und seine gerechte Verteilung unter die wohlhabenderen wie auch ärmeren Handwerker. Ein Blick in die Zunftbücher zeigt aber auch deutlich, daß die Mehrheit dieser Verfügungen nur tote Buchstaben blieben. So lieh zum Beispiel der reich gewordene Meister Johann Wolf in der zweiten Hälfte des 16. Jahrhunderts entgegen den Verboten seitens der Zunft und des Bürgermeisters an arme Kistenmacher Geld und ließ sie für sich arbeiten. In der Zunftversammlung am 24. November 1591 «beklagten sich einige Brüder, daß ihr Mitbruder und Eltermann Johann Wolf seit vielen Jahren entgegen den Zunftsatzungen notleidende und unterstützungsbedürftige Meister an sich binde, ihnen unter der Bedingung Anleihen gäbe, daß sie ihm dafür Kisten zu solch einem niedrigen Preis lieferten, daß es kaum zu ertragen sei. Durch diese selbstsüchtige Handlungsweise horte Johann Wolf in seiner Werkstatt große Mengen billiger Kisten und füge der ganzen Zunft großen Schaden zu...»[65] Zwischen den reichen Unternehmern gab es oft Zank und Streit darum, wo und für wen die armen Meister arbeiten sollten.

Im Laufe des Jahres 1648 und zu Beginn des Jahres 1649 wurde ein interessanter Prozeß zwischen zwei Kapitalbesitzern, dem Dreher Gregor Rocholla und dem Kaufmann Jakob Bollermann geführt, wer von ihnen berechtigt sei, den notleidenden Handwerker Michael Krabbe, der Schüsseln und Teller herstellte, zu beschäftigen. Krabbe, der seit einiger Zeit bei Rocholla in Schuld war, schloß mit ihm einen offiziellen Vertrag ab und verpflichtete sich, für die «Schenkung» eines Teiles der Schulden (70 Florin), dem Gläubiger seinen Gesellen für ein geringes jährliches Entgelt von 8 Talern auszuleihen und die in seiner Werkstatt hergestellten Waren zur Verfügung zu stellen. Nach einiger Zeit erschien der andere Kapitalbesitzer, Bollermann, der Krabbe aus der bisherigen Abhängigkeit «freikaufen» wollte. Es kam zu einem langwierigen Prozeß, dessen heute vergilbte Akten von der Existenz eines erstaunlichen Handels mit der Arbeitskraft im alten Danzig künden.

In diesen merkwürdigen, rücksichtslosen Vorgängen machten sich die ersten Elemente des Frühkapitalismus erkennbar, der in Danzig einen vorzüglichen Nährboden und beste Entwicklungsmöglichkeiten fand, obwohl ganz Polen noch tief im Feudalismus steckte und kein Anzeichen darauf hindeutete, daß es in absehbarer Zeit zu irgendwelchen Veränderungen kommen könnte. Am Anfang des 17. Jahrhunderts entstanden in Danzig erste Manufakturen oder größere Betriebe, in denen einige Dutzend Menschen für einen Unternehmer arbeiteten. In Zunftakten und Gerichtspapieren finden sich genaue Nachrichten über diesen Prozeß: Worte der Mißbilligung und des Tadels wechseln ab mit Bewunderung für die Schelme, die andere für sich arbeiten lassen und großen Nutzen daraus ziehen. Aus diesen Akten erfahren wir, daß damals Werkstätten existierten, in denen 12 bis 14 Personen mit der Schur, dem Walken und der Endfertigung von Geweben beschäftigt waren. In manchen Leinewebereien arbeiteten 20, 30, ja sogar 40 Gesellen, zum großen Verdruß der mittelbegüterten Leineweber, die gegenüber der Konkurrenz der großen Unternehmer machtlos waren.

Manch einer der Letztgenannten legte tatsächlich großen Ideenreichtum und ebensolche Unternehmungslust an den Tag. Um die Wende vom 16. zum 17. Jahrhundert hat zum Beispiel ein energischer Korbmacher, der durch den Ankauf von Rohmaterial in sehr großen Mengen auffiel, massenweise Gesellen aus anderen Korbflechtereien abgezogen und mit ihrer Hilfe einen großen Betrieb aufgebaut, der nachts arbeitete. Im Februar 1600 wurde er vor der Zunft beschuldigt, daß er die Gesellen anderer Meister nach der Arbeitszeit anlocke und sie die ganze Nacht über beschäftige. Infolgedessen seien sie tagsüber müde, arbeiteten schlecht und schädigten somit ihre Hauptarbeitgeber.

In diesem sich verschärfenden Konflikt zwischen den Zünften und denjenigen, die in Danzig neue Produktionsmethoden förderten, nahmen die Stadtbehörden keine eindeutige Position ein. Zwar bestätigte der Rat die Zunftsatzungen und Vorrechte, erließ Verbote zur Erweiterung der Werkstätten, mißbilligte «neumodische Ideen», schaute aber in vielen Fällen den in der Stadt emporkommenden Unternehmern nicht so genau auf die Finger. Sie belieferten den Markt mit zahlreichen Produkten, viel besser, als es die kleinen Werkstätten mittelloser Handwerker je tun konnten. Dem Patriziat lag daran, daß die Stadt mit handwerklichen Erzeugnissen ordentlich versorgt wurde. Die von wendigen Unternehmern erzielten Gewinne ließen aufhorchen. Und so begann in der ersten Hälfte des 17. Jahrhunderts der Rat selbst, große Leinewebereien einzurichten, in denen Sträflinge und aufgegriffene Landstreicher arbeiten mußten. Diese Manufakturen existierten etliche Jahrzehnte und brachten der Stadt beträchtliche Gewinne.

Parallel zu der Entwicklung der Manufakturen – vielleicht sogar in Verbindung mit diesen – beobachtet man gegen Ende des 16. Jahrhunderts eine charakteristische Erscheinung: Neben ihrem Gewerbe begannen die Handwerker Handel zu treiben. In den Strudel der Geschäfte stürzten sich die Meister fast aller Gewerbe in der Überzeugung, auf diese Weise eher zu einem kleinen Kapital zu kommen, das sie vor der Abhängigkeit vom Unternehmer bewahrte, ihnen vielleicht auch erlaubte, einen weniger praktischen Mitbruder in ihre Hörigkeit zu bringen. Also handelten die Kleidermacher mit Stoffen und Pelzwerk, die Gewandschneider kauften in ganz Pommern große Mengen an Wolle auf, um sie anschließend an minderbegüterte Handwerker in Danzig weiterzuverkaufen oder ins Ausland zu exportieren. Bierbrauer und Bäcker spekulierten mit Getreide, Mehl und Graupen, Wollweber mit Wolle, Schmiede mit Kohle, Weiß- und Rotgerber unterhielten geheime Schenken, in denen man für etwas weniger Geld einen Krug Wein oder einen Humpen Bier trinken konnte. Weder das Gejammer der geschädigten Kaufleute, die das Recht auf Handel als ihr ureigenstes Privileg betrachteten, noch strenge Erlasse des Rates konnten hier etwas ausrichten. Die Verlockung eines schnellen, wenn auch nicht allzu legalen Gewinnes war stärker, als alle Verbote und Verordnungen.

Das Betreiben des heimlichen Handels durch viele Handwerker führte zu einer materiellen und sozialen Differenzierung innerhalb der Zünfte und vertiefte die Kluft zwischen den unbemittelten Meistern und den wohlhabenden Unternehmern. Der Kampf zwischen den reichen, minderbemittelten und armen Meistern verschärfte sich von Jahr zu Jahr und erfaßte allmählich das ganze Zunftleben. Es ging dabei um verschiedene Dinge, hauptsächlich um die Monopolisierung der Arbeitskraft, um Rohmaterial, um die Zunftämter, aber auch um die Beschränkung der Zahl der vollberechtigten Meister und das Abschieben der ärmeren Handwerker auf das Niveau der Gesellen.

Mittelpunkt des gesellschaftlichen Lebens der Danziger Kaufmannschaft war, wie wir schilderten, der Artushof. Eine ähnliche Funktion für die große Masse der Stadtbevölkerung hatten die Häuser der verschiedenen Bruderschaften, Zünfte und Gilden. *Tafel* 89

Die Aufsicht über die Qualität der Erzeugnisse, die Preise und die Herstellungsart, die Regelung der Beziehungen unter den Meistern und ähnliches waren wichtige, aber keineswegs die einzigen Aufgaben der Zunftobrigkeit. Das Leben in einer jeden mittelalterlichen Zunft war reich und vielfältig. In erster Linie bildeten die Zünfte eine Art religiöser Bruderschaft. Die Danziger Bruderschaften bauten zu Ehren ihrer Schutzheiligen schöne Kapellen und Altäre und förderten somit die Entwicklung des Bauwesens und der Kunst in der eigenen Stadt. *Tafel* 35, 36 Von den Zunftgeldern wurden Kerzen gekauft, Meßgewänder, goldene und silberne Kelche und Patenen. An Feiertagen und Festlichkeiten nahmen alle Mitglieder an Umzügen und Prozessionen teil. Beim Ableben eines Meisters oder eines seiner Familienmitglieder war die ganze Zunft verpflichtet, an dem Begräbnis und an dem damit verbundenen Zeremoniell teilzunehmen. Bei Fernbleiben drohten Strafen: ein Stock Wachs, ein halbes Faß Bier oder eine Geldbuße.

Die Zunft übte auch die Funktion einer Art Versicherungsanstalt aus. Jeder Meister mußte monatlich oder vierteljährlich einen Beitrag für Allgemeinzwecke entrichten. War einer erkrankt oder wegen seines Alters arbeitsunfähig, zahlte ihm die Zunft eine Unterstützung, sorgte für einen Hospitalplatz und kümmerte sich nach seinem Tode um die Waisen. In vielen Bruderschaften bildeten sich auch besondere Unterstützungskassen heraus, die von den notleidenden Meistern oft in Anspruch genommen wurden.

Mittelpunkt des zünftischen Lebens war gewöhnlich ein besonderes Gebäude, das von Mitgliedsbeiträgen erbaut oder gekauft und durch Schenkungen eingerichtet wurde. Die Größe des Hauses und seine Ausstattung hingen vom Vermögen der entsprechenden Zunft ab. Manche Danziger Bruderschaften besaßen im 16. und 17. Jahrhundert wahre Schatzkammern, in welchen ihr silbernes Geschirr und verschiedene von vermögenden Meistern geschenkte Wertgegenstände aufbewahrt wurden. Die schönsten Stücke und die Namen ihrer Spender wurden sorgfältig in Gedenkbücher eingetragen.

Vierteljährlich oder monatlich fanden im Zunfthaus, entsprechend der Genehmigung des Rates, Versammlungen der Bruderschaft statt. Alle Mitglieder waren zur Teilnahme verpflichtet. Auf Pünktlichkeit und Ordnung wurde sehr geachtet. Es war strengstens verboten, mit einem Messer oder einer anderen Waffe daselbst zu erscheinen. Die

Hitzköpfigkeit so mancher Handwerker war offensichtlich der Grund für häufige Zusammenstöße, in deren Verlauf es durchaus zu Blutvergießen kommen konnte. Besondere Verordnungen in den Zunftbriefen hatten zum Ziel, die Ungeschliffenheit zu mildern und den Meistern die Grundsätze eines guten Benehmens anzuerziehen. Es war unter anderem verboten, zu schimpfen und derbe, vulgäre Ausdrücke zu gebrauchen, Schlägereien anzuzetteln, Bier zu verschütten, Geschirr zu zerschlagen, Einrichtungen zu zerstören, barfuß oder in einer unpassenden Bekleidung das Zunfthaus zu betreten.

Tafel IV

Besonders schwelgerische Gastereien konnte man traditionsgemäß zu Fastnacht erleben. In dieser Zeit fand gewöhnlich eine feierliche Kontrolle der Jahresabrechnungen und die Übertragung des Ältestenamtes an den vom Bürgermeister bestätigten Kandidaten statt. Derjenige, dem diese Würde zufiel, spendierte den Mitbrüdern ein Faß Bier. Gleichzeitig wurde aus den Beiträgen an die Bruderschaftskasse eine üppige Bewirtung vorgenommen. Die lärmenden Unterhaltungen, nicht selten auch Tanz, zogen sich bis in den späten Abend hin. Um Mitternacht forderte der Nachtwächer die letzten Zecher auf, das Zunfthaus zu verlassen und die Lichter zu löschen.

Gesellen und Lehrlinge

Neben den Meistern gab es die Gesellen, sogenannte Genossen, und die Lehrlinge, die als Zunftmitglieder betrachtet wurden, obwohl sie nicht alle Rechte hatten. Der Geselle war vorübergehend Lohnarbeiter: Das Gesellentum war lediglich eine Stufe in der Hierarchie bis zur Erlangung der Meisterwürde. Wenn es auch nicht jedem Gesellen gelang, diese Rangstufe zu erreichen, so drückte das Streben danach doch einen spezifischen Stempel auf die Gesamtheit der Verhältnisse im damaligen Handwerk.

Die wichtigste Forderung an einen Meisterkandidaten war in den meisten Zünften das Zeugnis der rechtmäßigen und freien Geburt und das Zeugnis über den Lehrabschluß (bei fremden Gesellen das des letzten Dienstverhältnisses). Der Kandidat mußte das Stadtrecht besitzen und sich eine Waffenausrüstung anschaffen. Manche Zünfte verlangten einen Bürgen, der die Unbescholtenheit des neuen Meisters garantierte.

Wesentliche Bedeutung hatten Vorschriften, die die Ableistung einer bestimmten Dienstzeit verlangten, eines Arbeitsverhältnisses bei einem Danziger Meister als Geselle. Der Grund dafür war, eine allzu schnelle Erlangung der Meisterwürde zu verhindern, einerseits aus Angst vor der wachsenden Konkurrenz, andererseits aber aus Rücksicht auf den schnellen Abgang von Arbeitskräften aus den Werkstätten.

Ein Geselle, der alle geforderten Bedingungen erfüllen konnte, teilte dem Arbeitgeber und den Elterleuten seine Bewerbung mit. Bei der nächsten Innungszusammenkunft fand die öffentliche Ankündigung seiner Kandidatur, das sogenannte Aufgebot, statt. Manche Zünfte (Dreher, Bernsteinschleifer oder Seiler) verlangten nur ein Aufgebot, andere dagegen zwei, drei und auch vier, die vierteljährlich auf den regelmäßigen Sitzungen verkündet wurden. Auf diese Weise schob man den Prüfungstermin um einige Monate, manchmal um ein Jahr hinaus, und der Meisteranwärter arbeitete in dieser Zeit ganz besonders fleißig in einer der Werkstätten. Vergünstigungen wurden in diesem Zeitraum nur Söhnen von Meistern gewährt und Gesellen, die bemittelt genug waren, um sich von der Pflicht der «Meisterjahre» freikaufen zu können (mit Beträgen bis weit über hundert Mark).

Nach der Erfüllung der Aufgebotszeit mußte der Geselle den Nachweis seines Fachwissens erbringen. Schon die frühesten Danziger Zunftrollen verlangten die Anfertigung des sogenannten Meisterstückes in Gegenwart der Zunftältesten. Der Tuchscherer mußte also einen Posten Tuch scheren, der Bernsteinschleifer oder -dreher ein Pfund Bernstein sorgfältig ziselieren. Der Bäckergeselle buk in der Werkstatt des Zunftältesten Teig, der Zimmermann mußte fehlerfrei seine Kenntnisse am Bau eines zweistöckigen Hauses nachweisen. Für ein nicht einwandfrei hergestelltes Meisterstück drohten Geldstrafen, gewöhnlich einige Mark; hin und wieder mußte auch ein Faß Bier für die Zunft spendiert werden. In manchen Fällen wurden die Meisterjahre verlängert oder dem ungeschickten Gesellen überhaupt das Recht entzogen, sich um den Meistertitel zu bewerben.

Der Zunft war wenig daran gelegen, den Gesellen den Weg zum Meistertitel zu erleichtern. Die Prüfung war in der Regel sehr streng (es sei, daß sich der Sohn eines Meisters oder der Ehemann einer Meisterswitwe des entsprechenden Gewerbes bewarb), manchmal wurde sie absichtlich erschwert. Eine Verordnung des Ratsherrn Gert von der Helle aus dem Jahre 1598, eingetragen in das Gedenkbuch der Kistenmacher, stellte fest, daß es bei Prüfung des Meisterstückes zu Schikanen und Beschädigung gekommen sei, was hiermit bei Strafe (ein Faß Danziger Bier) verboten würde. Es sind zahlreiche Akten über Prozesse gegen die Zunftältesten überliefert, die absichtlich die Prüflinge durchfallen ließen, indem sie unwesentliche Mängel suchten, nur um die Bewerbung um den Meistertitel zu behindern.

Derjenige Geselle, der die Prüfung bestanden hatte, mußte sich auf größere Aufgaben gefaßt machen. Hohe Aufnahmegebühren mußten entrichtet werden. Außerdem erwartete den Neueintretenden die Ausrichtung eines Schmauses für die ganze Zunft. Satzungen sahen ganz genau die Menge und die Qualität der Speisen vor, die bei dieser Gelegenheit auf den Tisch kommen mußten. Daß dabei der Geldbeutel der Neulinge nicht geschont wurde, beweist zumindest die Speisenfolge bei dem Gastmahl der Sattlerzunft. Laut Beschluß vom Februar 1626 hatte der Bewerber die Mitbrüder mit einem Mittagessen zu bewirten, das aus Hähnchen in Wein, Braten und süßem Gebäck, Butter, Käse und gutem Danziger Bier bestehen mußte. Zum Abendessen mußten Fisch, Hähnchen, Butter, Käse, Gebäck, Äpfel und Bier gereicht werden. Nicht jeder Geselle konnte sich derartige Ausgaben leisten. Unter solchen Bedingungen war die Heirat der Witwe oder Tochter eines Handwerkers oft die einzige Möglichkeit, in die Zunft zu gelangen.

Die Schlaueren schreckten auch nicht vor einer Entführung zurück. Im Jahre 1596 klagte der Böttcher Simon Janicke gegen den ehemaligen Lehrling und Gesellen Elias Heiner wegen Entführung seiner Tochter und heimlicher Trauung mit ihr. Doch wenige Tage später verglich er sich mit dem Beklagten, um einen Skandal zu vermeiden, erkannte ihn als seinen Schwiegersohn an und gab ihm 60 Mark für die Ausgaben, die für die Erlangung des Stadtrechts und die Ausrichtung des Schmauses bei der Aufnahme in die Zunft notwendig waren.

Aber auch für die privilegierte Gruppe der Meistersöhne war die Erlangung des Meistertitels nicht einfach. Freilich konnten die Söhne wohlhabender Handwerker hohe Beiträge ohne Schaden entrichten, diejenigen aber, die aus ärmeren Verhältnissen kamen, konnten nur mit Mühe den im Laufe des 16. und 17. Jahrhunderts zunehmenden Erschwernissen gerecht werden. So war schließlich die Erlangung der Meisterwürde für viele mit einer ernsten Erschütterung des finanziellen Gleichgewichts verbunden. Als Beispiel dafür kann die Geschichte der Familie des Böttchers Hieronymus Österreich aus der ersten Zeit des 17. Jahrhunderts dienen. Die Ausgaben bei der Erlangung des Meistertitels durch den älteren Sohn Michael untergruben die Finanzen der Österreichs so sehr, daß sie, obwohl Michaels Frau sich in wohlhabenden Bürgerhäusern verdingte um mitzuverdienen, einen Teil des ohnehin armen Anwesens verkaufen mußten. Als sich der zweite Sohn, Hieronymus, um die Zunftmitgliedschaft bewarb, wurden sogar die Werkzeuge verpfändet und eine Parzelle, die die Familie im Eimermacherhof besaß, verpachtet.

Wie gesagt, die Zünfte erschwerten den Aufstieg zum Meister einesteils aus Angst vor der Konkurrenz, andernteils deswegen, weil die Gesellen rar waren. Es strömten zwar junge Genossen verschiedener Gewerke aus ganz Pommern, auch aus Deutschland, den Niederlanden und Skandinavien in der Stadt, aber trotzdem reichten die Arbeitskräfte allzu häufig nicht aus. Auch die Kriege verhinderten einen normalen Zustrom von Arbeitskräften in die Gewerbebetriebe. Nicht selten trat der Fall ein, daß aus Gesellenmangel die Produktion unmöglich wurde. In den dreißiger Jahren des 17. Jahrhunderts gab es in der Zunft der Kistenmacher nur einen Gesellen, der nach langen Debatten bei den Zunftältesten arbeiten sollte. Eine solche Situation war gewiß keine Ausnahme. Die Zunftrolle der Eimermacher vom Jahre 1560 verpflichtete den Zunftältesten, dafür Sorge zu tragen, daß einem erkrankten Meister ein Geselle zur Verfügung gestellt würde; sollte zu dieser Zeit nur ein Genosse in der Stadt sein, so sollte dieser dem arbeitsunfähigen Meister zugeteilt werden. In anderen Zünften versuchte man der Situation auf die Weise zu begegnen, daß man die Gesellen verpflichtete, nacheinander bei jedem Meister eine Woche zu arbeiten, womit freilich das Problem nicht gelöst werden konnte .Auch andere Anordnungen, die den Gesellen fester an den Meister banden, zum Beispiel, daß ein eingegangenes Dienstverhältnis nicht früher als nach drei Monaten gekündigt werden durfte und das Einverständnis des Meisters vorliegen mußte, klärten die Lage nicht. So warben sich die Meister trotz strenger Verbote durch die Behörden gegenseitig die Gesellen ab, indem sie ihnen Geschenke anboten oder Anleihen gaben.

Besonders das letztere wurde häufig praktiziert. Obwohl sie so gesucht waren, verdienten die Gesellen in Danzig nur wenig. Im 16. Jahrhundert betrug der durchschnittliche Lohn bei Beköstigung 4 bis 8 Groschen wöchentlich und 15 bis 48 Groschen, wenn sie außerhalb aßen. Bei den Gewandschneidern (Tuchern), Bortenmachern und Bernsteindrehern wurden Akkordlöhne gezahlt, aber auch diese waren sehr niedrig. Lohnerhöhungen auf eigne Faust waren durch Zunftbriefe und Anordnungen der Stadtväter verboten. Die magere Kost, an der die Meistersfrau noch zusätzlich verdiente, und die elende Unterbringung – eine Ecke in der Werkstatt oder in der Wohnung des Meisters – waren nicht angetan, die Lebensbedingungen zu verschönern.

Die schlecht bezahlte Arbeit in den engen und schmutzigen, meist nur schwach erleuchteten Räumen betrug 13 bis 17 Stunden täglich, nicht selten noch länger. Bei den Maurern wurde in der ersten Hälfte des 17. Jahrhunderts infolge zahlreicher Zusammenstöße eine Verordnung erlassen, wonach im Sommer, während der Saison, alle Gesellen so lange arbeiten mußten, wie es der Meister anordnete. Auch in anderen Zünften gab es gewiß Fälle, in denen Gesellen in der Werkstatt über das Normale hinaus arbeiten mußten.

Freizeit und Entspannung boten ausschließlich die Feiertage, an denen der Geselle ausschlafen, einen besseren Anzug – sofern er einen hatte – anziehen konnte und einige Stunden in der Gastwirtschaft beim beliebten Bier verbringen durfte. Feiertage gab es damals genug, viel mehr als heute. Über 100 Tage waren im Kalender rot angestrichen. Man feierte sie ausgiebig, kein einziger wurde ausgelassen; das wäre dem Verzicht auf Erholung gleichgekommen. So mancher Geselle, der den Sonntag lustig verbracht hatte, erschien am Montag nicht zur Arbeit. Die Mehrzahl der Zunftstatuten enthält hohe Strafandrohungen für die Genossen, die «blaue Montage» feierten und dem Werkstattbesitzer Einbußen zufügten. In einigen Branchen wurde für einen verbummelten Tag der ganze Wochenlohn einbehalten! Die Zunftrolle der Schmiede vom Jahre 1576 stellte fest, daß «derjenige Geselle, der einen Tag in der Woche ohne Kenntnis und Einverständnis seines Meisters der Arbeit fernbleibt, den Schaden wiedergutzumachen und dem Meister zurückzuerstatten hat, was dieser durch ihn verlor».[66] Die Interpretationsmöglichkeiten dieser Anordnung waren sehr groß.

Ihre Freizeit verbrachten die Gesellen in besonderen Wirtschaften; der Schankwirt hieß «Vater», die Schankwirtin «Mutter». Zu der Wirtschaft gehörte gewöhnlich noch eine Stube, in der Wandergesellen oder Neuankömmlinge übernachteten. Manchmal wurde hier auch ein kranker Geselle untergebracht, dem der Meister in seinem Hause kein Lager geben wollte. Eine aus einer gemeinsamen Kasse bezahlte Frau betreute ihn dann.

Man saß in der Gaststube bei Bier und Würfelspiel («Dobbeln»), mitunter erzählte einer der Wandergesellen, was er in der weiten Welt erlebt hatte. Selbst diese bescheidenen Annehmlichkeiten waren im 16. und 17. Jahrhundert immer seltener erreichbar. Ein Vierliterkrug Danziger Bier kostete 1572 einen Groschen und zwei Schillinge. Das «geringere» Bier war zwar billiger, aber der Geselle, der vier bis sechs Groschen verdiente, konnte es doch nicht nach Belieben trinken. Die Preise für andere Waren des täglichen Bedarfs stiegen im Verlauf der beiden Jahrhunderte ständig. Lohnerhöhungen, durch die Zünfte und die städtischen Behörden gebremst, folgten nur langsam nach. Es bildeten sich Widersprüche heraus, die diejenigen Gesellen zu spüren bekamen, die sich selbst beköstigten. Viele von ihnen mußten Familien unterhalten. Ihre Frauen, die einige Groschen für das Nötigste zuverdienen wollten, verdingten sich bei wohlhabenden Bürgern oder gingen einfach betteln.

Die Gesellen ertrugen ihr Schicksal nicht unterwürfig. Zunft- und Stadtbehörden führten Hunderte von Prozessen wegen ungebührlichen Benehmens, nichtbezahlter Schulden, im Stich gelassener Arbeit. Die Gesetze jener Zeit drohten den «übermütigen» Genossen strenge Strafen an. Das Verfassen und Singen anzüglicher Lieder über den Meister und seine Familie, die Verweigerung eines Auftrages, ja sogar einer einzigen Handreichung, oder die Beschädigung von Werkzeug waren Gegenstand zahlreicher Klagen. Ausgangspunkt dieser aufrührerischen Tendenzen waren neben den Wirtschaften die Gesellenverbände, die im Gefolge der Unterstützungs- und Kreditkassen entstanden waren. Die letzteren wurden schon im 15. Jahrhundert von den Zunftgenossen gegründet. Selbstverständlich gab es in Danzig auch Gruppen, zum Beispiel die Bierbrauer, die es noch im 17. Jahrhundert nicht vermocht hatten, sich das Recht zur Vereinigung zu erkämpfen. Trotz des Unwillens der Meister war in der zweiten Hälfte des 16. Jahrhunderts die große Mehrheit der Danziger Gesellen schon längst organisiert und verstand es, solidarische Wirksamkeit tatkräftig zu beweisen.

Solidarische Wirksamkeit – das waren vor allem Streiks. Im Januar 1591 legten die Arbeiter in den Feinbäckereien ihre Arbeit nieder, weil die Meister den uralten Brauch abschaffen wollten, der den Gesellen gestattete, nach Ausbacken des Brotes in dem noch warmen Ofen Fleisch für die Kunden zu garen oder Kuchen zu backen, womit sie ihren kargen Lohn etwas aufbessern konnten. Zu ersten Unruhen kam es in dem gleichen Gewerbezweig im Jahre 1646: Die Gesellen verlangten eine Lohnerhöhung und statt des während der Arbeitszeit gegebenen Bieres Bargeld. Angesichts der Weigerung der Zunftbehörden zettelten sie eine Verschwörung an und beschlossen, von St. Michael an die Arbeit niederzulegen, was sie auch sehr gewissenhaft ausführten. Einige Streikbrecher wurden verprügelt und gezwungen, sich den Streikenden anzuschließen, die sich in der Gesellenwirtschaft versammelten. Erst die Vermittlung der Stadt und die Verhaftung der Rädelsführer befreite die Meister aus der schwierigen Situation.

Eine heftige Auseinandersetzung gab es auch in der Tischler- und Schnitzerzunft. Zu Ostern 1591 empörten sich die Gesellen, weil ihnen, obwohl eine gewisse Summe aus der Gesellenkasse gezahlt werden sollte, nicht gestattet wurde, ein Faß Bier in der Wirtschaft zu kaufen. Der Geselle Wolf Deberawer wiegelte die Genossen auf und rief: «Ein Hundsfott, wer hier weiterhin arbeitet.»[67] Sie verließen gemeinsam die Stadt, so daß viele Werkstätten zum großen Schaden für ihre Besitzer verödeten. Über ähnliche Geschehnisse wird oft in den Danziger Zunftbüchern berichtet. Es streikten die Gesellen der Dreher und Böttcher, Schnitzer und Korbmacher, Färber und Zimmerleute.

Wie endete gewöhnlich diese Art von «Aufruhr»? Den Meistern eilten die städtischen Behörden und das Patriziat zu Hilfe. Die Anführer wurden ins Gefängnis geworfen oder aus der Stadt vertrieben, die übrigen Gesellen wurden etwas milder bestraft (Geldbuße, kurzer Arrest) und wieder an die Arbeit verwiesen. Wenn auch die Streiks erfolglos blieben, so waren sie für den Gesellenstand nicht ganz ohne Auswirkung. Die Gefahr einer auch nur vorübergehende Stillegung der Werkstätten zwang die Meister zu Zugeständnissen und nahm ihnen die Möglichkeit, die Löhne völlig beliebig festzulegen.

41
Langgasse mit Stockturm, 17. Jahrhundert

42
Langer Markt mit Rechtstädtischem Rathaus, Artushof und Neptunbrunnen, im Hintergrund Stockturm und Langgassentor, 17. Jahrhundert

C
A
B LANGH GASSEN THOR A EIN THEIL DER LANGH GASSEN C STOCK

E
D
B
A
A · LANGGE MARCKT · B · K. ARTVS HOF · C · RATHAVS · D · LANGGASSEN THOR · E · GEFANGGEN THVRN

43
Marktbuden
und ambulante Händler
vor dem
Rechtstädtischen Rathaus,
17. Jahrhundert

44
Roter Saal im Rechtstädtischen Rathaus

45
Rechtstädtisches Rathaus, Neptunbrunnen und Artushof

46
Treppe und Portal des Rechtstädtischen Rathauses

47
Altstädtisches Rathaus und Josefskirche
48
Altstädtisches Rathaus, 17. Jahrhundert

49
Unbekannter Meister,
Die Danziger Patrizierfamilie Henning, Anfang 17. Jahrhundert

50
Langgartentor im 18. Jahrhundert

51, 52
Die Vorstädte Schottland und Schidlitz im 18. Jahrhundert

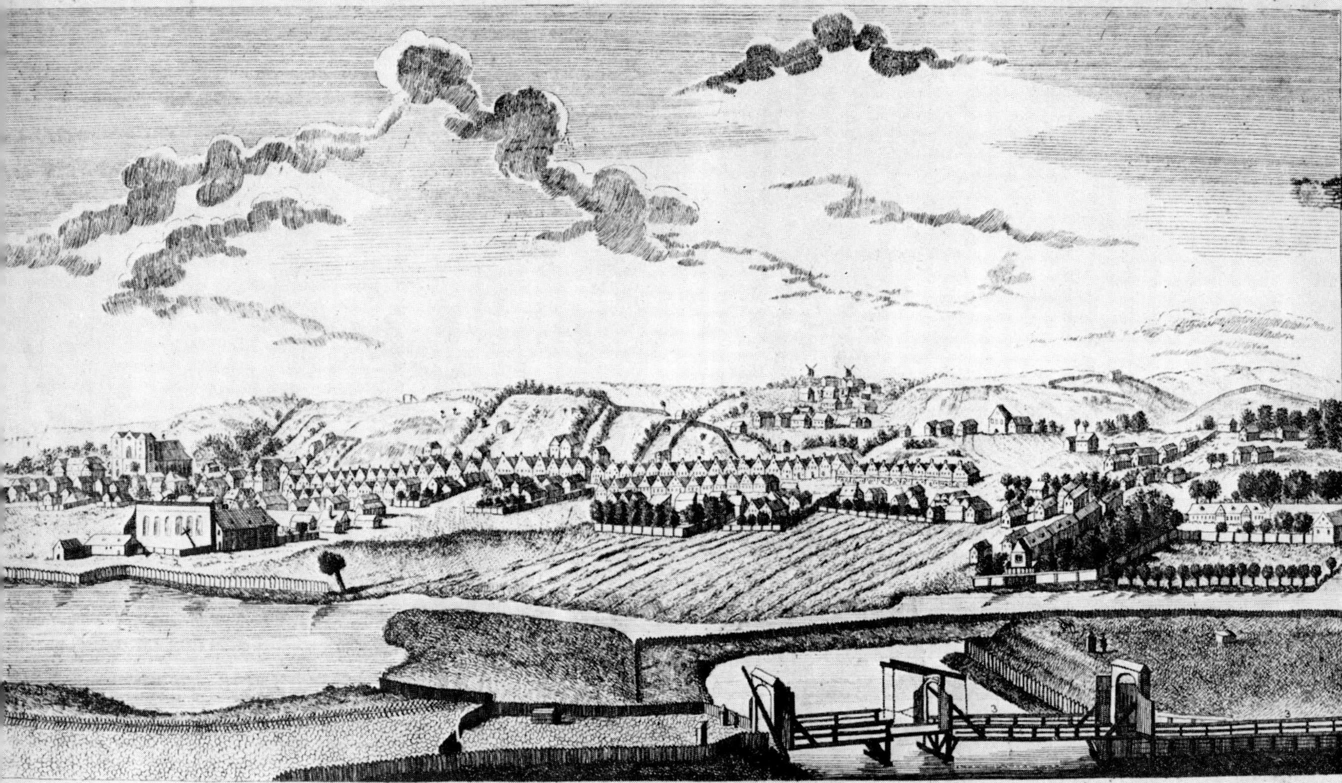

Das Schottland.
Schottlandia

…as Jesuiter Kloster u. Kirche.
…Monasterium & Templum Patrum
Societatis Jesu.

Das Kloster der barmherzigen Bruder.
2 Monasterium fratrum misericordiae.

3 Die Brücke beym legen oder neuen Thor.
Pons ad portam novam fossae impositus.

17.

53, 54, 55, 56
Daniel Chodowiecki, Danziger Stadttypen:
Perückenträger, Mönch, Garkoch und polnische Flößer, 18. Jahrhundert

57
Danziger Drehorgelspieler,
Mitte 18. Jahrhundert

58
Das hölzerne Theater (rechts), im Vordergrund «musikalischer Aufzug», 17. Jahrhundert

Schlimmer als die Lage der Gesellen war die der Lehrlinge. In die Lehre wurden Kinder zwischen neun und zwölf Jahren gegeben. Ihr Schicksal war immer schwer, oft geradezu tragisch. Die Ausbeutung der Gesellen war bis zu einem gewissen Grad durch Zunftvorschriften und Gewohnheitsrecht eingeschränkt. Dagegen war die Ausnutzung der Lehrlinge gänzlich der Willkür des Lehrherrn überlassen und hing allein vom Charakter des Meisters und der physischen Ausdauer der Knaben ab. Die Lehre dauerte durchschnittlich drei bis vier Jahre, in manchen Gewerbszweigen acht und sogar neun Jahre. Der Schwierigkeitsgrad in der Ausbildung spielte dabei weniger eine Rolle als vielmehr die Tatsache, daß der Meister eine längere Zeit über eine sehr billige Arbeitskraft verfügen konnte. Mitunter wurde die Lehrzeit nicht von vornherein festgelegt, sondern hing davon ab, wie schnell der Lehrling seine Arbeit erledigte. Bei einigen Tuchmachergruppen mußte er zum Beispiel in einer bestimmten Zeit eine festgesetzte Zahl von Tuchballen bearbeiten.

Während der Ausbildungszeit erhielt der Lehrjunge keinen Lohn, lediglich Unterhalt, manchmal einige Kleidungsstücke. Seine Arbeitszeit war durch keine Vorschriften festgelegt. In vielen Zunftrollen können wir lesen, daß der Lehrling von allen Hausbewohnern als erster aufzustehen hatte und als letzter zur Ruhe gehen sollte. Nicht selten wurde er auch an Sonn- und Feiertagen zur Arbeit gezwungen. Prügel war eine alltägliche Erscheinung. Der Arbeitgeber hatte sich nur dann zu verantworten, wenn er seinen Lehrling zum Krüppel schlug!

Das Verdingen eines Lehrlings, der eine billige und zur Ausbeutung geeignete Arbeitskraft darstellte, war durch genaueste Zunftvorschriften geregelt. Nach einer kurzen Probezeit (zwei bis vier Wochen) war der Meister verpflichtet, den Lehrling in die Bruderschaftsbücher einzutragen und die übliche geringe Summe in die Kasse einzuzahlen. Dieser Nachweis ermöglichte die Kontrolle, ob der Meister seine Schüler nicht vorzeitig entließ, ob er nicht ihrer zu viele beschäftigte und – ob die Lehrlinge nicht vor Beendigung der Lehrzeit davonliefen.

Schlechte Behandlung, miserable oder überhaupt keine Entlohnung, in den meisten Fällen eine erbärmliche Beköstigung und schwerste Arbeit waren die Ursachen für das häufige Davonlaufen der Lehrlinge. Erste Erwähnungen darüber finden wir bereits in den Quellen des 15. Jahrhunderts. Die Wende vom 16. zum 17. Jahrhundert brachte eine Zunahme dieser Erscheinung, was beweist, daß der Aufschwung des Handwerks keineswegs mit einer Verbesserung der Lebensbedingungen der in ihm beschäftigten Menschen einherging.

Weder strenge Gesetze noch Steckbriefe, die den Flüchtigen nachgeschickt wurden, nicht einmal Gefängnisstrafen konnten verhindern, daß Lehrlinge ihre Lehrstelle im Stich ließen. Auch eine strenge Kontrolle sowie das Verbot, die Werkstatt ohne Erlaubnis zu verlassen, besonders abends oder in der Nacht, vermochten nur wenig auszurichten. Die Flucht war für die Lehrlinge die einzige Chance, aus der Werkstatt zu entkommen, wo sie von aller Frühe bis in die späte Nacht schwer arbeiten mußten. Eine legale Auflösung des Lohnverhältnisses war kaum möglich. Selbst der Tod des Meisters garantierte nicht die Freiheit. Im Falle, daß die Witwe die Werkstatt nicht weiter führte, wurde der Lehrling von den Zunftältesten einem anderen Meister zugeteilt. Auf eigene Faust eine Arbeitsstelle zu suchen, war streng verboten. Es blieb nur die Flucht übrig, die aber in seltensten Fällen zu einer Verbesserung der Situation des Lehrlings führte.

Unter solchen Umständen war die «Freisprechung» ein großer Feiertag, dem der Lehrling mit Ungeduld entgegensah. Die Voraussetzung für die Freisprechung war das Zeugnis über die Beendigung der Lehre. In einigen Zünften verlangte man eine Prüfung, in den meisten nur einen Nachweis über ordentliches Betragen während der Ausbildung.

Die folgende Aufnahme des Lehrlings in den Gesellenstand war nicht allein ein offizieller Akt innerhalb der Bruderschaft. Nachdem der Lehrling die ersehnten Zeugnisse erhalten hatte, begannen die traditionellen Gebräuche, die den Neuling in den Kreis der Gesellen einführten. Sie fanden im Zunfthaus statt und waren für den Anwärter nicht immer leicht zu ertragen. In der Mehrzahl der Gewerbe war es noch im 16. und 17. Jahrhundert üblich, daß der Freigesprochene sich in die Genossenschaft einkaufen mußte. Bei den Zinngießern kostete das einen Taler, bei den Nagelschmieden den ersten Wochenlohn, bei den Hufschmieden einen Gulden. Nachdem der junge Mann seinen Obolus in die Genossenschaftskasse entrichtet hatte, fielen zum Beispiel die Gesellen der Tischlerzunft mit großem Geschrei über ihn her. Mit dicken Seilen an Händen und Füßen gebunden, wurde er mitten in der Stube unsanft auf eine Bank gebettet und einer schmerzhaften Bearbeitung unterzogen. Die Gesellen taten so, als ob sie den ungeschliffenen Neuling «glatthobelten». Ihm wurden die Haare gestutzt, und er wurde rasiert – alles von brutalen Schlägen, Fußtritten und Kniffen begleitet. Solche Operationen endeten nicht immer nur mit blauen Flecken. Die im Jahre 1563 herausgegebene Ordnung für die Tischler- und Schnitzergesellen empfahl den Meistern, bei dem Freisprechungszeremoniell ein wachsames Auge zu haben. Sie sollten Sorge tragen, daß es bei dieser Gelegenheit zu keinen gefährlichen Auswüchsen käme, besonders zu keinen sinnlosen Verletzungen. Doch die ausgelassenen, vom starken Bier angeregten Gesellen ließen nur ungern von ihren Opfern ab. Sicher erinnerte sich jeder von ihnen an seine eigene Freisprechung.

Haus, Wohnung, Gesinde

Durch eine geschnitzte, mit dem Familienwappen und erhabenen Sinnsprüchen geschmückte und mit einem kunstvollen Klopfer versehene Tür betrat man das Haus des wohlhabenden Danziger Bürgers. Ein Haus mit seiner ganzen Ausstattung, als Museum eingerichtet, konnte man in der Langgasse 12 besichtigen. Leider wurde es, wie viele andere Denkmäler, im letzten Kriege zerstört, und heute erinnern nur noch Beschreibungen und Illustrationen daran, wie das bekannte Kaufmannsgeschlecht Uphagen einst wohnte.

Vom Beischlag[68] trat man direkt in die Diele. Hier wurden die Gäste empfangen und Handelsgeschäfte getätigt, hier befanden sich wundervoll geschnitzte Schränke, Tische und andere kleine Möbel. Auf den Regalen standen reihenweise holländische Zierteller, Zinngefäße und anderes Geschirr. Die Schönheit der Danziger Dielen begeisterte auch Charles Ogier: «Dem Eintretenden zeigt sich ein großes hohes Vorhaus, dessen Wänden überall Stuckarbeit und Bilderwerk eingeprägt ist. Rund herum stehen lange Bänke und über denselben befinden sich lange ringsum angebrachte Leisten, auf welchen gläserne Becher und irdene Gefäße in bunter und mannigfaltiger Ordnung aufgestellt sind. Von den hohen getäfelten Decken herab hängen Laternen oder Kronleuchter, an denen Hirschgeweihe oder auch Ochsenhörner, wenn man sie von ungewöhnlicher Größe auffinden konnte, nicht fehlen dürfen. In Schweden, Dänemark und – wenn ich nicht irre – auch bei uns in der Picardie sucht und schätzt man einen solchen Hörnerzierat ungemein.»[69]

Von der Diele führte eine geschnitzte, spiralförmig gewundene hölzerne Treppe nach oben. Im ersten Stock lagen gewöhnlich die mit noch größerem Luxus ausgestatteten Gesellschaftsräume. Dort standen Schränke mit Glastüren, kostbare Uhren und Plastiken, an den Wänden hingen Bilder und Gobelins. In den Häusern der Patrizier konnte man Gemälde großer deutscher, niederländischer und italienischer Meister bewundern. Sie wurden auf Auslandsreisen gekauft, brieflich oder persönlich bestellt. 1584 zum Beispiel bestellten die Uphagens bei dem niederländischen Maler Cornelis Ketel einen Zyklus von sechs Bildern, die entsprechend der von den Protestanten bevorzugten Thematik büßende Sünder darstellen sollten. Manche Künstler kamen persönlich nach Danzig, um ihre Werke zu verkaufen. Im Jahre 1590 weilte zum Beispiel während des Dominikusjahrmarktes der niederländische Maler Jan Pieter Tassaert in der Stadt.

Am 4. November 1635 schrieb Ogier in sein Tagebuch: «Am … besuchte ich den Schöppen Schwarzwald, der mir einige vortreffliche Gemälde zeigte, die er aus Italien mitgebracht hatte. Zwei darunter zeichneten sich, wenigstens nach meinem Urteil, vor allen übrigen aus. Das eine stellte die heilige Magdalena dar, und zwar ganz nackend, nur mit dem langen Haupthaare züchtig verhüllt; das andere die

Judith, welche den Kopf des Holofernes an den Haaren hält. Hinter ihr steht ein altes Weib, das ganz einer Lebenden ähnlich sieht. Er zeigte mir auch einen schwimmenden Knaben nach einem Wachsbilde von Michael Angelo in Silber geprägt. So auch ein silbernes Pferd von einem ausgezeichneten florentinischen Bildhauer, von dem, wie er sagte, die Reiterstatue auf der neuen Brücke zu Paris herrührt.»[70]

Im April 1636 besuchte Ogier die Witwe des Bürgermeisters Arnold von Holten. Auch hier bestaunte er zahlreiche Kunstwerke. Er schrieb: «Dort sah ich die Bildnisse von Luther und Melanchthon. Wenn mich nichts täuscht, entstammen sie dem Pinsel von Lukas Cranach. Noch zwei andere Bilder desselben Meisters hängen dort, das eine stellt Bembo dar, das andere Sannazaro; beide sind leicht nachgedunkelt. Zwei kleinere Bildnisse zeigen Erasmus und ... (Lücke in der Handschrift). Ich sah dort noch ein weiteres Gemälde aus England; den Namen dieses Malers kenne ich nicht. Für dieses Bild bot der englische Gesandte, als er vor sechs Jahren nach Danzig kam, zweihundert Taler.»

Prächtige Raritäten bewunderte Ogier ebenfalls beim Danziger Ratsherrn Johann Ernst Schroer, einem bekannte Mäzen und Liebhaber der schönen Künste. «Er besitzt ein berühmtes Gemälde von Albrecht Dürer, welches einen Mann darstellt, sicher einen Schriftgelehrten, der in der Hand ein Blatt Papier hält.»[71] Schroer zeigte ihm auch die Sammlung seiner Skulpturen, unter ihnen zwei sehr alte Statuetten aus Elfenbein «aus der Hand eines bedeutenden Bildhauers».

Besondere Räume in den Häusern der wohlhabenden Bürger dienten als Bibliothekszimmer. Hier konnte man Abhandlungen in vielen Sprachen finden. Die Buchhändler bezogen ihre Ware aus aller Welt; besonders zahlreiche Druckerzeugnisse brachten Händler, die in Scharen zum Dominikusjahrmarkt strömten. Da konnte man in Danzig sowohl antiquarische «weiße Raben» als auch die letzten Verlagsneuheiten erwerben. So manche Privatbibliothek zählte im 17. Jahrhundert viele tausend Bände. Besonders berühmt waren die Büchersammlungen von Adrian Engelcke, Elias Schröder und Zacharias Zapp. Ihr Wert belief sich auf mehrere tausend Taler. Dickbäuchige Folianten füllten, nach Wissensgebieten geordnet, die Regale: Hier standen theologische Werke, dort die medizinischen, historischen oder juristischen. In manchen Häusern führte man Kataloge, in denen sorgfältig der Inhalt der alten Bücherschränke registrriert wurde. Bequeme Sessel und Arbeitstische gehörten zur notwendigen Ausstattung. Wände und Decken waren reich bemalt und mit lateinischen Sentenzen versehen, die den Nutzen der Gelehrsamkeit priesen und zur wissenschaftlichen Arbeit ermunterten.

Außer Bildern, Skulpturen und Büchern sammelten die Patrizier Gedenkmedaillen und Münzen, Karten, Atlanten und Globen. In so manchem Haus, besonders im 17. Jahrhundert, befanden sich naturkundliche Kabinette, voll von interessanten Exponaten: ausgestopfte Säugetiere, Fische und Vögel, Schachteln mit Insekten, Muscheln, Eiern, Federn oder Mineralien. Auch verschiedene mathematische und physikalische Instrumente, originelle Mechanismen, die sich bewegten, wenn man ein geheimes Schräubchen drehte, Modelle von Schiffen, Kränen oder Kriegsmaschinen konnte man sehen. Neben wissenschaftlichen Sammlungen, die mitunter recht dilettantisch zusammengestellt waren, fehlte es nicht an anderen Kollektionen: So gab es Liebhaber von kunstvollen Bernsteinarbeiten und Sammler von *Tafel*
«Klimperkästchen und Spielzeug aus Gold, Silber 81,
und Edelsteinen, die die deutschen Handwerker 82
mit großem Geschick herstellen»[72].

In besonderen Räumen wurden Blumen und exotische Pflanzen gezüchtet; dort hingen auch häufig Käfige mit buntgefiederten Vögeln. Besonders beliebt waren Papageien und Kanarienvögel. Einmal brachte jemand sogar ein Krokodil nach Danzig, das allerdings bald einging und den Medizinern zum Zwecke anatomischer Studien übergeben wurde.

Die Zimmer wurden entweder durch Kamine beheizt, in welchen vom frühen Herbst an Feuer brannte und die Feuchtigkeit des Meeresklimas verbannte, oder auf holländische Art mit kleinen Kachelöfen auf Füßen; sie waren sparsamer und sauberer im Gebrauch. Diese Öfen stellten oft wahre

Kunstwerke dar, ihre bunten Kacheln waren mit grazilen Zeichnungen verziert und mit geometrischen Pflanzenmustern bemalt.

In den Schlafzimmern standen große geschnitzte Betten mit Baldachinen und schweren Portieren, Kisten (Truhen) mit wertvoller Wäsche und Gewändern. Die Eßzimmer waren mit Tischen, Bänken und Schränken ausgestattet. Nicht weniger reich und bequem eingerichtet waren die Gästezimmer. Küche und Speisekammer, Lager und Stallung und ähnliche Wirtschaftsräume befanden sich gewöhnlich in gesonderten Gebäuden und waren vom Hof aus zugänglich. Dieser nahm den hinteren Teil des Grundstückes ein und mündete, entsprechend der Parzellenlage, in eine andere Straße.

Natürlich wohnten nicht alle Danziger so vornehm. Die gewöhnlichen Kaufleute und Handwerker gaben sich mit bescheideneren Wohnungen zufrieden, die aus wenigen Stuben bestanden und einfache Möbel hatten. Zinn- und Fayencegeschirr auf den Regalen vervollständigten die Inneneinrichtung. In einer Aufstellung des Mobiliars des 1599 verstorbenen Maklers Heinrich Grodek sind aufgeführt: ein kunstvoll geschnitzter Schrank (dessen Türen aber klemmten), ein Doppelbett, zwei Kisten, ein Tisch mit sechs lederbezogenen Stühlen, ein silberner Kelch, einer aus Bernstein, das übrige Geschirr aus Ton, Fayence und Holz. Etwas mehr hinterließ die Kaufmannsfrau Maria Gryn, Besitzerin eines bescheidenen Seiden- und Posamentierladens. Ihrer Tochter verschrieb sie 1611: eine eisenbeschlagene Eichenkiste, einen auf Löwenpranken stehenden Tisch, zwei weitere kleine Tische, drei Schränke, vier Betten, einen Sessel, Stühle und Hocker in großer Zahl, an Geschirr eine vergoldete Silbervase, zwei silberne Becher, drei silberne Messer und «zwölf wunderschöne Fayenceteller mit eigentümlichem Muster».

Krämer und Handwerker mieteten die Gewölbe, die sich unter den Beischlägen der Patrizierhäuser befanden. «Unbehaglich sind diese Räume nicht, denn die breiten Straßen lassen genügend Tageslicht einfallen»[73], berichtet Charles Ogier. Darüber kann man durchaus geteilter Meinung sein, zumal in anderen Quellen Klagen über Düsterkeit und Lichtmangel solcher Wohnungen zu finden sind. Dicke Mauern, dürftige Beheizung – alles das förderte die Feuchtigkeit in den Räumen, in denen es im Winter unerträglich kalt und im Sommer nie besonders warm war.

Wassergefäß
mit Danziger Stadtwappen,
Stolzenberger Fayence, 1607 oder 1697

Wenn schon die mittleren Schichten des Bürgertums sich keiner guten Wohnbedingungen erfreuten, dann befanden sich die armen Bevölkerungsgruppen in einer geradezu beklagenswerten Situation. Ganze Familien hausten zusammengepfercht in Dachkammern oder in Kellerräumen, die nur mit wenigem altem, oft zerbrochenem Gerümpel «möbliert» waren. In Danzig gab es speziell für die Stadtarmut errichtete Mietshäuser, die aus einzelnen Räumen bestanden, die einen gemeinsamen Korridor hatten. In den engen Löchern lebten fünf, sechs und mehr Personen. Einen großen Teil der Stube nahm die Werkstatt ein, die bescheidene Mittel für den Unterhalt lieferte. In der Luft breiteten sich die Dünste der auf kleinen Herden zubereiteten Mahlzeiten aus, es roch nach Feuchtigkeit, nach unreiner Kleidung und Wäsche. Die Kinder krochen auf dem schmutzigen Fußboden herum und spielten mit alten Lumpen und Abfällen. Ganze Familien schliefen in einem Bett oder direkt auf dem Fußboden auf Strohsäcken. Kranke und Gesunde aßen aus einer Schüssel, benutzten den einzigen angeschlagenen Becher. Die Besitzer dieser Behausungen forderten für die Vermietung hohe Preise. Die Jahresmiete für einen Kellerraum betrug im 17. Jahrhundert 45 bis 60 Preußische Mark. So kam es, daß die Danziger Stadtarmut die Besitzer dieser Häuser genauso haßte wie die der Pfandhäuser und die Wucherer.

Manchen Frauen und Mädchen aus armen Familien gelang es, sich als Mägde zu verdingen. Sie arbeiteten in den Häusern der Kaufleute; bei den Handwerkern verrichtete meist der Lehrling die Hausarbeiten. Die Patrizier insbesondere umgaben sich mit einer größeren Dienerschar. Neben der ausgebildeten Köchin dienten dort Zimmermädchen, Kutscher, Gärtner und andere. Außer der Beköstigung und Kleidung bekam das Gesinde in der Regel nur eine geringe Entlohnung (einige Mark jährlich im 15. und 16., ein wenig mehr im 17. Jahrhundert.

Eine Ergänzung des Verdienstes waren die traditionellen Weihnachtsgeschenke. Manche wohlhabende Bürger vermachten testamentarisch der treuen Dienerschaft ein Legat, gewiß nicht zuletzt, um sie zu fleißigen und treuen Diensten anzuspornen. Die Eheleute von Suchten verschrieben zum Beispiel im Jahre 1564 in ihrem Testament sechs Witwen und Mädchen, die ihrer Herrschaft mindestens vier Jahr lang ohne Unterbrechung treu gedient hatten und sich verheiraten wollten, eine Summe von 150 Mark. So verdingten sich diese häufig nur der Mitgift wegen. Nach einigen Jahren heiratete das junge Mädchen einen Handwerker oder Krämer und beendete damit ihr Arbeitsverhältnis. Für viele aber war das ein Beruf fürs ganze Leben.

Die Zunahme des Wohlstandes und das schnelle Steigen des Lebensniveaus der Danziger Kaufleute im 17. Jahrhundert spiegelte sich auch in diesem Bereich wider. Es gehörte zum guten Ton, sich eine zahlreiche, livrierte Dienerschaft zu halten. Manche Patrizierfrauen umgaben sich, dem Beispiel der Magnaten oder Herrscher folgend, mit Hofdamen. Über diese Sitte berichten Reisende schon in der ersten Hälfte des 17. Jahrhunderts. In den späteren Jahren nahm der Luxus noch zu. Das Testament der Maria Schwarzwald, Witwe des einflußreichen Bürgermeisters Heinrich Schwarzwald, zählte 1711 *Tafel 24* unter den durch Vermächtnisse bedachten Dienstleuten auf: Mademoiselle Hofferange, «die mich pflegt», eine Französin (offenbar eine Gesellschaftsdame), eine Beschließerin, ein Zimmermädchen, weiterhin zwei Mägde, einen Kutscher und einen Gärtner.

Für die Auswahl so zahlreicher Dienerschaft, die schließlich aus vertrauenswürdigen Personen bestehen mußte, existierte in Danzig eine besondere Arbeitsvermittlung. Mägde wurden an reiche Bürgerinnen durch sogenannte «Mütter» vermittelt, von denen es in Danzig sechs gab (je zwei in der Recht- und Altstadt, je eine in der Vorstadt und in Langgarten). Die männliche Dienerschaft wurde von «Vätern» (zwei in der Rechtstadt, je einer in der Altstadt und in Langgarten) empfohlen. Sowohl die Vermittler als auch die Vermittlerinnen waren durch die städtischen Behörden vereidigt: Es gehörte zu ihren Pflichten, festzustellen, ob der Kandidat eine ehrliche, fleißige und gottesfürchtige Person war. Von den Häusern der Vermittler hingen besondere Symbole, die den Arbeitssuchenden anzeigten, wo sie Auskünfte über freie Stellen in Bürgerhäusern erhalten konnten. Für die Vermittlung zahlten die Dienstherren, der Satz betrug 18 Groschen pro Person.

Das Verhältnis der Arbeitgeber zum Gesinde gestaltete sich nach patriarchalischen Grundsätzen. Die beschäftigten Personen gehörten in gewissem Sinne zur Familie, obwohl dieses nicht als verbindliche Regel angesehen werden kann. Das Los der Dienenden hing in hohem Maße vom Charakter des Brotgebers ab. Die diesbezüglichen von den Stadtbehörden herausgegebenen Vorschriften waren streng. Der Herr hatte das Recht, das Dienstpersonal körperlich zu züchtigen, aber nur soweit, daß sie keine Verletzungen oder Verstümmelungen davontrugen. Die Prügelstrafe war übrigens in der damaligen Zeit so allgemein verbreitet, daß sie nicht als besondere Grausamkeit galt. In den erhaltengebliebenen Prozeßakten beklagen sich also die Mägde oder Stallknechte weniger über Stockschläge als vielmehr darüber, daß sie zum Beispiel in dunklen Räumen bei Brot und Wasser eingesperrt oder daß sie zur Unzucht genötigt wurden. Eine empfindliche Einschränkung ihrer Freiheit war das Verbot, den Dienst – selbst auf Grund schlechter Behandlung – vor Ablauf der in der Abmachung getroffenen Frist zu beenden; dieses wurde als Desertion verfolgt und mit Gefängnisstrafen geahndet. Für die Bemängelung der Speisen und Getränke seitens des Gesindes drohte eine Strafe von acht *Tafel* 86 Tagen im Turm bei Brot und Wasser, im Wiederholungsfall wurde der Betreffende in eine Besserungsanstalt gegeben. Von dort gab es keine Rückkehr in den Gesindestand, denn man verlangte von den Bewerbern Zeugnisse über das letzte Dienstverhältnis und über ihre Unbescholtenheit.

Wehe, wenn im Haus irgend etwas abhanden gekommen war! Der Verdacht fiel sofort auf die Dienerschaft, und die Unschuld zu beweisen war keineswegs einfach. Nicht selten wurde das Gericht angerufen. Als Frau Helene Gericke im Mai 1612 ihre Waschfrau Katharina des Diebstahls zweier Hemden bezichtigte, drohte dieser das Gefängnis. Zum Glück fanden sich die Hemden in einer der riesengroßen Kisten der zerstreuten Brotgeberin. In einem anderen Fall, der uns aus den Gerichtsakten bekannt geworden ist, ging es nicht so glimpflich aus. Martin, ein sechzehnjähriger Knecht bei dem Seidenhändler Joachim Knade, wurde 1631 angeklagt, einen silbernen Becher gestohlen zu haben, den er angeblich beim Würfelspiel in der Wirtschaft «Zur Rose» verspielt hatte. Die Zeugenaussagen, wenn auch vage und widersprüchlich, belasteten den Jungen. Martin wanderte ins Gefängnis; sein weiteres Schicksal ist uns nicht bekannt.

Das Los der Dienerschaft war nicht leicht. Doch weder die undankbare Arbeit noch die Abhängigkeit von der Laune der Arbeitgeber vermochten Frauen und Männer davon abzuhalten, an die Tür der Vermittler anzuklopfen. Die Verdingung war für viele Gruppen der Stadtarmut die einzige Möglichkeit des Broterwerbs.

Von tugendhaften Bürgerinnen und liederlichen Frauenzimmern

Es geschah eine Woche vor der Bekehrung des heiligen Paulus im Januar 1516: Frau Anke Mandt, die Tochter des Herrn Jürgen Mandt und Witwe des Bürgermeisters Johann Schefke, der 1512 verstorben war, verlobte sich mit dem Bürger Johann Rike, ohne Wissen und Einverständnis ihrer Familie und Freunde. Und sie wechselten gegenseitig Ringe, goldene Ketten und andere Geschenke.[74] So berichtet ein Chronist. Als das Aufgebot in der Kirche verkündet wurde, wunderten sich die Verwandten der Witwe zuerst, dann empörten sie sich und verlangten, daß die ganze Angelegenheit widerrufen werde. Sollte denn Johann Rike, der Sohn eines Berliner Ratsherrn, ein Fremder also, eine kinderlose hübsche Witwe und ein sehr beträchtliches Vermögen bekommen? Sie rechneten nicht mit dem Widerstand der verliebten Frau: Frau Anke gab nicht nach, sondern bestand darauf, daß sie den Johann Rike zum Manne haben wollte.

Die energische Witwe, die man deshalb ins Gefängnis werfen wollte, ließ das Haus, wo man auf sie aufpaßte, die Kleider und ihren Schmuck im Stich und bat um Aufnahme bei den mit Rike befreundeten Familien Strobant und Burger. Bald traf der Bräutigam, Johann Rike, mit Entsatz ein: Mit vier bewaffneten Männern brachte er ein geschlossenes Gefährt, in dem Frau Anke mit zwei Begleiterinnen und einer Dienerin Platz nahm und die Stadt in Richtung Berlin, «ohne Wissen und Willen ihrer Freunde» verließ. Dieser Schritt gab Anlaß zu Gerede in der Gesellschaft und unter dem Volke; jener Johann Rike nämlich schuldete vielen gutgläubigen Leuten verschiedene Summen, insgesamt über zehntausend Mark, die er nicht zurückerstatten wollte, weil er weder die Mitgift noch einen Teil des Vermögens [von Frau Anke] erhalten konnte. Er heftete Anklagebriefe an die Kirchentüren und schrieb später in dieser Angelegenheit an die Danziger Behörden. Auch der Markgraf von Brandenburg setzte sich für ihn ein und wandte sich schriftlich an den Rat, welcher in einem Antwortschreiben den ganzen Streitfall darlegte.[75]

In Berlin ließen sich die Verlobten trauen. Es begann ein langjähriger Prozeß mit den Brüdern von Frau Anke, Georg und Johann, um die Teilung des Mandtschen Vermögens. In diesem Zusammenhang schikanierte man in Berlin die Danziger Kaufleute und beschlagnahmte ihre Waren. Im Jahre 1526 starb Rike, ohne in den Genuß der so ersehnten Mitgift zu gelangen. Erneut Witwe geworden, heiratete Frau Anke im darauffolgenden Jahr Anton Goltbek, einen Frankfurter Kaufmann, der den Prozeß in ihrem Namen wieder aufnahm. Die Angelegenheit wurde mit Johann Mandt gütlich beigelegt (Georg war inzwischen verstorben), der schließlich der Schwester das ihr nach der Mutter zukommende Erbteil auszahlte.

Die Geschichte der Frau Anke, die der Chronist so gewissenhaft aufschrieb, spricht Bände über die Stellung der Frau in Danzig. Daß von Gleichberechtigung keine Rede sein konnte, ist verständlich. Die Erbinnen großer Vermögen standen unter Vormundtschaft ihrer Väter, Ehemänner und Brüder. Diese waren es, die in ihrem Namen vor Gericht auftraten, sie in Handelsgesellschaften repräsentierten und ihr Kapital verwalteten. Über Eheschließungen entschied der Familienrat; nur die sehr energischen, wie Frau Anke, wagten es, ihr Leben nach eigenem Wunsch zu gestalten. Doch dieser aufbegehrende Schritt konnte teuer zu stehen kommen, leicht konnte man auf diese Weise das Vermögen verlieren.

Der Platz der vornehmen Patrizierin, der Ehefrau und Tochter eines vermögenden Kaufmanns, war das Haus. Sie hatte die Wirtschaft zu führen und das Gesinde anzuleiten, zu sticken oder zu singen, die Kinder zu beaufsichtigen, schöne Blumen und Kanarienvögel zu pflegen. In ihren zarten Händen befanden sich die Schlüssel zur Vorratskammer und zur Küche – niemals aber zum Kontor oder zu den Speichern an der Mottlau.

Anders freilich war die Stellung der Frau aus den mittleren und den plebejischen Schichten. Hier war die berufliche Arbeit für die Mehrzahl der Frauen ökonomische Notwendigkeit, die ihnen eine größere Freiheit und Unabhängigkeit gab. Niemanden wunderte der Anblick einer Hökerin am Stand oder einer Schankwirtin hinter der Theke. Sie führten ihr Geschäft oft umsichtiger und energischer als ein Mann. Viele Frauen betrieben Wucher und erpreßten ihre Schuldner: Manche eröffneten im Zusammenhang mit diesem Gewerbe eine Art kleiner Pfand- oder Leihhäuser. Hier konnte man Kleidung, Hausrat, Handwerkszeug versetzen. Die dort offerierten Dienste nahmen verarmte Handwerker, Wandergesellen und Seeleute in Anspruch, vor allem aber ihre Frauen und Töchter. Die geschäftstüchtigere oder gewitztere Frau nutzte mit ihrem noch so kleinen Kapital ohne mit der Wimper zu zucken ihre weniger umsichtige Schwester aus.

Man konnte die Danzigerinnen auch in den Werkstätten antreffen. Die Zünfte billigten den Meisterswitwen oft das Recht zu, die Werkstatt ein Jahr lang nach dem Tode ihres Mannes weiter zu führen. Dieser Zeitraum wurde in der Praxis unter verschiedenen Vorwänden mitunter beträchtlich verlängert. So beschloß man zum Beispiel 1631 in der Seilerzunft auf Grund der ständigen Bitten der Witwen, diese Zeit auf zwei Jahre heraufzusetzen. Auf die Dauer begnügten sich die Frauen aber auch damit nicht. Die Mehrzahl von ihnen reichte nach Ablauf dieser Frist erneut Petitionen ein, übrigens nicht ohne Erfolg. So wurde im April 1675 der Witwe des Seilers Jakob Preyss, Anna, die Erlaubnis erteilt, den Betrieb bis zu ihrem Lebensende zu führen, unter der Bedingung, daß sie weder Gesellen und Lehrlinge beschäftigte noch Schiffsleinen herstellte. So konnte Anna nur das verkaufen, was sie selbst hergestellt hatte, und auf diese Weise ihren Lebensunterhalt verdienen, ohne eine Konkurrenz für die übrigen Meister darzustellen. Die Zunftbriefe der Goldschmiede erlaubten den Witwen, den Betrieb eine Zeitlang weiterzuführen, nicht aber Gesellen und Lehrlinge zu beschäftigen; die der

Fischverkäuferinnen, um 1600

Zinngießer und Messingschläger nur dann, wenn sie einen Sohn hatten, der sich im Handwerk auskannte. In anderen Zunftvereinigungen war die den Witwen zugestandene Frist von vornherein länger: Sie betrug drei Jahre oder so lange, bis die Kinder zur Volljährigkeit heranreiften oder auch bis zur erneuten Verheiratung. In etlichen Zünften aber gestaltete sich das Verhältnis den Frauen gegenüber noch liberaler: Sie konnten nach dem Tode des Ehemanns die Werkstatt ohne zeitliche Begrenzung weiterführen. Einige Zunftvorschriften ließen den von Frauen geleiteten Betrieben besondere Fürsorge angedeihen.

Dieser Liberalismus der Zunftordnungen in bezug auf die «Frauenfrage» war allerdings nur ein scheinbarer. Die Zugehörigkeit einer Nichtwitwe zur Zunft war eine Seltenheit (solche Fälle sind nur aus dem Kreis der Korbmacher, Fleischer und Schuhmacher bekannt). Die Tolerierung der Frau in der Zunft war also ausschließlich als eine Versicherungsform gedacht. Diejenigen Frauen, die nicht zum Kreis der allernächsten Verwandten eines Bruderschaftsmitgliedes gehörten, wurden in der Praxis recht geringschätzig behandelt. Auf diese Weise wurde die Zahl der Personen klein gehalten, die das Recht hatten, einem Gewerbe nachzugehen.

Die restliche Benachteiligung der Frau im gesamten Zunftwesen bedeutete durchaus nicht, daß die Frauenarbeit keine Rolle im Produktionsprozeß gespielt hätte. In kleineren Betrieben halfen die Ehefrau oder die Tochter in der Regel dem Manne oder dem Vater bei der Arbeit. Darüber hinaus waren in zahlreichen Produktionszweigen Frauen als Arbeiterinnen vor allem deswegen gesucht, weil ihre Entlohnung unter dem Durchschnitt der der männlichen Arbeitskräfte lag. Im Textilgewerbe arbeiteten zahlreiche Spinnerinnen, Weberinnen und Stickerinnen. Auch im Schneiderhandwerk spielte Frauenarbeit gewiß eine große Rolle. Im Bereich des Lebensmittelgewerbes wissen wir über die Arbeit von Frauen in den Brauereien; ein Holzschnitt von Anton Möller aus den Anfängen des 17. Jahrhunderts zeigt Mägde beim Karren von Bierfässern.

Mit Sicherheit waren Frauen auch in Bäckereien und anderen Betrieben des Lebensmittelgewerbes beschäftigt. Mittellose Mädchen fanden Beschäftigung als Beutlerinnen oder bei der Herstellung von Gold- und Silberfäden.

Die Arbeitskraft der Frau wurde auch in nicht geringem Maße in sogenannten Männerberufen ausgenutzt, zum Beispiel in Tischlereien. Ein Statut aus dem 15. Jahrhundert verbot die Beschäftigung der Frau durch Tischler, ausgenommen beim Holzsägen(!), Anstreichen und Firnissen. Es waren nicht immer die leichtesten Arbeiten, die die Frauen verrichteten. Viele von ihnen arbeiteten gleichfalls schwer im Baugewerbe. Handlangerarbeiten waren im hohen Maße die Domäne der Tätigkeit des «schönen Geschlechts» (Zureichen von Ziegeln, Kalk oder Sand auf dem Gerüst). Die unmittelbaren Maurerarbeiten und andere Tätigkeiten waren den Frauen deswegen verschlossen, weil die Männer auf diesem Gebiet ihre gefährliche Konkurrenz fürchteten.

Sowohl die nichtarbeitende Patrizierin als auch die dem Erwerb nachgehende Frau aus dem Volke waren im Haus und außerhalb in einer schwierigeren Situation als der Mann. Die erstere konnte nicht frei über ihr Vermögen verfügen, die zweite erhielt einen bedeutend geringeren Lohn als der männliche Kollege. Dabei mußten sie sehr auf ihren Ruf bedacht sein; die neidischen Klatschbasen achteten streng darauf, daß die Verdienste ihrer Geschlechtsgenossinnen tatsächlich aus ehrlichen Quellen flossen. Wie leicht konnte man Gegenstand von Verleumdung und übler Nachrede werden!

Die patriarchalischen Beziehungen, die im Familienleben herrschten und ihre Wurzeln in der mittelalterlichen Sittenstrenge hatten, waren gleichfalls dazu angetan, die Frau zu benachteiligen. Der Herr des Hauses war der Mann; die Frau war zur bedingungslosen Unterordnung verurteilt. Freilich hing vieles von den individuellen Verhältnissen ab; es gab auch unter den Männern «Pantoffelhelden»,

Brauereimägde, um 1600

die sich gefügig ihrer energischen Ehehälfte anpaßten, aber auch Haustyrannen, die ihre Familie nicht einmal mit Stockschlägen verschonten. Diese Erscheinung muß wahrhaftig ein gesellschaftliches Problem gewesen sein, wenn der ehrwürdige Bürgermeister Heinrich Freder in der ersten Hälfte des 17. Jahrhunderts ein höchst gelehrtes Traktat verfaßte mit dem Titel «Hat der Mann das Recht, seine Frau zu prügeln?»

Unabhängig davon, wie sich die Verhältnisse zwischen den Eheleuten gestalteten, erfreute sich die Eheinstitution einer allgemeinen Wertschätzung: Sie war die finanzielle Grundlage der meisten Handels- und Bankfirmen. Außereheliche Beziehungen wurden sehr streng geahndet – von der «Bloßstellung» in der Kirche bis zu Gefängnisstrafen, Auspeitschung, Vertreibung aus der Stadt, ja sogar zur Enthauptung. Unehelich geborene Kinder wurden verachtet und benachteiligt. Sie konnten weder Bürgerrechte besitzen noch Handel treiben oder einem Handwerk nachgehen, Frauen, denen ein zweifelhafter Ruf anhing, durften keine Zunfthäuser aufsuchen und nicht an Vergnügungen teilnehmen.

Hinter diesem puritanischen, tugendsamen Antlitz verbarg sich in Danzig noch ein anderes: das
Tafel I der ausschweifenden Hafenstadt, voll von Seeleuten, Wandervögeln aus ganz Polen und anderen Ländern, erlebnishungrigen Abenteuerern. Schon um die Mitte des 15. Jahrhunderts waren hier zwei Gassen bekannt, in denen Dirnen den Fremden zu erschwinglichem Preis ihren Liebreiz antrugen. Dicht an der Stadtmauer gelegen, stellten diese Gassen theoretisch ein verachtetes, in der Praxis aber stark besuchtes Ghetto dar. Die ehrwürdige Stadtobrigkeit tolerierte das Gewerbe der käuflichen Liebe und verbot lediglich den «liederlichen Frauenzimmern», wertvolle Kleider, Gold- und Silberschmuck, Perlen, Edelsteine und teure Pelze zu tragen.

Das waren freilich keine allzu drakonischen Einschränkungen; sie betrafen auch ehrsame Frauen aus dem Volke, denen ähnliche Verbote in bezug auf die Bekleidung auferlegt wurden. Lästiger allerdings war es, bei Feuersbrünsten Löscharbeiten verrichten zu müssen, wozu nicht nur die Prostituierten, sondern auch die Barbiere und Pferdeknechte verpflichtet waren.

In den städtischen Akten, hauptsächlich den Gerichtsakten, finden sich zahlreiche Eintragungen über Prostituierte, an denen es im Danzig des 16. Jahrhunderts nicht mangelte. Im Jahre 1598 beschlossen die Behörden, daß die Straßenmädchen eine besondere Kopfbedeckung zu tragen hätten, um sie von den tugendhaften Frauen unterscheiden zu können. Die in verschiedenen Dokumenten und Büchern verstreuten Spitznamen wie «Schmiedemagd» oder «armes Kind» zeugen übrigens von einer ungenierten Nachsicht, mit der man sie behandelte. In den Häusern der Dirnen und den von ihnen betriebenen Schenken verkehrten nicht nur Seeleute, unverheiratete Gesellen oder Vagabunden. Auch ansässige, gesetzte Bürger, der Anmut ihrer Ehehälfte überdrüssig geworden, schauten dort hinein. Es kam in den seltensten Fällen vor, daß jemand seine angetraute Ehefrau im Stich ließ und mit einem leichten Mädchen davonlief. In dem Maße, wie die «normale» Prostitution durch die Stadtobrigkeit sanktioniert und toleriert war, wurden diesbezügliche Ausschweifungen sehr streng bestraft. Die Behörden sahen in der Ehe die wichtigste Zelle der bürgerlichen Gesellschaft und hüteten sie eifersüchtig.

Familienfeste

Das Familienleben der Bürger wurde durch zahlreiche Festlichkeiten geprägt, die würdevoll und mit großem Aufwand gefeiert wurden: Hochzeiten, Taufen, Beerdigungen. Mit den Festen verbanden sich freilich sehr nüchterne, für jeden Bürger äußerst wichtige Probleme: Erbschafts- und Mitgiftsangelegenheiten und vielfältige finanzielle Abmachungen, von denen die Zukunft mancher Handelsfirma abhing.

«Amor vincit omnia,
Da leugstu spricht Pecunia,
Wo ich Pecunia nicht bin,
Da kombstu Amor selten hin.»[76]

Anton Möller,
Vermittlerinnen, um 1600

So schrieb boshafterweise ein anonymer Danziger Dichter. Ein anderes barockes Verslein unter dem Titel «Jungfer Lied» versicherte:

«Die Jungfern lassen sich der wage wol
vergleichen,
Die beyden Hände sein die wage schalen dran,
Wer nun das meiste geld in selbe legen kan
Auff dessen seite wird gewiss das hertze
weichen.»[77]

Ob es dem Dichter gefiel oder nicht, die klugen Kaufleute und Handwerker urteilten über die Heirat sehr nüchtern und mit ökonomischem Ernst. Der Verlobung in einer wohlhabenden Familie des 16. Jahrhunderts gingen in der Regel langwierige Verhandlungen der Verwandten beider Seiten über die Höhe der Mitgift und diskrete Nachforschungen über das Vermögen des Ehekandidaten voraus.

War es endlich soweit, dann durfte der junge Mann zum feierlichen Akt der Verlobung nicht mehr als zwölf Freunde mitbringen. Etwas gnädiger verfuhr man mit der Verlobten, die das Recht hatte, zwanzig Personen (zwölf männliche und acht weibliche) einzuladen. An dem nach dem Verlobungsakt stattfindenden Schmaus durfte nach einer Verordnung aus dem Jahre 1590 die Zahl der Gäste zwölf Personen nicht überschreiten. Gleichermaßen mißliche Vorschriften bestimmten auch das Trauungszeremoniell, welches gewöhnlich um die Mittagsstunde in der Kirche stattfand oder – mit besonderer Erlaubnis der Stadtväter – in der eigenen Wohnung. Zur Feierlichkeit erschienen alle Verwandten, Freunde und Bekannte des jungen Paares, es kamen aber auch scharenweise Schaulustige, vor allem, wenn Vertreter bekannter patrizischer Familien zur Trauung gingen. Die Einladungen besorgten die sogenannten Umbitterinnen oder Vermittlerinnen, die diesem Gewerbe nachgingen. Für ihre Dienste bekamen sie Geld, lehnten aber auch eine Bewirtung, wenn sie ihnen in den aufgesuchten Häusern angeboten wurde, nicht ab.

Das Brautpaar ging zur Trauung zu Fuß, in Begleitung der Verwandten und Freunde. Charles Ogier schrieb: «Wir sahen einen feierlichen Hochzeitszug... Zuerst gehen paarweise die Männer, lauter bedeutende Persönlichkeiten, der Bräutigam schreitet mit dem ersten Paar, zwischen den beiden; in einem geringen Abstand folgen, in bunte Kleider gehüllt, junge Mädchen, dann die Ehefrauen. Die beiden letzten nehmen die Braut in die Mitte. Nach ihnen kommen Frauen in bescheideneren Gewändern. Die ganze Kirche erdröhnt vom Orgelspiel und von vielfältigen Gesängen.»[78] Erst in der zweiten Hälfte des 17. Jahrhunderts bürgerte sich die Sitte ein, mit einem eigenen oder gemieteten, besonders prächtig geschmückten Gefährt zur Trauung zu fahren. Seither galt der Festzug zu Fuß als eines Bürgers unwürdig. Nur das Gesinde, dem es nach der Stadtordnung nicht gestattet war, Fahrzeuge zu benutzen, mußte weiterhin zu Fuß zur Trauung gehen.

Recht eigentümliche Sitten herrschten in Danzig in bezug auf die Hochzeitstracht. Auf einem kolorierten Holzschnitt vom Jahre 1586 können wir die Braut in einem langen, blauen Kleid mit einem Besatz an den Ärmeln und einer Krone auf dem offenen Haar sehen. In reichen Bürgerhäusern wurde solch eine Krone aus Bändern, Perlen und anderen Kleinodien gefertigt, in den ärmeren einfach aus Blumen. Aber schon zu Beginn des 17. Jahrhunderts, zweifellos unter dem Einfluß des strengen Prostetantismus, trugen die Bräute meistens dunkle Kleider und Kappen, die das glatt gekämmte Haar gänzlich verdeckten. Um die Schultern wurde ein schwarzer Umhang gelegt. Die Strenge des Brautkleides bildete einen sonderbaren Gegensatz zu den bunten, lustigen Kleidern der Brautjungfern.

Tafel II

Am Trauungszeremoniell konnte teilnehmen, wer Zeit und Lust hatte, das bunte Schauspiel anzuschauen. Der Hochzeitsschmaus dagegen wurde nur für eine kleine Schar von Auserwählten ausgerichtet. Um übermäßig großen Festlichkeiten vorzubeugen, kam der Danziger Rat auf den sonderbaren Einfall, die Zahl der Teller zu beschränken, die auf den Tisch kommen durften: Der wohlhabende Patrizier konnte 25 Teller hinstellen, der minder begüterte entsprechend weniger, bis zu 8 Stück insgesamt. Diese Vorschriften wurden allerdings nie buchstabengetreu befolgt. Die Gewitzteren halfen sich, indem sie sehr große Teller auf den Tisch brachten, aus denen gleichzeitig mehrere Personen aßen.

Gegen Ende des 16. Jahrhunderts wurde die Danziger Bevölkerung entsprechend dem Vermögensstand in drei Gruppen eingeteilt. Die erste Gruppe (wohlhabende Kaufleute) hatte das Recht, 8 Tische für je 12 Personen zur Bewirtung aufzustellen (zusammen 96 Personen), die zweite Gruppe 5 Tische (für 60 Personen), die dritte Gruppe schließlich 3 Tische (für 36 Personen). Ratsherren aber durften 120 Gäste zu Tisch bitten; in Wirklichkeit war hier die Personenzahl nie eingeschränkt gewesen.

Die Festlegung der oberen Grenze der Einzuladenden minderte keineswegs den übermäßigen Luxus und Prunk der Hochzeiten. Im Jahre 1540 verordneten die Behörden, daß der Hochzeitsschmaus in einer reichen Kaufmannsfamilie aus höchstens fünf Gerichten bestehen durfte: Man begann das Festessen mit Hühnchen in scharfer, würziger Soße, alsdann wurde Braten gereicht, Wildbret, süßes Gebäck und Früchte. Dabei wurde fleißig den südlichen Weinen und dem vorzüglichen Danziger Starkbier zugesprochen.

59
Arsenal
60
Arsenal, vorn links der Richtplatz, 17. Jahrhundert
61 (folgende Seite)
Arsenal, Plastik an der Fassade
62 (übernächste Seite)
Blick durch die Piwna (Jopengasse) auf das Arsenal

ANNO 1605

63
Arsenal, Portalplastik

64
Arsenal, Detail der Fassade

A DOMNICK PLAN B ZEIG HAUS C IUNCKER SCHIS GARTEN D GEFANGEN THURN E HOHE THOR

A HOHE THOR B GEFANGGEN THURN C IUNCKER SCHIS GARTEN D LANGH GASSEN THOR

65, 66
Dominiksplan, der spätere Kohlenmarkt, von Norden (oben) und Südwesten (unten), Anfang 17. Jahrhundert

67
Befestigungsanlagen an der Weichselmündung, im Hintergrund (rechts) die Silhouette der Stadt, 17. Jahrhundert

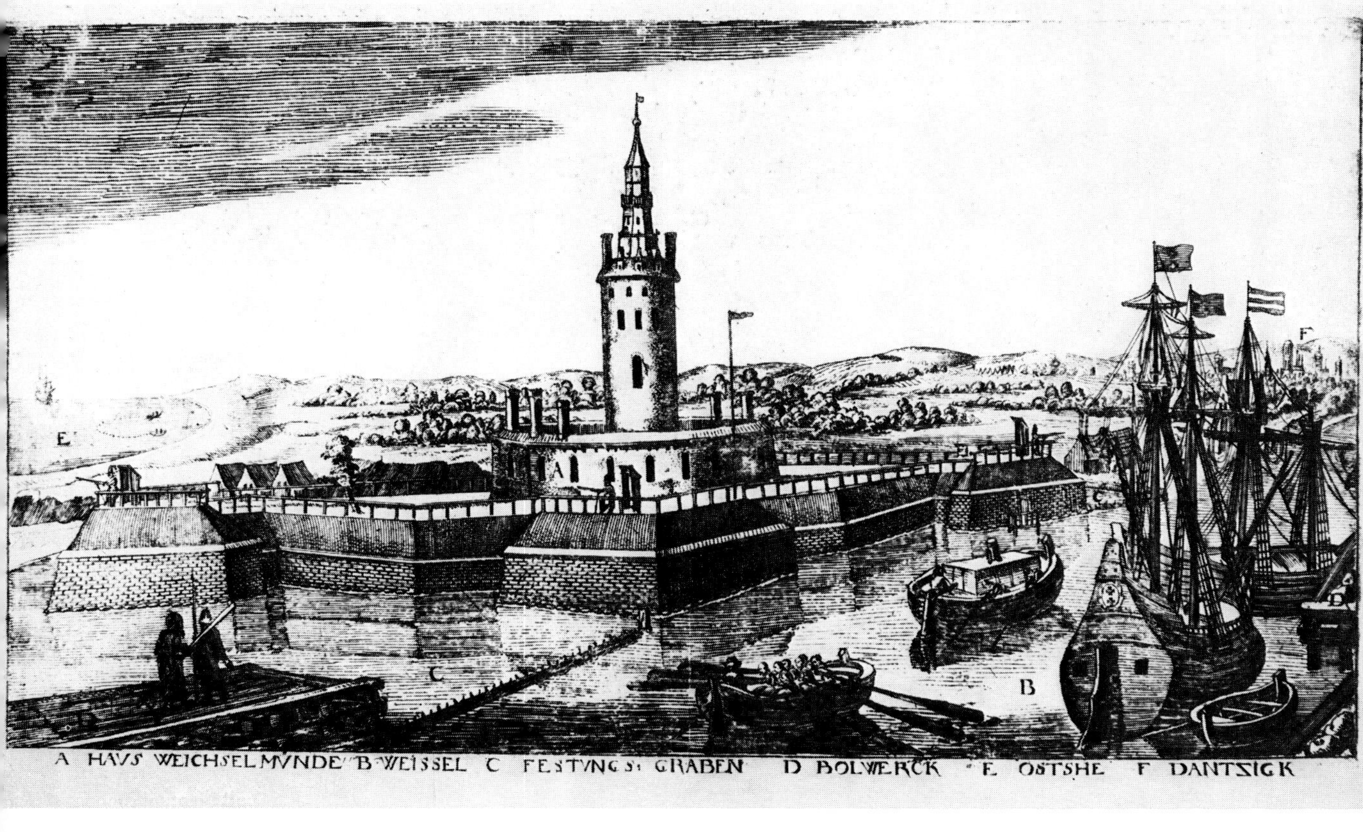

68
Artushof, 17. Jahrhundert

69
Artushof
und Neptunbrunnen

70
Observatorium von Johannes Hevelius auf dem Dach seines Hauses, 17. Jahrhundert

71
Daniel Schulz, Porträt des Astronomen Johannes Hevelius, 1677

72
Saal des Artushofes mit den Bänken und Tischen der verschiedenen Bruderschaften, die Ausstattungsstücke stammen aus dem 16. bis 19. Jahrhundert

Die ärmeren Bevölkerungsschichten mußten sich mit zwei oder drei Gerichten zufriedengeben. Für gewöhnlich aß man als Hauptgang Rinderbraten. Wein zu reichen war ihnen nicht gestattet, nur Bier durfte getrunken werden.

Später, besonders im 17. Jahrhundert, wurde die Zahl der Speisen erweitert. Dem Patriziat und der reichen Kaufmannschaft erlaubte man ausgesuchte Fischgerichte und raffinierte Süßspeisen. Gegen Ende des Jahrhunderts begann man auch Kaffee und Tee zu servieren.

Ein schöner Hochzeitsbrauch war es, Geschenke darzubringen. Also bedachte an diesem Tage die Braut ihre Freundinnen und Dienstmädchen. Von Bekannten und dem Bräutigam erhielt sie ihrerseits viele wertvolle Gaben. In den Kreisen der wohlhabenden Kaufmannschaft war es vor allem kostbarer Schmuck, unter den weniger vermögenden Bürgern schenkte man sich Kleidungsstücke, Stoffe oder einfach eine goldene oder silberne Münze.

Bestellte Musikanten spielten beim Essen, nach beendetem Schmaus wurde getanzt. Vier aus dem Freundeskreis des Hauses ausgewählte Jünglinge, die die Funktion der Ordnungshüter und Reigenführer ausübten, achteten streng auf gebührende Bescheidenheit und Sittsamkeit. Ihnen oblag es, jedem der Gäste für mindestens die ersten drei Tänze die Partnerin auszusuchen.

Durch Trunk und Tanz angeregt, hätte man gerne die ganze Nacht hindurch gefeiert, aber der umsichtige Rat setzte auch dem Grenzen, aus Angst vor Feuer und um die Moral der Stadt besorgt. Alle Feiern mußten zur bestimmten Zeit beendet sein. Im Jahre 1590 war dies um sechs Uhr abends. Erst später, 1628, wurde der Zeitpunkt auf 22 Uhr hinausgeschoben, ab 1657 erlaubte man, bis Mitternacht zu feiern. Im Jahre 1707 versuchte der Rat unter dem Vorwand «schlechter Zeiten» vergeblich, Tanz und Musik bei Hochzeiten abzuschaffen.

Nachdem genug getanzt war, begann das letzte Zeremoniell: das Geleit des jungen Paares in das Haus des Bräutigams. Daran beteiligten sich die nächsten Verwandten und die Freunde. Dabei wurden verschiedene, manchmal frivole Lieder gesungen oder Scherzgedichte vorgetragen. Der Inhalt solcher Hochzeitslieder und -gedichte war nicht nur pures Lob. Oft bereiteten die Verse dem jungen Paar Unannehmlichkeiten und großen Ärger. Um dem vorzubeugen, drohte eine Verordnung von 1657 jedem zehn Taler Strafe an, der ohne Einverständnis der in Frage kommenden Person solche «Carmina» druckte und verbreitete. Gleichzeitig wurde ihr Umfang auf drei Bogen beschränkt. Im Jahre 1734 hatte man, um der zur Schau getragenen Prunksucht entgegenzuwirken, den Druck der «Carmina» überhaupt verboten.

Ein anderer, für das Danzig des 17. Jahrhunderts charakteristischer Brauch war das Herstellen von Hochzeitsmedaillen, was sich nur die reichsten Patrizier leisten konnten. Solche Münzen wurden zum Beispiel von dem bereits erwähnten Medailleur Sebastian Dadler geprägt. Dadlers Medaillen stellen echte Meisterwerke der barocken plastischen Kunst dar, mit rührend naiver Thematik und im zeittypischen allegorischen Stil. Auf der Medaille wurde gewöhnlich das Abbild des jungen Paares gezeigt, das sich zum Zeichen des ewigen Bundes die Hände reicht. Auf der Rückseite war meistens die Zukunft dargestellt: das Ehepaar mit einer Schar Kinder und Enkel beim Gebet an einem reich gedeckten Tisch.

Mit großem Pomp feierte man auch die Taufe, gewöhnlich einige Monate nach der Geburt des Kindes (die Wöchnerin durfte den ersten Besuch empfangen, wenn der Säugling vier Tage alt war). Zur Feier wurde entweder schriftlich eingeladen (bekannt sind einige barocke, außerordentlich manierierte Beispiele solcher Briefe) oder durch dieselben Umbitterinnen, die die Nachrichten über die Verlobung und Trauung austrugen. Der Rat wollte auch da die Zahl der Gäste einschränken, wie gewöhnlich durch Begrenzung der Tellerzahl, mit geringem Erfolg allerdings. Die Gäste beschenkten das Neugeborene, taten dem Wein oder Bier Bescheid, «Carmina» priesen die Eltern und prophezeiten dem jungen Erdenbürger eine herrliche Zukunft.

Den Tod eines reichen Patriziers zelebrierte man gleich prunkvoll wie die wichtigen Ereignisse in seinem Leben. Dem Begräbnis wohnten große Menschenmengen bei. Ein mit Blumen geschmückter, nicht selten geschnitzter und mit Silberbeschlägen versehener Eichensarg war mit kostbarem Tuch, mit Seide oder Atlas bedeckt. Bei der Bestattung wurden lange lateinische Ansprachen gehalten, die das gottgefällige Leben und die Tugenden des Verstorbenen priesen, und gedruckte lateinische Verse mit ähnlich panegyrischem Inhalt unter die Trauergemeinde verteilt. Im 17. Jahrhundert waren die Begräbniszeremonien so prunkvoll, daß sich auch hier der Rat gezwungen sah, den damit verbundenen übermäßigen Ausgaben vorzubeugen. Wenn junge Mädchen zu Grabe getragen wurden, durfte der Sarg mit Kränzen im Werte bis zu 50 Gulden geschmückt werden. Im Jahre 1681 wurden die teuren Beschläge und die Ausschmückung der Särge mit silbernen oder goldenen Schnüren verboten. Die Zeit für Ansprachen über den Lebensweg wurde eingeschränkt. 1734 wurde überhaupt verboten, Panegyriken und «Carmina» zu drucken, damit Beerdigungen möglichst bescheiden und in aller Stille stattfinden konnten.

Nachdem das Trauerzeremoniell beendet war, schritt man zum Leichenschmaus, an dem die nächsten Angehörigen und geladene Gäste teilnahmen. Aus diesem Anlaß reichte man nicht weniger auserlesene Speisen als zu Hochzeiten oder Taufen. Nachdem der erste und der zweite Pokal geleert waren, hob sich die Stimmung. Man pries die Sittenstrenge des Verblichenen, vergoß Tränen über die Trennung, interessierte sich aber gleichzeitig für das Testament, besprach die Fragen der Vermögensteilung, die Zukunft der verwaisten Firma. Das erste Scherzwort wurde gewechselt, und allmählich verwandelte sich der Schmaus in eine der üblichen Familienfeiern, denen gegenüber die Danziger so aufgeschlossen waren.

Das mittlere Bürgertum huldigte dem Beerdigungszeremoniell der Reichen. Wenn Zunftgenossen oder ihre Familienmitglieder zu Grabe getragen wurden, gab ihnen die Bruderschaft in besonderer Tracht, mit Kerzen und Fahnen, mit Musik und Chorgesängen das Geleit. Die Zunft stellte die Bahre und das Tuch zum Bedecken des Sarges zur Verfügung, der Leichenschmaus fand entweder im Zunfthaus oder in der Privatwohnung statt. Nur die ganz Armen, die keiner Organisation angehörten, wurden eilig begraben, in einem billigen Sarg, dem allein die nächsten Familienangehörigen folgten. Diese traurigen, bescheidenen Begräbnisse, besonders zahlreich in Hunger- und Pestjahren, zogen niemandes Aufmerksamkeit auf sich, hinterließen kein Echo. «Man stirbt, wie man lebt», lautete ein Wahlspruch des Danziger Bürgertums, das Sprichwörter und Sentenzen so sehr liebte.

Der bürgerliche Tisch

Am 6. Februar des Jahres 1511, «am tage Dorothee auf den abendt, thaet herr Reinholt Veldstet, ein scheppenolderman mit seiner ehelichen hausfraven Cordula, herr Lux von Allen tochter, ein statlich gastgebot in dem priesterhause und gewan die priester bruderschaft, hatte alle priester zu gaste und gab inen funferlei gebrotenes in einer schussel, dornoch schwartz wilpret gekocht mit appelmusz; das dritte gericht war gel mit Zwipeln, das 4te woren pasteten; das 5te gericht war pekelfleisch mit mehrettich. Das letzte war kese und buttermilch. Er gab ihnen zweierlei wein und gut Dantzker bier.»[79]

Das Hauptnahrungsmittel in den wohlhabenden Bürgerhäusern war Fleisch und Brot, in den ärmeren waren es Erbsen und Grütze mit Speck, obwohl auch hier ab und zu Fleisch verzehrt wurde. Die mittleren Schichten und die arme Bevölkerung aßen meistens Rindfleisch, das man billig in den Fleischbänken kaufen konnte. Teurer waren Hammel-, Kalb- und Schweinefleisch. In den größeren Häusern wurden am Samstag ganze Schlachtkörper im Pauschalkauf erworben; solche Einkäufe waren auf weite Sicht billiger als die Versorgung beim Einzelhändler. Die Reichen, unter denen es nicht an Feinschmeckern fehlte, schätzten besonders Wildbret: Rehe, Hasen, Auerhähne, Birkhühner, Haselhühner, Schnepfen, Rebhühner, Wildenten. Die nähere Umgebung der Stadt war reich an Hoch- und Federwild, das von Berufsjägern gejagt oder mit Schlingen gefangen und zum Markt gebracht wurde. Es gab, wie Chronisten vermerken, manchmal so viel Wildgeflügel, daß tagtäglich viele Fuhren mit Wildenten oder Rebhühnern nach Danzig gingen.

Nicht immer stand der bürgerlichen Küche Frischfleisch zur Verfügung. Oft mußte man sich mit geräuchertem oder gesalzenem Fleisch begnügen, was natürlich die Zubereitung von Gerichten und ihren Geschmack beeinflußte. An Gewürzen wie Pfeffer, Rosmarin, Anis, Muskatnuß, Safran, Zimt, Ingwer, Senf wurde nicht gespart. Man schrieb ihnen seinerzeit verschiedene heilkräftige Eigenschaften zu und glaubte, sie würden das Blut reinigen und den Stoffwechsel anregen. Es gab Leute, die meinten, daß sie den Geist schärften und sogar die Manneskraft steigerten.

Der Braten wurde nicht nur mit würzigen Soßen übergossen. Zitronen, Mandeln, Rosinen, Zucker waren Zutaten, die reichlich bei der Zubereitung von Fleischspeisen Verwendung fanden. Man nahm viel Essig, Wein, Honig oder verschiedene Sirupe, verwendete aber wenig Butter, Eier oder Öl. Daß sich der damals zubereitete Braten im Geschmack wesentlich von dem heute gereichten Fleisch unterschied, dürfte keinem Zweifel unterliegen.

In Danzig kannte man viele Sorten feiner Pasteten; als die beste galt die aus Gänseleber und fettem, geräuchertem Seitenspeck. Beliebt waren geräucherte Rinder- und Schweinezungen, ferne verschiedene Fleischsülzen, größere und kleinere Würstchen, Pökelfleisch.

Zu den Fleisch- oder Geflügelgerichten wurden – außer Brot – geriebener Meerrettich mit Essig, Öl und saurer Sahne, saures Apfelmus, Oliven, frische und gesalzene Gurken, manchmal Kopfsalat oder Pilze verzehrt. Gemüse war so gut wie unbekannt. Nur selten kamen Suppen auf den Tisch. «Der Widerwille gegen das Wasser ist dabei so groß, daß man nicht einmal Suppen und Brühen aufträgt.»[80] Diese Behauptung dürfte stark übertrieben sein. In Danzig wurden verschiedene Fleisch- und Gemüsesuppen gekocht, zum Beispiel die «polnische Suppe», die aus Hühnerbouillon, Fischbrühe, Wein, Gewürzen und Zwiebelnn bestand. Ärmere Bevölkerungsschichten aßen Biersuppen, auch Grütz- und Fischsuppen, manchmal unter Zugabe von Hülsenfrüchten wie Bohnen und Erbsen.

An Fastentagen, deren es damals sehr viele gab, wurde statt Fleisch Fisch gegessen. Am beliebtesten waren natürlich die billigen Heringe (nicht umsonst nennt ein Danziger Volkslied im 17. Jahrhundert den Hering einen «sehr mächtigen König»), die man entweder gesalzen, geräuchert oder gebraten verzehrte. Auch Sprotten und Dorsch wurden in großen Mengen im Hafen angelandet. Der getrocknete oder geräucherte Dorsch war unter der Stadtarmut sehr begehrt, und auch die Seeleute aßen ihn oft. Die Patrizier freilich konnten sich teurere Fische leisten. Zu ihnen gehörten die vorzüglich gegrillten Lachsforellen, mit Wein und Muskatnuß gekochte Karpfen und Schmerlen, geräucherter Lachs, Fischbuletten und Gallerte vom Hecht. Eine Attraktion waren die in den ersten Jahren des 17. Jahrhunderts in Danzig gereichten Austern. Die Feinschmecker schlürften sie roh mit ein wenig Zitronensaft oder verzehrten sie in Wein gekocht.

Zu Fleisch, Fisch und Milchprodukten aß man, wie gesagt, Brot verschiedener Sorten. Die minderbemittelte Bevölkerung mußte sich mit grobem Schwarzbrot aus Roggenmehl begnügen, dem häufig Kleie beigemengt war. Man aß dazu Käse und trank tüchtig Bier. Besonders beliebt war seit der Mitte des 16. Jahrhunderts das runde, aus grobem Gerstenmehl gebackene sogenannte holländische Brot. Um das Backrecht für diese Brotsorte führten alle Parteien der Danziger Bäcker einen langwierigen Streit.

Außer Schwarzbrot buk man feineres Brot aus weißem, mehrmals gesiebtem Weizenmehl sowie allerlei schmackhafte Brötchen, Hörnchen und so weiter. Hausierer boten den ganzen Tag über in der Recht- und Altstadt Körbe voll appetitlicher schneeweißer Brötchen an, die mit Milch, Butter und Eiern, mitunter Rosinen, gebacken waren. In den Bäckerbuden der Brotbänkengasse, am Grünen Tor oder am Hohen Tor stapelten sich die mit Kümmel und Anis stark gewürzten und der vielen Eier wegen gelben Brezeln und Zwiebäcke. Die Buden der Zuckerbäcker auf dem kleinen Platz zwischen der Krämergasse und der Marienkirche waren voll von verschiedenem Gebäck, Pfannkuchen, Anisstriezeln und Honigkuchen.

Aus den Getränken ragten das berühmte Jopenbier und das Danziger Bier heraus, starke, teure Getränke, oft «Doppelbier» oder sogar «zweifach Doppelbier», aus Gerste und Weizen nach geheimen Rezepten Danziger Brauer hergestellt. Die breiten Schichten tranken billigere helle Biere oder sogenanntes Tafelbier – ein dunkler Trunk mittlerer Güte. Im Hafen, auf Baustellen und in den Werkstätten war billiges Dünnbier, «Krolling», üblich.

In wohlhabenden Häusern kam besonders im 17. Jahrhundert häufig Wein auf den Tisch – süße spanische Malvasierweine, schwere italienische und portugiesische Madeiraweine, auch leichtere französische Bordeauxweine oder rheinische Rieslinge. An kühlen Herbst- und Winterabenden trank man Glühweine, die mit Gewürzen und Eiern zubereitet wurden. Met dagegen, ein unter dem Adel sehr beliebtes Getränk, schmeckte den Danzigern nicht sonderlich gut. Mehr begehrt war Branntwein, der in den weithin bekannten Brennereien hergestellt wurde. Süße, hochprozentige Liköre, wie das vortreffliche Danziger Goldwasser, erfreuten die Gaumen der Patrizier. Lesen wir, was Charles Ogier dazu schreibt. «Am 17ten ging ich mit dem Baron Avaugour zu einem Danziger Kaufmanne Uphagen, welcher Wechselgeschäfte treibt ... Der Mann trank uns, obgleich wir uns ganz wohl befanden, doch in Zeit von einer halben Stunde wohl vier- bis fünfmal Aquavit zu, als ob wir an Entkräftigung litten. Avaugour bedurfte seines Geldes, und so mußten wir denn schon, um dieses zu erlangen, einen solchen Zins dafür abtragen.»[81]

Das berühmte Danziger Goldwasser, um das sich bis auf den heutigen Tag Legenden weben, wurde aus starkem Anisschnaps oder französischem Branntwein hergestellt, dem man unter anderem Angelika, Kalmuswurzel, Enzianwurzel, Pfefferkraut, Grindkraut, Ginsterbeeren, Baldrianwurzel, Weinraute, Kurkuma, Sandel- und Rosenholz und verschiedene orientalische Spezereien zusetzte. Alles wurde zerkleinert und mit Alkohol übergossen. Nach dem Seihen wurden Zucker und dünne Goldblättchen (!) zugesetzt.

Der Verbrauch an Branntwein im damaligen Danzig läßt sich heute kaum abschätzen. Nichtsdestoweniger ist bekannt, daß sehr viel getrunken wurde und die Alkoholherstellung eines der einträglichsten Gewerbe war. Die Brennereien prosperierten so gut und verbrauchten so viel Brennmaterial, daß es zu einer Holzknappheit auf dem Danziger Markt kam. Freilich hatten die teuren Qualitätsschnäpse nur einen geringen Anteil an der Gesamtproduktion. Während die reichen Kaufleute das Goldwasser genüßlich tranken, eroberten gewöhnlicher Branntwein und Korn die Kreise des mittleren und unbemittelten Bürgertums.

«Bodaj baba w niebie była,
Co ten trunek wymyśliła!»[82]
(Es war wohl eine Himmelsmacht,
die diesen Trunk sich ausgedacht!)

So begeisterte sich ein anonymer Autor eines Lobliedes auf den Alkohol. Branntwein und Korn tranken, um sich zu erwärmen, die Träger im Hafen, Fuhrleute, allerlei Arbeiter, Zunftgenossen und Höker. Der verärgerte, vor allem aber durch die Trinkerei während der Arbeit beunruhigte Rat versuchte vergebens, die häufig an den Brücken und Hafentoren gelegenen Verkaufsstände zu liquidieren. Die Händler fanden immer einen Weg, um die Arbeiter mit diesem Elixier zu versorgen.

Erst im 17. Jahrhundert kamen in den wohlhabenden Kreisen Kaffee und Tee in Mode. Dank der Lage der Stadt als Hafen bürgerten sich solche neumodischen Erscheinungen schnell ein. Im Innern des polnischen Reiches hörte man noch nichts von den neuen Getränken, während in Danzig bereits die reizenden Damen zierliche Tassen mit dem dampfenden braunen Getränk ihren nach übermäßigem Biergenuß schwerfälligen Männern und Brüdern reichten. Bald gehörte es zum guten Ton, sowohl dem alltäglichen Mittagessen wie auch einem größeren Empfang diesen exotischen Akzent zu geben. Kaffee paßte auch vortrefflich zu Desserts, die in den reichen Häusern immer raffiniertere Formen annahmen. Gewöhnliche Äpfel, Birnen und Nüsse, die noch im 15. und 16. Jahrhundert nach Tisch gereicht wurden, genügten den verwöhnten Gaumen nicht mehr. Jetzt erschienen phantastische Torten aus Mandeln oder Äpfeln, Apfelsinen, Kastanien, Datteln, gesalzene oder gezuckerte Mandeln, kandierte Früchte, verschiedenartiges Konfekt und sonstige Zuckersachen, die die früheren Jahrhunderte nicht kannten. «Weil auch», so heißt es in einer Verordnung aus dem Jahre 1642, «ein grosser Abusus und Excess in der Ostentation und Auftragung allerhand kostbaren Confecturen verspüret wird, also sollen hinfüro alle candisirte, condirte und dergl. in hohen Preis steigende theure Confecten gentzlich verboten und allein die von Alter übliche und gewöhnliche wolfeilere Confekten nebenst dem Obstgewächse und Gebackenes ... aufzutragen zugelassen sein.»[83]

Tee und Kaffee aber wurden nicht nur zu Hause getrunken. Um die Wende vom 17. zum 18. Jahrhundert entstanden in Danzig die ersten öffentlichen Kaffee- und Teestuben. Statt in der Wirtschaft beim traditionellen Krug Bier zu sitzen, konnte man hier ohne schweren Kopf, bei angenehmer Unterhaltung und pikantem Stadtklatsch die Zeit verbringen und das aromatische Getränk genießen, das nicht die Sinne trübte, sondern den Verstand und Witz, wie die ersten Schwärmer behaupteten, schärfte. Dorthin verlagerte sich aus den Schenken und Bierstuben, auf die die niederen Schichten ein Monopol hatten, die intellektuell anspruchsvollere Art der Unterhaltung. Bald entwickelte sich in den Kaffee- und Teestuben eine Pflegestätte für Scherze und aktuelle Witze, die schnell in aller Munde waren; hier sammelte sich die weltoffene, wissensdurstige, rebellische Jugend, hier diskutierten Dichter und Schriftsteller, hier fanden seriöse Kaufleute ausgelegte Zeitungen mit neuesten Informationen über Politik und Handel vor. Die städtischen Behörden verfolgten argwöhnisch die Beliebtheit der Kaffeehäuser und ihre Rolle, die sie in der bürgerlichen Gesellschaft spielten. Im Jahre 1705 wurde beschlossen, die Besitzer solcher Einrichtungen mit besonderen Abgaben zu belegen, «da die Kaffee- und Teehäuser noch etwas Neues seien, und zu vielen schädlichen rumoribus Anlaß gäben».[84]

Nach dem Kaffee und Tee wurde im 17. Jahrhundert der Tabak das bevorzugte Genußmittel. Bekannt war er schon früher, wie es Statuten aus dem 16. Jahrhundert beweisen, die Zunftmitgliedern das Tabakkauen genauso verbieten wie Kartenspiel, Würfeln und das Branntweintrinken. Im 17. Jahrhundert gewann der Tabakgenuß eine immer größere Verbreitung. Zunächst standen die Behörden dieser «wunderlichen Neuheit» ablehnend gegenüber, doch gewöhnten sie sich bald an den Anblick des Tabakkauens wie auch an die Raucher, und im 18. Jahrhundert unternahmen sie lediglich Schritte, die Jugend unter 16 Jahren vor diesem Laster zu bewahren.

Man speiste in Danzig an Tischen, die mit meist bunten, sehr schön gestickten oder gehäkelten Leinen- oder Baumwolltüchern bedeckt waren. Das Testament der Anna Tochter, der Ehefrau eines Hafenmaklers, zählte im Jahre 1594 drei Tischtücher auf: ein blaues mit schwarz-weißem Rand, ein weißes mit kleinen eingewebten Blumen und ein rotes mit Fransen. Außer diesen Titschtüchern hinterließ die Verstorbene zwölf kleinere bunte Servietten. Die Tischtücher waren gewöhnlich sehr groß. «Die Tische sind von solcher Breite, daß, wenn man sie sieht, ehe sie mit Tischtüchern bedeckt sind, man glauben könnte, es seien Theater, die zur Aufführung eines Schauspiels und nicht zur Veranstaltung eines Gastmahles dienen sollten»[85], vermerkt Charles Ogier. Um solche großen Tücher vor Flekken und letztlich vor häufigem Waschen zu schonen, wurden zusätzlich kleine Servietten aufgelegt.

Beim Essen benutzte man Silber- oder einfaches Zinnbesteck; die Griffe der Messer und Löffel waren häufig aus Horn oder Bernstein und schön geschnitzt. Gabeln kamen erst gegen Ende des 16. Jahrhunderts, und dies auch nur in den vornehmsten Häusern in Gebrauch.

Der Tafelaufsatz in den Häusern reicher Kaufleute blendete die fremden Gäste. Bei Gelagen bogen sich die Tische unter der Last des silbernen, nicht selten vegoldeten Geschirrs mit zartem Dekor und anmutigen Formen. In den kunstvoll geschliffenen Pokalen und Krügen aus dickem venezianischem Glas brach sich das Licht der in prächtige Leuchter gesteckten Kerzen. Es fehlte auch nicht an Geschirr aus Bernstein oder an kostbarer Keramik aus Delft und anderen holländischen Städten. *Tafel 81, 82*

Die Masse des Bürgertums benutzte, besonders an Wochentagen, bescheideneres Geschirr. Auf dem mit Wergleinwand bedeckten Tisch oder auf blanken Brettern stand Zinn- oder Tongeschirr. Die Ärmsten aßen aus Holztellern und benutzten Holzlöffel. Auch dieses billigste Geschirr war mit Schnitzereien versehen oder bemalt.

Während der Mahlzeit achtete man auf gute Manieren, die man damals anders verstand als heute. Da es keine Gabeln gab, störte es niemanden, wenn der Nachbar mit den Fingern aß. Die Fleischstücke wurden aus der Soße mit der Hand genommen, die Knochen einfach unter den Tisch geworfen, wo die Hunde auf die Reste schon lauerten. Gläser umzustoßen, Becher zu werfen oder mit den Messern gegen die Teller zu klappern galt als Mangel an guter Erziehung. Es war nicht nur Angelegenheit des Patriziats und der reichen Kaufmannschaft, gute Manieren und Sitten bei Tisch zu wahren. Die Statuten der Zünfte und Gilden jener Zeit enthielten in der Regel Vorschriften, wie man sich beim Essen verhalten solle, um nicht «Gott und die Gesellschaft zu beleidigen».

Welche Rolle im Budget einer Danziger Familie spielte ein mehr oder minder reich gedeckter, aber niemals leerer Tisch? Das hing von der sozialen Zugehörigkeit und der Höhe der Einkünfte ab, die im 17. Jahrhundert zwischen einigen Dutzend und etlichen Tausend Mark monatlich betrug. Der Haushalt verschlang zweifellos den Großteil des Verdienstes der Armen, der Kleinkrämer und der nicht sonderlich bemittelten Handwerker. Hinzu kommt, daß die dafür ausgegebenen Summen im 16. und 17. Jahrhundert infolge der Preissteigerung und Geldentwertung, die das damalige unbemittelte Bürgertum mitleidlos trafen, sehr schnell wuchsen (Spekulanten verdienten dadurch Vermögen!). Schließlich war es die ebenfalls schnell anwachsende Besteuerung der Lebensmittel, jene zahllosen Akzisen auf Mehl, Bier, Butter, Fleisch, Honig, über welche die Dritte Ordnung im 17. Jahrhundert besonders klagte. Das alles bewirkte, daß die Unterhaltungskosten einer vier- bis fünfköpfigen Familie nicht gering waren. In der zweiten Hälfte des 16. Jahrhunderts rechnete man pro Person 20–25 Groschen täglich, also etwa eine Mark. In der ersten Hälfte des 17. Jahrhunderts erhöhte sich die Summe auf 2 bis 3 Mark pro Tag, und gegen Ende des Jahrhunderts betrug sie bereits über 4 Mark. Sie betraf lediglich die Ausgaben für die allerbescheidenste Ernährung. Bekleidung, Miete, Heizmaterial waren nicht inbegriffen.

Wenn die Ernährung der Armen einige Mark täglich kostete, wieviel mehr mußte das Patriziat für seine vornehmen, aus mehreren Gängen bestehenden Mittagessen mit teuren Getränken ausgeben? Die Reichen sparten nicht mit Gold, um ihrem Gaumen zu schmeicheln. Der unter der Last der aufgetragenen Speisen ächzende Tisch des Patriziers war ein Anlaß mehr für den Haß, den die arme Danziger Bevölkerung diesen Schichten gegenüber nährte.

Die Danziger Mode

Die sanfte Anna Pilemann und die energische Anke Mandt kleideten sich noch nach derr mittelalterlichen Mode, die aus dem fernen Burgund nach Danzig kam. Sie trugen enge, die Figur schlankmachende tunikaartige Kleider mit schmalen Ärmeln und über der Taille sitzendem Gürtel. Hohe spitze Hauben, von denen der Schleier auf die Schulter fiel, und lange spitze Schuhe vervollständigten das Kostüm. Um den Hals und die schmalen Hüften hingen schwere silberne oder goldene Ketten. Die so gekleideten Frauen erinnerten an grazile, biegsame Gerten, die jeden entzückten, der die schlanke gotische Linie liebte. Dieser Kanon der Zerbrechlichkeit und Schlankheit verwischte sich etwas in Danzig, wo die Frauen eher mollig und starkknochig waren und wo man sich während des langen Herbstes und Winters in dicke, faltige Mäntel mit Kapuzen hüllen mußte, deren Pelzfutter vor Wind und Frost schützte. Die kleinen, schmalen Schuhe der modebewußten Danziger Damen versanken in Überschuhen mit dicker Kork- oder Holzsohle, in denen man durch Pfützen und Schmutz unbeschadet waten konnte.

Ein Polnische Matron.

EIn Polnische Fraw von gutem Gschlecht
Auff dise weiß sich kleidet recht/
Wie es bräuchlich ist in Polen/
Daselbst darff man nicht erst holen

Von frembden Orten neuwe Tracht/
Die bey jhnen nicht her gebracht
Sondern tragen nach jhrem Brauch
Kleider mit Peltz gefüttert rauch.

Jost Amman,
Ein Polnische Matron, 1586

Die Männer kleideten sich ebenfalls burgundisch: Wams mit einer Basquina, enganliegende, häufig lederne Hosen und spitze Schuhe, auf dem Kopf eine Kappe oder eine flandrische Mütze aus Samt, Handschuhe, meist aus Leder, oft mit Stickereien verziert. In der kalten Jahreszeit trug man über dem Wams einen pelzgefütterten Tuchmantel.

Die Reichen unterschieden sich vom gemeinen Volk vor allem durch kostbare Ketten und Ringe mit teuren Steinen. Im Jahre 1540 behielten die Behörden mit der Begründung, luxuriöse Kleider machten es unmöglich, den Höchstgestellten von den Mittleren und Geringen zu unterscheiden, nur den Patriziern das Recht vor, die wertvollsten Woll- und Seidengewebe, die besseren Pelze wie auch goldenen und silbernen Schmuck, Perlen und ähnliches zu tragen. Den gewöhnlichen Bürgerstand teilte man je nach dem Vermögen in einige Gruppen ein; die bis ins kleinste gehenden Vorschriften legten für jede von ihnen die Stoffart, die Zahl und Art der Verzierung, sogar die Farbe, die getragen werden durfte, fest.

Zu dieser Zeit aber breitete sich eine von der burgundischen völlig abweichende Mode in Danzig aus. Ganz Europa wurde allmählich von der spanischen Tracht beherrscht, die auf ihrem Wege über Frankreich und Deutschland ergänzt und abgewandelt wurde, um endlich an der Mottlau Fuß zu fassen. Der neue Zeitgeschmack propagierte teure, schwere Stoffe – Brokate, Damaste, Samt –, die nicht selten mit goldenen oder silbernen Fäden durchwirkt waren und schöne Muster aufwiesen. An die schlanke burgundische Linie dachte niemand mehr. Die Frauenkleider bestanden jetzt aus einem engen, vorn spitz zulaufenden Mieder und bauschigen, nicht selten durchtrennten und mit Bändern zusammengehaltenen Ärmeln. Der weit ausladende und mit Kissen ausgestopfte Rock floß in großen Falten auf die stumpfen, mit einer Klammer verzierten Schuhe herab. Ein mit Spitzen besetztes und mit Bändern geschmücktes Schürzchen diente eher als Zierde denn als Schutz vor Flecken. Hunderte kostspieliger Accessoires: Spitzen, Stickereien, Besatz, Bänder und Schnüre unterstrichen den Prunk dieser Tracht. Den Hals umschloß eine weiße steife Krause. Die glatt gefaßten Haare wurden von kunstvollen Netzen bedeckt, die bei den wohlhabenden Damen aus Gold- und Silberfäden geknüpft und mit Perlen oder Edelsteinen dicht verflochten waren. Auf der Straße trugen die Modedamen flache schwarze Hüte mit einer breiten Krempe oder solche mit einem hohen Kopf.

Die neue Mode, obzwar weder billig noch bequem, eroberte das Herz der Danzigerin. Spanisch trugen in Danzig in der zweiten Hälfte des 16. Jahrhunderts nicht nur die Patrizierinnen. Auch die Frau aus dem Volke gab viel Geld für teure Stoffe aus oder schneiderte sich Kleider, die jede Bewegungsfreiheit nahmen und für die körperliche Arbeit völlig ungeeignet waren. Selbst die Mädchen, die Bierfässer in der Brauerei auf Schubkarren transportierten, wie wir bei Anton Möller sehen können, *Seite* 133 trugen enge Mieder und bauschige Röcke, und ihre Hälse steckten in hohen steifen Krausen. Nach Meinung mancher Forscher war die Krausenmode deswegen so beliebt, weil sie einerseits der Figur ein stolzes, in der damaligen Epoche geschätztes erhabenes Aussehen verlieh, andererseits aber, weil sie allerlei fressende Geschwüre am Hals verdeckte – eine durch falsche Ernährungsweise und unzureichende Körperhygiene verbreitete Krankheit.

Die elegante Dame des 16. Jahrhunderts wusch sich nämlich nicht zu oft, verwendete aber reichlich Kosmetika. Schon lange kannten die Frauen (auch die ehrsamen Bürgerinnen) verschiedene Gesichtsschminken. Jetzt boten die Hausierer in den bürgerlichen Häusern allerlei Salben und Absude an, die die Haut glatt wie Seide machen und ihr einen angenehmen Duft verleihen sollten. Die Haare färbten sich die Danzigerinnen mit Gallapfelsäure oder hellten sie mit Kamille auf. Auf den zierlichen Frisiertischen in den Schlafzimmern der vornehmen Damen sammelten sich Glasdosen, Etuis, Fläschchen mit geheimnisvollen, verschiedenfarbigen, oft wohlriechenden Inhalten.

Die Männerwelt stand nicht zurück. Auf Gemälden aus dieser Zeit sehen wir Kaufleute in straff

VII
Isaak van dem Blocke, Neptun vermählt sich mit Ceres,
Decke im Roten Saal des Rechtstädtischen Rathauses, 1608

anliegenden, dunklen Wämsern, deren aufgeschlitzte Ärmel kokett den hellen, glänzenden Stoff durchschimmern lassen. Die kurzen, dunklen Hosen wurden unterhalb des Knies mit einem schwarzen oder bunten Band und einer mehr oder weniger wertvollen Spange zusammengehalten. Der Hals verschwand in der traditionellen weißen Halskrause. Die Gewandung wurde durch einen kurzen faltigen Mantel, einen hohen, mit einer Feder geschmückten Hut und einen kecken Degen vervollständigt. Es wurde immer schwerer, auf den ersten Blick einen ehrenwerten Patrizier von einem gewöhnlichen Krämer oder überhaupt von einem Handwerker zu unterscheiden. «Doch gehen alle in schwarzen Kleidern von Seide einher und sind in dieser Hinsicht selbst nicht von den Ratsherren zu unterscheiden, sondern nur dadurch, daß Leute von geringer Qualität nicht eben die weißen Manschetten zu tragen pflegen, deren sich die angesehenen Personen bedienen.»[86]

Neben dem spanischen Schwarz waren auch hellere Farben im Gebrauch. In dieser Beziehung richtete sich Danzig nach dem Kanon der holländischen Mode, die teilweise von der spanischen abwich. Die Jugend kleidete sich vorwiegend farbig. Das «Buch der Kleider» aus dem Jahre 1578, eine Art zeitgenössisches Modejournal, zeigt den Danziger Kaufmann in einem hellbraunen Wams mit dunkelroten Streifen, in weißen knielangen Hosen und einem kurzen Pelzrock, dessen kurze Puffärmel aus weißen und roten Streifen bestehen. Die unter dem Pelzrock hervorschauenden Wamsärmel sind mit goldenen und roten Stickereien verziert. Das Gewand wird durch ein schwarzes Barett, ebensolche Schuhe, weiße Strümpfe und hellbraune Handschuhe ergänzt. Die Wämser und Mäntel wurden, ähnlich wie die Damenkleider, mit vielen betont bunten, manchmal goldenen und silbernen Borten, Quasten, Stickereien und Säumen geschmückt, was einerseits den Eindruck von Wohlhabenheit machte, aber andererseits die Ausgaben für die Kleidung ins Übermäßige steigerte.

Tafel 5

VIII
Kamin von Wilhelm Barth d. Ä.
im Roten Saal des Rechtstädtischen Rathauses, 1593

Allein die Wiedertäufer[87] machten den Modetrend nicht mit. Ogier beschreibt die Kleidung dieser Handwerker, die sehr zahlreich in dem dicht bei Danzig gelegenen Vorort Schottland lebten: «Sowohl die Männer als auch die Frauen ... sind mit bescheidenem Anstand gekleidet ..., (die Frauen) tragen in den meisten Fällen schwarze Gewänder ohne jegliche Fransen, Säume und Schmuck.» Aber auch hier fand allmählich der «gottlose» Luxus Eingang. «Sie sind allerdings nicht aus grobem Tuch hergestellt, sondern aus dünnem und glänzendem: maucayat, camelot de Turquie und ähnlichem.»[88] Auf dem Kopf trugen die Anabaptistinnen[89] und Mennonitinnen[90] weiße holländische Hauben, die allmählich auch von den weniger bemittelten Danziger Frauen übernommen wurden.

Daß die geringen Leute sich ebenfalls nach der anspruchsvollen spanischen Mode kleideten, störte die stolzen Ratsherren und ihre Familien. Also erließ der Rat im Jahre 1642 eine Ordination, die das Tragen von Kleidern regeln sollte. Diese Verordnung teilte die Bewohner Danzigs in fünf Klassen auf. Die unterste Klasse, gemeine Arbeitsleute, Knechte und Mägde, durfte nur die billigsten Gewebe im Preis von drei Gulden pro Elle tragen. Es war ihnen verboten, Kleidungsstücke aus jeglichen Seiden- oder Halbseidengeweben wie auch Florettseide zu nähen, sie mit Schnüren, Tressen und anderem zu schmücken. Pelze für diese Bevölkerungsgruppe durften nur von «schlechten Füchsen», Wolfs- oder Kaninchenfellen sein, Mützen nur von Marderfellen geringerer Qualität. Ein silberner schmaler Gürtel, um das Kleid zusammenzuhalten, war der einzige Luxus, den sich die Frauen leisten durften. Viel Aufmerksamkeit schenkten die Schöpfer dieser Ordination den Damenstrümpfen. Dienstmädchen und Arbeiterinnen war es verboten, Strümpfe zu tragen, die teurer als zwei Gulden das Paar waren; auch wollte man auffallende Farben nicht dulden: hautfarben und dunkelblau war vorgeschrieben. Männer durften schon teurere kaufen, je drei Gulden und 10 Groschen das Paar. Verboten war gleichzeitig dekoratives Schuhwerk, lediglich die einfachsten, glatten Lederschuhe waren dem Volke der untersten Schicht erlaubt.

Tafel III

Nur wenig besser durfte sich die nächste Gruppe – Zunftgenossen, Schankwirte, Bierbrauer, Getreidemesser und Kipper (Weinhändlergehilfen) – kleiden. Ihnen gestattete man, das Wams mit einer Seidenschnur zu verzieren, silberne Schlüsselkettchen wie auch gestrickte Strümpfe im Werte bis zu vier Gulden das Paar zu tragen.

Der größere Unterschied wird erst beim Übergang zur nächsten Gruppe sichtbar, zu der die Inhaber von Werkstätten, die «Mäkler und Schipper» sowie Höker gezählt wurden, also die Basis der sogenannten gemeinen Bürgerschaft. Vertreter dieser Berufe durften Bekleidung aus Tuch im Preis bis zu sieben Gulden die Elle und Mützen aus Zobelfell tragen. Seidenzeug und seidene Strümpfe waren allerdings auch hier nicht vorgesehen. Die Männer hatten sich mit einem Lederriemen zu gürten, der mit silbernen Beschlägen versehen werden durfte, die Frauen mit einem «reinsilbernen Gürtel mit Panzerketten». Den verheirateten Frauen wie auch ihren Ehegatten erlaubte man, einen Ring zu tragen, mit der Einschränkung, daß der Stein von mittlerer Qualität sein und einen Wert von höchstens 50 Gulden haben durfte.

Zur vierten Klasse zählte man die Gewandschneider, Seidenhändler, Gewürzhändler, Huthändler, Eisenhändler, Weinschenker, Brauer wie auch die Künstler. Sie alle durften ihre Kleidung aus Geweben herstellen, die nicht teurer als acht Gulden die Elle waren, und sie mit Plüsch oder Samt säumen. Ihre Wämser und Ärmel konnten aus glänzender Atlasseide sein. Als Pelzwerk waren Hermelinfelle und Zobelschwänze gestattet, als Schmuck vergoldete Gürtel und Ketten, Ringe bis zu 80 Gulden

Anton Möller, Handwerkerfrauen, um 1600

im Wert, bei verheirateten Damen goldene Armbänder und ebensolche doppelte Halsketten.

Die teuersten und schönsten Gewebe (bis 12 Gulden die Elle) waren der fünften Klasse, den großen Kaufleuten, vorbehalten. Sie durften ohne Einschränkung Atlasseide und Brokate tragen, Mäntel mit Seide füttern, als Kopfbedeckung die schönsten Zobelfelle verwenden, die Hüte mit goldenen Borten verzieren und die Kleider mit silbernen und goldenen Schnüren verschönern. Ihr Schmuck bestand aus goldenen Ketten, die um den Hals oder den Leib getragen wurden, Armbändern und Ringen: Edlere Steine und Perlen zur Schau zu stellen war ihnen allerdings auch nicht gestattet. Diese drakonischen Vorschriften trafen freilich nicht die Ratsherren und ihre Familien. Die Ordnung äußerte lediglich phrasenhaft die Hoffnung, daß Leute vom höheren Stand sowie ihre Frauen und Kinder ganz Danzig ein wohltuendes Beispiel der Bescheidenheit und Mäßigung in der Kleidermode geben möchten. Indessen geriet die Stadt durch dieses Projekt außerordentlich in Bewegung. Die Dritte Ordnung, die diese Ordination als beleidigend empfand, verweigerte ihre Zustimmung. Schließlich wurde die Odination nicht in die Tat umgesetzt; die Bürger boykottierten sie, und der erschrockene Rat verzichtete auf ihre Durchsetzung. Die Danziger Straßen beeindruckten weiterhin die Fremden durch ihre Farbenpracht und den Kleiderluxus der Spaziergänger.

Die rein spanische Mode herrschte nicht sehr lange. Neben spanischen Gewändern konnte man die altpolnische Tracht sehen, auch Kleider nach italienischer, deutscher und englischer Art. Die engen Kontakte Danzigs zum Ausland trugen dazu bei, daß alle modischen Neuheiten, selbst die gewagtesten, sehr schnell hier Eingang fanden. Diese wurden zweifellos vor allem durch die nach Unterhaltung und Abwechslung dürstenden Frauen lanciert. Das Auftauchen der ersten tiefen Dekolletés und kunstvoll gelockten Frisuren im Danzig des 17. Jahrhunderts beschreibt Charles Ogier:

«Am 19ten hatte der Erlauchte englische Gesandte, der ganz nahe bei der Stadt wohnt, den unsrigen zur Mittagstafel eingeladen, und es begleiteten ihn dahin der englische Geschäftsträger Gordon und der Bürgermeister Czirenberg. Bei diesem Mahle war auch die Frau des Gordon zugegen, und zwar, obgleich sie eine Danzigerin ist, nach englischer Sitte gekleidet; wobei sie uns durch Glanz und Schönheit fast die Augen blendete. Denn im Vergleich mit ihrer Mutter, welche nach deutscher, und ihrer Schwester, welche nach polnischer Art gekleidet war, schien sie dem Gefolge der Venus anzugehören. Sie trug nämlich Brust und Arme entblößt, das Haar gelockt und flatternd, und dabei eine kostbare, in die Augen fallende, fast üppige Kleidung. Sie war kürzlich aus England zurückgekehrt, wo sie diese Toilettenkünste zwei Monate lang mit dem besten Erfolge studiert hatte, und was ihr dabei aus eigener Neigung vielleicht gar zu närrisch vorgekommen wäre, dazu wurde sie durch das Zureden ihres Mannes verleitet, der bis zum Sterben in sie verliebt ist ...»[91]

In der zweiten Hälfte des 17. Jahrhunderts eroberten sich tiefe Kleiderausschnitte und Locken die Damenwelt der ganzen Stadt. Die immer mehr um sich greifende französische Kleidermode tat das ihrige. Schon in den dreißiger und vierziger Jahren des 17. Jahrhunderts begann das Spanische seinen Einfluß zu verlieren. Das erste Signal war, als die steife Röhrenkrause durch einen weichen, mit Spitze besetzten oder aus Spitze bestehenden Umlegekragen abgelöst wurde. Die Frauen schnitten dann von vorn die Leibchen heraus, um so die mehr oder weniger verführerischen Dekolletés sichtbar zu machen, verwarfen die steifen Gestelle, damit die Röcke weich herabfallen konnten. Eine lange Schleppe und lange, mit Hilfe des Zimmerfräuleins zu kunstvollen Locken frisierte Haare – wie wir sie auf dem Porträt der Konstanze Schumann von Daniel Schulz sehen –, oft mit Federn *Tafel*
oder Blumen geschmückt, vervollständigten das 25
Äußere einer Modepuppe gegen Ende des 17. Jahrhunderts. Den soliden Kaufleuten der älteren Generation mißfiel der Kleiderleichtsinn, in der ganzen Stadt gingen boshafte Verse über die nach ausländischer Manier einherwandelnden Kokotten um, die miteinander «um den Hosenknopf beim Manne wetteiferten»[92].

Alles Wehklagen der Moralisten war zwecklos. Die neue Mode steckte auch die Männer an. Das spanische Wams wandelte sich allmählich in eine ärmellose Weste nach französischem Schnitt. Man trug auch ein enganliegendes Wams mit langen Schößen, «juste au corps», weite Hosen, die unten mit einer Falbel abgesetzt waren, oder enganliegende, die unter dem Knie mit einer Spange zusammengehalten wurden. Auch große weiche Hüte mit breiter Krempe, Jabots, tauchten auf, und gegen Ende des 17. Jahrhunderts Perücken und Spazierstöcke.

Die Abkehr von der spanischen Tracht bedeutete keineswegs eine Verarmung der Kleidermode des wohlhabenden Bürgertums. Im Gegenteil, die für kostbare Stoffe, für den Putz und Schmuck ausgegebenen Summen wurden immer größer, obwohl die wirtschaftliche Situation nicht mehr so glänzend war wie noch vor einigen Jahrzehnten.

In den Truhen und Kisten der Patrizier lagen Stöße von Wäsche, die den traditionellen Teil der Ausstattung einer jeden Braut ausmachten. Auch Schuhwerk, häufig viele Dutzend Paare, wertvolle Pelze, Brokat- und Seidenkleider, vor allem aber Schmuck wurden darinnen aufbewahrt. Die Juwelen waren nicht nur dazu angetan, die Danzigerin zu schmücken; sie stellten den Familienschatz dar, der den Reichtum der Familie und ihre Sicherstellung in allen Lebenslagen sichtbar machte. Je wohlhabender das Haus, um so größer war die Kassette, aus der das Geschmeide nur zu hohen Feiertagen entnommen und später von der Mutter an die Tochter, vom Vater an den Sohn weitergegeben wurde. Das 1711 aufgestellte Testament der Maria Jatzkau, geborene Hemskerk, Witwe des Bürgermeisters Heinrich Schwarzwald, nennt folgende Pretiosa: Ohrringe im Werte von 3000 Gulden, zwei Perlenketten mit einem Brillantverschluß, zwei vierfache Perlenarmbänder mit Brillantverschlüssen, ein nicht näher bezeichneter Ring, eine emaillierte Uhr in einem vergoldeten Futteral, eine kleine Uhr in einem silbernen Etui, eine andere in einer bernsteinernen Schatulle, Diamantklammern, ein Ring mit einem rosafarbenen Stein, zwei weitere Perlenschnüre als Halsschmuck, ein Ring mit sieben großen Steinen, zwei doppelte Armbänder aus Perlen mit Brillantverschlüssen, eine Agraffe mit rosa Steinen, zwei Paar Ohrgehänge mit Rosen aus Diamanten, ferner Perlen im Gewicht von je einer Unze das Stück, ein mit Diamanten besetztes Kreuz, ein Ring mit einem von Diamanten umgebenen Rubin, schließlich nicht näher bestimmter Silberschmuck. In der Tat ein Vermögen! Neben dem Schmuck nennt das Testament große Mengen Kleider, Mäntel, Schals, Handschuhe und ähnliches mehr.

Der Kleiderschatz der weniger begüterten Bürgersfrauen sah etwas anders aus. Aber auch hier gab es oft volle Kleiderschränke und sogar – was in früheren Zeiten nicht üblich war – dicke Wäschestöße. Die im Jahre 1699 verstorbene Elisabeth Kohl, eine Dienstmagd, hinterließ 30 Hemden (!), 42 Schnupftücher, 37 Schürzen, 12 Kopfkissenbezüge, einen Steppdeckenbezug, 22 Halstücher für die Nacht, 11 Hauben, zwei Kragen, zwei Paar weiße Manschetten, einen schwarzen Rock, dazu ein Leibchen mit Wams, einen mit Schnüren besetzten Rock, eine Mütze aus Zobelschwänzen und zwei gefütterte Jacketts. Freilich besaßen nicht alle Mägde solch ein «Vermögen». Es gibt auch Nachlässe von verstorbenen Tagelöhnerinnen, die lediglich einige Kleidungsstücke aufzählen, dazu noch mit Bemerkungen wie «zerrissen», «vernichtet», «alt». Genauso wenig besaßen laut Nachlaßverzeichnis Handwerksgesellen, Träger und andere. Ein Wams und ein Paar Hosen, eine Mütze, ein bis zwei Hemden, manchmal ein billiger Ring oder eine Kette – das war das ganze Inventar.

Indessen nahm der Aufwand an Kleidung der oberen Schichten von Jahr zu Jahr zu. Brokate leuchteten in allen Farben, teure Spitzen hüllten ihre Trägerinnen ein, Perücken nahmen gewaltige Ausmaße an. Vergeblich versuchten manche nörgelnde Ratsherren, der Verschwendungssucht, die den Grundsätzen der bürgerlichen Vernunft so zuwider war, Einhalt zu gebieten. Durch einen Erlaß aus dem Jahre 1658 wurde zum Beispiel den jungen Mädchen und Witwen das Tragen von Schmuck untersagt und nur den verheirateten Frauen dieses Vorrecht eingeräumt. Nicht gestattet waren teure Bommeln und Schnüre, tief ausgeschnittene Kleider

Tafel 53

und Perücken, auch durfte man das Haar weder frisieren noch pudern. Im Jahre 1683 versuchte man – wahrscheinlich vergeblich –, Kleider aus Karmesin, aus purpurnen und scharlachroten, lavendel- und veilchenblauen Stoffen wie auch gold- und silberdurchwirkte Seiden zu verbieten. Bald danach wurden Kleider mit Spitzen aus goldenen und silbernen Fäden wie auch mit ebensolchen Fransen, Borten, Schlingen verbannt. Auf dem Index fanden sich auch gold- und silberbestickte Schuhe. Im Jahre 1708 beabsichtigte der Rat eine besondere Besteuerung von Perücken, Jabots und teuren Damenhüten, erhielt aber dazu nicht die Zustimmung der Mehrheit. Das Ärgernis erregende Vorbild der Prunkentfaltung kam nämlich von oben, von den Mitgliedern des Rates und ihren Familien. Um sich davon zu überzeugen, genügt schon ein flüchtiger Blick auf die Porträts zeitgenössischer Danziger Bürgermeister – Konrad Fichtel oder Heinrich Schwarzwald – von dem bekannten Meister des Pinsels Andreas Stech, der sie in kostbaren, bunten Brokatgewändern mit Spitzenjabots, in kunstvollen Perücken,
Tafel 24 mit einem Wort, in voller französischer Gala malte. Lediglich im Dienst trugen sich die Danziger Notabeln bescheidener, wie es die Gelehrten oder Geistlichten taten. So wirkte denn die Langgasse, die Promenade des wohlhabenden Bürgertums, auf den Fremden wie ein Märchenland.

Äskulaps Schüler

An Medizinern war in Danzig kein Mangel. Die Heilkunde, im 14. und 15. Jahrhundert eine der Sieben Freien Künste, hatte hier viele Adepten. Medizinischen Rat erteilte jeder Barbier oder Bader, gebrochene oder verrenkte Glieder richtete der Henker ein. Es fehlte auch nicht an Kurpfuschern, Besprechern oder Frauen, die entzaubern konnten, die Pflaster, Salben und Kräuter herstellten und die «unfehlbare Mittel» gegen jegliche Leiden kannten. Operationen wurden von ambulanten Praktikern vorgenommen, die mit einem Bündel Instrumente in der Stadt auftauchten und nach einer gewissen Zeit unter Verzicht auf die Dankbarkeit wie auch den Anspruch der Patienten und ihrer Angehörigen wieder verschwanden.

Im Laufe der Zeit trat eine spürbare Verbesserung der Situation ein. Es gab immer mehr Ärzte mit Universitätsdiplom, die ihre medizinischen Kenntnisse in einer der höheren Lehreinrichtungen in Polen oder im Ausland erlangt hatten. Neben diesen akademischen Ärzten wirkten die Chirurgen, die in Danzig bereits im 15. Jahrhundert eine besondere Zunft bildeten: Vier Teller über der Tür zeigten dem Passanten an, daß dort Wunden und alle inneren Schädigungen des Körpers geheilt wurden. Der Danziger Chirurg war eigentlich Handwerker; er hatte nicht studiert, den Beruf erlernte er bei seinem Patron. Neben der Behandlung von Wunden und Geschwüren betrieb er ein Friseurhandwerk, ließ zur Ader und zog Zähne. Seine Unterlegenheit gegenüber dem Arzt äußerte sich darin, daß er für die Kosultation ein geringeres Honorar nahm (im 15. Jahrhundert betrug der Satz beim Arzt drei Schilling, bei einem Chirurgen nur zwei). Die Zahl der chirurgischen Offizinen setzte die Stadt auf 25 fest; sie deckten offensichtlich den Bedarf an medizinischer Hilfe der großen Hafenstadt, wo Schlägereien und blutige Auseinandersetzungen keine Seltenheit waren.

Um das Jahr 1530 begannen die Stadtbehörden mit ernsten Reformen auf dem Gebiet des Heilwesens. Es wurde das Amt eines Stadtphysikus eingerichtet – eines Arztes mit einem kommunalen Etat, dessen Pflicht es war, über den Gesundheitszustand der Stadt zu wachen, Seuchen vorzubeugen und die Tätigkeit der Ärzte, Apotheker und Chirurgen zu kontrollieren (vor der Erteilung einer Genehmigung zur Ausübung des Berufes mußte er sich einer Prüfung unterziehen).

Die schwierigste Aufgabe war der Kampf gegen die vielen Kurpfuscher. Eine wirkliche Plage war die noch aus dem tiefen Mittelalter stammende Gewohnheit des Verkaufs von Genehmigungen für den Handel mit verschiedenen Sirupen und Salben wie auch für die Heilung mit «wundertätigen» Mitteln. Solche Genehmigungen konnten sowohl ehemalige Studenten, Bakkalaurei, als auch Personen, die mit Medizin überhaupt nichts zu tun hatten wie Soldaten oder Schneider, erhalten. Die von ihnen verschriebenen Heilmittel waren dann auch dementsprechend. Neben harmlosen Bestandteilen enthielten sie ekelerregende (Froschaugen, Kuhmist) oder gar schädliche Ingredienzien (stark giftige Kräuter und Beeren).

Besonders während des großen Dominikusjahrmarktes kamen verschiedene Scharlatane in die Stadt, die laut ihre Dienste und Methoden anpriesen und auf dem Fischmarkt und der Langen Brücke die Wirkung ihrer geheimnisvollen Arzneien an Armen, die stets in großer Zahl zur Hand waren, demonstrierten. Einer dieser Weltenbummler, der sich als «Chirurg und Okulist» ausgab, offerierte 1585 dem Rat ein wunderwirkendes Verfahren, mit dessen Hilfe man aus einem Scheffel (etwa 40 kg) Mehl anderthalb, ja sogar zwei Scheffel erhalten konnte. Nach einer Beratung erklärte der Rat, daß ihm die ganze Angelegenheit reichlich verdächtig vorkomme, und, weil es in der Stadt ohnehin Getreide zur Genüge gebe, bedankte er sich für die Offerte, erlaubte aber gleichzeitig dem «Erfinder», seine Heilkunst auszuüben.

Die in Danzig seßhaften diplomierten Ärzte waren mit aller Kraft bestrebt, diese Pfuscher zu bekämpfen. So warfen sie 1579 einem Ankömmling, der seine medizinischen Dienste empfahl, vor, er treibe mit dem Teufel gemeinsame Sache. 1615 lenkten die «promoti doctores» in einer Petition an die Stadtbehörden deren Aufmerksamkeit auf die Schädlichkeit der Erteilung von Genehmigung, ärztliche Praxen von Leuten unterhalten zu lassen, die weder eine entsprechende Ausbildung noch ein Diplom besaßen. Der Rat dagegen beeilte sich nicht mit den entsprechenden Maßnahmen. Studierte Ärzte waren – im Gegensatz zu den vielen «Heilkundigen» – selten, und während einer Epidemie konnten sich solche Scharlatane durchaus als nützlich erweisen, indem sie das knappe Hospitalpersonal unterstützten und die Kranken betreuten.

Medizinischen Rat erteilten häufig auch die Apotheker, obwohl eine Ordination vom Jahre 1597 ihnen dieses untersagt hatte. Das Apothekennetz in Danzig war ziemlich dicht. Neben den privaten existierte eine große Stadtapotheke. Die Aufsicht über die Apotheken übte der Stadtphysikus aus, dem 1592 zwei Abgesandte des Rates an die Seite gestellt wurden. Die Behörden waren daran interessiert, daß die Apotheker ausgebildete Leute waren, die ihr Handwerk gut beherrschten. Die Stadtapotheke leitete zum Beispiel in der zweiten Hälfte des 16. Jahrhunderts der bekannte Gelehrte Johannes Placatomus. Arzneien wurden aus Kräutern hergestellt, die in der Umgebung der Stadt gesammelt, aus dem Ausland eingeführt oder in besonderen Gärten angebaut wurden. Nicht nur Kräuter, sondern auch Chemikalien, schließlich auch Wein, Honig, Essig, Branntwein und ähnliches waren Bestandteile der bekanntesten Arzneimittel. Sie wurden als Pulver, Pflaster, Pillen, Sirupe oder Salben verkauft. Ein weit verbreitetes Medikament war das bei vielen Leiden angewandte Pflaster «Gottes Gnade». Es wurde aus dem Saft und der Blütendolde der Pimpinelle unter Zugabe von Weißwein, Kiefernharz, Wachs, Myrrhe, Weihrauch, Mastix, Terpentin und Galbanharz hergestellt. Diese Art der Arzneien ließen sich die Apotheker sehr teuer bezahlen; sie waren für die Armen praktisch unerschwinglich.

Die Danziger Hospitäler – es gab deren etliche – unterschieden sich von heutigen Einrichtungen grundsätzlich: Sie waren nicht nur Heileinrichtungen, sondern auch Asyle für schwache, alte und arme Menschen. Zu den ältesten und am besten mit Ländereien, Zinsrenten von Häusern und Geschäften, testamentarischen Schenkungen und so weiter ausgestatteten, gehörten das Heiliggeisthospital und das Elisabethhospital. Weithin bekannt war auch das Jakobshospital in der Neustadt, das hauptsächlich für Seeleute gedacht war. Gegen Ende des 16. Jahrhunderts wurde ein besonderes Hospital für Pockenkranke, das Pockenhaus, errichtet und im Laufe des 17. Jahrhunderts bedeutend erweitert.

Die Leitung der Hospitäler war dem Rat unterstellt, der spezielle Betreuer ernannte. Obwohl es im 16. Jahrhundert an Versuchen nicht fehlte, das Hospitalwesen zu reformieren und zu modernisieren, konnten die wenigen Danziger Krankenhäuser die Bedürfnisse der großen Stadt nicht befriedigen. Viel Platz nahmen die Personen weg, die eine bestimmte Summe in die Hospitalkassen einzahlten oder ihre Immobilien verschrieben und damit das Recht eines lebenslänglichen Verbleibs in dieser Einrichtung erwarben. Das war eine sehr häufige Erscheinung, denn es gab in Danzig keine Altersheime für Sieche und Krüppel. Also mangelte es an Räumen für tatsächlich Kranke, die einer Behandlung bedurften. Die Reichen hatten davon keinen Schaden. Die Patrizier, die wohlhabenden Kaufleute und Handwerker konnten es sich leisten, zu Hause krank zu sein, unter der Obhut und Pflege der Familie oder der Dienerschaft, und die Hilfe eines guten Arztes in Anspruch nehmen. Das Los der übrigen Kranken war nicht beneidenswert. Die Bruderschaften richteten in ihren Herbergen sogenannte Krankenstuben ein und bezahlten, wie schon erwähnt, aus ihren Kassen speziell dafür bestellte Frauen zur Pflege der siechen Genossen. In den Berufen, die nicht zünftisch organisiert waren, blieben die Kranken einfach auf der Straße, denn selten behielt der Meister einen arbeitsunfähigen Mann in seinem Hause. In der gleichen schwierigen Situation befanden sich auch andere kranke Habenichtse: Hafenarbeiter, Hausierer oder Aushilfsarbeiterinnen.

Die Gründung des medizinischen Lehrstuhles am Akademischen Gymnasium im Jahre 1584 bedeutete einen großen Fortschritt. Die hier gehaltenen Vorlesungen und öffentlichen Vorträge zogen, außer den Studenten, auch bereits praktizierende Ärzte, Chirurgen und Barbiere an. 1636 wurde das sogenannte Collegium Medicum, die erste Ärztekammer, gegründet. Um in der Zukunft einen ärztlichen Beruf ausüben zu können, mußte man dem Collegium das Diplom der medizinischen Fakultät irgendeiner Universität vorlegen und sich darüber hinaus einer Prüfung unterziehen; im Jahre 1677 wurde zusätzlich ein Vortrag zu einem bestimmten Thema verlangt. Die Mitglieder dieses Collegiums kamen vierteljährlich zusammen, um die wichtigsten Krankheitsfälle zu besprechen, die Methoden der Behandlung zu erörtern und interessante medizinische Arbeiten zu referieren. Diese Versammlungen spielten in der Entwicklung der Danziger Medizin, die im 17. Jahrhundert eine relativ hohes Niveau besaß, eine nicht unwesentliche Rolle. Die Danziger Ärzte beherrschten die Anatomie des menschlichen Körpers recht gut. Sie führten zahlreiche Sektionen an Leichen (diesem Zweck dienten in den Hospitälern verstorbene Arme und die Körper der hingerichteten Verbrecher) wie auch an Tierkadavern durch, es wurden öffentliche anatomische Vorführungen veranstaltet. In der ersten Hälfte des 17. Jahrhunderts erfreuten sich großer Popularität die jedermann zugänglichen Vorlesungen des Doktors Joachim Oelhav. Als eines Tages die Sektion eines eingegangenen Krokodils coram publico angekündigt wurde, war die Sensation perfekt.

Die Danziger Ärzte jener Zeit waren in der Tat gute Internisten und Operateure. Im 17. Jahrhundert führte man eine ganze Reihe komplizierter Operationen durch, man entfernte Harnblasensteine, stach den Star und ähnliches. Der Ruhm der Äskulapjünger drang auch über die Grenzen Polens hinaus. Daniel Becker († 1655), der «preußische Hippokrates», las in Königsberg Medizin, bevor er nach Warschau gerufen wurde. Berühmt war auch eine Ärztefamilie Schmidt, die mit den reichen Danziger Kaufleuten verwandt war. Begründer dieser Medizinerdynastie war Daniel Schmidt, lateinisch Fabricius genannt, um 1588 geboren, Absolvent des Akademischen Gymnasiums und der Universität zu Wittenberg, verheiratet mit Katharina Schewecke. Von 1636 an übte er das Amt des Stadtphysikus aus. Sein Sohn Johann bereiste als Jüngling Europa und studierte Philosophie und Medizin an mehreren Universitäten. Nach seiner Rückkehr in die Heimatstadt entfaltete er eine umfangreiche privatärztliche Tätigkeit unter der Kaufmannschaft. Stadtphysikus wurde er 1664. Dank zweier günstiger Heiraten (1654 mit Elisabeth Borbeck, der Witwe eines wohlhabenden Kaufmanns, 1655 mit Anna Maria Riccius, der Tochter eines Syndikus) konnte er ein ansehnliches Vermögen erwerben und sich mit den einflußreichen Kreisen der Stadt befreunden.

Obwohl es in Danzig an fähigen und hochgelehrten Ärzten nicht fehlte, ließ der Gesundheitszustand der Bürger viel zu wünschen übrig. Die ungesunde, schwere Ernährung (zu viel Fleisch, Gewürze, Getränke) bedingte unter den wohlhabenden Schichten verschiedene Erkrankungen der Verdauungsorgane sowie Fettleibigkeit, Blutdruckstörungen und Kreislaufbeschwerden, die häufig mit Schlagfluß endeten.

Unter den niederen Schichten führte die kalorienarme, eintönige Ernährung zur Anämie und zu Avitaminosen (besonders die Seeleute litten an Skorbut). Das niedrige Niveau der Körperhygiene wie auch der ständige Zustrom von Fremden aus der ganzen Welt förderten die Ausbreitung ansteckender Krankheiten. In Danzig existierten schon seit dem Mittelalter verschiedene Badehäuser, in denen man gegen geringes Entgeld ein Bad nehmen konnte. Sie waren aber sowohl der Herd verschiedener Infektionskrankheiten, besonders der Syphilis, die in der Stadt als französische Krankheit bekannt war, als auch oft versteckte Tempel der Ausschweifung. Nur die wohlhabenden Bürger hatten in ihren Häusern eigene Bäder, wo man nicht Gefahr lief, angesteckt zu werden. Baden im Meer oder im Fluß galt als ungesund; man machte nur sehr selten davon Gebrauch, und wenn, dann war es einzig und allein das «gemeine Volk».

Die sehr hohe Sterblichkeitsziffer ist zurückzuführen auf die häufigen Todesfälle der Wöchnerinnen und Säuglinge. Ursache dafür waren mangelnde Sauberkeit wie auch häufige Vorurteile gegenüber medizinischen Eingriffen. So glaubte man zum Beispiel, daß die Haut eines Auerochsen, auf dem Lager der Wöchnerin ausgebreitet, Hilfe bringe. Wie leicht dabei eine Infektion auftreten konnte, braucht nicht gesagt zu werden. Bei der Geburt assistierten im 15. Jahrhundert Verwandte, Nachbarinnen oder ältere erfahrene Frauen, die diese Tätigkeits berufsmäßig ausübten. In den begüterten Familien rief man schon im 17. Jahrhundert fast regelmäßig einen Arzt an das Lager der Gebärenden, den ärmeren gingen auch weiterhin mehr oder weniger geschickte Frauen zur Hand. Von einer vernünftigen Säuglingspflege wußte man wenig. Daher erreichte die Mehrzahl der Neugeborenen das zweite Lebensjahr nicht; auch ältere Kinder starben sehr häufig, da aber viele geboren wurden, hielt man den Tod eines Kleinkindes für eine zwar schmerzliche aber ganz natürliche Erscheinung.

Alle paar Jahre wurde Danzig von schlimmen Seuchen heimgesucht, die die ganze Stadt in Schrekken versetzten. Ihre Häufigkeit war bedingt durch den niedrigen Stand der Hygiene wie auch durch den ständigen Zustrom fremder Menschen, der die Hafenstadt besonders anfällig gegen ansteckende Krankheiten machte. Die Danziger Chronik von Christoph Beyer dem Älteren berichtet über den unglückseligen November 1509 folgendermaßen: «In Preussen ... ist ein gewaltiger stormwind gewest, der viel beume aus der erden geriessen und umbgewehet. Zu Danczke waren 17 Lübische schiffe vor die rede den montagk nach aller heiligen tagk ankommen, die wehte der windt des nachts vom dienstagk auf die mittwoch so gar von einander, das bei Heel 2 schiffe, 1 holk und 1 kravell, davon blieben; und fort donnerstagk vor s. Merten quemen 10 schiffe wider vor die rede mastlos, segellos, ankerlos. Auch brochte dieser storm ein sterben mit ken Dancigk. Dann es sturben umb diesselbe zeyt sehr viel eheleutte, man und weib von beiden teilen und so geschwinde, das vor nicht gehoret war. Dann es starb wol auch a. 1505 zu Danczke, aber nicht so sehr als nue.»[93]

Wenige Jahre danach, im September 1514, war «zu Danczke ein gros sterben gewesen, also das e.e. rat verursacht war vor die Kirche anzuschlagen des sontags nach Egidii und zu gebiten, das man ein laken aus den heusern hengen solt und auf das laken zeichnen, ob dor 2. 3. oder 4. gestorben sein».[94] Das war der erste Versuch, die Ausmaße der Pest festzustellen und sie statistisch zu erfassen. Bis dahin ist nicht bekannt, wieviele Menschen im Durchschnitt den großen Epidemien in Danzig zum Opfer fielen. Die Historiker behaupten, es seien einige Tausende bis einige Zehntausende gewesen. 1529 raffte der «schwarze Tod» angeblich sechstausend Menschen dahin, 1549 starben an «ansteckendem Fieber» 20 000 Menschen, und 1564 18 000, also fast die Hälfte der Bevölkerung. Auch 1602 soll die Pest über 18 000 Opfer gefordert haben. Die Chronisten versichern, daß die Trinitatiskirche damals so voll Leichen war, daß ein schrecklicher Gestank über *Tafel 37* der ganzen Umgebung lastete; infolgedessen mußte der Fußboden mit neuen dicken Steinplatten ausgelegt werden. Im 17. Jahrhundert (1620, 1624, 1634, 1636, 1653, 1657, 1660 und so weiter) hatten die Seuchen eine geringere Ausbreitung, und die Zahl der Opfer überschritt selten die Zehntausendgrenze. Freilich wurden diese Zahlen in der Regel gewaltig übertrieben. Als im Jahre 1709 in Danzig wieder einmal die Pestilenz umging, zirkulierte in der Stadt ein gedrucktes Flugblatt, wonach der Tod bereits 40 000 Menschen gefordert haben sollte. Für die Ergreifung des Verfassers dieser Schrift setzte der Rat eine Belohnung von 100 Talern aus.

Eine Panik zu vermeiden war schwer. Das magische Wort «Pest» bewirkte in der Regel den Ausbruch eines hysterischen Entsetzens. In der Stadt tauchte ein schrecklicher, unsichtbarer Feind auf, gegen den man nicht anzugehen wußte. Die Patrizier und die wohlhabenden Bürger verließen eilig die Stadt, um in ihren ländlichen Besitzungen die Zeit abzuwarten. Die Armen ergaben sich murrend ihrem Los. Aus den betroffenen Häusern hing man besondere Tücher heraus oder malte auf die Eingangstür ein weißes Kreuz. Die Kranken entbehrten jeglicher Fürsorge, sie wurden von den Familienmitgliedern, von den Nachbarn und Freunden gemieden. Die Verstorbenen wurden eilig und ohne jegliches Zeremoniell begraben. 1629 stellte die Stadt für sechs Gulden die Woche einen alten Bader ein und verpflichtete ihn, die von der Pest betroffenen Häuser aufzusuchen. Als die Pest ausgebrochen war, eilte der Alte von Haus zu Haus und verrichtete bei den Schwerstkranken die notwendigsten Dienste. Medizinische Hilfe erfuhren sie erst im Jahre 1639: Damals wurde ein Amt für einen Arzt zur Krankenbetreuung in Pestzeiten eingerichtet. Dieser Mediziner war von der Stadt angestellt und bezog für seine Dienste 100 Gulden monatlich, nicht gerade wenig, wenn man berücksichtigt, daß nicht jedes Jahr die Pest wütete.

Etwa zur gleichen Zeit dachte man in Danzig an die Errichtung einer Art Quarantäne. 1636 wurde beschlossen, einen Schuppen zu bauen, in dem die aus pestverseuchten Gegenden nach Danzig kommenden Waren einige Zeit lagern mußten. Ob diese Absicht verwirklicht wurde, läßt sich nicht mit Sicherheit sagen. Jedenfalls bezog sich die Quarantäne nicht auf die Isolierung von Kranken oder krankheitsverdächtigen Personen, was eine entscheidende Bedeutung für die Bekämpfung vieler eingeschleppter Krankheiten gehabt hätte. Es war allerdings verboten, mit Leuten näher zu verkehren oder sie nach Hause einzuladen, die aus verseuchten Gegenden kamen.

Als die Gefahr vorüber war, kehrten die reichen Kaufleute und ihre Familien in die verödete Stadt zurück. Die dezimierte Bürgerschaft beobachtete grimmig die heimkehrenden Karossen, denen mit Koffern und Kisten vollgeladene Wagen folgten. Das waren die Privilegierten, die dem Unglück, das die Stadt heimsuchte, ausweichen konnten. Das Gefühl des Unwillens und Zorns nahm zu. Die elementaren Katastrophen vertieften die vorhandene gesellschaftliche Kluft, statt sie überbrücken zu helfen.

Die Gerichtsbarkeit

Die Rechtspflege in Danzig war sowohl in Zivilfragen wie auch in Strafsachen eine Angelegenheit der Schöffenbank. Der präsidierende Bürgermeister und seine Stellvertreter entschieden nur nichtige Fragen: Unstimmigkeiten zwischen dem Brotgeber und der Dienerschaft, Streitigkeiten um geringe Summen, Schlägereien. Das Einspruchsgericht, das sich aus den Delegierten des Rates zusammensetzte, befaßte sich mit Angelegenheiten der öffentlichen Ordnung, mit der Einhaltung von Vorschriften, die den Handel und die Produktion in gewisse Normen zu erfassen suchten. Das Hauptorgan der Rechtsprechung war das Schöffenkollegium, die Zweite Ordnung, die sich aus Patriziern rekrutierte und der man Parteinahme zugunsten der Reichen und zuungunsten der Armen nachsagte. Gegen das Urteil der Schöffen konnte an den Rat appelliert werden, aber auch hier neigten sich die Waagschalen nach der Seite der Besitzenden.

Eine Gerichtsverhandlung in Danzig verlief wie

in anderen Städten. Der Angeklagte oder – im Zivilprozeß – die Parteien traten persönlich auf oder wurden durch bevollmächtigte Berufsjuristen vertreten. Der Beruf eines Advokaten war äußerst populär und auf Grund der Prozeßsucht der Bürger sehr einträglich. Die angetretenen Parteien und die Zeugen wurden in Gegenwart der Schöffen gehört und ihre Aussagen zu Protokoll gebracht. Das Gericht machte sich mit der Argumentation und den Sachbeweisen bekannt, beraumte auch manchmal einen Lokaltermin an. Manche Prozesse dauerten viele Monate, bis das Urteil gefällt wurde, und erst dann konnte an den Rat appelliert werden. Waren Summen über 500 Mark Gegenstand der Verhandlung, durfte man sich anschließend an den preußischen Landtag oder den König wenden.

Die Mehrzahl aller Gerichtsangelegenheiten waren Beleidigungsklagen und Verhandlungen wegen Schlägereien in Wirtshäusern, auf dem Markt oder auf der Straße. Die Danziger beiderlei Geschlechts, zeichneten sich durch sanguinisches Temperament aus, und der Wortschatz, den sie im Eifer des Streites verwendeten, war in der Tat drastisch und vulgär. Es war keine Seltenheit, daß der Bürgermeister an einem einzigen Tag mehrere solcher Fälle zu schlichten hatte. Am 26. November 1610 klagte ein gewisser Georg Hase gegen die Frau des Johannes Holberdt, «weil sie ihn samstags auf dem Fleischmarkt immer wieder beleidigte und ihn Gauner, Dieb und seine Mutter eine Diebeshure»[95] nannte. Ein andermal erschienen vor dem Bürgermeister zwei temperamentvolle Frauenzimmer, Frau Grunemann und Frau Mischke, die sich auf der Straße so heftig geprügelt hatten, «daß ihnen die Hauben von den Köpfen flogen».[96]

Manchmal nahmen die Straßenschlägereien solche Ausmaße an, daß sie zur Demolierung der umliegenden Verkaufsstände und Geschäfte führten. So prügelten sich zum Beispiel 1611 die Magd von Dorothee Ventzke mit der Hökerin Regina, weil sie ihr die kleine Summe von einem Schilling nicht leihen wollte. Im Handgemenge stürzten die beiden die Tür zum benachbarten Süßwarenladen ein, verschütteten Plätzchen und Süßigkeiten, die den ganzen Fußboden bedeckten, und es dauerte eine gute Weile, bis der Zuckerbäcker die keifenden Weiber wieder auf die Straße warf. Die blutig geschlagene Magd lief, sich bei ihrer Herrin zu beschweren, die sechs Häuser weiter wohnte. Auf die Kunde von der Beleidigung der Magd eilte Frau Dorothee höchstpersönlich zur Hökerin, und nach einer Weile fing die Schlägerei von neuem an. Lebensmittel flogen auf die Straße und wurden im Eifer des Gefechts von Gassenjungen und Schaulustigen gestohlen. «Soll dir der Schilling im Halse stecken bleiben», lamentierte Dorothees Magd und drohte der Hökerin mit den Fäusten.[97]

Doch nicht allein Beschimpfungen und Schlägereien nahmen die Danziger Gerichtsbarkeit in Anspruch. Die sogenannten Hauptangelegenheiten, also Morde, wurden vom königlichen Burggrafen mit Unterstützung der Schöffen verhandelt. «Der Burggraf, einer der acht Würdenträger, die der Rat dem König in Vorschlag brachte, rangiert vor den Bürgermeistern, obwohl er eine solche Bedeutung wie jene nicht besitzt, denn er trägt keine Angelegenheiten zur Beratung vor und entscheidet nicht über dieselben.»[98] Dennoch gebot jener Arm mit dem strafenden Schwert unter den Bürgern einen mit Angst gepaarten Respekt.

Für kriminelle Vergehen verhängten die Schöffen langjährige Gefängnisstrafen (bis zu 30 Jahren), seltener entschieden sie für lebenslänglich. Übrigens überlebte kaum einer eine solche Strafe im Stockturm oder in der Peinkammer, die dunkel und feucht waren und wo die Haft durch äußerst schlechte Verpflegung und körperliche Züchtigung, der die Gefangenen aller paar Tage unterzogen wurden, zusätzlich erschwert war. Als eine leichtere Strafe galt der Gewahrsam in einem Besserungshaus, wo die Häftlinge wenigstens das Weberhandwerk erlernen konnten und in entsprechenden Werkstätten beschäftigt wurden. Eine verbreitete Strafe war Auspeitschen oder das Prangerstehen am Rathaus oder in der Nähe des Besserungshauses, verbunden mit Brandmarkung oder Ohrabschneiden. Diese Strafe wurde sogar für unbedeutende Diebstähle verhängt, für einen gestohlenen Honigkuchen auf dem Markt oder ein von der Leine entwendetes Hemd. Eine gelindere Form der Anprangerung war

Tafel 85, 86

die öffentliche Ausstellung des Deliquenten in der Kirche in weißem Kleid mit einer Kerze in der Hand. Auf diese Art ahndete man Sittlichkeitsvergehen, Arbeitsbummelei und verschiedene unbeabsichtigte Verschulden. So wurde, wie es in den Gerichtsakten heißt, «1560 ein Weib, so ihrer Herrschaft Kinder verwahrloset, dazu verurteilt, daß sie drei Sonntage nach einander vor dem hohen Altare in der Pfarrkirche in einem weißen Kleide, ein weiß Tuch um ihr Haupt habend und eine brennende Kerze in ihrer Hand, von Anfange des Amtes und der Predigt öffentlich hat stehen müssen».[99]

Ein häufiges Urteil war neben Vertreibung aus der Stadt das Todesurteil. Dieses wurde durch Enthauptung, Erhängen, Rädern oder Verbrennen auf dem Scheiterhaufen vollstreckt. Verbrecher, die Stadtbürger oder Edelleute waren, wurden auf dem Langen Markt vor dem Artushof enthauptet. Hier starben 1645 die berüchtigten Falschmünzer Charles und Claude de Hetot. Verbrecher aus den plebejischen Schichten wurden vor dem Stockturm «abgeschlagen». Diebe kamen gewöhnlich an den Galgen, der außerhalb der Stadtmauer an der Straße nach Oliva stand. Räuber, Banditen, Wegelagerer wurden aufs Rad geflochten. Der Scheiterhaufen war den Hexen, Zauberern und Brandstiftern vorbehalten.

Alle Exekutionen waren öffentlich; sie erregten lebhaftes Interesse seitens der Bürger, denen es nicht vor dem grausamen Schauspiel schauderte und die es als eine kostenlose, in dieser monotonen Zeit sehr unterhaltsame Abwechslung betrachteten. «Ich war Zeuge, wie ein zum Tode Verdammter vor die Richter geführt wurde, daß er das Urteil gegen sich selbst höre», berichtet Charles Ogier. «Ein Priester begleitete ihn; hinter dem Verurteilten, dem die Hände auf dem Rücken gebunden waren, schritt der Henker.»[100] Der Delinquent wurde von einem Gerichtsdiener, dem Scharfrichter und einem Geistlichen zum Richtplatz geführt; viele Schaulustige folgten. Mitunter war er durch die vorangegangenen Folterungen so geschwächt, daß er nicht auf eigenen Füßen stehen konnte, sondern getragen werden mußte. Wurde ein Dieb zum Galgen geführt, hielt der ganze Zug neben der Jerusalemkapelle.[101] Hier reichte man dem Verurteilten einen Kelch mit dem letzten Labetrunk. Nach der Ankunft am Richtplatz inszenierte man einen verkürzten Prozeß als belehrendes Memento für die versammelten Zuschauer, denn «es ist Sitte, daß der Richter den Verurteilten noch einmal öffentlich verhört und daß sich dieser gewöhnlich zu allem bekennt; erst dann verkündet jener sein Urteil, das seine Kollegen schon längst gefällt haben ...»[102] Nach diesem Zeremoniell schritt man zur Exekution.

Nicht nur die Hinrichtungen, sondern auch die Reparaturen am Galgen wurden feierlich, von theatralischen Zeremonien begleitet, durchgeführt. Aus dem Jahre 1680 ist die Beschreibung eines solchen Ereignisses erhalten. Die mit der Instandsetzung der Galgen beauftragten Zünfte versammelten sich mit ihren Fahnen in feierlichem Zug vor dem Rathaus, wo sie vom Rat begrüßt und mit Bier aus dem Rathauskeller bewirtet wurden. Anschließend zogen die Handwerker «vor ihres Werksherrn Behausung», wo sie «mit einem Trunk Wein soulagiert wurden». «Es hielten aber die Gewerke, so aufgezogen, nachfolgende Ordnung: Das erste war das Gewerk der Hauszimmerleute, ungefähr 180 Mann stark; hatte 6 Tambours und 3 Pfeifer, eine rot, grün und weiße Fahne. Zum anderen das Gewerk der Maurer, 206 Mann stark, 4 Tambours und 4 Pfeifer, eine blaue Fahne. Das dritte das Gewerk der Schmiede cum incorporatis, 223 Mann mit Gewehr, 6 Tambours und 3 Pfeifer, eine blaue Fahne. Das vierte Gewerk der Schiffzimmerleute, 186 Mann, ohne Gewehr, mit ihren Beilen, 3 Tambours, 2 Pfeifer, eine rot, weiß und blaue Fahne.»[103] Begleitet von einer forschen Marschmusik, zogen die durch den Trunk angeregten Handwerker vor die Stadt, wo das unheilverkündende Gerüst stand. Nach Beendigung der notwendigen Arbeiten formierten sie sich wieder und marschierten lärmend und musizierend in die Stadt zurück.

Die Verbrecherwelt – das waren nur in geringem Maße Banditen oder Falschmünzer wie der Räuberhauptmann Mattern, der den Danziger Kaufleuten in den ersten Jahren des 16. Jahrhunderts in den Wäldern auflauerte, oder die durchtriebenen Dukatenfälscher, die Brüder de Hetot, die im 17. Jahrhundert mit ihren Machenschaften angeblich ein phantastisches Vermögen erworben hatten. Die Mehrzahl der beschuldigten Angeklagten, die sich vor den Schöffen verantworten mußten, waren kleine Diebe oder Betrüger, die im Gedränge auf dem Markt den unvorsichtigen Frauen die Geldbeutel mit Kupfermünzen stahlen oder die Gesellen beim Kartenspiel betrogen.

Eine besondere Gruppe der Danziger «Verbrecher» waren die Hexen und Hexenmeister. Der Glaube an Geister und Vampire war in der damaligen Zeit weit verbreitet. Die Danziger Chroniken aus dem 16. Jahrhundert berichten mit großem Respekt über zahlreiche Dinge, die angeblich von Zeit zu Zeit in der Stadt vor sich gingen. So schreibt der Chronist im Jahre 1516 von einem jungen Karmelitermönch, der die Weihnacht auf dem Chor in der Kirche verbracht hatte. Um zwölf Uhr soll er eine schreckliche Erscheinung erblickt haben: «... ein gespenst in eines menschen gestalt, dem gieng ausz dem munde und nasenlocher hellischer fewer ausz und brandt heszlich und erschrecklich».[104] Die Erscheinung faßte angeblich den Mönch an der Hand, und im gleichen Augenblick verkohlte ihm die Haut und das Fleisch. Der Karmelitermönch blieb ein Krüppel, denn man mußte ihm den ganzen Arm amputieren.

Im Jahre 1545 notierte der Chronist mit Schrekken, daß am hellichten Tag ein als Mönch verkleideter Geist «hüpfend und tanzend» gesehen wurde. Solche kritiklos wiederholten und niedergeschriebenen Erzählungen bestärkten den Glauben an übernatürliche Erscheinungen nicht nur unter den einfachen Menschen, sondern auch unter den Gebildeten. In der Vorstellung der Zeitgenossen wimmelte es in der Welt von schrecklichen, geheimnisvollen Mächten. In der Dunkelheit der Nacht lauerten Teufel und Vampire. Selbst am hellen Tage waren Leib und Seele, aber auch das irdische Gut des Christenmenschen von Zauberei bedroht. So richteten sich alle Willküren des 16. und 17. Jahrhunderts gegen Personen, die Kontakte mit jenen abscheulichen, unreinen Mächten hatten. «Hexen» und «Zauberer» erwartete in Danzig der Tod auf dem Scheiterhaufen, und die Menge belustigte sich an dem schrecklichen Schauspiel, das auf dem Kohlen- oder Holzmarkt vor sich ging, mit der gleichen Genugtuung, wie sie ein Feuerwerk anläßlich so mancher Festlichkeit bestaunte. Die Feinfühligkeit jener an manche Grausamkeit gewöhnten Zeitgenossen war nicht besonders stark ausgeprägt.

In den Schöffenbüchern sind verschiedene Aufzeichnungen über Zauberei enthalten. Die Angeklagten waren meistens arme Frauen, die, auf die Folter genommen, früher oder später ihre intimen Beziehungen zum Satan gestanden, die Teilnahme am Hexensabbat zugaben, wo sich üppige Festgelage und Tänze abgespielt haben sollten, und schließlich bekannten, Vieh und Menschen behext zu haben. Am häufigsten wurden die Angeklagten mit glühenden Zangen gezwickt, der Streckfolter unterzogen oder man brach ihnen die Gliedmaßen. Manchmal ersannen die Henkersknechte zusätzliche Quälereien – so wurde zum Beispiel 1573 einem «Hexenmeister» ein Stoß Zauberbücher auf das Gesicht gelegt, darauf ein Beutel mit Zucker, der, nachdem das Ganze angezündet war, in die Augen des Unglücklichen tropfte.

Nach den ausgeklügelten Mißhandlungen erwartete das bedauernswerte Opfer ein langsamer Flammentod. Manche der Verurteilten versuchten, sich schon vorher das Leben zu nehmen. So erhängte sich in einer Mainacht im Jahre 1570 im Danziger Gefängnis eine Frau, die während der Folter ein Geständnis abgelegt hatte, «mit dem Teufel im Bunde zu sein». Die Leiche der Selbstmörderin wurde dennoch zur Abschreckung öffentlich verbrannt.

Die letzte Hinrichtung einer Hexe in Danzig fand im Jahre 1659 statt. Verurteilt wurde eine achtundachtzig Jahre alte Greisin aus der Altstadt, Anna Krügers, die von den Nachbarn beschuldigt wurde, sie habe das Vieh behext und Geister geschickt. Nach langem Verhör und grausamer Folter bekannte sich die Angeklagte, Beziehungen zum Teufel, der Klaus hieß, unterhalten zu haben. Sie erklärte auch, daß sie ihm ihre Seele für eine «schöne Ecke in der Hölle» verschrieben habe, «daselbst sie keine Qual, sondern vielmehr Freude und Wollust haben sollte».[105] Die Alte wurde auf dem

Holzmarkt verbrannt. Im letzten Augenblick, bevor der Scheiterhaufen angezündet wurde, legte ihr der mitleidige Scharfrichter einen Beutel mit Pulver an die Brust und kürzte damit die Qualen der alten Frau ab.

Da die Dörfer um Danzig auf feuchtem, sumpfigem Grund standen, ist die große Zahl der Prozesse um «Teufelswerk» in diesen Gegenden verständlich. Die argwöhnischen Bürger sahen in jedem Irrlicht und in jedem dichten Nebel den Satan. Sümpfe und Moraste waren in ihren Vorstellungen voll von kichernden Kobolden und Gnomen, über deren Natur man sich an den langen Herbst- und Winterabenden unterhielt. Man glaubte, daß dem «Teufelswerk» nicht nur Vieh zum Opfer fiel. Man meinte, sich damit auch gegen Kugeln sichern, ein Bauwerk erhalten, sich vor Krankheiten schützen und sogar einen untreuen Liebhaber zur Umkehr bewegen zu können. So manch einer also hielt in der Not Umschau nach einem Kräuterweib, nach einer Frau, von der man sich zuflüsterte, daß sie entzaubern oder verzaubern könnte, nach einem Magier, der verschiedene «Mittel» kannte. In der Stadt war die Nachfrage nach der «schwarzen Kunst» groß. Sie war es auch, die im Verein mit einer böswilligen oder rachsüchtigen Nachrede die unglückselige Gestalt hervorbrachte, die früher oder später einen kläglichen Tod erleiden mußte: die angebliche Hexe.

Die Verbrecherwelt in Danzig war, wie aus all dem folgt, stark differenziert, durch vielerlei Fäden miteinander verschlungen und mit der Welt der Bettler aufs engste verknüpft. Der Dieb, der nicht ein Laib Brot oder ein paar Groschen zu stehlen vermochte, ging betteln. Der Bettelmann stahl, was sich stehlen ließ, die Unaufmerksamkeit der Gutgläubigen ausnutzend. Häufig war er mit einer Gaunerbande in Absprache, kundschaftete für sie, sammelte Informationen. Unter den Frauen, die die Hand nach Almosen ausstreckte, gab es «Kräuterweiber» und solche, die einen «bösen Blick» hatten. Das Problem des Verbrechertums war eng mit dem Problem des Bettlertums verbunden. Der große Hafen, die vielen auf einem relativ hohen Niveau lebenden Menschen zogen ungezählte Scharen armer Schlucker an. In Lumpen gehüllte, oft verkrüppelte, mit Wunden und Schwären bedeckte Frauen und Männer – das war ein alltäglicher Anblick in den Straßen von Danzig. Die Bettler lagen oder saßen auf den Kirchenstufen, in der Nähe der Stadttore, auf den Brücken und am Rande der Marktplätze und klammerten sich unter zudringlichem Gejammer an die Kleiderschöße der Passanten. Sobald nur zwei Personen auf der Straße stehen blieben, so klagten in den ersten Jahren des 16. Jahrhunderts die Bürger, tauchte sofort neben ihnen ein Bettler auf und ließ sie nicht in Ruhe einige Worte wechseln. In der Morgenfrühe mußten die Stadtknechte nicht selten die Leichen der nachts vor Entkräftung oder Kälte auf den Straßen Verstorbenen beiseite schaffen, die oft aus entfernten Gegenden hierher gekommen waren.

Das Mittelalter tat nichts gegen die Bettelei, im Gegenteil; die Armen, als Abgesandte Gottes angesehen, waren für das wohlhabende Bürgertum notwendig, damit es die Tugend der Nächstenliebe praktizieren konnte. Das im Vorbeigehen einem Krüppel oder Greis zugeworfene Almosen gewährte dem Gewissen des Kaufmanns das Gefühl der Sündenfreiheit für seine unehrlichen Geschäfte, die er tags zuvor getätigt hatte; es beruhigte das schlechte Gewissen des Zunftmeisters, der seinen Lehrling ausnutzte. Bei der Testamentsabfassung bedachte man in der Regel auch die Armen und übte somit eine Art Erpressung Gott gegenüber. Die Reichen verschrieben bedeutende Summen den Hospitälern oder ordneten an, daß nach ihrem Tode ein großes Essen für alle auf der Straße aufgelesenen Bettler auszurichten sei. Auch die mittelbegüterten Bürger bestimmten einen Teil ihres im Laufe des Lebens erworbenen Vermögens für wohltätige Zwecke. Die Schuhmacherwitwe Barbara Schröder, die 1499 starb, vermachte einigen Hospitälern eine Summe Geldes für deren Erhaltung und ebensoviel für die Speisung der Armen, ferner bestimmte sie, daß jedem Bedürftigen ein Ei und ein Brötchen zu geben sei, und schenkte zehn armen frommen Mädchen je zehn Mark. Ähnliche testamentarischen Schenkungen nahmen fast alle Danziger Bürger vor.

Im 16. Jahrhundert veränderte sich, hauptsächlich

unter dem Einfluß der Reformation, grundsätzlich die Einstellung des Bürgertums zum Problem der Armenpflege. Die nüchtern denkenden, vorsorglichen Kaufleute und Handwerker befreiten sich schnell von der mittelalterlichen Nachsicht gegenüber einer durch Faulheit und Trägheit bedingten Armut. Der im Entstehen begriffene Kult der Betriebsamkeit konnte nicht neben der Tolerierung von Bettlern existieren, die imstande waren, sich mit ihrer eigenen Hände Arbeit das Brot zu verdienen. Und solche gab es viele. Eine 1525 erlassene Ordination verlangte, daß die Armen sich sofort einer Art Untersuchung unterziehen mußten. Diejenigen, die sich als fähig erwiesen, auf dem Felde zu arbeiten, hatten die Stadt zu verlassen. «Item starke und gesunde Bettler, die noch zur Arbeit tüchtig sein, und auch die fremden, welche bei uns nicht haben gewohnt, soll man aus der Stadt weisen und verbieten wieder zu kommen mit Vermahnung. So er aber halsstarrig wollte sein und diese Gebot nicht achten und wieder käme, soll man ihm zum Ersten ein Zeichen in sein rechtes Ohr schneiden, kommt er zum andern Male wieder, soll er in gefänglicher Arbeit sein Lebtag behalten werden ohne alle Vorbitte, welche Vermahnung man mag schlagen an offener Stelle, da sie ein jeder lesen mag.»[106]

Allein den ortsansässigen Bettlern, sofern sie tatsächlich siech und krank waren, wurde der Aufenthalt in Hospitälern unter der Bedingung gestattet, daß sie auch dort nach ihren Kräften zu arbeiten hätten, «damit sie was erwerben und ihr Brot mögen essen nach dem Wort»[107]. Gleichzeitig befahl die Ordination den Eltern, daß sie sorgfältig auf ihre Kinder achten und ihnen verbieten sollten, mit Bettlern zu verkehren, den Schankwirten aber, daß sie den Wanderbettlern kein Nachtlager zu geben hätten.

Das Jahr 1551 brachte eine neue Armenordnung. Die ganze Stadt wurde in Bezirke eingeteilt, denen besondere Bettelvögte vorstanden. Zu ihren Pflichten gehörte eine Art Musterung der Armen; die Fremden, die die Stadt loswerden wollte, sollten in die Dörfer beziehungsweise in ihre Heimat geschickt werden. Die ortsständigen Hilfsbedürftigen wurden in spezielle Register aufgenommen und erhielten Abzeichen, die zum Betteln in bestimmten Stadtteilen berechtigten. Ihre Kinder hatten einen Beruf zu erlernen.

Diese Verordnungen beseitigten natürlich das Bettlertum nicht, aber vieles konnte mit ihrer Hilfe geregelt werden. Die Hospitäler waren nicht imstande, alle Danziger Bettler aufzunehmen, also war individuelle Hilfe vonnöten, die in der Verordnung von 1551 legalisiert wurde. Die wohlhabenderen Kaufleute bemühten sich weiterhin, bei der Aufstellung der Testamente ihr Gewissen zu erleichtern, und verschrieben den Bedürftigen bestimmte Summen. So vermachte 1564 Konrad und Barbara von Suchten der Stadt ein Kapital in Höhe von 15 000 Mark, die 1000 Mark Zinsen jährlich auf ewige Zeiten abwerfen sollten. Von dieser Summe sollten den Armen 100 Mark, den Waisen 100 Mark und dem Hospital für Pockenkranke weitere 100 Mark zufließen. Ein anderer Bürger setzte zur gleichen Zeit 1500 Mark aus mit einer Jahresrente von 60 Mark, damit alljährlich am Tage seines Schutzpatrons, des heiligen Ulrich, ein Festgelage für Bettler und Waisenkinder ausgerichtet werde. Aus diesem Anlaß sollten ein Faß Bier, ein halber Ochse, gekochte Graupen mit Milch und jedem Festgast ein Striezel für zwei Groschen gegeben werden.

Trotz strenger Kontrolle hielten sich auch später Scharen von Bettlern in der Stadt auf, und es gelang nicht, den ständigen Zustrom von Fremden aufzuhalten. Die städtischen Behörden sahen darin eine große Belastung für die kommunale Wirtschaft. In Danzig fehlte es an Arbeitskräften, zum Beispiel im Handwerk, und der Anblick der zum Betteln ausgestreckten Hände der «Nichtstuer» empörte das betriebsame Bürgertum. Die im Jahre 1629 erlassene Verordnung, wonach alle diejenigen, die keine Genehmigung besaßen, von Almosen zu leben, in die am Pockenhaus eingerichteten Werkstätten gesperrt werden sollten, fand allgemeine Zustimmung. In einigen Razzien wurden so viele arbeitsfähige Bettler aufgegriffen, daß die für sie vorbereiteten Räume nicht ausreichten. 1630 ging man an die Errichtung eines neuen großen Gebäudes, in dem Werkstätten zur Fabrikation von

Tuch und anderen Geweben untergebracht werden sollten. Der düstere, von einer hohen Mauer umgebene Bau wurde zum Aufenthaltsort für viele hundert Männer, Frauen und Kinder. Die Zwangsarbeit dauerte zwölf und mehr Stunden am Tag, die Beköstigung bestand aus kleistrigem Brot und Grütze. Für geringste Vergehen drohte Auspeitschung. Für die Nacht wurden die Frauen mit Kindern und die Männer in getrennte Säle gesteckt. In den einen wie in den anderen dienten Holzpritschen mit ein wenig Stroh darüber als Lager. Dieser Einrichtung war für die Unternehmer so einträglich, daß man gegen Ende des Jahrhunderts ein zweites Arbeitshaus errichtete. Und wieder wurden Hunderte von Sträflingen und aufgegriffene Bettler beiderlei Geschlechts zur unbezahlten Arbeit zum Nutzen der Danziger Ratsherren gezwungen.

Die Bettler verkörperten die äußerste Form der Armut, sie standen auf der niedrigsten Sprosse in der Hierarchie der bürgerlichen Gesellschaft. Es fehlte in Danzig nicht an Menschen, die an der Grenze jener völligen Armut lebten, sich aber Jahre hindurch vor dem Zurückgestoßenwerden in die Kategorie der Unterstützungsbedürftigen verzweifelt wehrten. Tagelöhner und verarmte Meister, Frauen, die ihr Brot durch Hausierhandel oder als Dienstmägde verdienten – sie alle konnten jederzeit auf das Niveau der Bettler herabsinken. Krankheit oder Alter beschleunigten diesen Prozeß. Jeder versuchte, sich vor dieser traurigen Eventualität auf jede mögliche Weise zu schützen. Die Zünfte und Gesellenverbände richteten Unterstützungskassen ein, die bestimmte Summen an ihre bedürftigen, verarmten Mitglieder auszahlten. Im Jahre 1634 wurde eine Kasse für Pastorenwitwen eingerichtet; die städtischen Behörden legten zu diesem Zweck 3000 Gulden an. Auch Privatpersonen ergriffen die Initiative. 1721 verschrieb die Witwe Barbara Schmidt ihr gesamtes Vermögen der Errichtung eines Hauses für alte bedürftige Leute; dreißig Frauen sollten hier unentgeltlich Wohnung finden und eine wöchentliche Unterstützung von zwei Gulden erhalten, die immerhin ein Auskommen garantierten. Doch war das alles bei so einer großen Stadt wie Danzig nur ein Tropfen auf den heißen Stein. Die in Lumpen gehüllte, gebeugte Silhouette des Bettlers ließ sich trotz der vielfältigen Maßnahmen nicht aus dem Danziger Straßenbild verbannen und verunstaltete, einem grauen, unansehnlichen Schandmahl gleich, sein farbenfrohes, wohlhabendes Aussehen.

Erziehung der Jugend

Um Handel treiben zu können, insbesondere komplizierten Welthandel, sind Kenntnisse notwendig. Der Danziger Kaufmann war für sich selbst um Bildung bemüht, aber ebenso bestrebt, sie seinen Kindern angedeihen zu lassen. Der Sohn eines wohlhabenden Bürgers besuchte zuerst eine der sechs städtischen «Trivialschulen», die aus den Pfarrschulen des 15. Jahrhunderts hervorgegangen waren. Neben dem Katechismus lehrte man hier Lesen und Schreiben in deutscher und lateinischer Sprache (daher auch die Bezeichnung «Lateinschule»). In den höheren Klassen wurden die Knaben mit antiken Schriftstellern und großen Werken der Humanisten bekannt gemacht. So memorierten also die jungen Danziger Cato, Terentius oder Cicero und arbeiteten sich mühsam durch die Schriften des großen Erasmus durch. Besonderes Gewicht legte man auf Musik und Gesang, und Schüler wie Lehrer waren verpflichtet, sonntags während des Gottesdienstes im Kirchenchor zu singen.

Der Trivialschule stand der Rektor vor, dem ein Kantor und ein oder zwei Bakkalaurei zur Seite gestellt waren. Diese Lehrer wurden von der Stadt bezahlt. Außer dem Gehalt bekamen sie nach alter Gewohnheit eine bestimmte Summe von den Eltern der Schüler; der Unterricht war also nicht unentgeltlich. Beides zusammengenommen war dennoch nicht viel, und besonders in der zweiten Hälfte des 17. Jahrhunderts ging es den Danziger Lehrern infolge der hohen Preise und der Geldentwertung nicht gerade gut. Im Jahre 1661 erbat sich der Rektor der Johannisschule beim Rat die Erlaubnis, mit Hilfe einer Handmühle Grütze zu mahlen, um damit zu einer zusätzlichen Einnahmequelle zu kommen. Sein Vorgänger braute aus demselben Grunde Bier. Die Pädagogen in den anderen Schulen verdienten, jeder nach seiner Weise, etwas hinzu, indem sie hökerten, Met bereiteten oder Büchereinbände herstellten. Diese Umstände wirkten sich keineswegs förderlich auf das Unterrichtsniveau aus, welches gegen Ende des 17. Jahrhunderts besonders tief gesunken war. Auch private Stiftungen zugunsten der Lehrer konnten da nicht helfen. 1685 verschrieb der Bürgermeister Gabriel Krumhausen den Bakkalaurei und dem Rektor der Marienschule 6000 Gulden; von dieser Summe sollten sie jährlich je 37,5 Gulden als Prozente erhalten. Solche Unterstützungen waren selbstverständlich unzureichend, und 1711 stellte der Rat fest, «daß bei so geringem Salario sich keine tüchtigen Leute zu Schulämtern wollten gebrauchen lassen»[108].

Die Blütezeit der Danziger Schulen fällt in das Ende des 16. und den Anfang des 17. Jahrhunderts. In dieser Epoche eigneten sich die Knaben tatsächlich solides Wissen an. Wieviel Stunden der Unterricht in der Trivialschule umfaßte, wissen wir nicht mit Bestimmtheit. Das Projekt einer Schulreform aus dem Jahre 1547 empfahl, den Unterricht zwischen 6 und 8, 9 und 11, 13 und 16 Uhr festzulegen. Die jüngsten Schüler hatten um 7 Uhr mit dem Unterricht zu beginnen. Mittwoch Nachmittag sollte frei sein.

Die Trivialschule mit ihrem ausgeprägten humanistischen Profil war im wesentlichen für Söhne vermögender Bürger vorgesehen. Es gab aber auch sogenannte Armenklassen (1592 an der Marienschule, seit 1616 an der Johannisschule), doch wurden diese hauptsächlich von den nicht zahlreichen Stipendiaten besucht, die vom Rat oder von Privatpersonen Unterstützungen empfingen. Die Trivialschule war übrigens als Vorstufe für eine höhere Ausbildung gedacht, die sich nur die Jugend aus den wohlhabenderen Häusern leisten konnte. Eine wesentliche Ergänzung des Schulunterrichts in den kaufmännischen Kreisen waren die sehr verbreiteten Auslandsaufenthalte. Die jungen Leute verbrachten eine Zeitlang im Kontor einer befreundeten Firma und erlernten fremde Sprachen. Sie reisten in die pommerschen Städte (hier lernten sie polnisch) oder weiter ins Ausland, nach Belgien, Frankreich, Holland oder Deutschland.

Neben den sechs städtischen Schulen existierten in Danzig im 16. und 17. Jahrhundert einige Dutzend privater Grundschulen verschiedenen Typs, und ihr Programm war von den praktischen Bedürfnissen geprägt. So gab es französische Schulen, in welchen das Hauptgewicht auf die Erlernung der für den Handel so wichtigen französischen Sprache gelegt wurde. Es gab entsprechende polnische Schulen, die von denjenigen, die ständigen Kontakt mit dem Adel und den Flößern hatten, bevorzugt wurden. Außer Sprachen lernten die Kinder in den Privatschulen lesen, schreiben, rechnen und Handarbeiten. Die Schulen dieses Typs wurden von Kindern weniger vermögender Eltern besucht, zum Beispiel von Söhnen kleiner Kaufleute oder Handwerker, die keine höhere Bildung anstrebten, sondern möglichst bald Geld verdienen mußten. In die Privatschulen gingen auch Mädchen aus den Kreisen des mittleren Bürgertums. Die jungen Damen der patrizischen Familien genossen Privatunterrricht zu Hause oder sie wurden in das Norbertinerkloster in Żukόw gegeben, wo sie unter anderem die Gelegenheit hatten, höfische und patrizische Manieren zu erlernen.

Die Privatschulen waren unterschiedlich groß und zählten bis zu einigen Dutzend Schüler oder Schülerinnen verschiedenen Alters. Neben Schulen für Kinder von vier bis sieben Jahren bestanden solche für ältere Schüler. Einige davon waren Internatsschulen. Dort wurden Kinder aufgenommen, deren Eltern außerhalb der Stadt wohnten. In den Danziger Internatsschulen lernten die jungen Leute aus Lübeck, Riga und anderen Städten die polnische Sprache.

Im Jahre 1663 stellten die vom Rat beauftragten Visitatoren allein in der Rechtstadt 33 private Schulen mit 842 Schülern (darunter 120 Mädchen) fest. Nach Berechnungen des Rektors der Marienschule, der über die Konkurrenz privater Pädagogen eindringlich Klage führte, betrug die Zahl solcher Schulen 56.

73, 74
Teerhof und Aschhof, 17. Jahrhundert

1. Das blanke Haus.
1 Domus a nitore imbricum nominata.

Der Theerhoff
Area in qua pix liquida asservatur.
2. Die Mottlau. 2. Mottlavia.

3. Platz wo dielen geschnitten werden
3 Locus ubi trabes secantur in asseres.

13

1 Einige Speicher
Quædam Granaria

Der Asch Hoff
Area cineribus reponendis trutinaque examinandis destinata

2 Der Dielen Markt
Forum in quo asseres venundantur

12.

DIE GROSSE MIELE

75, 76
Die Große Mühle
aus dem 14. Jahrhundert

77, 78
Zeugnisse alter Schmiedekunst,
Gittertüren von Arsenal (links, 1605) und Rathaus (rechts, Anfang 17. Jahrhundert)

79
Danziger Schrank
im holländischen Stil,
um 1670

80
Danziger Kabinettschrank, um 1700

81, 82
Bernsteinschüssel und zwei kostbar verzierte Bernsteinkrüge, um 1610/1620

83
Am Kaminfeuer, allegorische Stickarbeit, 17. Jahrhundert

Über die städtischen wie auch privaten Schulen wachte eine Körperschaft, das Collegium Scholarchalae. Es bestand aus dem Bürgermeister und drei Ratsherren. 1678 wurden noch zwei Schöffen und vier Hundertmänner hinzugezogen. Diese Körperschaft war den Stadtbehörden gegenüber für das Unterrichtsniveau verantwortlich, sie kümmerte sich um die Lebensbedingungen der Lehrer und Schüler und achtete (nicht immer mit Erfolg) darauf, daß sich die Lehrerschaft aus vertrauenswürdigen Personen zusammensetzte.

Unter der Aufsicht des Collegiums stand auch das berühmte Danziger Gymnasium. Diese Lehranstalt entstand im 16. Jahrhundert aus der 1558 im ehemaligen Franziskanerkloster (gegenwärtig Muzeum Pomorskie in der Rzeźnicza 25) gegründeten evangelischen Lateinschule. Die mit ausgedehnten ehemaligen Klostergütern ausgestattete und in fürsorgliche Obhut zahlreicher patrizischer Mäzene genommene Lehranstalt entwickelte sich schnell. Das Danziger Gymnasium, mit dem ehrenvollen Prädikat «akademisch» ausgestattet, hatte zwei Hauptkurse: Der untere, Secunda, arbeitete nach dem schulischen System. Hier bestand Anwesenheitspflicht, und der Unterricht umfaßte, wie in den Grundschulen, Lesen im Chor und Kommentierung der Pflichtlektüre; der Stoff wurde ähnlich wie der Katechismus vermittelt, mit Hilfe schablonenhafter Fragen und Antworten. Das Lehrprogramm war, wie in der Trivialschule, vornehmlich humanistisch geprägt – ein in der Stadt der Kaufleute und Seefahrer erstaunliches Phänomen. Die Lieblingsautoren der Danziger Pädagogen waren Cicero, Demosthenes, Vergil, Horaz und Terentius. Latein stand sehr hoch im Kurs, die Knaben aus der Secunda beherrschten die Sprache so vorzüglich, daß sie Verse dichteten oder Reden verfaßten, lateinische Dispute führten oder Theaterstücke aufführten. Neben Latein lehrte man in der Secunda Griechisch, die Anfänge des Hebräischen, Musik und Gesang. Zeugnisse gab es dreimal jährlich; einmal im Jahr fanden öffentliche Schulfeiern und Prüfungen in Gegenwart von Eltern und Gästen statt.

Der höhere Kurs, Prima, war nach der Art akademischer Studien an der Universität organisiert und hatte die Lehrbereiche Theologie, Juristerei, Medizin, Philologie, Eloquenz (Beredsamkeit) und Mathematik. Seit 1589 existierte ein Lektorat für die polnische Sprache. Die Studenten hatten die Möglichkeit, zwischen den Vorlesungen zu wählen und übten sich in der selbständigen wissenschaftlichen Arbeit. Besonders geschätzt waren Vorlesungen in Medizin und Mathematik. Vorrangstellung hatte jedoch die Theologie, die auf Grund der ständigen Religionsstreitigkeiten in der Stadt von größtem Interesse war. Theologische Dispute am Gymnasium zogen Scharen von Neugierigen an. Hier stritten Katholiken mit Lutheranern, Lutheraner mit Kalvinisten, und die in der Aula gelieferten Argumente wurden als vortreffliche Waffen von den sich bekämpfenden Gruppen innerhalb des Patriziats und der breiten Kreise des Bürgertums genutzt. Mitunter war die Atmosphäre so mit Spannung geladen, daß der Schein der Gelehrsamkeit nicht mehr gewahrt wurde. Die akademischen Gegner drohten mit Fäusten oder beschimpften einander. Es fehlte auch nicht an skurrilen Vorgängen. Zu ihnen gehört das Erlebnis eines Anhängers des aristokratischen Kalvinismus, Bartholomäus Kekkermann, eines zu Beginn des 17. Jahrhunderts bekannten Professors für Beredsamkeit. Als Frau verkleidet, mußte er einmal durch die Hintertür des Gymnasiums vor der «diskutierenden» Menge fliehen.

Die Zöglinge des Danziger Gymnasiums erhielten für ihre weiteren Universitätsstudien eine ausgezeichnete Grundlage. Deswegen studierten hier Söhne der begüterten Familien aus ganz Pommern, aber auch Studenten aus fernen Gegenden: aus dem Inneren Polens, aus Schlesien und Deutschland. Im 17. Jahrhundert schrieben sich jährlich über 100 Jünglinge ein.

Die Vorlesungen im Gymnasium dauerten von 7 bis 10 und von 14 bis 16 Uhr. Mittwoch und Sonnabend war nachmittags frei. Die Studenten konnten in dieser Zeit die umfangreiche Bibliothek benutzen, die sich dank der Schenkungen und Legate begüterter Bürger vergrößerte und später Kern der städtischen Bibliothek wurde (heute ist sie ein Teil der Bibliothek der Polnischen Akademie der Wissenschaften). Fünfmal im Jahr gab es zweiwöchige Ferien: zu Fastnacht, Ostern, Pfingsten, St. Martin und Weihnachten. Einmal im Jahr, im August während des großen Dominikusjahrmarktes, war eine dreiwöchige Pause.

Das Gymnasium wurde hauptsächlich von Söhnen reicher Bürger besucht beziehungsweise von den begabten Schülern, denen es gelungen war, eines der vom Rat oder einem reichen Kaufmann gestifteten Stipendien zu erlangen. Konrad von Suchten und seine Frau Barbara verschrieben 1564 zum Beispiel 150 Mark als Beihilfe für notleidende studierende Jugendliche, «weilen nicht viele reicher Leute Söhne dieser Stadt sich zu Kirche- und Schul- und Stadtschreiber-Aemtern gebrauchen lassen»[109]. Seit 1604 erhielten unbemittelte Schüler Freitische. Um die Mitte des 17. Jahrhunderts waren es 35 Jünglinge, die davon Gebrauch machten. In der gleichen Zeit wurde das ehemalige Franziskanerdormitorium in ein Internat für bedürftige Schüler umgewandelt. Alle diese Stiftungen haben schon gegen Ende desselben Jahrhunderts aufgehört zu existieren.

Das Akademische Gymnasium war das Sprungbrett für die späteren Universitätsstudien in Deutschland, England, Frankreich, Holland und Italien. Es war damals üblich, an verschiedenen Universitäten zu studieren, bei den besten Lehrern zu hören und gewöhnlich zwei, manchmal auch drei Fakultäten zu absolvieren. Bei dieser Gelegenheit lernten die jungen Männer fremde Länder und ihre Sitten kennen, sahen berühmte Städte und schlossen vielfältige Kontakte. Ein längerer Auslandsaufenthalt war sehr lehrreich, aber auch kostspielig. Den begabten armen Studenten ermöglichten besondere Stiftungen des Rates oder von Privatpersonen ein Studium. Der schon erwähnte Konrad von Suchten bestimmte in seinem Testament 400 Mark als Universitätsstipendien für sechs bis acht junge Männer, «die die Hoffnung rechtfertigten, daß sie in der Zukunft Gott und Vaterland mit Nutzen dienen werden». Die Stipendiaten mußten vor der Reise ins Ausland eine feierliche Verpflichtung abgeben, daß sie nach Danzig zurückkehren und die Stellungen einnehmen würden, die der Stifter des Vermächtnisses ihnen zuwies. Freilich war der Geldbeutel, den sie auf die Reise mitnahmen, nicht so schwer, wie der der reichen jungen Herren, allein er genügte, um vier bis fünf Jahre im Ausland bescheiden leben zu können.

Die letzten Jahre des 17. Jahrhunderts wirkten sich negativ auf das Niveau des Schul- und Bildungswesens aller Bereiche aus. Es kam soweit, daß die Marienschule, einst die beste in Danzig, als Seminarium vitiorum, «Schule der Laster», bezeichnet wurde, denn «der Rector wisse seine Auctorität nicht zu conseviren, die Lerer sprächen von einander im Beisein der Schüler verächtlich. Einer factionire und machinire gegen den Andern, was die Jugend nachahme und schon während der Leichenpredigten im Gotteshause sich mit Schlägen und Schimpfreden angreife, unschuldige Leute anfalle, mit scharf beschlagenen ‹Teshaecken-Stöcken›, deren Spitzen mit Blei gefüttert seien, auf den Straßen herum patrouillire und den gröbsten Unfug anrichte.»[110] Der Niedergang des Schulwesens verschonte auch das Gymnasium nicht. Im Rapport aus dem Jahre 1671 lesen wir, daß in den unteren Klassen seit über zwanzig Jahren kein theologisches Buch zu Ende kommentiert worden sei. Auch in der Prima herrsche Unordnung. Vorlesungen fänden vor leeren Bänken oder überhaupt nicht statt, die Schüler beherrschten das Latein so mangelhaft, daß sie nicht imstande seien, einen Disput in dieser Sprache zu führen. Über die Zulassung zur Schule entschieden nicht die Kenntnisse des jungen Menschen, sondern Beziehungen. Das Ergebnis sei, daß «die dem Müßiggang anvertrauten Schüler sehr unordentliche studieren». In Auditorien und Seminarräumen war gähnende Leere. Die Ursache dieses beklagenswerten Zustandes war sicher die Erstarrung des Schulwesens, die Überlebtheit seines seit Jahrzehnten unverändert gebliebenen Programms. Es wurden zwar Reformpläne diskutiert, Forderungen nach Beschränkung des Lateinunterrichts und Erweiterung naturwissenschaftlicher Fächer, nach einer stärkeren Zeitbezogenheit des Studiums und der Einführung praktischer Informationen aus Handel und Seefahrt erhoben. Allein der konservative Rat konnte sich nicht zu radikalen Schritten entschließen.

Statt einer Reform der Studienprogramme wurden Verordnungen erlassen, die die Studiendisziplin verbessern sollten und die gleichermaßen den Besuch von Wirtshäusern wie das Baden im Fluß oder im Meer, ja das Eislaufen zu verbieten suchten. Die vom Westen her nahende Aufklärung hatte hier viele Hindernisse und Vorurteile zu überwinden.

Die Künstler

Handel mit Getreide und Heringen, vielfältige Geldgeschäfte, materielles Streben vermochten nicht, den Sinn für das Schöne abzutöten. Von Natur aus sparsam, wenn nicht sogar geizig, öffneten die Danziger Kaufleute bereitwillig ihre Geldbeutel, wenn es um Kunst ging, um den Kauf eines Gemäldes, einer Skulptur oder wertvoller Dinge aus der Hand eines Goldschmiedes oder Bernsteinschleifers. Schließlich war das auch eine Kapitalanlage, die nicht nur Sicherheit garantierte, sondern auch ästhetischen Genuß verschaffte. Snobismus und kühle Berechnung gaben sich hier die Hand, und es fanden sich viele Mäzene und Sammler. Nach Danzig kamen Künstler aus aller Herren Länder in der Hoffnung, hier Arbeit und einflußreiche Gönner zu finden. Sie wurden mit offenen Armen begrüßt, mit Aufträgen überschüttet und erhielten reichliche Belohnung in verschiedener Form. Und weil es nicht an Talenten unter den Bürgern selbst fehlte, entfaltete sich das künstlerische Milieu der Stadt von Jahr zu Jahr mehr.

In den früheren Jahrhunderten galt der Künstler in der Regel als Handwerker. Berühmte Baumeister, wie Antonis van Obbergen (1543–1611) oder Abraham van dem Blocke, gehörten der Maurer- und Steinhauerzunft an. Talentierte Schnitzer, wie Adrian Karffycz und Simon Herle, bildeten gemeinsam mit gewöhnlichen Tischlern eine Bruderschaft. Die Maler gehörten der Glaserzunft an, bis sie im Jahre 1612 eine selbständige Körperschaft unter dem traditionellen Patronat des heiligen Lukas gründeten.

Obwohl sich die Künstler offiziell von der Masse der Handwerker in nichts unterschieden, genossen die großen Talente unter ihnen die ungeteilte Wertschätzung der Danziger. Mit echt empfundener Hochachtung betrachteten die Kaufleute ihre Kunstwerke und waren bemüht, diejenigen zu ehren, die aus Stein, Holz, Farben und Leinwand eine herrliche Welt der Phantasie hervorzauberten. Für sie machte man eine Ausnahme in der unerschütterlichen Tradition des Artushofes, die denjenigen, die von der Hände Arbeit lebten, den Zutritt zu diesem exklusiven Haus verwehrte. Verschiedene Bänke des Artushofes nahmen im 16. und 17. Jahrhundert hervorragende Baumeister, Goldschmiede und Maler als ihre Mitglieder auf. Die Künstler vergalten der Stadt die guten Arbeitsbedingungen und die allgemeine wohlwollende Gesinnung hundertfach. Ihre Werke verherrlichten die Macht des Danziger Bürgertums, ihren Wohlstand und ihre Ambitionen. Die Thematik der Kunstwerke war durch den Geschmack und die Neigungen des Auftraggebers und Mäzens bestimmt. Eine nicht geringe Rolle freilich spielten die westlichen Einflüsse, vor allem solche aus den Niederlanden, aber auch aus Deutschland, Italien und Frankreich. Die neuen Geistesströmungen, die auch in der Plastik ihren Ausdruck fanden, bürgerten sich schnell ein. Gleichzeitig unterlagen sie auf dem Danziger Boden einer Art Assimilation, indem die Künstler sich dem Verlangen der großzügigen, aber anspruchsvollen Gönner anpaßten.

Tafel 72

Die Danziger Kaufleute des 16. Jahrhunderts, die an der Antike, ihren Mythen, Dramen und Sitten Gefallen fanden und gleichzeitig an diesen Vorbildern ihre eigene, jüngstvergangene heroische Geschichte – den Kampf gegen den Deutschen Ritterorden – maßen, waren Sammler von Gemälden allergorischen, mythologischen und historischen Inhalts. Der leidenschaftliche Protestantismus andererseits gebot die religiösen Motive: drohende Warnung vor dem Sündenfall, schreckliche Visionen des Jüngsten Gerichts und der Höllenstrafen, die alle Gottesleugner, Müßiggänger und Habsüchtige treffen würden.

Der Maler Georg (wir wissen nicht mehr über ihn, als daß er in Danzig zum Kreis der Verehrer

Lucas Cranachs gehörte), der in den dreißiger Jahren des 16. Jahrhunderts zur künstlerischen Ausgestaltung des Artushofes herangezogen wurde, widmete eines seiner hervorragenden Bilder dem tragischen Tod der *Lukretia.* Auf einem anderen stürzt sich *Marcus Curtius* in silberglänzender Rüstung mit einem gewaltigen Sprung in die Tiefe. Das dritte Bild dieses Meisters stellt *Diana und Aktäon* dar, ein Echo analoger Cranachscher Kompositionen, mit einer heiteren, etwas übermütigen Stimmung. Neben den Bildern mit biblischen Motiven von Lorenz Lauenstein hing im Artushof auch die *Belagerung der Marienburg* von Martin Schoninck, die den Betrachter durch die phantastische hügelige Landschaft (die nichts mit der monotonen Umgebung der Burg zu tun hat) und das interessante Kolorit überrascht. Für die Stadt war es zweifellos ein Verlust, daß Schoninck nach Fertigstellung dieses Gemäldes Danzig bald verließ.

Eines der hervorragendsten Werke der Danziger Malerei des 16. Jahrhunderts war der schon erwähnte Fries von Lukas Ewert, auf dem der Künstler den *Triumphzug des Königs Kasimir* nach der Eroberung der Festung darstellte. Um den Eindruck des Reliefs zu erzielen, malte er ihn en grisaille, verteilte hier und da scharfe, helle Lichtflecke und erzielte gewisse Effekte mit Hilfe der goldenen Farbe. Die Thematik der nicht weit zurückliegenden Ereignisse wurde, im Einklang mit der damaligen Mode, in ein mythologisches Gewand gekleidet; auf einem antiken Streitwagen hält der siegreiche König, von Kriegern in römischen Rüstungen umgeben, Einzug in die eroberte Burg.

Gegen Ende des 16. Jahrhunderts machte sich ein starker niederländischer Einfluß auf die Danziger Kunst bemerkbar. Die Flüchtlingswelle aus dem mit Krieg überzogenen Land überflutete die Stadt und ihre Umgebung. Unter den Einwanderern befanden sich neben Kaufleuten und Handwerkern zahlreiche Künstler, unter ihnen berühmte Meister des Pinsels: Jan Vredemann aus Friesland und Isaak van dem Blocke. Der erstere lernte, bevor er 1592 nach Danzig kam, viele Landstriche Europas kennen. Die einzelnen Etappen seiner Wanderjahre waren Antwerpen, Aachen, Brüssel, Frankfurt, Braunschweig, Hamburg. Der niederländische Manierist und Vertreter der sogenannten perspektivischen Architekturmalerei schmückte das Danziger Rathaus und den Artushof mit zahlreichen Gemälden.

Der andere, Isaak van dem Blocke, Angehöriger einer berühmten Künstlerfamilie aus Mechelen, die seit Ende des 16. Jahrhunderts in Königsberg und Danzig seßhaft wurde, repräsentierte etwa die gleiche Richtung in der Malerei, die durch monumentale, allegorische Architektur fiktiver Schlösser mit perspektivischen Spielereien den Betrachter faszinierte. Das bekannteste Werk des Isaak van dem Blocke ist die schon erwähnte *Allegorie des Danziger Handels,* die die Macht und den Reichtum der Stadt versinnbildlicht und gleichzeitig den Hintergrund dieses Wohlstandes offenbart: die Verbindung mit Polen. Dieses gewaltige Gemälde, das man heute im Muzeum Pomorskie in Gdańsk sehen kann, sicherte dem Maler den verdienten Ruhm. Die Wertschätzung, deren er sich erfreute, hatte gewiß ihre Ursache auch darin, daß er Danziger Folklore in seine Kompositionen einfließen ließ und somit die steife manieristische Kunst den Alltagsvorstellungen und -erlebnissen des Bürgers näherbrachte.

Das, was bei Isaak van dem Blocke kaum ein Versuch war, entwickelte der bekannteste Danziger Maler, der in Königsberg geborene Anton Möller (1560–1620) weiter. Er war zweifellos der rührigste und bodenständigste der Danziger Maler um die Wende vom 16. zum 17. Jahrhundert. Unbekannt ist, ob er zu Studienzwecken im Ausland war. Sein Interesse galt vor allem dem Hafen mit seinen Ansichten, seiner Architektur und den Menschen. Schon der Bilderzyklus für den Artushof aus dem Jahre 1588 verrät jene Vorliebe für die Danziger Motive. Etliche Jahre später (1601) zögerte Möller nicht, die berühmte biblische Szene, den *Zinsgroschen,* für das Rathaus der Rechtstadt gemalt, auf dem Langen Markt inmitten einer Menschenmenge von Kaufleuten in spanischen Trachten, Handwerkern und Soldaten anzusiedeln. Auf einem anderen Gemälde, dem *Tempelbau,* waren ebenfalls Danziger Stadtmotive zu sehen. Den Danziger Frauen widmete der

Künstler ein bezauberndes, nicht ohne satirische Akzente gemaltes kleines Trachtenalbum «Omnium statuum foeminei sexus ornatus», das 1601 im Druck erschien. Zwei Jahre später beendete Möller die Arbeiten im Artushof; den Figuren im *Jüngsten Gericht* gab er die Physiognomien der Ratsherren, ihrer Frauen und Töchter. Er konnte nicht ahnen, daß er damit den heftigsten Zorn der Patrizier auf sich ziehen würde; für diese Kühnheit mußte er mit dem Ende seiner Karriere bezahlen. Er erhielt keine städtischen Aufträge mehr und verarmte völlig.

Möllers einziges erhaltenes Porträt ist das Bildnis des Bischofs Moritz Ferber, eine 1590 angefer-
Tafel 8 tigte Kopie nach einem von dem Königsberger Künstler Kryspin Herrant gemalten Porträt. Das heute, wie die meisten Arbeiten des Meisters, im Muzeum Pomorskie befindliche Bild zeigt einen beleibten Greis in weißem liturgischen Gewand eines kirchlichen Würdenträgers mit einem roten Barett auf dem Kopf. Man will es kaum glauben, daß uns der romantische Liebhaber der Anna Pilemann entgegenschaut, derselbe, der einst versprochen hatte, etwas anzustellen, «daß man noch nach zehn Jahren drüber sprechen wird.»[111]

Porträtmalerei kam in Danzig immer mehr in Mode. Der vor Jahrhunderten im fernen Italien ausgestoßene dichterische Seufzer «non omnis moriar» (= Ich will nicht gänzlich sterben. Horaz) wurde wieder aktuell in der Stadt der Handelsleute, von denen jeder zweite eine gründliche humanistische Bildung besaß und aus dem Gedächtnis antike Dichter zitierte. Jeder, der es sich leisten konnte, war bestrebt, seine auf Holz oder Leinwand
Tafel 9 gemalten Gesichtszüge der Nachwelt zu hinterlassen. Unzählige Epitaphe schmückten seinerzeit die Wände fast aller Danziger Kirchen. Das bekannteste und wohl schönste ist das von dem Geschlecht
Tafel 49 der Henning für die Katharinenkirche gestiftete Epitaph, das sich gegenwärtig im Muzeum Pomorskie befindet. Aus dem dunklen Hintergrund des Bildes taucht eine ältere männliche Gestalt hervor. Es ist das Haupt der Familie, der Ratsherr der Altstadt, Christian Henning. Neben ihm seine Ehefrau, eine ältere Dame im dunklen Kleid, das nur durch den weißen Kragen aufgehellt wird, und die Tochter, ein junges Mädchen in einem gemusterten Kleid mit einer kleinen Zierschürze und weißer Krause, die glatten Haare schmückt ein perlenbesticktes Band. Die Augen dieser drei Gestalten blikken ernst auf den Betrachter, gleichsam forschend.

Das Schaffen der Holländer inspirierte die Danziger Künstler sehr. Die niederländischen Landschaftsmaler nahm sich Johann Krieg mit seiner 1610 entstandenen *Ansicht von Danzig* zum Vorbild. Das Panorama der Stadt, der die polnische Reiterei entgegenzieht, war übrigens nur ein Vorwand, um eine wunderschöne patrizische Landresidenz mit einer vornehmen Gesellschaft auf der Terrasse zu zeigen. Zahlreiche, von der Stimmung her «holländische» Porträts malte Bartholomäus Strobel (1591 bis nach 1647), der von Breslau nach Danzig gekommene Maler und Grafiker. In der Bibliothek der Polnischen Akademie der Wissenschaften in Gdańsk kann man eine seiner besten und charakteristischsten Arbeiten bewundern: das Porträt des berühmten Dichters *Martin Opitz*. Das Schaffen Strobels und der anderen Porträtisten, die stets zahlreich zur Hand waren, weil nicht nur die Patrizier, sondern auch der Königliche Hof und die Magnaten sich für ihre Bilder interessierten, bereitete in gewissem Sinne den Weg für zwei «Sterne» der Danziger Malerei der zweiten Hälfte des 17. Jahrhunderts: Daniel Schulz (1615–1683) und Andreas Stech (1635 bis 1697). Ihre Werke standen unter dem übermächtigen Zauber der holländischen Kunst, beide waren sie aus Vorliebe und Temperament Porträtmaler.

Dem Schaffen von Schulz war das Schicksal nicht gnädig. Seine Porträts der polnischen Könige Johann Kasimir, Michael Korybut Wiśniowiecki und Johann III. Sobieski, die einst das Rathaus der Rechtstadt zierten, gingen verloren. Auch die herrliche Galerie der polnischen Würdenträger, die uns nur aus zweiter Hand, aus den Kupferstichen von Falck und Hondius, bekannt ist, gilt als verschollen. Von den Fähigkeiten dieses Malers zeugt allerdings das auf dem Wawel in Kraków vorhandene und ihm zugeschriebene *Porträt des Michael Korybut Wiśniowiecki* wie auch der berühmte *Tatarische Murza mit seiner Familie* in der Leningrader Ermitage. Der Vernichtung entgingen gleichfalls einige Danziger Porträts, die sich jetzt im Muzeum Pomorskie befinden.

Eine besondere Abteilung der Werke von Schulz bilden die hervorragenden Darstellungen aus der Tierwelt, die sich im 17. Jahrhundert großer Beliebtheit erfreuten. Die prächtigen Hähne, die schlauen und mordlustigen Füchse, die schwerfälligen Hühner stellen eine Art Porträtstudien dar, die mit einer großen Kenntnis von Tier und Menschenwelt gezeichnet sind.

Schulz war vor allem mit dem königlichen Hof eng verbunden (man betraute ihn sogar mit diskreten diplomatischen Missionen) und in den Kreisen der polnischen Magnaten gut bekannt. Er verstand es, unter den polnischen Mächtigen zu verkehren, er wußte, wem und wann er schmeicheln, wann er ein passendes Kompliment machen oder ein boshaftes Wort sagen sollte.

Stech war mehr dem Bürgertum ergeben, er reiste seltener und arbeitete hauptsächlich für den örtlichen Abnehmer. Er lernte bei dem bekannten Danziger Maler Adolf Boy (1612–1680), einem Schöpfer allegorischer Gemälde (*Sibyllenzyklus* im Altstädter Rathaus). Der Lehrling wuchs bald über den Meister hinaus und gewann große Popularität. Bei ihm bestellten die damaligen Danziger Potentaten ihre Porträts: der Bürgermeister Friedrich
Tafel 24
Engelcke und Heinrich Schwarzwald, deren Bildnisse man heute im Muzeum Pomorskie sehen kann. Für die besten Porträts von Stech hält man die den holländischen Meistern nachgeahmten: das *Selbstbildnis* und *Der Mann mit der Nelke*. Übrigens war Stech nicht nur Porträtmaler. Ihn reizte sowohl das Stilleben wie auch die religiöse Thematik oder die Landschaft. Der berühmte *Spaziergang vor den Mauern Danzigs* mit einer ausgezeichnet beobachteten Genreszene gilt als das beste Werk dieses begabten und fruchtbaren Künstlers.

Das künstlerische Leben Danzigs im 17. Jahrhundert wurde von den Malern geprägt, nicht zuletzt wegen ihrer großen Zahl und Regsamkeit. Doch einen weit größeren Ruhm genossen die talentierten Kupferstecher: Wilhelm Hondius und Jeremias Falk. Es war die Epoche des Kupferstichs, der den ein Jahrhundert zuvor noch vorherrschenden Holzschnitt verdrängt hatte. Die neue Technik wurde bereits Ende des 16. Jahrhunderts von dem Italiener Andrea Nikolaus in Danzig eingebürgert. Im Jahre 1617 veröffentlichte der Danziger Johann Dickmann nach seiner Rückkehr aus Holland, wohin ihn eine Studienreise führte, für die der Rat ein Stipendium gestiftet hatte, eine Sammlung mit 14 Ansichten der Stadt Danzig unter dem Titel «Praecipuorum Locorum et Aedificiorum que in Urbe Dantiscana visuntur Adumbratio». Eine Wende in der Entwicklung der neuen Kunst stellte die Ankunft des holländischen Meisters aus Haag – Wilhelm Hondius – im Jahre 1636 dar. In der neuen Umgebung schlug der Künstler schnell Wurzeln. Seine erste Arbeit war das Porträt des jungen Magnaten Janusz Radziwiłł. Danach folgten viele Bestellungen. So fertigte der Künstler auf Empfehlung des Königs Władysław IV. einen Plan von Smolensk an, den er mit dem königlichen Porträt wie auch zahlreichen Figurenkompositionen ausschmückte. Hondius wurde bald der ehrenvolle Titel eines Hofstechers zuteil; in seiner Werkstatt entstanden zahlreiche Porträts von Władysław IV. und
Tafel 17
den Familienmitgliedern des Monarchen, Bilder polnischer Magnaten und Danziger Patrizier. Der Künstler führte eine Reihe kartographischer Arbeiten aus (unter anderem eine Karte von Polesie und der Ukraine), fertigte Pläne von den Salzbergwerken in Wieliczka an und versah sie mit Szenen aus der Welt der Bergleute, außerdem entwarf er Titelblätter und Zeichnungen für die in Danziger Druckereien herausgegebenen Werke.

Im Jahre 1646, nach seinen Studien in Frankreich, nahm Jeremias Falck (1610–1677) seine Tätigkeit auf. Der gebürtige Danziger, der voller Stolz seine polnische Abstammung durch den Gebrauch des Beinamen Polonus unterstrich, begann seine Karriere mit einem Mißverständnis zwischen ihm und dem Großkanzler Jerzy Ossoliński. Auf dem Titelblatt zu Ossolińskis Reden zeigte er den Autor in knieender Haltung. Der beleidigte Magnat ließ fast die gesamte Auflage aufkaufen und vernichten; in der folgende Ausgabe war er stehend dargestellt.

Trotz seiner häufigen Auslandsreisen – Falck war einige Jahre lang der Hofstecher der Katharina von

Schweden, hielt sich eine gewisse Zeit in Kopenhagen, Amsterdam und Hamburg auf – verlor der Künstler nicht die Kontakte zu Danzig und Polen. Seine umfangreiche Hinterlassenschaft beträgt etwa dreihundert hervorragende Arbeiten. Die meisten von ihnen sind Porträts der Danziger Patrizier, hauptsächlich aber Bildnisse der polnischen Edelleute, Magnaten und Würdenträger, die er auf der Grundlage der von Schulz angefertigten Zeichnungen in die Platten eingravierte.

Neben der Malerei und dem Kupferstich blühte *Tafel* 12, 13, 18–23 in Danzig die Medaillenkunst, deren hervorragendste Vertreter im 17. Jahrhundert die Meister Sebastian Dadler und Johann Höhn waren. In ihren Werkstätten entstanden zahlreiche Medaillen, die sowohl vom Stadtrat für die Ehrung der Könige als auch von wohlhabenden Bürgern anläßlich größerer Familienfeierlichkeiten bestellt wurden.

Von der Medaillenkunst ist nur ein Schritt zum sogenannten Kunstgewerbe, das in Danzig üppig blühte. Die Erzeugnisse der hiesigen Bernsteindreher waren sowohl in Polen als auch im Ausland bekannt und begehrt. Noch zu Zeiten des Sigismund II. August notierte der in der Stadt weilende päpstliche Legat Commendoni, daß dort geschmackvolle Schatullen, Löffel, Vogelkäfige aus Bernstein hergestellt wurden. Fürst Krzysztof Zbaraski schenkte während seiner Gesandtschaft in der Türkei 1622 dem Sultan eine große bernsteinerne Schatulle Danziger Arbeit mit schönen, reliefartig dargestellten Meerjungfrauen und türkischen Würdenträgern, Spiegel in Bernsteinfassungen, kleine Gefäße aus Bernstein, Schachfiguren und Etuis. Als König Johann III. Sobieski in der Stadt weilte, machten ihm die Danziger eine aus einem einzigen Stück Bernstein geschnitzte Krone zum Geschenk.

Echte Künstler waren auch die Goldschmiede. Die Bestellungen der patrizischen Geschlechter, der städtischen Behörden und verschiedener Korporationen, die ihre bedeutenden Kapitalien in Tafelsilber und Schmuck anlegten – im Laufe des 16. Jahrhunderts wurde der Tafelaufsatz des Artushofes prunkvoller, die Zünfte und Gilden vervollständigten ihre Sammlungen –, aber auch des Königs und der Magnaten sicherten den Danziger Meistern einen guten Absatz ihrer Erzeugnisse. Hier wurden so vortreffliche Arbeiten hergestellt, daß sie auch Bewunderung an fremden Herrscherhöfen erregten. Berühmt war seinerzeit der getriebene Pokal mit dem Bildnis der Judith auf dem Deckel, den die Stadt Elisabeth von Habsburg anläßlich ihrer Vermählung mit Sigismund II. August überreichte. 1573 hören wir von einem seltenen Schreibtisch aus Silber im Werte von 1200 Gulden. 1636 zahlte der Rat dem Goldschmied Peter Rantzenkramer 3000 Gulden für eine gold- und silberverzierte Ebenholzschatulle, die er dem französischen Gesandten, Grafen d'Avaux, zum Präsent machte.

Danzigs Goldschmiede genossen einen guten Ruf. Auf Bestellung des Hofes arbeitete der geschickte Däne Andreas Mackenzen (der Ältere), der sich in den vierziger Jahren in der Hafenstadt niedergelassen hatte. Beim Meister Pieter von der Rennen wurde 1662 ein Reliquienschrein für die Kathedrale zu Gniezno in Auftrag gegeben. Derselbe Goldschmied stellte auch den Reliquienschrein des heiligen Stanislaus für die Kathedrale auf dem Wawel her. Diese und ähnliche Arbeiten sicherten den Danzigern Ruhm und Geld.

Das künstlerische Leben Danzigs wäre nur fragmentarisch gezeigt, ließe man die Musik und Dichtung unerwähnt. Musik und Gesang lehrte man in allen Grundschulen und im Gymnasium. Um die Mitte des 16. Jahrhunderts wurde ein städtischer Kapellmeister an der Marienkirche angestellt. Dieser war verpflichtet, auf seine Kosten vier begabte Knaben zu unterhalten und sie für den Kirchenchor in Musik zu unterweisen. Die Entlohnung dieses Mannes betrug im 17. Jahrhundert 500 Gulden jährlich, zuzüglich freie Wohnung und Zuwendungen, die er anläßlich der Trauungen, Beerdigungen und ähnlichem von Privatpersonen erhielt. In den Kirchen fanden bei Gottesdiensten Orgelkonzerte statt, nicht selten durch Vokalvorträge einheimischer oder fremder Sänger bereichert. Größter Anerkennung erfreute sich bei den Zuhöhrern zum Beispiel der Kantor Fabricius der Marienkirche, «grandissima voce percelebris (= dessen mächtige Stimme den Raum füllte), wie es in den Quellen der vierziger Jahre des 17. Jahrhunderts zu lesen ist. Im Artushof traten ständig vier Musiker auf, zwei Trompeter und zwei Flötisten. Sie bezogen vom Rat je 10 Mark und vom Artushof je 24 Mark Gehalt, dazu jährlich eine Dienstkleidung aus Lyoner Tuch. Ihre Haupteinnahmequelle aber waren die reichlichen Trinkgelder von den gebefreudigen Bürgern.

Anläßlich der zahlreichen Familienfeste und verschiedenen öffentlichen Gelegenheiten traten nicht nur Berufsmusiker auf; in vielen Häusern präsentierten die Ehefrau oder die Töchter der reichen Kaufleute, die sich von Kindheit an in Zimmerorgel, Klavichord und Gesang übten, ihre musikalischen Künste. Manche von ihnen waren überdurchschnittlich begabt. Im 17. Jahrhundert erlangte auf diesem Gebiet die «baltische Sirene», die reizende Konstantia Czirenberg, deren Talent sogar die wählerischen Mitglieder der französischen Gesandtschaft beeindruckte, eine gewisse Berühmtheit. «Sie ist die schönste Dame der ganzen Stadt, und in allen Kunstfertigkeiten, die den Frauen zur Zierde gereichen, geübt; in der Musik aber ist sie ein wahres Wunder. Sie hat eine ganz vortreffliche Stimme und singt nach italienischer Weise, welche in Polen und Deutschland die allein gebräuchliche ist.»[112] Der schönen und außergewöhnlich begabten Danzigerin widmeten die Mailänder Musiker ein besonderes Buch, und der gelehrte niederländische Samuel Naeran schrieb ihr angeblich Elegien.

Danzig hatte nicht nur begabte Interpreten, sondern auch Komponisten. Um die Wende vom 16. und 17. Jahrhundert wurden durch ihre zahlreichen Werke der italienische Meister Francesco de Rivulo und Nikolaus Zange berühmt. Im 17. Jahrhundert tat sich Andreas Hakenberger aus Pommern hervor, der eine Zeitlang in den Diensten des Königs Sigismund III. Wasa stand. Thomas Strutius war der Schöpfer zahlreicher Kirchenlieder, einiger Oratorien und einer Sonate für acht Instrumente (die meisten seiner Arbeiten sind heute verschollen). Die erste Oper schrieb der Kapellmeister Johann Valentin Meder. Dieses Werk mit dem Titel «Nero» wurde im Laufe des Jahres 1695 in einer der Schauspielbuden auf dem Dominikanerplatz mehrmals aufgeführt. Tafel 65, 66 Das fade, abgeschmackte, aber mit pikanten Anspielungen gespickte Libretto (Nero will Gilda, die Frau des in Rom weilenden armenischen Königs Tiridates, entführen) entsprach dem Zeitgeschmack, der Zuschauerraum war überfüllt von Liebhabern solcher Stücke, obwohl die musikalische Seite des Spektakels nicht die stärkste war.

Danzig hatte auch seine Dichter; der größte war der königliche Sekretär, Diplomat und Bischof Johann Dantiscus, dessen Feder in der ersten Hälfte des 16. Jahrhunderts ihrer Leichtigkeit und des Witzes wegen in ganz Polen berühmt war. Obwohl aus Danzig stammend, hatte er schon früh die Bindungen mit der Geburtsstadt aufgegeben und kann kaum als ein Vertreter der ortsansässigen Muse gezählt werden. Diese hatte in Danzig viele Verehrer. Die nüchternen Kaufleute und würdevollen Beamten setzten sich nicht selten an den mit Rechnungen und Quittungen übersäten Schreibtisch, um intimere Gedanken zu Papier zu bringen als amtliche Schreiben oder Bemerkungen über ausstehende Geldsummen. Vor allem die religiöse Gelegenheitsdichtung blühte, es fehlten aber auch nicht Epen aus der heroischen Geschichte der Stadt oder Preußens. Religiöse Leidenschaft, Patriotismus und persönliche Ereignisse stellten den Hintergrund für die zahlreichen Versuche dichterischen Schaffens dar. Elegien verfaßte im 16. Jahrhundert der gelehrte Danziger Medicus Joachim Curaeus. Der Stadtsekretär Johann Hasentödter, von den Zeitgenossen schmeichlerisch «preußischer Ovid» genannt, schrieb in Reimen die Geschichte Preußens.

Gewiß war die Verskunst die am wenigsten lukrative von allen Kunstgattungen. Über das Niveau der durchschnittlichen Versemacher vermochten sich nur sehr wenige zu erheben. Der in Danzig seit 1636 wirkende schlesische «poeta laureatus» Martin Opitz Tafel 11 (1597–1639), dem der König den ehrenvollen Titel des Hofhistoriographen verlieh, war die herausragendste Erscheinung. In Danzig übersetzte er Sophokles' Antigone, gab eine Sammlung religiöser Poeme heraus und beendete seine Arbeit an der Übertragung der Psalmen. Die im Jahre 1639 in der Stadt grassierende Pest beendete das Leben dieses hoffnungsvollen Dichters.

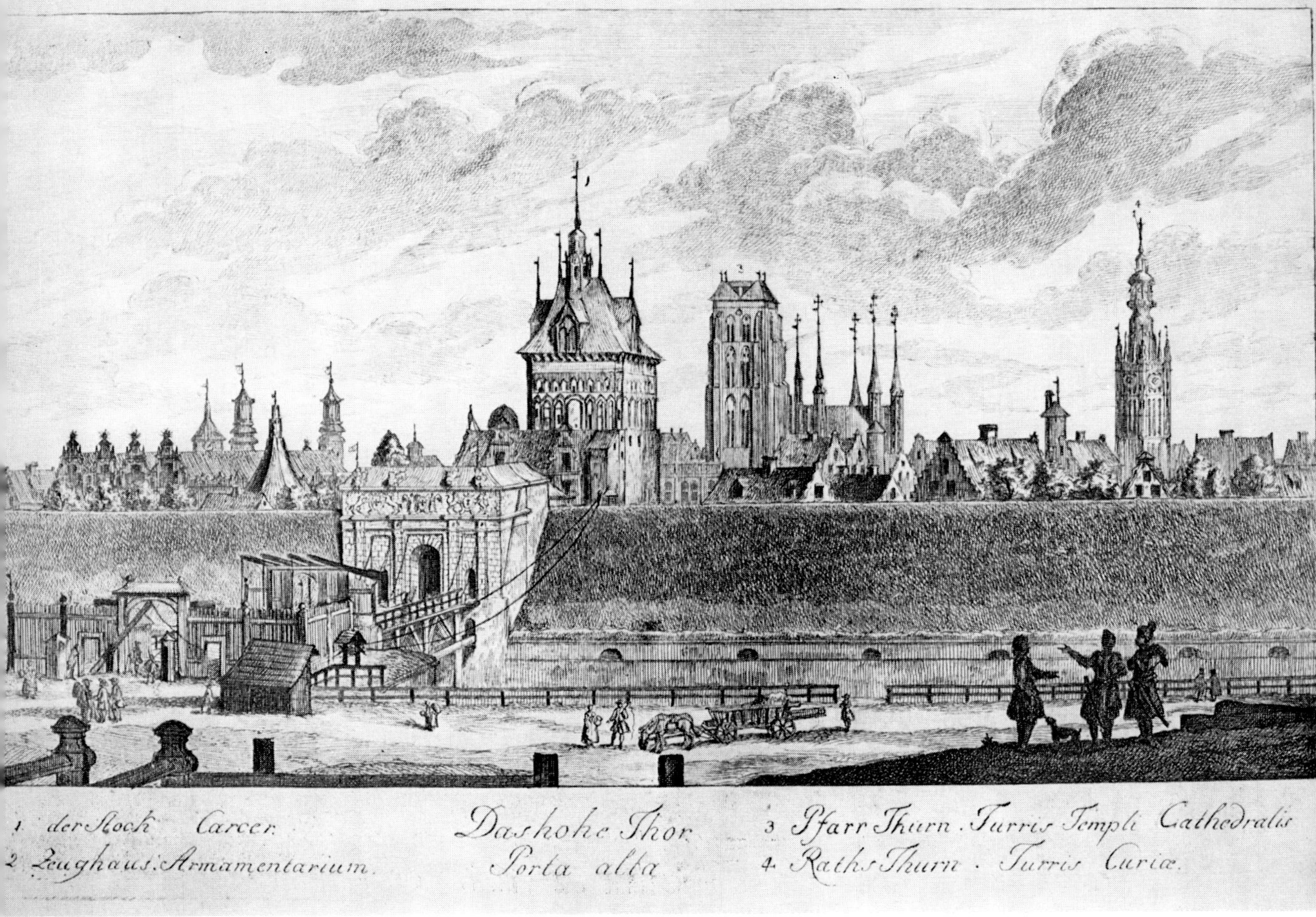

84
Hohes Tor, Ansicht außerhalb des Stadtwalles,
Gebäude innerhalb des Walles von links nach rechts: Arsenal, Stockturm, Marienkirche, Rechtstädtisches Rathaus, 17. Jahrhundert

85
Hohes Tor mit Hauptwache am Stockturm,
Ansicht innerhalb des Stadtwalles, links der Richtplatz,
wo gerade diverse «Täter» ihre Strafe verbüßen müssen,
17. Jahrhundert

86
Stockturm mit Hohem Tor und Hauptwache,
am Stockturm findet soeben eine öffentliche Auspeitschung
vor einem «interessierten» Publikum statt,
17. Jahrhundert

Pag. 59.
Der Stock oder Gefangen-hauss
Die Peinstube.

87
Hohes Tor, erbaut von Johannes Kramer, 1586–1588

88
Hohes Tor, Attikarelief von Wilhelm van dem Blocke, 1586–1588
89 (folgende Seite)
Gebäude der Georgsbruderschaft, erbaut von J. Glotau, 1487–1494
90 (übernächste Seite)
Langgassentor, auch Goldenes Tor genannt, erbaut von Abraham van dem Blocke, 1612–1614

91
Reich geschmückte Fassaden und Beischläge, typisch für die Danziger Stadtarchitektur
92 (folgende Seite)
Neptunbrunnen auf dem Langen Markt, erbaut von Peter Husen, 1612–1615
93 (übernächste Seite)
Reich verzierte Barockfassade am Langen Markt, 1609

94
Vier Häuser in der Św. Ducha (Heiliggeistgasse) aus dem 16. bis 18. Jahrhundert

95
Marienkirche von der Piwna (Jopengasse) aus

96
Rekonstruierte Gebäude
in der Św. Ducha

97
Portal mit Galeonenrelief
der Św. Ducha Nr. 109,
Anfang 17. Jahrhundert

98
(folgende Seite)
Giebel des Hauses Nr. 109
in der Św. Ducha,
Anfang 17. Jahrhundert

99
(übernächste Seite)
Giebel des Hauses Nr. 111
in der Św. Ducha,
Mitte 17. Jahrhundert

1605

100
Grünes Tor am Ende des Langen Marktes, erbaut 1563–1568

101
Grünes Tor und Grüne Brücke, 17. Jahrhundert

Das Zepter der barocken Dichtung übernahm nach ihm Johannes Peter Titius, Professor für Beredsamkeit und Philosophie am Danziger Gymnasium, Autor der Lobrede anläßlich des 200jährigen Jubiläums der Rückkehr Danzigs zu Polen. Die dritte Danziger Berühmtheit des 17. Jahrhunderts war Johannes Plavius, ein geschickter Sonettendichter und Lyriker.

Den Titel des polnischen Hofhistoriographen in der zweiten Hälfte des 17. Jahrhunderts erbte nach Opitz der Professor für Geschichte am Danziger Gymnasium Joachim Pastorius. Von Pastorius stammt eine in Versen geschriebene Geschichte Polens und der Kosakenkriege, in der er die Festung von Kamieniec Podolski mit Troja, König Johann III. Sobieski und seine Soldaten mit antiken Helden verglich.

Außer ihnen reimten noch andere: Michael Albinus – Verfasser der «Biblischen Linde», eines poetischen Gebetbüchleins, welches er dem mächtigen Bürgermeister Adrian von der Linde widmete (daher der eigenartige Titel) –, Michael Borck, der Schöpfer eines gigantischen Poems über das Leben Christi wie auch eine Menge Dichterlinge, die mit Mühe gekünstelte Strophen und manierierte Reime suchten, um in das scheinbar großartige Gewand einen nichtigen Inhalt zu kleiden.

Danzig präsentierte sich zweifellos als ein lebhaftes Sammelbecken der Kultur. Malerei und Plastik, Musik und Dichtkunst reichten sich hier die Hand, um die Macht der durch Handel reichgewordenen Kaufleute und ihrer Kontrahenten, des polnischen Adels und der Magnaten zu rühmen. «NUMINIS ATQUE AQUILAE GEDANUM MUNIMINE TUTUM.» – verkündete eine Umschrift
Tafel 18, 19 auf der Medaille, die die Danziger 1653 zu Ehren von Johann Kasimir hatten prägen lassen. Die «durch Gott und den [polnischen] Adler geschützte» Stadt erlebte die Epoche ihres größten Aufschwungs auch auf dem Gebiet der Kultur. In Danzig, welches stärker als das Landesinnere den vielfältigsten Einflüssen und Strömungen ausgesetzt und durch seine Wohlhabenheit den anderen polnischen Städten überlegen war, entstanden neben der Masse unbedeutender Werke auch originelle, unvergängliche Werte, die die polnische Nationalkultur bereichert haben.

Die gelehrten Männer

Unter den farbenfreudig gekleideten Menschen, die Danzigs Straßen bevölkerten, konnte man ab und zu ernste Männer, bescheiden in dunkle Gewänder gehüllt und mit einem Bündel Akten oder Büchern unter dem Arm, erblicken. Das waren in der Regel Vertreter der Wissenschaft: Gymnasialprofessoren, Gelehrte oder Forscher, die die längste Zeit des Tages mit ihren Studien verbrachten und der Stadt zu nicht geringem Ruhm verhalfen. An erster Stelle standen die Männer der humanistischen Wissenschaften. Philologische Studien hatten zahlreiche Verehrer. Die Danziger Philologen trieben Latein, Griechisch, Hebräisch, Arabisch. Mit großem Erfolg wurde auch die Polonistik gepflegt, und die Verfasser von Wörterbüchern, Gesangbüchern und polnischen Lehrbüchern, die Herren Woyna und Łaganowski, waren im Danzig des 17. Jahrhunderts angesehene Persönlichkeiten. Neben den sprachwissenschaftlichen Fächern blühte die mittelalterliche «Königin der Wissenschaften», die Theologie, die auch den sozialen Auseinandersetzungen diente. Wichtige religionswissenschaftliche Abhandlungen, Arbeiten über die Natur der Gottheit und ihre Eigeschaften, gelehrte Ausführungen zur Interpretation der Heiligen Schrift, daneben beißende Pasquille, boshafte Polemiken und beleidigende Flugblätter entsprangen den spitzen Federn hervorragender Danziger Pastoren wie Johann Mochinger, Johann Botsack und Abraham Calow. Neben theologischen Werken entstanden pädagogische Streitschriften und solche aus dem Gebiet der Sozialethik und Philosophie.

Viele Adepten hatte auch die Historie. In der zweiten Hälfte des 16. Jahrhunderts begann der Warschauer Stanisław Bornbach, der sich nach seinen zahlreichen Reisen – er besuchte Frankreich,

102
Haus der Pelpliński-Äbte, Renaissancebau, 1612

die Niederlande und die Schweiz – in Danzig niedergelassen hatte, um dort neben seiner bescheidenen Funktion (als Sekretär in der Großen Mühle) eine Chronik der bewegten Ereignisse des Jahres 1525 niederzuschreiben, indem er Augenzeugenberichte, Briefe und Dokumente eifrig sammelte. Sein Freund, der Stadtsekretär Kaspar Schütz, Jurist und Dichter in einer Person, arbeitete viele Jahre an einem großen Werk, der «Geschichte Preußens», und er nutzte zu diesem Zweck das vor Fremden streng gehütete Ratsarchiv.

Neben Chroniken entstanden um die Wende vom 16. zum 17. Jahrhundert theoretisch-methodologische Abhandlungen. Der Professor des Danziger Gymnasiums, Bartholomäus Keckermann, ließ in seinem Werk «De natura et proprietatibus historiae commentarius» die Gelehrtenwelt durch sein reifes Urteil über das Wesen der Geschichte aufhorchen: Er betrachtet sie als das Festhalten und Erklären von Einzelereignissen, um die Verallgemeinerung besser verstehen zu können. «Historia est explicatio et notitia rerum singularium sive individuorum eo fine suscepta, ut universalia ex iis evidentius a nobis intelligi et confirmari possint.» (= Geschichte ist Deutung und Kenntnis einzelner Dinge oder Individuen, zu dem Zweck ausgewählt, daß das Allgemeine aus ihnen einleuchtender von uns erkannt und erklärt werden kann.) Weiter führt er aus, der Historiker müsse ein guter Logiker sein, die Politik gut kennen, vor allem muß er kritischen Geist besitzen und stets die Beschränkung der Erkenntnis im Auge behalten.

Im Laufe des 17. Jahrhunderts erlahmte das Interesse für Geschichte keineswegs, obwohl der Danziger Rat nur ungern sein Archiv den Gelehrten zur Verfügung stellte und alle Publikationen auf diesem Gebiet einer strengen Zensur unterzog. Das Patriziat, das seine vielfältigen Rechte und Privilegien sorgsam hütete, schaute den vorwitzigen Historikern auf die Finger. Als 1642 der damalige Stadtsekretär Reinhold Curicke um die Erlaubnis bat, seine «Historische Beschreibung der Stadt Dantzig» herausgeben zu dürfen, verwahrten die Ratsherren das Manuskript in einer Truhe, und den Autor fanden sie mit einer Summe von 200 Talern als Anerkennung für seinen Fleiß ab. Das Buch wurde erst nach dem Tode des Verfassers gedruckt – im fernen Holland, von der Zensur recht verstümmelt. Achtzig Seiten, die sich auf die Religions- und sozialen Kämpfe in der Stadt bezogen, wurden gestrichen.

Ähnlich wie die Historiker hielt der Rat auch die Rechtsgelehrten, die sehr zahlreich in der Stadt vertreten waren, für gefährlich. Alle Syndizi und Stadtsekretäre waren von Haus aus Juristen; viele von ihnen hinterließen ein reiches wissenschaftliches Erbe. Es genügt, Kaspar Schütz oder den Syndikus Georg Klefeld zu nennen, der eine großartige Karriere gemacht hatte: Er wurde in der zweiten Hälfte des 16. Jahrhunderts Bürgermeister und einer der mächtigsten Männer in Danzig. Im 17. Jahrhundert konnte man nicht nur unter den Schöffen und Ratsherren, sondern auch unter den Mitgliedern der Dritten Ordnung Juristen finden. Einer von ihnen, Elias Schröder, veröffentlichte 1655 zur großen Unzufriedenheit der Patrizier das «Jus publicum Gedanense», das «Öffentliche Recht Danzigs», und dedizierte es dem König. Der aufgeschreckte Rat stellte fest, daß die Publikation sich für die Privilegien und Gerechtsame der Stadt als schädlich erweisen könnte, mußte aber angesichts eines so mächtigen Protektors von einer Gegenaktion absehen.

Auseinandersetzungen mit einem anderen Juristen lenkten die Aufmerksamkeit von Schröder bald ab. Als neuer Gegner erwies sich Schröders Altersgenosse Johann Nixdorff. Nachdem er die Trivialschule und das Danziger Gymnasium absolviert hatte, studierte der Sohn des Danziger Waagemeisters an den Universitäten in Rostock, Königsberg und Leiden. Nach Polen zurückgekehrt, war er einige Zeit als Erzieher der Söhne des Danziger Bürgermeisters Nikolaus Pahle tätig; danach hatte er gewisse Funktionen beim Krontribunal und schrieb gleichzeitig eine Abhandlung über die Ordnung des Gerichtsprozesses im polnischen Königtum und in Preußen (1654) wie auch einen Traktat über das höchste Appellationsgericht in Polen, das Krontribunal, und seine Regesten (1655). In die Heimatstadt kehrte er nach dem Frieden von Oliva als bekannter und geachteter Rechtsgelehrter und Schriftsteller zurück. Dort eröffnete er eine Anwaltspraxis und hatte gleichzeitig die Funktion des königlichen Sekretärs und Agenten inne. Als es in den siebziger Jahren zwischen dem Rat und den Zünften zu Zwistigkeiten kam, stellte sich Nixdorff auf die Seite des uns bereits bekannten Aegidius Strauch und der Handwerker und war ihnen durch sein Wissen und seine Beziehungen behilflich. Der beunruhigte Rat entschied sich zu einem listigen Schritt, und zwar zur Bestechung des intelligenten, aber geldgierigen Advokaten, indem er ihn in städtische Dienste nahm und ihm ein Gehalt von 1200 Florin jährlich zahlte. Nixdorff, der diese Offerte als den Anfang einer glänzenden Laufbahn ansah, stellte seinen ganzen Scharfsinn und seine Fähigkeiten in den Dienst der Geldgeber. Die Hoffnung trog ihn. Weder vom Ratssessel noch von der Funktion eines Stadtsekretärs war mehr die Rede. Enttäuscht wandte sich Nixorff erneut der wissenschaftlichen Arbeit zu; das Ergebnis war die 1685 veröffentlichte Sammlung von Arbeiten zu Fragen der Prozeßführung unter dem Titel «Opuscula iuridico-practica».

Naturwissenschaften interessierten die Danziger nicht weniger. Vor allem blühten Mathematik und Astronomie, beide in enger Beziehung zum Handel und zur Seefahrt und in hohem Maße im Dienste der Praxis. In der ersten Hälfte glänzte der Mathematiker Peter Krüger, der gleichzeitig Professor am Danziger Gymnasium und Stadtgeometer war. Seine Arbeiten waren sowohl in Polen als auch im Ausland bekannt. Über einen Besuch bei ihm im Dezember 1635 berichtete Charles Ogier: «Am 29sten besuchte der Erlauchte Gesandte ... den berühmten Mathematiker Peter Krüger. Er zeigte uns zwei nach dem Systeme des Kopernikus eingerichtete Globen und gab uns dazu die nötige Erklärung.»[113] In Krügers Haus befand sich, wie es scheint, ein reiches Instrumentarium. Die Geräte waren nach den Wünschen und Hinweisen des Professors von geschickten Handwerkern hergestellt. Eines der interessantesten Instrumente, ein Sextant, befand sich im Danziger Zeughaus, wo es die Franzosen bestaunten: «Außerdem besichtigten wir ein eigentümliches mathematisches Instrument zum Zählen und zur Beobachtung der Sterne, welches nach Krügers Idee und mit seiner Unterstützung ... von einem bekannten, erst kürzlich verstorbenen Danziger Meister gebaut wurde. Dieses Instrument besteht aus Metall, mißt mehr als zehn Fuß in der Höhe, etwa fünf Fuß in der Breite und ist mit einem Zahnrad versehen, auf dem ein verschiebbarer Läufer oder ein Lineal je nach Bedarf einrastet.»[114]

Krügers Schüler war der berühmteste Danziger Gelehrte des 17. Jahrhunderts, Johannes Hevelius *Tafel* 71 (1611–1687). Als Sohn eines vermögenden Brauereibesitzers in der Altstadt geboren, genoß er eine sorgfältige Erziehung. 1630 reiste Hevelius in das berühmte Leiden, um dort bei hervorragenden Rechtsgelehrten Vorlesungen zu hören; ein Jahr später sehen wir ihn in England, Frankreich, Italien, der Schweiz und Deutschland. Voller Eindrücke kehrte er nach einigen Jahren in seine Vaterstadt zurück, wo eine Brauerei in der Pfeffergasse und eine Ziegelei in der Nähe von Neuschottland auf ihn warteten.

Abends wandte der junge Brauer immer häufiger seinen Blick dem gestirnten Himmel über der Stadt zu. Sein alter Lehrer, Peter Krüger, ermutigte ihn, sich den astronomischen Studien zuzuwenden. Er versuchte, ihn durch die Aussicht auf Entdeckungen dazu zu verlocken. Ein Zufall kam zu Hilfe. Eines Tages erlebte die Stadt das seltene Ereignis einer Sonnenfinsternis. Diese Begebenheit, die viele Bürger in panischen, abergläubischen Schrecken versetzte, weckte in Hevelius endgültig die Forscherleidenschaft.

Das Haus des redlichen Bierbrauers verwandelte sich im Laufe weniger Monate in eine große wissenschaftliche Werkstatt. Hevelius las Bücher, baute Instrumente, richtete sich, um schneller und billiger arbeiten zu können, eine kleine Druckerei, Kupferstecherei und eine Glasschleiferei ein. Sehr viel Geld investierte er in die Ausstattung eines astronomischen Observatoriums auf den Dächern dreier benachbarter Häuser. Das größte Fernrohr mit einer Länge von 48 Metern mußte außerhalb der *Tafel* 70 Stadt montiert werden. Die neugierig gewordenen Nachbarn beobachteten mißtrauisch den bleichen, abgespannten Brauereibesitzer. Bald sprach sich in der ganzen Stadt herum, daß sich Hevelius mit

Astronomie beschäftigte, daß er aus den Sternen die Zukunft lese, die Vorzeichen aber niemandem verrate. 1647 erschien das erste Werk des bis dahin unbekannten Mannes, die «Selenographia», mit einer Karte und genauer Beschreibung des Mondes. Er widmete es der Stadt Danzig. In Paris gab es eine Sensation, die Exemplare seines Buches waren sofort vergriffen. Die Nachricht gelangte nach Rom. Der Papst selbst las mit großem Interesse das Buch und mußte gestehen: «Das Werk wäre unvergleichlich zu nennen, wenn es nicht ein Ketzer geschrieben hätte.»[115] Ludwig XIV. setzte dem Astronomen eine Lebensrente aus. Der Danziger Rat machte ihm silbernes Geschirr zum Geschenk und überreichte ihm in Anerkennung seiner Verdienste eine Summe von 1000 Florin. Die Tätigkeit des Gelehrten erregte auch die Aufmerksamkeit des polnischen Hofes. Mit dem ihm eigenen praktischen Sinn zielte Hevelius von Anfang an darauf ab. Noch zu Lebzeiten des Königs Władysław IV. nannte er ihm zu Ehren fünf von ihm entdeckte Satelliten des Jupiter «Stellae Vladislavianae». Er sandte dem König ein «Instrument, mit dessen Hilfe man sehen konnte, was sich jenseits der Mauern unten tut», ein sogenanntes Polemoskop («Wallgucker»). Im Jahre 1660 stattete der König Johann Kasimir, nach Abschluß der Verhandlungen mit den Schweden aus Oliva kommend, dem Astronomen einen Besuch ab. Die würdigen Gäste besuchten das Haus des Brauereibesitzers, inspizierten seine Sammlungen und Instrumente, konnten aber wegen trüben Wetters das Fernrohr nicht benutzen. Hevelius schenkte dem König zum Andenken an diesen Besuch eine von ihm gebaute Pendeluhr.

Im Jahre 1677 begrüßte Hevelius zum zweitenmal in seinem Hause einen Monarchen. König Johann III. Sobieski erwies sich nicht nur als ein neugieriger Besucher der Werkstatt des Gelehrten, sondern auch als freigebiger Mäzen: Er setzte Hevelius eine Jahresrente in Höhe von 1000 polnischen Florin aus und befreite ihn von allen mit der Herstellung und dem Verkauf des Bieres verbundenen Ausgaben.

Der Astronom war auf dem Gipfel des Ruhmes angelangt. Seine gelehrten Abhandlungen «Prodromus cometicus», «Cometographia», «Machina coelestis» (den zweiten Teil dieses 1679 herausgegebenen Werkes widmete er dem König) brachten ihm Anerkennung im In- unnd Ausland. Die Londoner Wissenschaftliche Gesellschaft erwählte ihn zu ihrem Mitglied, Christine von Schweden, Kurfürst Friedrich Wilhelm und Karl II. von England riefen ihn an ihre Höfe. Hevelius lehnte alle diese Anträge ab. Er fühlte sich seinem Haus verbunden, seiner Sternwarte und schließlich seiner Stadt, wo ihn alle kannten und außerordentlich schätzten und wo er schließlich auch zum Ratsherrn der Altstadt gekürt wurde.

Eine um so größere Erschütterung war das Unglück, das den Astronomen im August 1679 heimsuchte. Das von der Hand eines rachsüchtigen Dieners gelegte Feuer vernichtete sein Haus mit der Sternwarte, der Büchersammlung und allen kostbaren Instrumenten. Für den bereits betagten Mann war das ein harter Schlag, und um so dankbarer mußte er die wohlwollende Hilfe empfinden, die ihm die Stadt, der König Johann III. Sobieski und viele Freunde aus dem Ausland gewährten. Schon in den ersten Monaten des folgenden Jahres bezog der Astronom die wiedererrichteten Räume. Seine große Dankbarkeit, besonders dem König gegenüber, drückte er darin aus, daß er eine von ihm entdeckte Konstellation von sieben Sternen «Scutum Sobiescii» (Sobieskischer Schild) nannte, soviel Mitglieder nämlich zählte die Familie des Monarchen.

Die große Persönlichkeit des Hevelius beeinflußte das intellektuelle Leben Danzigs in der zweiten Hälfte des 17. Jahrhunderts stark. Um ihn scharten sich hervorragende Vertreter naturwissenschaftlicher Disziplinen: zum Beispiel der bekannte Arzt Israel Konradt und der Botaniker Johann Beyn. In diesem Milieu lebhafter Beziehungen untereinander, auch solcher von geselliger Art (Hevelius' Haus war seiner Gastfreundschaft wegen berühmt), wurde der Plan geboren, in Danzig eine wissenschaftliche Gesellschaft zu gründen, welche Spezialisten aller Wissensgebiete vereinen und die Forschungstätigkeit vorantreiben sollte. «Ich habe oft darüber nachgedacht», schrieb im Jahre 1677 Israel Konradt, «wie in der häuslichen Stille alle die

Dinge, die wir mit großer Mühsal und vielen Kosten von den wissenschaftlichen Exkursionen aus fremden Ländern mit nach Hause bringen, nutzlos verderben. Indem wir diese seltenen Dinge in privaten Häusern und Truhen aufbewahren, verzögern wir den daraus fließenden öffentlichen Nutzen und hemmen die Entwicklung der Wissenschaft und der in ihnen versteckten Wahrheit.»[116]

Neben dem Gedankenaustausch sollte die Gesellschaft dafür Sorge tragen, daß den Gelehrten der Zutritt zu den interessanten Sammlungen und privaten Exponaten gewährt würde, damit diese bearbeitet werden könnten. Das groß angelegte und hochstrebende Programm blieb, wie nicht anders zu erwarten war, ein Wunschtraum. Seine Verwirklichung sollte erst in beschränktem Maße die Epoche der Aufklärung bringen.

Zeitvertreib, Vergnügen, Theater

Der andersartige Lebensrhythmus der Stadt in den vergangenen Jahrhunderten muß uns nicht glauben machen, jenes Leben sei monoton und einförmig gewesen. Die Vorstellungen von Zeitvertreib und Vergnügungen waren nur andere, als sie es heute sind.

Zum täglichen Zeitvertreib der Danziger gehörte, neben den schon erwähnten Zerstreuungen, das Schach- und Dominospiel. Spielutensilien, häufig aus Bernstein, Elfenbein, Ebenholz, fanden sich in jedem Bürgerhaus. Kurzweil verschafften außer Schach- und Dominopartien auch Hasardspiele: Würfel und Karten. Kartenspiele waren durch die Zunftstatuten und Anweisungen der städtischen Behörden verboten und wurden von strengen lutherischen und kalvinistischen Predigern verdammt, trotzdem fanden sie überall Eingang. Man spielte in Schenken und Wirtshäusern, auf Straßen und Plätzen, im Hafen und in Werkstätten, in Privathäusern und im Artushof. Eine Besonderheit der Glücksspiele waren die unter allen Schichten des Bürgertums üblichen, oft sehr hohen Geldwetten. In der zweiten Hälfte des 16. Jahrhunderts haben pfiffige Unternehmer für eine neue Abwechslung gesorgt und eine regelrechte Lotterie ins Leben gerufen. Bereits 1577 offerierte ein unternehmungstüchtiger Kunsthändler aus Lüneburg den Danzigern die «Losziehung», wobei man eine Zeichnung oder ein Bild gewinnen konnte, freilich nicht von bester Qualität. Das folgende Jahrhundert brachte die Geldlotterie, die sich langsam durchsetzte. 1632 bat ein Pfiffikus die Stadtbehörden um die Erlaubnis, Lotterie und Losverkauf während des Dominikusjahrmarktes durchführen zu dürfen. In dieser Jahreszeit kamen viele Menschen in die Stadt, es wurde allerhand Unterhaltsames geboten, und die Ortsansässigen wie die Fremden waren nicht abgeneigt, ihren Geldbeutel zu öffnen. Der genannte «Unternehmer» mußte sich hohe Einnahmen versprochen haben, wenn er die Verpflichtung auf sich nahm, der Stadt für die «Permission» 6000 Gulden zu zahlen. Da aber der Rat auf diesen Vorschlag nicht einging, zog er, die Warnungen und Verwünschungen der Danziger Kanzelredner nicht achtend, nach dem Vorort Schottland, wo sein Geschäft längere Zeit großartig florierte. Ob das der Grund dafür war, daß der Rat vier Jahre später die Eröffnung einer Lotteriebude mitten in der Stadt erlaubte? Nach wenigen Monaten schon wurde sie aber verboten, denn die Gesellen lernten dort, wie es hieß, nichts als Geld auszugeben. Dennoch wurde die Lotterie in den folgenden Jahren zu einer ständigen Einrichtung der Stadt. 1697 wurde eine gewaltige Zahl von Losen unter die Bürger gebracht: 22 265 Stück zu je 10 Gulden. Drei Hauptgewinne zu 6000 Gulden sollten zum Spielen anregen; außerdem waren noch kleinere Summen zu gewinnen. Der «Hauptgewinner» dabei war natürlich der Unternehmer selbst.

Die häufigen und oft mehrere Tage dauernden Feste gaben Gelegenheit zu mannigfaltigen Zerstreuungen, denen man mit Ungeduld entgegensah. Die Zünfte und Gilden richteten für ihre Mitglieder üppige Empfänge mit dem traditionellen Essen aus, in den Kirchen fanden Gottesdienste von mehreren Stunden statt, deren Farbenpracht und theatralisches Gepränge die Gemüter stark beeindruck-

ten. Zu Weihnachten und Fronleichnam erfolgten feierliche Prozessionen der Katholiken. «Während dessen hielten die Lutheraner ihren Gottesdienst in ihrer Hauptkirche mit lautem Ertönen der Orgeln und anderer musikalischer Instrumente, bis zum
Tafel späten Abend.»[117] An den Weihnachtsfeiertagen
68 fanden festliche Versammlungen und Gelage im Ar-
Tafel tushof und den Zunfthäusern statt. Man besuchte
89 sich auch in Privatwohnungen. Kinder und Gesinde erhielten Geschenke, die zuvor auf einem besonderen Markt eingekauft und nachts heimlich in bereitgestellte Körbe oder Schüsseln getan wurden.

Die Karwoche und Ostern waren wegen ihrer traditionellen Grabfeiern, Prozessionen und Kirchenkonzerte, die mit großem Prunk von den Katholiken begangen wurden, weithin bekannt und zogen Lutheraner wie Kalvinisten gleichermaßen an. Im 17. Jahrhundert konnte man in dieser Zeit auch Geißelbrüder[118] sehen. Dieses drastische Schauspiel beschrieb Ogier: «Als wir gegen Abend zu unserem Dominikaner zurückkehrten, wurde ich Zeuge eines Vorgangs, den ich bis dahin noch nirgendwo sah. Gegen sieben Uhr bildete sich eine Prozession von Büßern, die in rote Mäntel gehüllt waren und polnische Lieder sangen. Sie schritten um die Kirche, blieben stehen, fielen vor dem Leibe Christi zu Boden und geißelten sich. Anfangs dachte ich, daß sie es nicht so stark tun, eher zum Schein. Indessen schlugen sie sich so grausam, als ob es um eine fremde Haut ginge... Während diese sich peitschen, spielen Orgel und andere Instrumente, und Gesang ertönt, und Jahr für Jahr strömen Scharen von schaulustigen Häretikern und Katholiken herbei, um dieses Geschehen zu erleben.»[119]

Nicht allein die kirchlichen Feiertage und Zeremonien brachten Abwechslung in die Monotonie des Alltags. Für weltliche Abwechslungen gab der 1. April Gelegenheit zu Späßen und Scherzen. «Prima Aprilis wird in ganz Deutschland lustig begangen, und die Leute täuschen sich gegenseitig und führen sich hinters Licht. Der Freund schickt dem Freunde, der Liebhaber seiner Liebsten eine Neuigkeit, brieflich oder durch einen Boten; wer die von ihm ausgedachte Komödie am besten spielt, der gilt für klüger und pfiffiger und besitzt die meiste Erziehung.»[120] Diese Sitte kam aus Deutschland und war Ursache für viel Freude und Ausgelassenheit.

Vom 1. April war es nicht mehr lange bis zum Pfingstfest, dessen Begehung traditionsgemäß von der Bruderschaft des heiligen Georg veranstaltet wurde und die patrizische Jugend um sich scharte. Am frühen Morgen des Pfingstmontags zogen die stolzen jungen Männer in Rüstung und zu Pferde, begleitet von Pauken und Trompeten, vor die Stadt, um sich am Fuße der Burg zu sammeln. Hier fand eine Art Militärparade statt, die von den Mitgliedern des Rates abgenommen und von den Schaulustigen bewundert wurde. Höhepunkt der Feierlichkeiten waren der Wettstreit in der Handhabung der Armbrust und die Wahl des «Maigrafen», dem als Zeichen seiner Würde ein aus Zweigen und frischen Blumen geflochtener Kranz überreicht wurde. Diese Ehre mußte aber teuer erkauft werden: Der «Maigraf» hatte die Unkosten des vom Rat und anderen hervorragenden Teilnehmern an dieser Festlichkeit erwarteten Schmauses im Rathaus oder im Artushof zu decken, nachdem gegen Mittag der ganze Zug feierlich in die Stadt eingerückt war. Am Abend desselben Tages fand gewöhnlich ein rauschender Ball statt.

Sehr häufig wurden zu Pfingsten farbenprächtige Umzüge organisiert. 1569 und 1574 wurden riesengroße, mit Blumenkränzen und Maiengrün geschmückte Ochsen die Straßen entlang geführt (der eine wog 2293, der andere 2272 Pfund), die als Preise für die besten Bogenschützen gedacht waren.

Den Veranstaltern dieser für die Stadtbürger so abwechslungsreichen Vergnügungen ging es nicht allein um eitle Zerstreuung; sie verfolgten damit andere, wichtigere Ziele. Ein Chronist berichtet darüber im Jahre 1515: «... welches alles nur darum geschieht, auf das die harnische, spiesz und weren rein undt bey der handt gehalten werden.»[121] Das an den Rat gerichtete Schreiben begründete den Sinn der Maifeste: «... damit die jungen gesellen und Burgerschaft gleich zuer ubunge unnd stetten gebrauch des Reittens, auch zue fertiger bereittschaft, so zue demselben gehorigk, habenn locken unnd anreitzen wollen, damitt inn der zeitt der nott die jungen gesellen und burgerschaften desto geubtter, hurttiger und instructiores seyn muchtenn».[122] Im Zusammenhang mit diesem militärischen Hintergrund büßten die Mairitte schon zu Beginn des 16. Jahrhunderts ihren alten, aristokratischen Charakter ein; der Rat ordnete an, daß nicht nur die jungen Patrizier daran teilzunehmen hätten, sondern alle wehrfähigen Bürger. So blieb es fast hundert Jahre. Erst zu Beginn des nächsten Jahrhunderts, als die schnelle Entwicklung der Feuerwaffen eine Umwälzung in der Kriegskunst mit sich brachte und die Armbrust und andere veraltete Waffen in die Rumpelkammer verbannte, hörten die Maiumzüge auf. Der letzte traditionelle Umzug zu Pfingsten fand 1612 statt.

Etwa um die gleiche Zeit wurden auch die Stechspiele aufgegeben, die im 15. Jahrhundert sehr häufig auf dem Platz vor dem Artushof stattfanden. Die Kämpfe dieser in kostbare Rüstungen gekleideten Jünglinge verfolgten aus den Fenstern ihrer Häuser oder von den Beischlägen aus die Frauen und Töchter der Patrizier mit großem Interesse. Sie hatten auch die Ehre, den Siegern die Preise zu überreichen: goldene und silberne Pokale, Ketten, Ringe. Die Teilnahme an den Spielen galt als eine hohe Ehre; Männer «geringen Standes» wurden nicht zugelassen. Als im 16. Jahrhundert auch Jünglinge aus nicht besonders vornehmen Familien sich an den Stechen beteiligen wollten, erklärte die stolze Patrizierin Katharina Finkenberg hochmütig: «Die lappen, die do nu reiten sollen, seint es nicht wert, das die frauen umb iren willen sollen zu hafe gaen.»[123]

Noch um die Mitte des 16. Jahrhunderts fanden die Ritterspiele statt, wenn auch nicht mehr so häufig, aber immer noch mit großem Gepränge. Besonders großartig war das Turnier im Jahre 1552 am Fuße der alten Feste zu Ehren des in der Stadt weilenden Königs Sigismund II. August, der selbst an dem Treffen teilnahm. Es kämpften auch Höflinge und tapfere Danziger Bürger und erregten Bewunderung bei zahlreichen Zuschauern.

Diese beliebten und scheinbar harmlosen Spiele endeten nicht immer ohne Unfälle. Um der Gefahr vorzubeugen, wurde Ende des 15. Jahrhunderts eine Verordnung erlassen, wonach die Lanzenspitzen abgestumpft werden mußten. Trotzdem ging es nicht ohne Opfer ab. Das 1552 von einigen Edelleuten aus der Umgebung des Königs veranstaltete Turnier verlief verhängnisvoll; einige der jungen Männer streiften über ihre Rüstungen Frauenkleider, und in solcher Aufmachung traten sie in die Schranken. Im Kampfeseifer stürzte ein Reiter mitsamt dem Pferd zu Boden; das scheu gewordene Tier richtete sich auf und galoppierte davon, den Ritter, der mit dem Fuß im Steigbügel hängen blieb, hinter sich her schleifend. Die Schreie der erschrokkenen Zuschauer machten die Verwirrung nur noch größer, und als die Helfer zur Stelle waren, lebte der Reiter nicht mehr.

Der Verzicht auf Stechspiele und Maiumzüge führte dazu, daß sich die Bürger im 17. Jahrhundert auf andere Art sportlich betätigten. In der ersten Hälfte dieses Jahrhunderts erfreuten sich die Fechtschulen großer Beliebtheit; die eine wurde noch 1584 in dem nicht mehr benutzten Schießgarten der Georgsbruderschaft gegründet, die andere entstand wahrscheinlich 1600 an einer Ecke des Stadtwalls, in der Nähe der Stallungen. Unter Aufsicht von Fechtmeistern übten sich die Danziger Jünglinge im Gebrauch des Degens. Auch öffentliche Wettkämpfe fanden hier statt. Im Jahre 1635 wurde die Erlaubnis erteilt, spezielle Logen zu bauen, «um die Spectacula bequemer anzuschauen»[124]. Ein Abonnement für eine Loge kostete zwei Taler.

Gleichzeitig war der Rat bestrebt, für die jungen Bürger wöchentliche Übungen mit neuen Waffengattungen zu veranstalten: Schießübungen aus Feuerwaffen auf dem Terrain des Schießgartens unterhalb der Burg, Übungen mit Musketen, Piken, Falkonetten. Auch Ballspiele und Kegeln begeisterten sowohl die männliche wie auch die weibliche Jugend. Körperliche Tüchtigkeit war allenthalben geschätzt. Diejenigen, die aus gesundheitlichen Gründen keinen Sport treiben konnten, waren zum mindesten eifrige Zuschauer. Als 1632 ein Straßenhändler den Stadtrat um Erlaubnis bat, in der Fechtschule öffentliche Ringkämpfe mit einem Bären veranstalten zu dürfen, wurde sie ihm ohne weiteres erteilt, und die Schaustellung zog Scharen von Interessenten an.

Tafel 39

Geräuschvoll und farbenprächtig feierte man in Danzig Karneval und Fastnacht. Mummenschanz, Scherzspiele und Umzüge folgten aufeinander. Patriziat und wohlhabendes Bürgertum unterhielten sich im Artushof, die Zünfte und Gilden in ihren Häusern, auf dem Langen Markt und auf den Straßen. Das einfache Volk wartete ungeduldig auf diese Veranstaltungen, und es war keineswegs klug und ungefährlich, ihm diese Freuden vorzuenthalten. Als 1517 der Rat die meisten Fastnachtsspiele aus Rücksicht auf kursierende Gerüchte über einen bevorstehenden Krieg mit dem Deutschen Ritterorden abgesagt hatte, wurden unter den plebejischen Schichten höhnische Spötteleien laut: Der Karneval scheint nach Rom ausgewandert zu sein, um dort Gerechtigkeit zu suchen. Dies war eine Anspielung auf die Rechtsstreitigkeiten, welche die miteinander verfeindeten Danziger Familien vor dem Apostolischen Stuhl ausfochten. Auch die Fastnachtsspäße brachten den Rat mitunter in arge Verlegenheit. Maskierte lustige Gestalten, die sich in den Artushof Einlaß verschafften oder auf Plätzen und Straßen lärmten, erlaubten sich nicht selten boshafte Bemerkungen bezüglich der politischen Ereignisse und der Beteiligten, ohne Rücksicht auf Person. 1520 führte eine Gruppe von Spöttern vor dem Haus des noch mächtigen, aber in seiner Position schon wankenden Bürgermeisters Eberhardt Ferber eine Pantomime auf, die eine Anspielung auf seine mißlunge diplomatische Mission in Preßburg und Wien war. Die vor Freude brüllende Menge begeisterte sich am Anblick einiger Jünglinge, die hüpfend und komisch gestikulierend, am hellichten Tag mit Laternen nach etwas Ausschau hielten. Gefragt, was sie dort auf dem Pflaster suchten, gaben sie zur Antwort: den berühmten Frieden, von dem der Herr Bürgermeister so viel sprach und den er angeblich mitbringen wollte (derweil sich die Stadt rüstete, der drohenden Gefahr seitens des Ordens zu begegnen!).

Besonders einfallsreich zur Fastnacht waren die Zünfte und Gilden. Auf einer Straße führten die Kürschner, als Mohren verkleidet, auf den Köpfen Kronen mit aufgesteckten Lichtern, in den Händen Reifen, eine Moresque auf. Auf einer anderen Straße tanzten die Fleischer und gestikulierten drohend mit ihren Beilen. Wieder an einer anderen Stelle zeigten die Schiffer ihren traditionellen Seemannstanz mit blanken Schwertern. Wegen der vorkommenden Unfälle wurde 1637 der Schwertertanz auf den Straßen verboten und nur noch im Zunfthaus erlaubt. Praktisch aber wurde dieses Verbot nie befolgt.

Häufig wurden auch zur Freude der Bürger farbenfrohe, einfallsreiche Umzüge veranstaltet. Man sparte nicht an Kostümen, suchte nach attraktiven Einfällen, in denen sich die Vorliebe für Allegorie mit derben Späßen mischte. Die einzelnen Zünfte rivalisierten miteinander um die Pracht der Auftritte. Hier die Beschreibung des Fastnachtzuges der Schnitzer: «Den 17. Febr. AD. 1670 haben die Schnitzer einen stattlichen Fastnachtaufzug gehalten. Fürerst ist ein Capitain gegangen mit einem Plüßner Rock, dem seind gefolget zwei wilde Männer mit einem außgekleidetem Bähren. Für andere ist die Stärcke kommen mit allem Schnitzler geräthschaft, hernach die vier Jahres Zeiten, ein Schäffer und Schäfferinnen die das Holtz gelobet. Fürs dritte ist die Justitia kommen mit dem Lichte, und ist die Controversie ventiliret worden, ob die Gesellen bey Licht sollen arbeiten, und ist das Licht verdampt worden. Fürs Vierdte ist gekommen die Hoffnung und zuletzt ist die Volterbanck getragen worden, darauff der Baur behobelt worden. Sie haben aber die gantze Woche gespielet in der Breitgasse in der Callenbachchen Hause, da sie ein Theatrum bereitet, und viel gelt eingenohmen haben.»[125]

Die zahlreichen Bälle und Empfänge waren die Hauptattraktion während des Karnevals. Man richtete sie im Artushof, in den Zunfthäusern und in privaten Räumen der patrizischen Wohnungen aus. Nach einem üppigen Mahl folgten Tänze und Gesellschaftsspiele.

Die Atmosphäre eines Danziger Ballvergnügens gibt vortrefflich ein Gemälde von Anton Möller aus dem Jahre 1596 wieder: Eine schöne Diele in einem Patrizierhaus mit einer Kassettendecke und geschnitzten Balustrade in der Höhe des ersten Stockwerkes, an den Wänden Gobelins und Gemälde, auf Wandbrettern Delfter Fayencen. Der

Anton Möller, Tanzendes Paar, um 1600

Raum ist voller Gäste, links sieht man die Musiker. In der Mitte bewegen sich gemessenen Schrittes tanzende Paare. Ob es wohl eine Polonaise ist? Die Damen sind entsprechend der damaligen Mode gekleidet: enge Mieder und puffige Ärmel, üppige Krausen, weite Röcke, die unten mit Bändern umsäumt sind, und kokette Schürzchen. Schöne Hauben schmücken die Frisuren, am Hals und an den Handgelenken glänzen goldene Ketten. Auch ihre Partner sind nach spanischer Mode gekleidet: Wams mit einer Halskrause, enganliegende Beinkleider, helle Strümpfe, über der Schulter ein kurzer Faltenmantel. Nur eine männliche Gestalt, vor einer Dame in höfischer Verbeugung verharrend, sicher um den Tanz bittend, ist polnisch gekleidet und trägt die für polnische Edelleute typische Kurzhaarfrisur.

Getanzt wurden in Danzig populäre und einfache Tänze: «Jägertanz», bei dem sich die Paare drehend einander jagten, «Wechseltanz», wo drei Paare abwechselnd tanzten, «Wahltanz», bei dem nur ein Paar tanzte und der Partner immer wieder gewechselt wurde. Schwieriger war der «Tanz mit Lichtern», der darin bestand, daß drei Paare zwischen den in der Mitte des Saales aufgestellten großen Leuchtern in verschiedenen Schnörkeln sich bewegten, oder die «Große Jagd», bei der die jungen Mädchen und Männer in zwei Reihen Aufstellung nahmen, ständig ihre Plätze wechselten und das führende Paar jagten. Auch die Polonaise und einige französische Tänze waren bekannt.

Besonderer Beliebtheit erfreuten sich die «Scherztänze», die eine Mischung von Gesellschaftsspiel und Tanz darstellten. Charles Ogier, der 1636 den für König Władysław IV. und Gefolge während seines Karnevalbesuchs in Danzig veranstalteten Bällen beigewohnt hatte, beschrieb sie auf diese

Weise: «Die spaßigen (Tänze) waren von der Art: der Herr... wählt nach einigen Drehungen und Wendungen eine Dame..., sie tun einige ernste und langsame Schritte, worauf der Herr die Dame in die Mitte des Saales postiert, die dort unbeweglich stehen bleibt, während er selbst um sie herumtanzt und allerlei Possen treibt, um sie zum Lachen zu bewegen. Diejenige Dame geht als Siegerin hervor, die Ernst und gleichsam Strenge bewahrt und längere Zeit sich des Lachens enthält. Wenn sie aber auflacht, faßt sie der Herr – als ob er gesiegt hätte – an der Hand, und beide hüpfen und tollen gemeinsam. Dann ist die Dame an der Reihe, einen Herren zu wählen, den sie zum Lachen bringen möchte. Jemand von den Höflingen nähert sich mit einer Kerze in der Hand und leuchtet dieser wie eine Bildsäule stehenden Person ins Gesicht, damit sie schneller in Lachen ausbricht. Wer geistreich und gebildet ist, wer sich ungezwungen bewegen kann, der eignet sich für dieses Spiel am besten.»[126]

Der Danziger Karneval war im damaligen Polen allgemein bekannt. Der König verschmähte ihn nicht, und auch der Adel fühlte sich dorthin gezogen, wie zum Dominikusjahrmarkt im August. Die polnischen Großen veranstalteten in Danzig so manchen Mummenschanz, tanzten auf vielen Bällen und schwärmten durch die Stadt, «als junge Teufel verkleidet». Es waren nicht allein die ernsten Handelsgeschäfte, sondern auch die lustigen Vergnügungen, die das Bündnis des Danziger Bürgertums mit den polnischen Edelleuten festigten. Und weil sich die Stadt und die Schlachta gern amüsierten, herrschte wenigstens in dieser Hinsicht jahrhundertelang eine vorbildliche, durch Ausgelassenheit bekräftigte Harmonie.

Aus den Fastnachtsspielen und -umzügen entwickelten sich bereits im 15. Jahrhundert die Anfänge des Danziger Theaters. In den beiden folgenden Jahrhunderten waren «Komödien» eine begehrte Zerstreuung der Bürger. Sie wurden von den Schülern des Danziger Gymnasiums wie auch anderer Schulen aufgeführt (1601 klagte die Dritte Ordnung, daß solche Veranstaltungen dem Unterricht nicht förderlich seien). Initiatoren waren die Kaufmannsgilde und die Zunftbrüder. Auch Wandertruppen berufsmäßiger Schauspieler kamen nach Danzig. Im Sommer, während des Dominikusjahrmarktes, konnte man neben den beliebten Auftritten der Seiltänzer («Springer») und Schwarzkünstler auch Vorstellungen englischer, deutscher oder französischer Schauspieler sehen, die nicht selten Stücke mit beachtlichem Niveau aufführten. Zu Beginn des 17. Jahrhunderts produzierten sich in der Stadt die in ganz Europa bekannten Truppen eines John Green und Aaron Askena, die die Danziger Kaufleute zum erstenmal mit Shakespeare bekannt machten. Ein festes Theaterensemble entstand in Danzig erst im 18. Jahrhundert.

Die Nachricht von der Ankunft der Komödianten in der Stadt verbreitete sich in Windeseile. Die Aussicht, Theater zu erleben, versetzte die Bürger in eine angeregte Stimmung. Während der Leiter der Truppe im Rathaus die Formalitäten erledigte (es wurde über die Dauer des Aufenthaltes wie auch über die Eintrittspreise verhandelt), lief der Ausrufer die Straßen entlang und verkündete mit lauter Stimme, was, wann und wo gespielt würde. In den ersten Jahren des 17. Jahrhunderts erschienen auch an den Häuserwänden Theaterplakate, die das zu spielende Stück anpriesen und den Zuschauern großen Genuß versprachen.

Die Stücke wurden an verschiedenen Stellen aufgeführt, in den Zunfthäusern, den Schießgärten und den Fechtschulen. Manchmal stellte man den Schauspielern das Rathaus der Altstadt, das Grüne Tor, welches um die Mitte des 16. Jahrhunderts als Königspalast errichtet wurde, oder den Artushof zur Verfügung. Die fahrenden Komödianten schlugen auch ihre eigenen Buden auf, am häufigsten auf dem Dominikanerplatz. Die Vorführungen der Kaufmannsgilde fanden in besonderen Schuppen statt, die man zwischen den Speichern aufgestellt hatte. Es gab auch Vorstellungen in Privathäusern; diese waren freilich für einen kleinen, vornehmen Kreis von Patriziern gedacht, die sich nicht mit dem «gewöhnlichen Volk» auf eine Bank setzen wollten. Die Eintrittspreise waren recht hoch – in den ersten Jahren des 17. Jahrhunderts betrugen sie zwei bis drei Groschen, im Jahr 1634 bereits neun Groschen.

Tafel 47, 48, 100

Tafel 65, 66

Eine Zensur gab es nicht, doch verlangte der Rat, als er 1616 einer aus England kommenden Komödiantentruppe die Genehmigung zum Auftritt erteilte, daß keine «unzüchtigen Stücke» gezeigt würden. Nicht immer wurden vom Rat Spielgenehmigungen erteilt. Im Jahre 1629, während des Krieges mit Gustav Adolf, erließ er ein generelles Verbot, Komödien zu spielen, «weil der Feind uns Tragödien mehr als zuviel agirt, weswegen man der Komödien wohl vergessen mag»[127]. 1633, als der Danziger Hafen durch die Schweden mit einer hohen Zollabgabe belegt wurde, antwortete der Rat auf «Anhalten etlicher Pursche, daß ihnen möge verstattet werden, Komödien anzustellen», er sähe keine Möglichkeit, «wie bei diesen beschwerlichen Zeiten, da man sich vielmehr des Betens, als der Komödien befleißigen sollte, solches ihnen nachzugeben sei».[128] Eine nicht unwesentliche Rolle spielten hierbei die puritanischen Prediger, die von der Kanzel herab gegen die sündhaften Aufführungen und die Ausschweifungen der Städter wetterten. Gegen Ende des 17. Jahrhunderts wurden die Proteste so laut. daß es zu einer drakonischen Maßnahme kam. Eine Ordnung wurde erlassen, wonach es streng verboten war, an Sonn- und Feiertagen vor vier Uhr nachmittags, also während der Gottesdienste, die Stadt zu verlassen, ja sogar Spaziergänge zu unternehmen. Gleichzeitig wurde untersagt, an Feiertagen Komödien und Schauspiele aufzuführen wie auch zu tanzen.

Die Thematik und das Niveau der in Danzig gespielten Stücke waren unterschiedlich. Im 16. Jahrhundert, entsprechend den humanistischen Idealen jener Zeit, beruhte die Mehrzahl der Theaterstücke auf Vorlagen antiker Schriftsteller. Häufig wurden sie durch Zwischenspiele ergänzt, die Bezug auf aktuelle Geschehnisse nahmen. Das 17. Jahrhundert brachte ein reiches Gegenwartsschaffen mit sich, das zwar ohne besonderen Höhenflug, dafür aber dem Niveau der ständigen Konsumenten angepaßt war. Also erfreuten sich eines beachtlichen Erfolges die vielfältigsten sentimentalen und verworrenen mehraktiken Liebesgeschichten von Ibrahim Pascha und der schönen Isabella, von Dulzimunde oder der englischen Königstochter Veronica, voller Seufzer, Trennungen und Mißverständnisse, aber fast immer mit einem glücklichen Ausgang. Auch durch und durch barocke Stücke über das Leben von Heiligen, wie des heiligen Georg (die Tötung des Drachens war für die Zuschauer ein notwendiger Nervenkitzel) oder der heiligen Margarete, kamen zur Aufführung. Zwischenspiele nach Art der italienischen Commedia dell'arte bereicherten die Aufführungen.

Eine Konkurrenz für das Danziger Schauspiel war die Bühne des Jesuitenkollegiums im benachbarten Schottland. Anfang des Jahres 1618 erließ *Tafel 51* der Danziger Stadtrat gegen die zwar gottesfürchtigen, aber gleichzeitig praktischen Patres ein Verbot, auf dem Terrain der Stadt Plakate zu kleben und die Werbetrommel zu schlagen. Trotzdem erfuhren die Danziger immer rechtzeitig, wann Theater gespielt wurde. Die Verlockungen waren stärker als alle Verbote und alles Schelten protestantischer Prediger, die den Einfluß des jesuitischen Theaters auf ihre Schäflein fürchteten. So strömten die Danziger scharenweise nach Schottland, unterhielten sich dort vortrefflich und scherten sich um den gegenreformatorischen Inhalt der Stücke wenig.

Die Danziger Bühnensprache war neben dem Deutschen noch das Lateinische und Griechische. Es waren die Studenten des Gymnasiums, die in diesen Sprachen spielten. In den Stücken, die für einen größeren Zuschauerkreis gedacht und demnach deutsch geschrieben waren, kamen häufig polnischsprachige Einschübe vor. Es wurden aber auch ganze Vorstellungen in polnischer Sprache gegeben. So wurde 1638 in der Altstadt eine polnische Komödie gespielt, deren Text von einer Danziger Druckerei herausgebracht wurde. Die weiteren Aufführungen hat der Rat aus nicht näher bekannten Gründen verboten, das Textbuch wurde konfisziert. Es wird vermutet, daß es um die Komödie ging, die unter dem Decknamen J. G. mit dem Titel «Eine ergötzliche Tragödie oder höfische Komödie über einen Trunkenbold, der als König regierte» im gleichen Jahr in Danzig gedruckt wurde. Ihr Autor dürfte der Lektor für polnische Spache am Danziger Gymnasium, Jan Guliński, ein fruchtbarer Schriftsteller, gewesen sein.

Einige Jahre später entstand ein anderes polnisches Drama, ein Trauerspiel über Lazarus und einen Reichen, das der Autor (vermutlich Stadtmusikus, Komponist und Dichter in einer Person, Marcin Gremborzewski) vorsichtshalber gleich dem Stadtrat dedizierte. Der im Drama vorkommende Reiche, Candide, ist quasi ein polnischer Magnat, der Nachkomme eines großen Geschlechts. Der vor ihn tretende Lazarus bemüht sich vergeblich, den in dieser Gestalt verkörperten Adelsdünkel zu brechen.

Candides überhebliche, beleidigende Antwort lautet:

Tölpel du, dein Platz ist vor der Tür,
was übrig läßt der Hund, gehöre dir.[129]

Drei Intermezzi unterbrechen die Handlung und versetzen uns unmittelbar in die Atmosphäre des 17. Jahrhunderts: Der Schuster, der seinen ganzen Verdienst für die Stiefel vertrinkt, gibt zu Hause vor, er sei auf dem Weg zum Markt ausgeraubt worden. Als der Schwindel ans Tageslicht kommt, schwört der reuige Sünder Enthaltsamkeit und beschließt seine Ausführungen mit dem folgenden Vers:

Bei Kupidos Bogen, der Venus Gebeine
Will ich entsagen dem Bier und dem Weine.
Mit Schnaps allein will ich mich begnügen
und Buße tun mit großem Vergnügen.[130]

Das zweite Intermezzo spielt auf dem Danziger Jahrmarkt, wo ein Kaschube Sobieraj einem Küchenmeister einen Sack voll Fleisch für einen Empfang anbietet, aber nicht erlaubt, ihn zu öffnen und hineinzuschauen. Nach einer herrlichen Szene, in der ausgiebig gefeilscht wird, zeigt sich, daß der schlaue Bauer den selbstsicheren Städter übervorteilt hat. Im dritten Intermezzo wird der Küchenmeister von einem edlen Jäger, der im Dickicht seine Schlingen auf Hasen und Vögel auslegt und auf diese Weise das für das Bankett notwendige Wild liefert, aus der bedrängten Lage befreit.

Genauso beliebt wie die Theatervorstellungen waren pyrotechnische Vorführungen. Die erste dieser Art fand im Juli 1595 anläßlich der Geburt des Königssohnes Władysław statt. Vor dem Artushof wurde ein hölzerner Turm errichtet und mit Sprengstoffen gefüllt, die zur gegebenen Zeit sehr wirkungsvoll explodierten. Dieses Schauspiel sollte die Beschießung der Festung Weichselmünde darstellen; sie gefiel den Bürgern so sehr, daß seither fast alle wichtigeren Ereignisse oder Festlichkeiten auf diese Weise gefeiert wurden. Sehr wirkungsvoll war ein Feuerwerk im Juli 1613 auf die Kunde von der Geburt des Königssohnes Karl Ferdinand. Das Thema des veranstalteten pyrotechnischen Schauspieles war die volkstümliche Legende vom Kampf des heiligen Georg mit dem Drachen. Auf dem Langen Markt wurde eine kunstvolle Dekoration aus Holz und Leinwand aufgebaut; sie stellte eine Höhle dar, in der eine von dem bekannten Danziger Meister Johann Brandt geschnitzte Jungfrau knieend den schrecklichen Tod erwartete. Sobald sich aber in den zerklüfteten Felsen der böse Drachen feuerspeiend regte, stürzte sich der tapfere Ritter in silberglänzender Rüstung auf einem Schimmel ihm entgegen. Die besiegte Bestie zerfiel mit Getöse, der Ritter und die Jungfrau entschwebten, von Lichtern angestrahlt, gen Himmel. Die entzückten Zuschauer sprachen noch Monate später über dieses «Spectaculum» und rühmten sich dessen vor den Fremden.

Darum wollte die Stadt auch die Krönung von Władysław IV. Wasa im Jahre 1632 mit einem Feuerwerk begehen. Man machte sich erneut auf dem Langen Markt an die Arbeit. Auf einer hohen Bühne, die von allen Seiten gut einzusehen war, wurden bunt bemalte, täuschend ähnliche Figuren des Mucius Scaevola, der Giganten und des Ixion aufgestellt. Auch ein «Amortempel» und die «Säule der Beständigkeit» wurden errichtet. Das Schauspiel begann pünktlich um acht Uhr abends. Als erster verschwand in den Flammen Ixion, den man aufs Rad geflochten hatte; anschließend stürzten sich die Giganten in das Kampfgewühl, Mucius Scaevola fand den Heldentod, und gegen die «Säule der Beständigkeit» trat der schreckliche, feuerspeiende Drachen an. Das dreistündige Schauspiel, von Musik untermalt, endete mit einer Explosion der ganzen Maschinerie.

Gelegentlich der Aufenthalte der polnischen Könige und ihrer Familien wurde die Stadt von einem wahren Vorführungstaumel erfaßt. Am berühmtesten und in dieser Beziehung wohl abwechslungsreichsten war der Besuch der Maria Louise vom 11. bis 28. Februar 1646. Die Französin hielt am 11. Februar ihren Einzug in die Stadt; es war schon Nachmittag, denn die Zeremonien, die noch vor den Stadttoren begannen, dauerten bereits fünf Stunden. Die königliche Karosse und die Kaleschen der sie begleitenden Personen wurden von Abteilungen Bewaffneter eskortiert, die die Farben des Prinzen Karl Ferdinand und zahlreicher Bischöfe und Senatoren trugen. Die offizielle Begrüßung *Tafel* 84 fand am Hohen Tor statt, die auf den Stadtwällen aufgestellten Geschütze schossen Salut. Trotz des Frostes gingen die Leute auf die Straßen, Hunderte von neugierigen Köpfen bestaunten aus den Fenstern den feierlichen Zug. In der Mitte der Langgasse war ein prunkvoller Triumphbogen errichtet worden: Zwei gewaltige Statuen des Herkules und des Atlas trugen auf ihren Schultern das Danziger Panorama, und mit Hilfe eines geschickten Mechanismus der in ihnen versteckten Personen grüßten sie die Gäste, indem sie eine halbe Wendung machten.

Ein großes Ereignis war der Auftritt der königlichen *Tafel* 58 Oper, für die ein hölzernes Gebäude mit dreitausend Plätzen errichtet wurde. Am 15. Februar fand die Aufführung des eigens für diesen Anlaß geschriebenen Stückes «Le nozze d'Amore e di Psiche» statt. Der Autor war V. Puccitelli, der Direktor der Oper. Das Schauspiel, welches ungeheuren Zulauf hatte, eroberte sich die Herzen der musikliebenden Bürger. Noch konnte die Stadt nicht einmal davon träumen, eine ständige Bühne zu besitzen.

Die Königin hatte keinen Anlaß, sich über Mangel an Zerstreuung zu beklagen. Kein Tag verging ohne ein öffentliches Schauspiel auf dem Langen Markt: einmal war es das Mastklettern, vorgeführt von geschickten Seeleuten, ein andermal waren es derbe und aufregende Speerkämpfe der Fleischer. Die Kürschner, vierzig an der Zahl, tanzten einen mauretanischen Tanz – die Schiffzimmerer wirbelten ihre Äxte durch die Luft.

Die zweite Hälfte des 17. Jahrhunderts war nicht mehr so fruchtbar an pyrotechnischen Schauspielen und Vorstellungen, die zu Ehren der Herrschenden aufgeführt wurden. Die Aufenthalte Johann Kasimirs und Johann III. Sobieskis verliefen in Danzig, hauptsächlich aus Sparsamkeitsgründen, bescheidener und ruhiger. Freilich wurden Feuerwerke und lebende Bilder gezeigt, doch waren sie nicht mehr so aufwendig wie die im Jahre 1646.

Im Jahre 1698 bereitete Danzig August II. in seinen Mauern einen glänzenden Empfang. Die Triumphbögen, die aus diesem Anlaß in der Langgasse und dem Langen Markt errichtet wurden, waren allerdings umgearbeitete und aufgefrischte Requisiten aus der Zeit der Maria Louise. Die pyrotechnische Maschine, die errichtet wurde, stand ihren Vorläuferinnen ebenfalls weit nach. Danzig hatte auch auf diesem Gebiet seine besten Jahre hinter sich.

Das Venedig des Nordens

Viele Jahrhunderte hindurch war der Hafen an der Mottlau die Lebensader Danzigs. Hier legten Schiffe aus fernen Ländern an, hier zogen sich Werften und Reparaturwerkstätten hin, an den Kais und Ladebrücken war von früh bis in den späten Abend ein vielsprachiges Stimmengewirr zu hören. Wirft man einen Blick auf den Stadtplan, fällt sofort ein charakteristisches Merkmal auf: Alle größeren Straßen führen zur Mottlau und münden am Hafen. Selbst der Lange Markt ist kein zentraler Flecken, wie wir es von anderen Städten gewohnt sind, sondern nur eine Verlängerung der Langgasse, die den Uferanlagen zustrebt.

An der Mottlau breitete sich in nördlicher Richtung, die Altstadt der Handwerker gleichsam zur Seite verdrängend, die wohlhabende patrizisch-kaufmännische Rechtstadt mit den großartigsten öffentlichen und privaten Bauwerken aus. Mittenhindurch, von West nach Ost, führte der berühmte Königstrakt, vom Hohen Tor über die Langgasse, und mündete in den sich hinter dem Rathaus erweiternden Langen Markt. Dort, am Ende, stand ein eigens für die in Danzig weilenden Monarchen von 1563 bis 1568 erbautes, aber nie bewohntes Palais, das sogenannte Grüne Tor. Tafel 100 Dahinter war bereits die den Schiffern gut bekannte Grüne Brücke Tafel 16, 101 und der lärmende, betriebsame Hafen mit seinem Herzen, der Speicherinsel, die sich mit ihren Magazinen im trüben Wasser der Mottlau spiegelte. Gegen den Süden und Osten erstreckten sich die von der Stadtarmut bewohnten Vorstädte und die Gärten. Tafel 51, 52

Die Architektur und die räumliche Aufteilung der Stadt, von vielen Zeitgenossen «Venedig des Nordens» genannt, bildete sich während der Jahrhunderte des Wohlstandes und der Macht des Bürgertums heraus. Europas Süden und Norden, Italien und die Niederlande, die durch unzählige kommerzielle Fäden mit Danzig verknüpft waren, reichten sich die Hand, um am fernen Gestade der Ostsee einen bezaubernden Stil zu entfalten. Jede Epoche profilierte auf ihre Weise das Gesamtpanorama und das Aussehen der einzelnen Straßen von Danzig, jede Generation der vorsorglichen Kaufleute, fleißigen Handwerker, begabten Künstler setzte neue Akzente, die in ihrer Gesamtheit ein faszinierendes, die Jahrhunderte überdauerndes Ganzes hervorbrachten.

Die Gotik hinterließ außer den Befestigungswerken, den Stadttürmen und der Großen Mühle vor allem zahlreiche Kirchen: Nikolaikirche, Katharinenkirche, Peter-und-Pauls-Kirche, Johanniskirche, Trinitatiskirche. Tafel 28–40

Die bekannteste war und ist bis auf den heutigen Tag die Marienkirche, an der Generationen der bedeutendsten Baumeister mehr als 150 Jahre bauten. Hier arbeiteten Hinrich Ungeradin, Johann Brandt, Heinrich Hetzel und viele andere. Die direkt im Zentrum der Stadt inmitten der Bürgerhäuser stehende Kirche ist ein Hallenbau in Form eines lateinischen Kreuzes, welches aus einem dreischiffigen Korpus und einem asymmetrischen Querbau gebildet wird, im nördlichen Teil aus zwei, im südlichen aus drei Schiffen bestehend. Tafel 30–32 Die Länge dieses Gotteshauses, des größten auf dem damaligen polnischen Gebiet, betrug 105 Meter, die Gesamtbreite 66 Meter, die Höhe bis zum Scheitel des auf 26 Säulen ruhenden Stern- und Netzgewölbes 29 Meter. An der Westseite strebte ein mächtiger, 78 Meter hoher Turm himmelwärts. In ihm hingen sechs schwere Glocken, deren Geläut über die ganze Stadt zu hören war.

In die Kirche konnte man durch sechs breite Portale gelangen; das Tageslicht fiel durch 36 große Fenster ein. Die Innenausstattung war des großartigen Bauwerkes würdig. Der Hauptaltar stammt von dem Augsburger Meister Michael, vom Anfang des 16. Jahrhunderts, der in den Mittelpunkt dieses Kunstwerkes ein monumentales Bildwerk setzte, die *Krönung der Mutter Gottes.*

Von einem unbekannten Danziger Meister des 15. Jahrhunderts stammt die berühmte *Zehngebotetafel,* Tafel I, 27 die in der Marienkirche hing und sich jetzt im Muzeum Narodowe in Warschau befindet.

In der Kirche befanden sich mehrere Nebenaltäre, Tafel 35, 36 die von hiesigen und fremden Künstlern geschaffen wurden. Vom Gewölbe hingen Fahnen und Geschützkugeln herab, einst Kriegsbeute und später in fromme Weihgaben umgewandelt. Hunderte Skulpturen und Bilder, Stickereien, wertvolle Gefäße und Leuchter füllten die Kapellen, von denen es einige Dutzend gab. Die Wände waren mit Grabsteinen und Epitaphien der bedeutendsten Danziger Geschlechter versehen, im Boden waren kunstvoll geschnitzte Grabplatten eingelassen. Hier ruhten der von den Ordensrittern zu Anfang des 15. Jahrhunderts ermordete Bürgermeister Konrad Leczkow mit seinen Genossen sowie der berühmte Danziger Prediger der 50er Jahre des 16. Jahrhunderts, Pankratius Klemme, dort wurde 1639 der an der Pest verstorbene Dichter Martin Opitz beigesetzt. In einer der Seitenkapellen, der Dorotheenkapelle, die durch den schönen Alabasteraltar englischer Arbeit Berühmtheit erlangte, befand sich seit dem 15. Jahrhundert die wertvolle Beute des Danziger Piraten Paul Beneke: ein Triptychon des großen niederländischen Malers Hans Memling, das *Jüngste Gericht.* Die Danziger behielten dieses Gemälde uneingedenk des Schreibens von Karl dem Kühnen aus Burgund und der Androhung des

Bannstrahls durch den jähzornigen Papst Sixtus IV. in ihrer Stadt.

Im Nordschiff der Kirche befindet sich eine berühmte astronomische Uhr von Johannes Düring aus dem 15. Jahrhundert. Der im Inneren versteckte komplizierte Mechanismus zeigte den Lauf der Sterne, der Sonne und des Mondes an; nach dem Schlagen einer vollen Stunde traten Apostelfiguren aus der Uhr heraus. Wie es die Überlieferung will, haben die grausamen Ratsherren den Schöpfer dieses Kunstwerkes geblendet, damit er keine zweite solche Uhr anderswo bauen konnte. Das Grab des Uhrmeisters war noch bis vor kurzem in der Nähe der schadhaften Uhr zu besichtigen.

Die wohlhabendsten Zünfte und Gilden Danzigs statteten in der Marienkirche Altäre und Kapellen für ihre Schutzheiligen aus, und sie scheuten keine Ausgaben für den Erwerb kostbarer Einrichtungen, Meßgeräte und Ornate. Eine große, zu Beginn des 16. Jahrhunderts gebaute Orgel erfüllte das Gotteshaus mit gewaltigem Klange, Hunderte dicker Kerzen aus gespendetem Wachs ließen die Kirche bis in die äußerste Ecke hell erstrahlen. Den in der Marienkirche zelebrierten prunkvollen Gottesdiensten wohnte auch Charles Ogier bei. Während der Besichtigung des Gotteshauses fiel ihm besonders das Triptychon von Hans Memling auf: «Der Sage nach soll Kaiser Rudolf (II.) 40000 Rthlr. für dieses Bild geboten haben.»[131] Ogier bewunderte ein schönes, altes Taufbecken und die großen Orgeln, die zahlreichen Altäre, Grabmäler und die anderen Kunstwerke, die sich im Laufe der Jahrhunderte hier angesammelt hatten.

Während sich das in mittelalterlicher Frömmigkeit verharrende 15. Jahrhundert durch sakrale Bauwerke auszeichnete, trat in den folgenden zweihundert Jahren die weltliche Architektur in den Vordergrund. Renaissance und Barock, verbunden mit der Epoche der größten wirtschaftlichen Entwicklung, brachten eine ungewöhnliche Belebung des künstlerischen und kulturellen Lebens. Besonders üppig blühte in dieser Zeit die durch private Bauten

Tafel 95–99

repräsentierte Architektur. Im Bewußtsein seiner Bedeutung wollte das Patriziat ansehnlich wohnen, und es besaß auch die notwendigen Mittel dazu. Seine Vertreter scheuten keine Ausgaben, damit die Straßen und Wohnhäuser ein Aussehen erhielten, das dem eines Welthandelszentrums durchaus würdig war. Aus dieser Epoche stammen die Renaissancehäuser im Herzen der Stadt, am Langen Markt, in der Langgasse, der Jopengasse und der Hundegasse. Sie sind schmal, gewöhnlich drei Fenster breit, mit einem Ziergiebel in Form eines zu beiden Seiten von schneckenförmigen Windungen eingefaßten Dreiecks. Auf den Zinnen und Giebeln stellten die Bauleute Kugeln und Fialen und verschiedene Skulpturen von Tieren und Vögeln auf. Ein besonders schönes Beispiel dieser Architektur stellte das Haus in der Langgasse 45 dar, das um 1560 erbaut wurde und nach dem damaligen Zeitgeschmack mit Figuren antiker Götter ausgestattet war: Jupiter, Athene, Bacchus, Hera, Apollo und Diana. Einige Jahre später errichtete der aus Dresden nach Danzig gekommene Meister Johann Kramer in der Langgasse 35 ein wohl noch schöneres Bauwerk: das berühmte Löwenpalais (nach den Löwenskulpturen an der Fassade so benannt) mit einer Figur der Ceres (der Göttin des Überflusses) auf der Giebelspitze. Ein anderes, nicht wenige gelungenes Werk Kramers war ein Bürgerhaus in der Brodbänkengasse 16, als Englisches Haus bekannt, das von Statuen römischer Reiter mit einer Lilie auf den Schilden beschützt wurde.

Eine Besonderheit des damaligen Danziger Stils waren die Beischläge – durch schmiedeeiserne oder steinerne Balustraden eingefaßte Terrassen vor den Haustüren; man betrat sie über Treppen mit beidseitigen Geländern, die unten auf Granitkugeln oder Pfosten ruhten. Auf den Beischlägen standen oft Tische und Bänke. Die langen Reihen efeuumrankter, schattiger Beischläge verliehen den Danziger Straßen ein besonderes, typisches Aussehen und einen eigentümlichen Zauber.

Seit den siebziger Jahren des 16. Jahrhunderts begann sich in Danzig eine neue, von den niederländischen Einflüssen geprägte Strömung in der Architektur zu entfalten. Sie ist hauptsächlich mit dem Namen des hervorragendsten Baumeisters dieser Zeit in Danzig, Antonis van Obbergen aus Flandern, gebürtig in Mecheln, verbunden. Noch bevor er 1586 nach Danzig kam, begründete er seinen Ruhm durch den Umbau des königlichen Schlosses Kronborg in Dänemark. In Danzig wurde ihm sofort eine Reihe von Fortifikations- und Architekturarbeiten anvertraut. 1592 verlieh man ihm den ehrenvollen Titel des Stadtbaumeisters.

Kurz vor dieser Ehrung errichtete van Obbergen in der Altstadt sein erstes größeres Bauwerk, übrigens im Stil ein ganz niederländisches: das Altstäd-
Tafel 47, 48 tische Rathaus. Das Gebäude befand sich in der Pfeffergasse. Die Fassade aus kleinen roten Ziegeln wurde mit Steinmetzarbeiten verziert. Die großen rechteckigen Fenster im ersten Stockwerk waren zum unteren Teil des Gebäudes asymmetrisch angeordnet. An den Türen waren kunstvoll geschnitzte, geschwungene Kragsteine aufgestellt. Türmchen und Giebel, auf denen von kunstgeübter Hand gemeißelte Skulpturen standen, zierten das Dach.

Als schönstes Bauwerk des Architekten gilt das
Tafel 59–64 Danziger Arsenal. Die dunklen Wolken, die sich gegen Ende des 16. Jahrhunderts über der Ostsee zusammenzogen und die zunehmende Bedrohung durch Schweden, welches mit starkem Verlangen nach der südlichen Küste schaute, ließen die Bürger energisch mit sich zu Rate gehen, wie die Stadt auf einen eventuellen Kriegsfall vorbereitet werden könnte. Besonders spürbar machte sich der Mangel an Lagerräumen für das in vielen Werkstätten der Stadt und Umgebung hergestellte Kriegsmaterial. Es entstand das Projekt der Erichtung eines speziellen Arsenals, das in den Jahren 1602 bis 1605 verwirklicht wurde. Das Gebäude stand in einer Flucht mit den mittelalterlichen Befestigungsmauern gegenüber dem Ausgang der Jopengasse. Die
Tafel 65, 66 hintere Fassade grenzte an den Kohlenmarkt. Das Zeughaus gehört mit Recht zu den hervorragendsten Bauwerken des alten Danzigs. Ähnlich dem Altstädtischen Rathaus, war es aus kleinen roten holländischen Ziegeln erbaut und mit Dekorationen aus Sandstein und Malereien ausgeschmückt. Es bestand gleichsam aus vier einzelnen schmalen Häusern mit zierlichen Giebeln und steilen Dächern. Auf den Giebeln befanden sich, die Bestimmung des Gebäudes gewissermaßen unterstreichend, feuerspeiende Granaten. Die Hauptfassade, von der Seite der Jopengasse gesehen, schmückten zwei große Portale, die von den Danziger Wappen gekrönt waren. Im oberen Stockwerk, durch die hohen rechteckigen Fenster in Sandsteinumrahmung vertikal gegliedert, befand sich eine Nische mit der Statue der Minerva, der Göttin der Kriegskunst. Darüber standen Statuen von Kriegern und Sphinxen.

Jeder Fremde, der im 17. Jahrhundert in Danzig weilte, wollte gerne das Innere des Arsenals sehen. Der Ratsherr Georg Schröder, der im März 1671 dem Zeughaus einen Besuch abstattete, beschreibt in seinem Tagebuch das Gesehene: «Betrachten kann man hier über 200 Geschütze, kleine und große, alle aus Eisen gegossen. Unter ihnen Volle-, Halbe- und Viertel-Mitrailleusen (Kartätschengeschütze, Kugelspritzen), doppelte Hakenmörser und solche, die mehrere drehbare Läufe haben, und wieder andere, die aus einem Lauf dank verschiedenen Zündern drei-, vier- und sogar fünfmal Feuer geben können, schließlich Geschütze, die von hinten geladen werden. Auch eine runde steinerne Kugel ist dort zu sehen mit einem eisernen Griff, die sogar ein kleines Mädchen aus eigener Kraft heben kann. In einer Ecke steht eine bemerkenswerte Alabasterstatue des schwedischen Köngis Johann, des Vaters von Sigismund III. Die Krone und das Zepter sind kunstvoll mit nicht natürlichen Steinen besetzt. Auch große und kleine Mörser gibt es dort… Bilder hängen ebenfalls dort: eine interessante Skizze von einem Mörser mit allen seinen Teilen und die Darstellung einer Belagerung der Festung Weichselmünde aus dem Jahre 1659. Im Anschluß besichtigt man die sogenannte Apotheke, wo Kisten mit Geschützkugeln, Granaten, Musketenmunition … liegen. Der Wärter zeigt einem auch eiserne ‹Weintrauben›, ‹Ingwer› wie auch andere eiserne Stücke, mit deren Hilfe aus Geschützen geschossen wird …»[132]

Schöne, steinerne Treppen führten hinauf zum ersten Stock, wo sich ein Arsenal für Musketen, Piken, Degen und andere Handwaffen befand. Im Dachgeschoß wurden hölzerne Räder, Teile von Wagen, Karrossen und Pferdegeschirr aufbewahrt. Ging man wieder eine andere Treppe hinunter, erlebte man eine Überraschung: Man befand sich in

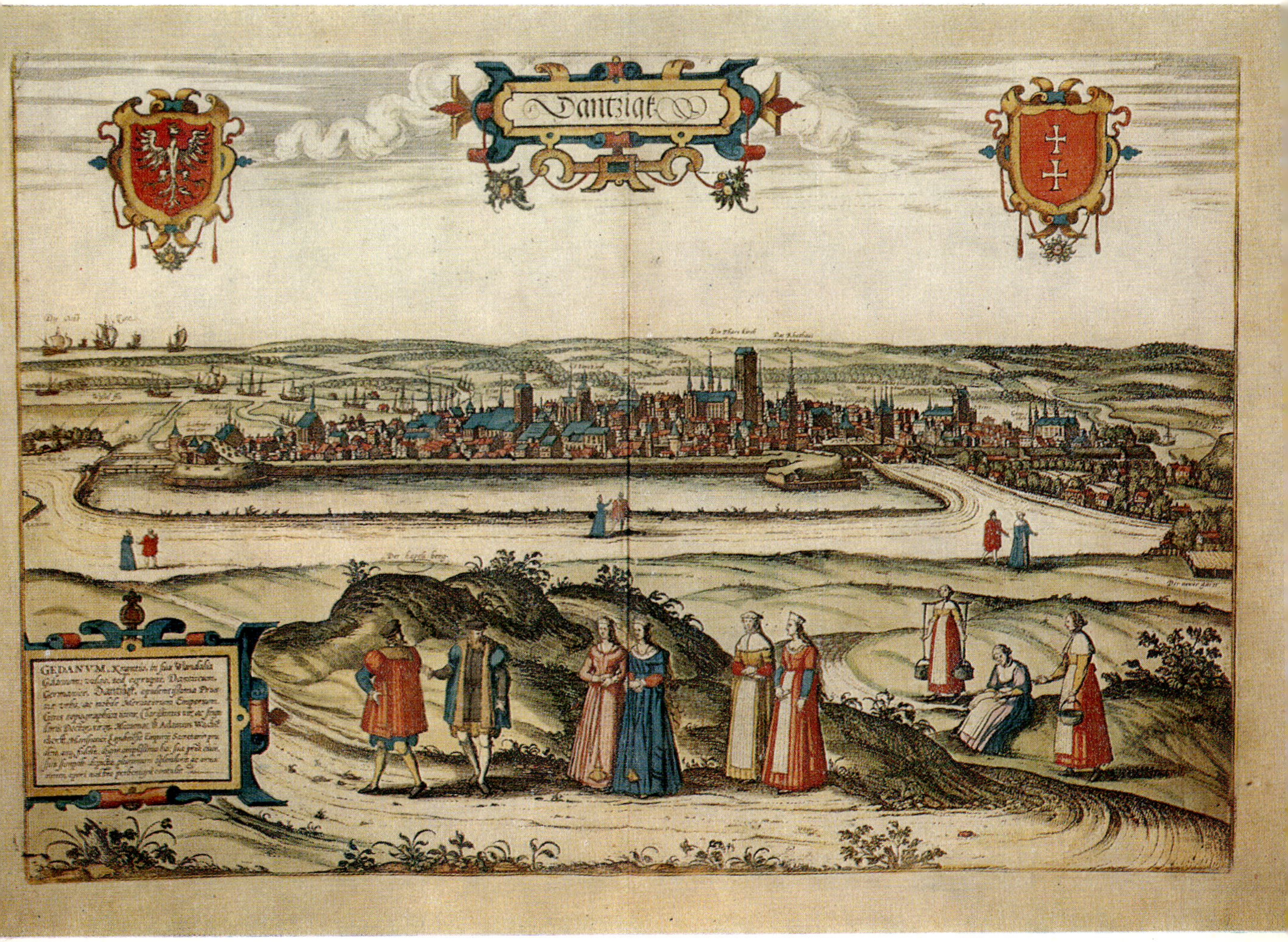

IX
Panorama von Danzig, kolorierter Kupferstich, um 1650

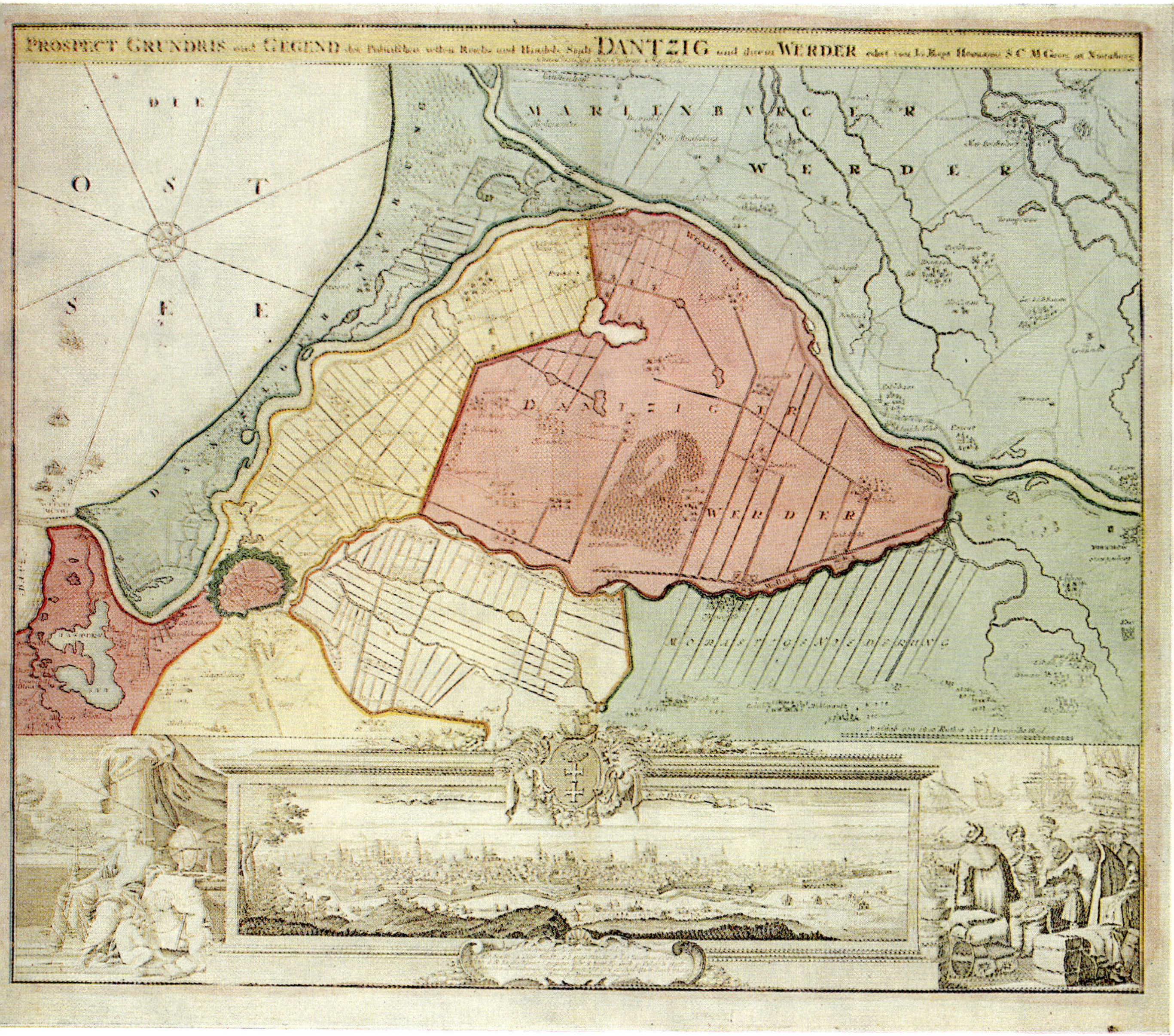

X
Prospekt, Grundriß und Umgebung von Danzig, kolorierter Kupferstich, um 1745 (?)

einem Raum, in dem auf Pferdeattrappen Rittergestalten in voller Rüstung saßen und man konnte einen «alten Schweitzer mit einem Rappier, der schiltwacht helt, und mit dem Kopfe sich bewegen kann»[133] sehen.

In den achtziger Jahren des 16. Jahrhunderts schmückte ein anderer, ebenfalls in Mechelen geborener Niederländer, Wilhelm van dem Blocke, entsprechend den örtlichen Wünschen und Bedürfnis-
Tafel 88 sen das Hohe Tor mit einem steinernen Aufputz. Der obere Teil des Bauwerkes, der vom unteren durch einen breiten, auf einem Tragstein ruhenden Fries getrennt ist, wurde mit den Wappen Polens, Danzigs und Königspreußens verziert. Auf dem Giebel waren Löwen aufgestellt; zwei in der Mitte, zwei weitere saßen majestätisch an den Seiten, auf große Kugeln gestützt, und hielten Fähnchen in ihren Tatzen. Der untere Teil des Tores war in Rustika ausgeführt, die mit Blättern übersät war – ein beliebtes und häufig wiederkehrendes Motiv bei Wilhelm van dem Blocke. Das Tor zierten, der damaligen Sitte gemäß, zahlreiche lateinische Inschriften. Direkt in der Mitte, unter dem polnischen Adler war zu lesen: «Justitia et pietas duo sunt regnorum omnia fundamenta» (... Gerechtigkeit und Frömmigkeit sind die Hauptstützen der Königreiche). Die Danziger waren überzeugt, daß auf diesen beiden «Säulen» auch das Wohlergehen ihrer Stadt beruhte.

Der Sohn von Wilhelm van dem Blocke, Abraham, war gleichfalls ein talentierter Baumeister, Bildhauer und Schnitzer. Aus seiner Hand stam-
Tafel 61, 63 men unter anderem die steinernen Statuen auf dem Zeughaus. In den Jahren 1612 bis 1614 leitete er
Tafel 90 den Umbau des Langgassentores, welches von da an wegen der reichen Vergoldung das Goldene Tor hieß. Dieses Bauwerk sollte die Krönung und der Abschluß des sogenannten Königstraktes sein, über den die Herrscher ihren Einzug in die Stadt hielten. Die Fassade des Goldenen Tores war von einer Balustrade abgeschlossen, die im 17. Jahrhundert mit wuchtigen Statuen des bekannten Meisters Peter Ringering verschönt wurde. Die Symbole Frieden, Freiheit, Wohlstand und Ruhm, als stattliche, üppige Frauen dargestellt, sollten nun alle die grüßen, die die Langgasse aus der Richtung des Hohen Tores her betraten. Durchschritt man das Goldene Tor und schaute sich nach dem schönen Bauwerk um, konnte man die Darstelungen der vier Tugenden sehen, die auf die Stadt hinabblickten: Umsicht, Frömmigkeit, Gerechtigkeit und Eintracht. Auf dem Fries war der Sinnspruch zu lesen: «Concordia res publicae parvae crescunt – discordia magnae concidunt» (= In Eintracht gedeihen selbst kleine Staaten, in Zwietracht gehen die großen zugrunde). Auch diese Sentenz paßte auf die Geschichte der Stadt.

Die architektonisch schönen Danziger Straßen ließen, was die Sauberkeit anbelangt, viel zu wünschen übrig. Selbst im Zentrum der Stadt konnte es noch im 16. oder 17. Jahrhundert vorkommen, daß die Bürgersfrau ihr Spülwasser einem Vorübergehenden auf den Kopf schüttete oder den Unrat dem Nachbarn vor die Tür kehrte. In den Vorstädten griff der Schmutz noch mehr um sich; vor den Häusern suhlten sich die Ferkel im Dreck, Enten schwammen in Pfützen, die sich nach jedem Regen bildeten. Im Frühjahr und im Herbst war der Morast so groß, daß manche Straßen kaum passierbar waren, nicht einmal in groben Holzschuhen. Die Stadtbehörden gaben verschiedene Verordnungen heraus, die eine Hebung des sanitären Zustandes der Stadt zum Ziel hatten, allein ihre Ausführung ging mehr als schleppend vor sich. In den Amtsbüchern finden sich zahlreiche Notizen über Prozesse zwischen verschiedenen Bürgern in Sachen der Verunreinigung von Häusern und Straßen. So hatte der Bürgermeister im Jahre 1610 auf die Bitte von Gert Friese den Bewohnern einer Gasse beim Jakobstor verboten, ihren Unrat vor seine Stallungen zu werfen. Im Jahre 1615 klagte Frau Anna Rode, wohnhaft in der Töpfergasse, gegen ihre Nachbarinnen, weil diese bösartigerweise Spülwasser vor ihre Fenster gegossen. Zwei Jahre später gewann ein gewisser Tischler Martin Krause aus der Altstadt einen Prozeß gegen den Fleischer Jakob, der den Mist aus seinem Stall angeblich nachts auf das Grundstück von Krause warf. Der Bürgermeister ermahnte geduldig die Schmutzfinken und belegte nur ausnahmsweise die besonders hartnäckigen und nachlässigen von Zeit zu Zeit mit einer geringen Geldbuße, allein kaum mit Erfolg.

Eine andere Plage auf den Danziger Straßen war die Dunkelheit. Die späten Passanten leuchteten sich den Weg mit Kienspan oder Laternen, was weder bequem war noch die Brandgefahr verminderte. Gegen Ende des 17. Jahrhunderts wurde den drei Ordnungen der Stadt das Projekt einer Straßenbeleuchtung durch Aufstellen von Öllaternen vorgelegt. Die Schöffen verwarfen diesen Plan mit der Begründung, daß die Laternen der Stadt eher zur Zierde gereichen, als den genannten Bedürfnissen dienen würden. Die ganze Angelegenheit sollte auf «glücklichere Zeiten» vertagt werden, denn gegenwärtig sei die Stadt zu arm und könne sich solche «Extravaganzen» nicht leisten. Die Dritte Ordnung dagegen verteidigte dieses Projekt mit großem Eifer: Neben der Verringerung der Feuergefahr und gewissen Ersparnissen durch Aufhebung der privaten und gelegentlichen Beleuchtung würde das Aufstellen von öffentlichen Laternen das Patrouillieren durch die Stadt und die Aufrechterhaltung der Ordnung bei Dunkelheit erleichtern. Viele Diebstähle würden vereitelt, so mancher Frevel unterbunden werden; vor allen Dingen würden weniger Säuglinge vor den Häusern der Reichen ausgesetzt werden und das abendliche aufdringliche Betteln würde abnehmen, führten die Hundertmänner aus. Während der Diskussion fehlte es auch nicht an Argumenten religiöser Natur. Die Verfechter der Beleuchtung behaupteten nämlich, durch erhellte Straßen würden die Gläubigen lieber und eifriger sowohl in der Frühe als auch am Abend zu Messen und Predigten in die Kirchen eilen.

Doch wer sollte die Kosten für diese Einrichtung tragen? Die einen meinten, die Immobilienbesitzer, die anderen wollten diese Last auf alle Bürger der Stadt verteilt wissen, in jedem Falle auf diejenigen, die in den beleuchteten Straßen wohnten. Und schließlich: Welche Straßen sollten beleuchtet werden, welche hingegen nicht? Es wurden Kostenanschläge angefertigt, man beriet und diskutierte. Schließlich wurde das Projekt fallengelassen, da es nicht die notwendige Stimmenzahl in den einzelnen Ordnungen erhielt. Über ein halbes Jahrhundert noch sollten die Danziger Straßen im Dunkeln bleiben.

Schmutz und Finsternis aber nahmen der Stadt nicht ihre Anmut. Von besonderem Reiz war die Vielfalt der Flüsse und Kanäle, die sie Venedig oder Amsterdam vergleichbar machten. Die vielen Brunnen und Wasserspiele, die in den Straßen und auf Plätzen rauschten, unterstrichen die Schönheit der Danziger Architektur. Charles Ogier nennt in seinen Tagebüchern Danzig die Stadt der schönsten Springbrunnen. Der bekannteste von ihnen war der Neptunbrunnen vor dem Artushof aus dem *Tafel 92* 17. Jahrhundert. Die Statue des antiken Meeresgottes wurde nach einem Entwurf des niederländischen Künstlers Adrian de Vries gegossen. Das kunstvolle, mit Meerestieren verzierte Wasserbekken aus Sandstein war das Werk des bereits erwähnten Abraham van dem Blocke. Die Kosten dieses Bauwerks betrugen die phantastische Summe von über 100 000 Preußische Mark. Der Lange Markt erhielt damit einen Akzent, der bis auf den heutigen Tag seinen Reiz bestimmt.

Das an der träg dahinfließenden, verschmutzten Mottlau und der rasch strömenden Radaune gelegene, von einem Netz schmaler und breiter Kanäle durchzogene Danzig mit den schlanken Türmen seiner gotischen Kirchen und der üppigen Schönheit der Renaissancehäuser durchlebte im 16. und 17. Jahrhundert die Zeiten des höchsten Wohlstandes. Die Wurzeln dieser gedeihlichen Entwicklung waren in der engen Bindung zu Polen verankert, in dem natürlichen Hinterland, welches das Einzugsgebiet der Weichsel einst war und heute noch ist. Die durch den Handel, vorwiegend mit landwirtschaftlichen Erzeugnissen, zu großem Reichtum gelangten Danziger Kaufleute erfreuten sich, insgesamt gesehen, keiner überschwenglichen Sympathie, weder unter den breiten Schichten des polnischen Bürgertums noch unter dem Adel. Man hielt nicht mit neidvoller Kritik hinterm Berge, auch nicht mit Beleidigungen. Diese Stadt ist ein Schmarotzer, sagte der Adel. An der Weichselmündung macht sich, einem Drachen gleich, das schreckliche «Chłańsk» (vergleiche S. 13) breit, das den Lebenssaft des ganzen Landes aussaugt! Man nannte die

Danziger stolz und hochfahrend, hieß sie ungefällige Nimmersatte, man warf ihnen Geiz und Arglist vor und drohte mit Gottesstrafen für die zahlreichen Verbrechen. Johann Dantiscus, selbst aus Danzig stammend, prophezeite der (eigenen) Stadt das Schicksal des biblischen Ninive. Die Anfeindungen und Ausfälle nahmen im 17. Jahrhundert, als die Stadt auf dem Gipfel ihrerr Macht war, an Heftigkeit zu.

Die Danziger, nach kaufmännischer Art nüchtern und verständig, ertrugen mit stoischer Ruhe all die Schmähungen. Sie hielten sich nicht für geizig, sondern für sparsam, nicht für arglistig, sondern für vorsorglich. Was in den Augen des neidischen Adels Frevel hieß, war, anders gesehen, eine Tugend. Am allerwenigsten fühlten sie sich als Schmarotzer. Ihrer Meinung nach verdienten sie ihr Geld ehrlich, wie die Kaufleute in der ganzen Welt, die mit guter Ware handelten und gutes Geld dafür zahlten. Verdienten nicht vielmehr die müßiggehenden Edelleute, die von der Ausbeutung der Bauern lebten, diese Bezeichnung?

Der Danziger Kaufmann war an einen bestimmten Ehrenkodex gebunden, obwohl es im Handel nicht ohne Schwindeleien abging. Sparsamkeit und Fleiß standen am Anfang aller Tugenden. Die größte Schande war Armut, Verlust des Vermögens, Bankrott, ganz gleich, ob durch eigenes Unvermögen, durch Schicksal oder durch Verschwendung hervorgerufen. Um sich vor einem Zusammenbruch zu schützen, durfte man durchaus den Gegenspieler hintergehen, den Gesellschafter betrügen. Das Leben im großen Hafen war ein ständiger Kampf ums Dasein. Für verlorenes Spiel zahlte man mit Deklassierung, manch einer wählte den Freitod. Charles Ogier berichtete in seinen Tagebüchern vom Selbstmord eines Jünglings aus einem patrizischen Geschlecht, dessen Haus an die Gläubiger ging und der sich deswegen eine Kugel in den Kopf schoß. Das war nicht der einzige Fall dieser Art in der Stadt, in welcher gesellschaftliche Achtung und Position in unmittelbarem Verhältnis zu der Menge Gold stand, das in schweren Kisten ruhte.

Im Laufe des 16. und Anfang des 17. Jahrhunderts erreichte der Bildungsstand der Danziger ein hohes Niveau. Beeinflußt wurde dieser Prozeß unter anderem durch den belebenden Hauch der Reformation, die Gründung des Akademischen Gymnasiums und durch den Geist der Dispute und Polemiken, der die Stadt beherrschte. Die Tatsache, daß sich Danzig schnell bereicherte, spielte dabei eine nicht unwesentliche Rolle. Die wohlhabenden Bürger besaßen Mittel nicht nur für die sorgfältige Erziehung ihrer Kinder; sie besaßen auch Zeit, um sich selbst mit verschiedenen Wissenschaften zu befassen, um ihren wissenschaftlichen «Hobbys» zu frönen, um sich privaten, oft sehr kostspieligen Studien zuzuwenden. Den Danzigern wurden verschiedene Mängel vorgeworfen, und man bezichtigte sie zahlreicher Laster. Doch niemand hat sie jemals der Dummheit beschuldigt oder wegen Mangels an Intelligenz gescholten. Im Gegenteil, alle waren sich einig, daß die Danziger ausnehmend gescheit und äußerst gebildet seien. «Gegen Abend besuchte ich Schröer, den Rathmann von Danzig, einen in den freien Künsten vortrefflich gebildeten Mann», schrieb Ogier in sein Tagebuch. «Jener Schröer ... ist Maler, Geometer, Musiker, Baumeister und in allem, was die Mathematik und Mechanik betrifft, sehr bewandert ... Er zeigte mir etliche sehr schöne mathematische Instrumente und interessante Dinge zum Schlagen von Münzen, und eine Methode, wie man am genauesten das Gewicht des Goldes bestimmen kann.»[134]

Ogiers Urteil war keine Ausnahme. Auch andere Reisende, die in Danzig weilten, zollten der Kultur und Bildung der hiesigen Aristokratie uneingeschränktes Lob. Der Danziger Patrizier besaß, wie wir bereits wissen, in der Regel eine abgeschlossene höhere Schulbildung, nicht selten studierte er an mehreren Fakultäten. Die zahlreichen Auslandsreisen erweiterten seinen Horizont und vermittelten interessante Kontakte. In diesen Kreisen war es üblich, mehrere Sprachen zu sprechen; selbst unter dem gemeinen Bürgertum beherrschte man durchaus fremde Sprachen.

Das Zählen der Getreidescheffel, der Heringsfässer, die Berechnung der Prozente stumpfte das Gefühl für Schönheit, das Empfinden für Kunst, für die Merkwürdigkeiten der Welt und ihrer Geheimnisse nicht ab. Weil sie Kaufleute in großem Maßstab waren, interessierten sich die Danziger für vieles; der Kaufmann und der Schiffer strebten ganz selbstverständlich nach der Erkenntnis der Welt, sie müssen sich mit Mathematik, Physik, Chemie, Astronomie, Medizin befassen. Die Kenntnis der Architektur fremder Städte, der Kunstwerke fremder Meister zieht die Verschönerung des eigenen Milieus nach sich und bildet den künstlerischen Geschmack. Daher die zahlreichen Liebhaber seltener Bücher, Gemälde, Skulpturen, die Sammler interessanter Raritäten der Fauna und Flora. Allein mit der bloßen Rolle als Mäzene und passive Kunstbetrachter gaben sich die Danziger Patrizier nicht zufrieden.

Auch die mittlere Danziger Bürgerschaft zeichnete sich durch eine hohe Lebenskultur aus. Die höhere Bildung war hier seltener, aber die städtische oder Privatschule, vielleicht das Gymnasium, besuchte fast jeder, und die kaufmännische Praxis und die Schiffahrt verband man mit interessanten und bildenden Auslandsreisen. Auch die Danziger Handwerker waren weitgereiste Leute, in vielen Zünften mußten die Gesellen auf Wanderschaft in fremde Städte und Länder gehen, um sich mit der Technik und den Gebräuchen in der Welt bekanntzumachen.

Schließlich war Danzig nicht von der Welt abgeschnitten, seine Einwohner waren keine Hinterwäldler; der immerwährende Zustrom von Fremden brachte Neuigkeiten aus der ganzen Welt, förderte den Gedankenaustausch und erweiterte die Interessengebiete.

Außer direkten Beziehungen pflegte man auch Kontakte auf brieflichem Wege. Schon zu Beginn des 17. Jahrhunderts stand Danzig durch regelmäßige, wöchentlich kursierende Boten mit Deutschland und Italien im Kontakt. Briefe wurden sehr schnell und akkurat befördert. Im Sommer brauchte die Post von Danzig nach Breslau neun Tage, im Winter elf. Das Porto betrug drei Groschen. 1629 erhielt die Stadt eine neue Verbindung: Ein Kaufmann organisierte die regelmäßige Beförderung der Briefpost nach Hamburg, von wo sie dann weiter, nach Westeuropa, ging. Siebzehn Jahre später entstanden neue Verzweigungen in Richtung Osten: nach Königsberg und Riga. Die Übernahme der Post durch den Rat, später durch den polnischen König, vervollkommnete die Funktionstüchtigkeit dieser nützlichen Institution. Ihre Existenz bewahrte die Stadt vor der Isoliertheit, unter der viele andere Städte jener Zeit litten.

Danzig lag im Mittelpunkt der europäischen Ereignisse, seine Bürger interessierten sich für die letzteren ebenso wie für den Klatsch der eigenen Straße.

Die Politik nämlich war – neben dem Handel – die andere Leidenschaft der Danziger. Mit Politik beschäftigte sich jeder, vom Ratsherrn bis zum Hafenarbeiter. Im Artushof kommentierten die reichen Kaufleute, was in Polen und im Ausland vorgefallen ist, sie schlossen Wetten ab, wann der nächste Krieg ausbrechen oder wann der Friede geschlossen wird, wie die Wahlen zum polnischen Königsthron ausfallen werden und was der schlaue brandenburgische Kurfürst im Schilde führt. Die gleichen Themen wurden in Privatwohnungen und Zunfthäusern diskutiert, in den Schenken und Wirtschaften oder auf der Straße. Die Politik war in dieser Stadt der Kaufleute und Schiffer etwas mehr als nur ein gewöhnliches Hobby. Jedermann wußte in Danzig, daß von der internationalen Situation in hohem Maße die Handelskonjunktur abhängig war, das pünktliche Eintreffen der holländischen Flotte und der Getreidestrom aus dem Inneren Polens – also das Sein oder Nichtsein der Stadt. Kein Wunder, daß hier schon recht früh ein offizieller Informator über Ereignisse aus der ganzen Welt Eingang fand: die Zeitung.

Bereits im 16. Jahrhundert gab es in Danzig, zunächst sporadisch, noch lose, zweiseitige Druckerzeugnisse, eine Art Flugblätter, die die vielfältigsten Nachrichten aus verschiedenen Gegenden enthielten. Das 17. Jahrhundert brachte die Anfänge der periodischen Presse. Unter mannigfachen Titeln erschienen Wochenschriften, die über politische und diplomatische Ereignisse oder über Kriegsschauplätze (besonders umfangreich und höchst interessant während des Dreißigjährigen Krieges) berichteten. Es fehlten auch nicht Informationen über ankommende Schiffe und Warenpreise, über den Stand der Wechselkurse und der Münzen. Mit besonderem Interesse wurden diese Meldungen von den Geschäftsleuten gelesen. Sehr bald gewann die Presse starken Einfluß auf die Bürger und begann ihre Meinung und Ansichten zu bilden. Kein Wunder also, daß die Behörden ängstlich die Tätigkeit der Zeitungsverleger beobachteten. 1636 wurde angeordnet, daß die Zeitungen lediglich über Tatsachen berichten dürften und sich jeder Interpretation und jeglichen «Räsonierens» zu enthalten hätten. Elf Jahre später wurde ergänzend festgestellt, daß wöchentlich nur ein halber Druckbogen, vom Stadtsekretär kontrolliert, erscheinen dürfe. Den Preis der Zeitung setzte man auf einen Dreier fest, denn es kam vor, daß einzelne Nummern mit sensationellen Nachrichten Gegenstand der Spekulation wurden.

Im Lichte des oben Gesagten erscheint der Danziger Bürger durchaus sympathisch: Der aufgeklärte, kunstliebende und den Wissenschaften aufgeschlossene Bürger, der fleißige und vorsorgliche (wenn auch nicht grundehrliche) Kaufmann oder Handwerker interessiert sich lebhaft für die verschiedensten Probleme. Doch ist das nur die eine Seite der Medaille.

Der nüchterne und vernünftige Danziger Bürger, selbst der gebildetste, huldigte finsteren Vorurteilen und dem Aberglauben. Als guter Christ glaubte er nicht nur an den Teufel, sondern auch an seine zahlreichen Diener: an Hexen, Zauberkünstler, an Menschen mit «bösem Blick». Er machte sich keine Mühe, die Ursachen einer schlechten Ernte oder der Rinderpest mit rationalen Ursachen zu erklären: Alles schrieb er der «Zauberei» und «Hexerei» zu. Allerdings kam es ihm nie in den Sinn, die Wertminderung des Geldes oder Schwankungen der Getreidepreise auf diese Weise zu deuten. In der Atmosphäre der Vermischung des Rationalismus und des nüchternen Denkens mit der an Hysterie grenzenden Unwissenheit entstand in Danzig der «Magisch-astrologische Kalender auf das Jahr 1697». Sein Verfasser war Johann Krüger, ein im Privatleben bescheidener, fleißiger Handlungsagent.[135] Abends, wenn er aus dem Kontor oder Hafen nach Hause kam, widmete er sich in seiner Kammer der philosophischen Lektüre und meditierte über das Wesen des Menschen, sein Schicksal und seine Bestimmung. Das Ergebnis der Arbeiten dieses Mannes – teils Gelehrter, teils Wunderling – war der «Kalender», ein recht verworrenes Werk, in welchem neben Anklängen an die Philosophie eines Paracelsus und Kenntnissen aus der Astronomie hauptsächlich Betrachtungen über geheime Mächte und über Methoden ihrer Bändigung vorherrschten. Die Popularität dieser Schrift wuchs von dem Augenblick, als sich die Geistlichkeit mit ihr zu befassen begann und das «Teufelswerk» verdammte. Der Rat befahl – obwohl seine Mitglieder den Kalender eifrig studierten –, dieses Druckerzeugnis aus dem Handel zu ziehen.

Auf die Weltanschauung der Danziger Bürger, ihre Sitten und Gebräuche übte der Protestantismus großen Einfluß aus. Er lähmte die Festfreude des Bürgertums, die sich bei jeder Familienfeier und während des Karnevals jedes Jahr von neuem elementar äußerte, er war der unerbittliche Zensor des Theaters, der Druckerzeugnisse, der Malerei. Die tiefe Religiosität des lutherischen oder kalvinistischen Bekenntnisses durchdrang die Mentalität sowohl des Patriziats wie auch der breiten Kreise des Bürgertums. Freilich war Danzig weit von der Atmosphäre des kalvinistischen Genf entfernt. Dennoch erreichte die Stimme der fanatischen Prediger die entlegensten Winkel der bürgerlichen Behausungen, sie tadelte jegliches unkonventionelle Denken und forderte ein gottesfürchtiges, arbeitsames Leben, das in strengem Schema protestanischer ethischer Gebote verblieb. Indessen waren die Danziger so besonnen, daß sie es vermochten, wenn es Not tat, die religiösen Probleme den Erfordernissen von Politik und Wirtschaft, den Ansprüchen, die das Leben der Hafenstadt täglich an sie stellte, unterzuordnen. Von da stammt wohl zu einem gewissen Teil die Prämisse der erstaunlichen Tatsache, daß während der «Sintflut», als die gesamte ultrakatholische polnische Adelsrepublik dem protestantischen Gustav Karl zu Füßen lag, das konfessionell den Schweden nahestehende Danzig ihm eisernen Widerstand entgegensetzte.

Die Danziger, obgleich nicht fanatisch, waren doch auf ihre Weise zutiefst religiös. Der Atheismus – eine in jener Zeit sehr seltene Erscheinung – war von Amts wegen verdammt. Im Jahre 1639 beschlossen die Behörden, «denjenigen, welche sich zu keiner Kirche gehalten haben, Leichenpredigt und andere Begräbnißzeremonien zu versagen»[136]. Gotteslästerern gegenüber wandte man strenge Strafen an. Religiösen Skeptizismus verbreiteten auch verschiedene anderenorts verbotene Bücher, die man in Danzig bei ambulanten Buchhändlern kaufen konnte. Es gereicht den Danzigern zur Ehre, daß in ihrer Stadt solche Bücher öffentlich zum Verkauf angeboten wurden, was aber keinesfalls beweist, daß Meinungsfreiheit herrschte. Das ganze 16. und 17. Jahrhundert hindurch stritten miteinander Katholiken und Lutheraner, bekämpften sich verbissen Lutheraner und Kalvinisten. Den Arianern und Mennoniten sprach man alle Rechte ab, den Juden verweigerte man den Aufenthalt auf dem Gebiet der städtischen Jurisdiktion, nur während des Sommerjahrmarktes im August wurde eine Ausnahme gemacht.

Von Toleranz also kann in Danzig keine Rede sein; dieser Begriff, der Nachsicht und Achtung anderen, fremden Überzeugungen gegenüber zum Ausdruck bringt, sollte erst bedeutend später geboren werden. Die ökonomisch-soziale Struktur der Stadt in den früheren Jahrhunderten war der Entwicklung solcher Art von Überzeugungen abhold. Das Leben war hier in starre, strenge Rahmen eines Zunft- und Korporationssystems gefaßt, in dem kein Platz für Individualismus war. Nur außergewöhnlicher Reichtum und größte Armut befreite den Menschen aus diesem System der Kollektivität, das in dem unveränderlichen organisatorisch-juristischen Schema verharrte. Die tiefere Ursache dieser Erscheinung wurzelte einerseits im Mittelalter, in der für diese Epoche typischen Armut und der schwachen wirtschaftlichen Entwicklung; andererseits war sie die Angst vor allem, was neu ist, die Furcht vor der Erschütterung der bestehenden Verhältnisse, mit einem Wort: vor der Konkurrenz.

Konkurrenz! Dieses Wort scheuchte den Schlaf aus den Augen der Danziger Bürger. Nicht aus religiösem Eifer, sondern aus Angst vor der Konkurrenz wurden die Mennoniten diskriminiert, die gut gehende Werkstätten eröffneten und weit angelegte Handels- und Finanzoperationen tätigten und somit das Wirkungsfeld der ansässigen Kapitalbesitzer schmälerten. Aus ähnlichen Gründen wurden in Danzig keine Quäker und Juden geduldet. Dem verbissenen lutherisch-kalvinistischen Zwist lag der Kampf um Zutritt zu den Stadtämtern zu Grunde, zu den bequemen Ratssesseln, der Streit darum, welche Gruppe sich der Stadtgeschäfte bemächtigte. Der Danziger Bürger tolerierte durchaus die Unterschiede im Dogma, er bestand nicht darauf, daß jedermann seine Konfession anerkenne. Er trat aber energisch in die Schranken, sobald seine materiellen oder sozialen Angelegenheiten, die persönlichen oder die seiner Gruppe, bedroht waren. Zum Kampf angetreten, verwandelte er sich gerne in einen Streiter für den Glauben.

In den vom Danziger Bürgertum so sehr geliebten lateinischen Sentenzen wiederholten sich die Worte «patria» und «amor patriae» sehr oft. Welches Vaterland meinten sie, als sie jene erhabenen Wahlsprüche in Stein meißeln ließen? Danzig als Hafenstadt stellte hinsichtlich des Nationalitätencharakters ein ungewöhnlich buntes Mosaik dar. Neben der seit den frühesten Zeiten ansässigen deutschen wie auch polnischen Bevölkerung lebten dort Hunderte Holländer, Schweden, Dänen, Engländer und Flamen, ließen sich zahlreiche Ankömmlinge aus Deutschland und Frankreich nieder. Auch sprachlich war die Stadt nicht monoton. Das Patriziat und die vermögenden Schichten sprachen hauptsächlich deutsch; deutsch war auch die Amtssprache. Unter der Stadtarmut war polnisch immer stark verbreitet, so daß der Rat bestimmte Verordnungen in dieser Sprache veröffentlichte, damit «das gewöhnliche Volk» sie besser verstehen konnte. Charles Ogier schreibt wiederholt in seinen Tagebüchern von polnischen Gottesdiensten und Predigten in verschiedenen Danziger Kirchen und schildert Vesperandachten, «wo gegen Ende das Volk polnische Lieder sang»[137]. Die Unterschiede in Sprache und Abstammung stellten in diesem großen, internationalen Hafen kein so wichtiges Problem dar. Wie in einem gewaltigen Tiegel verschmolzen miteinander verschiedene Nationalitäten, und ihre Sitten und Gewohnheiten gebaren einen neuen, eben den Danziger Lebensstil, den Danziger Patriotismus, die Danziger Kultur. Wenn der Bewohner dieser an der Mottlau gelegenen Stadt «patria» sagte, meinte er zunächst die Stadt, erst in zweiter Linie Königspreußen und ganz Polen. Dieser lokale Patriotismus stand oft im Gegensatz zu den Interessen des übrigen Landes: Augenfällig wurde das während der Auseinandersetzungen Danzigs mit Sigismund II. August, Stephan Bathory, Władysław IV. Wenn es aber um wirklich wesentliche Dinge ging, um die Zugehörigkeit zum polnischen Staat, zur polnischen Krone – schwankte die Stadt nie. Seine Treue dem polnischen Adler gegenüber stellte das Danziger Bürgertum sowohl in den Jahren des schwedischen Krieges wie auch später, im 18. Jahrhundert, unter Beweis, als es sich verzweifelt gegen die Aggression des preußischen Hohenzollernstaates wehrte.

Anmerkungen

1 K. Ogier, Dziennik prodrózy do Polski 1635–36, Gdańsk 1950–53, Bd. 2, S. 183.
Charles Ogier, Legationsrat im Gefolge des französischen Parlamentsabgeordneten Claude des Mesmes, Grafen d'Avaux, der in Sztumska Wieś (Stuhmsdorf) 1635–36 an den Waffenstillstandsverhandlungen zwischen Polen und Schweden teilnahm, führte auf seinen Reisen ein Tagebuch in lateinischer Sprache, welches 1656 von seinem Bruder, nach dem Tode des Autors, herausgegeben wurde. Die Eintragungen aus dem Jahre 1635 wurden von Dr. Gotthilf Löschin ins Deutsche übersetzt und unter dem Titel: Ogiers Bericht über seinen Aufenthalt in Danzig im Jahre 1635 (in «Beiträge zur Geschichte Danzigs und seiner Umgebung», Danzig 1837, Heft 2) herausgegeben. In der Folge werden die bei Löschin nicht vorhandenen Berichte aus «Ogier, Dziennik ...» zitiert und die von Löschin übersetzten aus «Löschin, Ogiers Bericht ...»

2 S. F. Klonowic, Flis, bearb. v. S. Hrabec, Wrocław 1951, S. 38 f.

3 Relacje nuncjuszów apostolskich i innych osób o Polsce od roku 1548 do 1690, hg. v. E. Rykaczewski, Berlin 1864, S. 211.

4 J. Ch. Pasek, Pamiętniki, Wrocław 1952, S. 433.

5 S. F. Klonowic, a. a. O., S. 50.

6 E. Kestner, Eberhardt Ferber, Bürgermeister von Danzig, in: «Zeitschrift des Westpreußischen Geschichtsvereins», Danzig 1880, Heft 2, S. 26.

7 Ebenda, weitere Zitate hierzu entstammen derselben Quelle.

8 Ebenda, Danzig 1881, Heft 2, S. 7.

9 Z historii rachunkowości w Polsce i Gdańsku w wieku XVI, Textauswahl, bearb. v. A. Grodek u. I. Surma, Warszawa 1959, S. 67–68.

10 Ogier, Dziennik, Bd. 2, S. 131.

11 Ogier, Dziennik, Bd. 2, S. 45.

12 S. F. Klonowic, a. a. O., S. 94.

13 Ebenda, S. 93.

14 Scriptores Rerum Prussicarum, Leipzig 1870–74, Bd. IV, S. 723.
Weitere Zitate hierzu entstammen derselben Quelle.

15 P. Simson, Der Artushof in Danzig und seine Brüderschaften, Danzig 1900, S. 68.

16 Handschrift MS 72, S. 75a in der Bibliothek der Polnischen Akademie der Wissenschaften in Gdańsk (in der Folge zitiert als PAW).

17 Scriptores Rerum Prussicarum, Bd. V, S. 560.

18 P. Simson, Geschichte der Stadt Danzig, Danzig 1918, Bd. IV, S. 137.

19 PAW, MS 72, S. 309 a, b.

20 PAW, MS 72, S. 311 b.

21 PAW, MS 72, S. 336 a, b.

22 Scriptores Rerum Polonicarum, Kraków 1872, Bd. 1, S. 21.

23 L. Górnicki, Dzieje w Koronie Polskiej, Wrocław 1950, S. 48.

24 K. Lepszy, Dzieje floty polskiej, Gdańsk/Bydgoszcz/Szczecin 1947, S. 142.

25 Heinrich Valois, der letzte der Valois-Dynastie (1551 bis 1589), König von Polen 1573–1574, König von Frankreich 1574–1589. Seine Wahl auf den polnischen Thron erwies sich als mißglückt. Weil er sich mit der polnischen Öffentlichkeit nicht verständigen konnte, verließ er nach dem Tode des französischen Königs Karl IX., von dem er als sein Bruder die französische Krone erbte, Polen.

26 Acta Historica Res Gestas Poloniae Illustrantia, Cracoviae 1879, Bd. 11, S. 70.

27 Die Berechnungen stützen sich auf die Angaben in der Abhandlung von J. Muhl, Danziger Bürgergeschlechter in ländlichem Besitz, in: «Zeitschrift des Westpreußischen Geschichtsvereins», Heft 71.

28 Handschrift MS 300, 10/23, S. 15 b–16 a im Staatlichen Wojewodschaftsarchiv in Gdańsk (in der Folge zitiert als WA Gdańsk).

29 Ebenda, S. 15 b–16 a.

30 Erster schwedischer Krieg. Der polnisch-schwedische Krieg brach 1600 aus und spielte sich in den Jahren 1601–1611 in Livland ab. Nach der Wiederaufnahme der Kampfhandlungen im Jahre 1617 rückten die Schweden in Königspreußen ein. Die hartnäckigen Kämpfe, unter denen besonders Danzig zu leiden hatte, dauerten bis zum Waffenstillstand von Altmark (1629).

31 WA Gdańsk, 300, 10/21, S. 235 a.

31 WA Gdańsk, 300, 10/24, S. 360 a.

33 Löschin, Ogiers Bericht, S. 28.

34 Ogier, Dziennik, Bd. 2, S. 157–59.

35 Ebenda, S. 161.

36 Ebenda, S. 123.

37 Kaper = Raubschiffer, der mit seinem Schiff im Dienst des Königs stand. Er erhielt vom König einen Freibeuterschein, der ihn ermächtigte, fremde Schiffe anzugreifen und die Besatzung festzusetzen. In Anbetracht der geringen Stärke ihrer eigenen Flotte bedienten sich zahlreiche Herrscher (z. B. Englands, Dänemarks usw.) vom 15. bis 17. Jahrhundert der Kaper.

38 Księcia Krzysztofa Radziwiłła sprawy wojenne i polityczne, Paris 1859, S. 484 f.

39 Ogier, Dziennik, Bd. 2, S. 5.
40 K. Lepszy, a. a. O., S. 279 f.
41 A. Sajkowski, Diariusz podróży Jana Kazimierza do Gdańska roku 1651, in «Rocznik Gdański», Gdańsk 1956/57, Bd. 16/17, S. 454.
42 Es wurden Degen- und Schwerttänze aufgeführt. Auf dem Langen Markt fand ein Wettklettern statt, am Abend waren künstliche Feuer und farbenprächtige pyrotechnische Schauspiele zu sehen.
43 Das Danziger Fort befand sich an der Weichselmündung.
44 Die Erhebung des ukrainischen Volkes unter der Anführung von Bogdan Chmielnicki, begonnen 1648, endete 1654 auf Beschluß der Kosakenführer (der sog. Vertrag von Perejaslaw) mit der Angliederung der Ukraine an Rußland. Nach langen Kämpfen wurde durch den Friedensschluß von 1686 ein Teil der Ukraine, und zwar östlich des Dnjepr (mit Kiew), dem russischen Staate einverleibt. Der rechtsseitige Teil blieb bei der polnischen Adelsrepublik bis zu den Teilungen.
45 Dzieje Gdańska w zarysie, Lwów/Warszawa/Kraków 1928. S. 90.
46 Löschin, Ogiers Bericht, S. 23 f.
47 P. Simson, Der Artushof, S. 110.
48 Löschin, Ogiers Bericht, S. 25.
49 P. Simson, Der Artushof, S. 86.
50 Ebenda, S. 88.
51 Ebenda, S. 87.
52 Ebenda, S. 87.
53 Ebenda, S. 84.
54 Ebenda, S. 86.
55 Ebenda, S. 85.
56 Samuel Kiechel über Kassuben, Danzig, Elbing und Königsberg, in: «Altpreussische Monatsschrift», 1872, Heft 9, S. 368.
57 P. Simson, Der Artushof, S. 114.
58 Löschin, Ogiers Bericht, S. 24.
59 P. Simson, Der Artushof, S. 206.
60 Ebenda, S. 205.
61 Löschin, Ogiers Bericht, S. 24 f.
62 P. Simson, Der Artushof, S. 218.
63 K. Marx, Kapital, Bd. 1.
64 Mennoniten = eine Sekte der Anabaptisten (Anhänger einer erneuten Taufe Erwachsener), die im 16. Jh. in Friesland entstand und nach ihrem Begründer Menno Simons benannt wurde.
65 WA Gdańsk, 300, C/1751.
66 WA Gdańsk, 300, C/246.
67 WA Gdańsk, 300, C/1771, S. 196 f.
68 Beischlag = seit 14. Jahrhundert nachweisbar erhöhter Sitzplatz an der Giebelseite, in Danzig erreichte der B. «höchste künstlerische Ausprägung und monumentale Form als eine terrassenartig erhöhte, der Hausfassade in ihrer ganzen Breite vorgelagerte, offene oder von einer Balustrade umgebene Plattform, die mit Freibänken und Sitzplätzen ausgestattet» ist.
69 Löschin, Ogiers Bericht, S. 23.
70 Ebenda, S. 49 f.
71 Ogier, Dziennik, Bd. 2, S. 199.
72 Ebenda, S. 125.
73 Ebenda, S. 63.
74 Scriptores Rerum Prussicarum, Bd. IV, S. 723.
75 Ebenda, S. 724 ff.
76 PAW, MS 915, S. 10.
77 PAW, MS 673, S. 169 b.
78 Ogier, Dziennik, Bd. 2, S. 83.
79 Scriptores Rerum Prussicarum, Bd. V, S. 462.
80 Löschin, Ogiers Bericht, S. 36.
81 Löschin, Ogiers Bericht, S. 38.
82 PAW, MS 1506, S. 238.
83 O. Günther, Danziger Hochzeits- und Kleiderordnungen, in: «Zeitschrift des Westpreußischen Geschichtsvereins», Danzig 1900, Bd. 42, S. 200.
84 G. Löschin, Geschichte Danzigs von der ältesten bis zur neuesten Zeit, Bd. 2, S. 213.
85 Löschin, Ogiers Bericht, S. 36.
86 Ebenda, S. 37.
87 Wiedertäufer oder Anabaptisten. Eine Bezeichnung der im 16. Jh. entstandenen protestantischen Gruppen (Gruppierungen), die die Gültigkeit der Kindertaufe ablehnen und eine nochmalige Taufe der Erwachsenen verlangen. Sie bekannten gewöhnlich auch eine radikale sozial-politische Ideologie.
88 Ogier, Dziennik, Bd. 2, S. 113.
89 Vergleiche Anm. 87.
90 Vergleiche Anm. 64.
91 Löschin, Ogiers Bericht, S. 52.
92 PAW, MS 673, 169–170 a.
93 Scriptores Rerum Prussicarum, Bd. 5, S. 458.
94 Ebenda, S. 468.
95 WA Gdańsk, 300, 5/35, S. 99 a.
96 Ebenda, S. 100 b.
97 Ebenda, S. 346 a/b.
98 Ogier, Dziennik, Bd. 2, S. 63.
99 Löschin, Beiträge zur Geschichte Danzigs und seiner Umgebungen, Danzig 1837, Heft 3, S. 61 f.
100 Löschin, Ogiers Bericht, S. 50.
101 Jerusalemkapellen = vom Deutschen Ritterorden in der Nähe ihrer Burgen gebaute kleine, verschanzte Kapellen,

die bei festlichen Gelegenheiten oder Kampfspielen «erstürmt» wurden, um dem Ordensgelübde – Befreiung Jerusalems – scheinbar Genüge zu tun.

102 Löschin, Ogiers Bericht, S. 62.
103 Löschin, Beiträge, a. a. O., S. 63 f.
104 Scriptores Rerum Prussicarum, Bd. 5, S. 480.
105 Löschin, Beiträge, Heft 2, S. 25.
106 H. Freytag, Zwei Danziger Armenordnungen des sechzehnten Jahrhunderts, in: «Zeitschrift des Westpreußischen Geschichtsvereins», Heft 39, Danzig 1899, S. 121.
107 Ebenda, S. 122.
108 Löschin, Geschichte, Bd. 2, S. 182.
109 Löschin, Beiträge, Heft 2, S. 63.
110 Löschin, Geschichte, Bd. 2, S. 182.
111 Vergleiche S. 20.
112 Löschin, Ogiers Bericht, S. 51.
113 Löschin, Ogiers Bericht, S. 60.
114 Ogier, Dziennik, Bd. 2, S. 189.
115 Löschin, Geschichte, Bd. 2, S. 83.
116 Ł. Kurdybacha, Stosunki kulturalne polsko-gdańskie w XVIII w., Gdańsk 1937, S. 12.
117 Löschin, Ogiers Bericht, S. 60.
118 Geißelbrüder = Mitglieder der im Mittelalter entstandenen Sekten, die durch öffentliche Selbstgeißelung zur Buße aufriefen. Diese Praktiken lebten in einigen katholischen Ländern in der Zeit der Gegenreformation (16./17. Jh.) erneut auf.
119 Ogier, Dziennik, Bd. 2, S. 71.
120 Ebenda, S. 79, 81.
121 P. Simson, Artushof, S. 61.
122 Ebenda, S. 61.
123 Ebenda, S. 59.
124 Löschin, Geschichte, Bd. 1, S. 354.
125 PAW, MS 673, S. 125 a.
126 Ogier, Dziennik, Bd. 2, S. 5.
127 Löschin, Geschichte, Bd. 1, S. 389.
128 Ebenda, S. 387.
129 T. Witczak, Teatr i dramat staropolski w Gdańsku, Gdańsk 1959, S. 52.
130 Ebenda, S. 56.
131 Löschin, Ogiers Bericht, S. 27.
132 PAW, MS 673, S. 135 a, b.
133 Ebenda, S. 135 b.
134 Ogier, Dziennik, Bd. 2, S. 111, 127.
135 F. Schwarz, Ein danziger magisch-astrologischer Kalender auf 1697, in: «Mitteilungen des Westpreußischen Geschichtsvereins», 1906, Heft 1, S. 13.
136 Löschin, Geschichte, Bd. 1, S. 375.
137 Ogier, Dziennik, Bd. 2, S. 75, 109, 115.

Die Regierungszeiten der polnischen Herrscher

JAGIELLONEN:

Władysław II. Jagiełło (1351–1434)	1386, 1401–1434
Władysław III. Warneńczyk (1424–1444)	1434–1444
Kazimierz IV. Jagiellończyk (1427–1492)	1446–1492
Jan Olbracht (1459–1501)	1492–1501
Aleksander (1461–1506)	1501–1506
Zygmunt I. Stary (der Alte) (1467–1548)	1506–1548
Zygmunt II. August (1520–1572)	1548–1572

WAHLKÖNIGE:

Heinrich Valois (1551–1598)	1574–1575
Stephan Bathory (1533–1586)	1575–1586
Zygmunt III. Wasa (1566–1632)	1587–1632
Władysław IV. (1595–1648)	1632–1648
Jan Kazimierz (1609–1672)	1648–1668
Michał Korybut Wiśniowiecki (1640–1673)	1669–1673
Jan III. Sobieski (1629–1696)	1674–1696
August II. (der Starke) (1670–1733)	1697–1706, 1709–1733
Stanisław Leszczyński (1677–1766)	1704–1709, 1733
August III. (1696–1763)	1733–1763
Stanisław August Poniatowski (1732–1798)	1764–1795

Verzeichnis der Textabbildungen

90 Fahne eines Danziger Bürgerregimentes, 1645
Nach: Archivfoto

92 Titelblatt von Peter Vogetens Bericht von der Belagerung der Hauptschanze, 1661
Universitätsbibliothek Leipzig, Histor. Boruss. 315^{x}
Nach: Foto Sabine Hüthel

104 Ambulanter Topfhändler in Danzig, Mitte 18. Jahrhundert
Nach: Kupferstich von Matthias Deisch aus «Danziger Ausrufer», Danzig 1763

128 Wassergefäß mit Danziger Stadtwappen, Stolzenberger Fayence, 1607 oder 1697. – Nach: Archivfoto

132 Fischverkäuferinnen, um 1600
Nach: Holzschnitt von Anton Möller (Abb. bei Stanisław Kutrzeba, Gdańsk ..., Lwów/Warszawa/Kraków 1928)

133 Brauereimägde, um 1600
Nach: Holzschnitt von Anton Möller (Abb. bei Stanisław Kutrzeba, Gdańsk ..., Lwów/Warszawa/Kraków 1928)

135 Anton Möller, Vermittlerinnen, um 1600
Holzschnitt aus «Omnium statuum foeminei sexus ornatus ...», Danzig 1601 (Bibliothek PAN, Gdańsk)

155 Jost Amman, Ein Polnische Matron, 1586, Holzschnitt aus «Im Frauwenzimmer/wirt vermeldt von al/lerley schönen Kleidungen vnnd Trachten ...», Frankfurt 1586

160 Anton Möller, Handwerkerfrauen, um 1600
Holzschnitt aus «Omnium statuum foeminei sexus ornatus ...»; Danzig 1601 (Bibliothek PAN, Gdańsk)

219 Anton Möller, Tanzendes Paar, um 1600
Holzschnitt aus «Omnium statuum foeminei sexus ornatus ...», Danzig 1601 (Bibliothek PAN, Gdańsk)

Ausschlagtafel. Das heutige Gdańsk mit den historischen Stätten des 14. bis 18. Jahrhunderts
Nach: Stadtplan Gdańsk. Państwowe przedsiębiorstwo wydawnictw kartograficznych, Warszawa 1976
Für den *Einbandbezug* wurde ein Prospekt von Hommans Erben (1739) aus den Staatlichen Kunstsammlungen Greiz (Foto: Schovanek) verwendet. Das Stadtwappen ist ein Detail des Kamins im Roten Saal des Rechtstädtischen Rathauses (Foto: Bernd Wurlitzer).

Verzeichnis der Tafeln

Farbtafel I Danziger Meister, Zehngebotetafel aus der Marienkirche, Detail mit der Darstellung des sechsten Gebotes «Du salt nicht unkeuschen», um 1480–1485
Muzeum Narodowe, Warschau
Foto: Mit freundlicher Genehmigung des VEB Verlag der Kunst Dresden

II, III Jost Amman, Braut und Magd, kolorierte Holzschnitte aus «Im Frauwenzimmer / wirt vermeldt von al / lerley schönen Kleidungen vnnd Trachten ...», Frankfurt 1586 (Reprint Insel-Verlag Anton Kippenberg, Leipzig 1971)
Fotos: Volkmar Herre

IV, V Betrunkene in der Schenke und Kriegsschiff, Illustrationen aus der «Kronica der preusen», kolorierte Handschrift, 1553 Deutsche Staatsbibliothek Berlin, Ms. Boruss. fol. 176
Fotos: Deutsche Staatsbibliothek Berlin

VI Sigismund II. August, Illustration aus der «Kronica der preusen», kolorierte Handschrift, 1553
Deutsche Staatsbibliothek Berlin, Ms. Boruss. fol. 176
Foto: Deutsche Staatsbibliothek Berlin

VII Isaak van dem Blocke, Neptun vermählt sich mit Ceres, Decke im Roten Saal des Rechtstädtischen Rathauses, 1608
Foto: Bernd Wurlitzer

VIII Kamin von Wilhelm Barth d. Ä. im Roten Saal des Rechtstädtischen Rathauses, 1593
Foto: Bernd Wurlitzer

IX Panorama von Danzig, kolorierter Kupferstich (33 × 50 cm) aus «Illustriorum principumque urbium septentrionalium Europae tabulae», Amsterodami: Joannis Janssonii o. J. (um 1650)
Universitäts- und Landesbibliothek Sachsen-Anhalt, Abt. Hauptbibliothek der Franckeschen Stiftungen, Sign. 87 A 14
Foto: Volkmar Herre

X Prospekt, Grundriß und Umgebung von Danzig, kolorierter Kupferstich (53 × 60 cm) von Johann Baptist Homann, um 1745 (?)
Staatliche Museen Greiz
Foto: Schovanek

Tafel 1 Blick auf Danzig, 18. Jahrhundert
Kupferstich (Blatt 33) von Matthias Deisch «50 Prospecte von Dantzig», Danzig 1765
Universitätsbibliothek Leipzig, Histor. Bor. 59
Foto: Sabine Hüthel

2 Handelsschiffe und Weichselschuten, 18. Jahrhundert
Kupferstich (o. Nr.) von Matthias Deisch, a. a. O.
Foto: Sabine Hüthel

3, 4 Großes Hulksiegel und Sekretsiegel der Stadt Danzig, um 1400
Stadtarchiv Stralsund
Fotos: Günter Ewald

5 Tracht eines Danziger Kaufmanns, 16. Jahrhundert
kolorierter Holzschnitt aus «Nürnberger Trachtenbuch», 1577
Bibliothek PAN, Gdańsk
Foto: Kazimierz Lelewicz

6 Kogge, der Pfeil über dem Mastkorb zeigt die Fahrtrichtung an, 15. Jahrhundert
Kupferstich von Meister WA, 15. Jahrhundert
Foto: Reproduktion nach Max Lehrs, Der Meister WA. Ein Kupferstecher der Zeit Karls des Kühnen, Leipzig 1895, Nr. 36

7 Der Kran, links im Hintergrund die Marienkirche
Kupferstich (Blatt 25) von Matthias Deisch, a. a. O.
Foto: Sabine Hüthel

8 Anton Möller, Porträt von Moritz Ferber, 1590
Muzeum Pomorskie, Gdańsk
Foto: A. Podlewski

9 Unbekannter Meister, Danziger Patrizierin, 1598
Muzeum Pomorskie Gdańsk
Foto: Archiv PAN. Instytut Sztuki Jerzy Langda

10 Sigismund II. August (1520–1572)
Kupferstich aus der Porträtsammlung Hansen der Deutschen Staatsbibliothek Berlin/DDR
Foto: Deutsche Staatsbibliothek Berlin

11 Martin Opitz (1597–1639)
Kupferstich aus der Porträtsammlung Hansen der Deutschen Staatsbibliothek Berlin/DDR
Foto: Deutsche Staatsbibliothek Berlin

12, 13 Danziger Gedenkmedaille zur 200-Jahrfeier des Abfalls vom Deutschen Orden, 1654
Medailleur Johann Höhn, Silber, 55 mm Durchmesser
Staatliche Museen zu Berlin, Münzkabinett
Foto: Staatliche Museen zu Berlin

14 Speicher an der Nordspitze der Speicherinsel, 17. Jahrhundert
Kupferstich von Johann Dickmann, 1617
Bibliothek PAN, Gdańsk
Foto: Kazimierz Lelewicz

15 Ankerplätze an der Mottlau, links die Speicherinsel, rechts die Lange Brücke mit dem Kran, 17. Jahrhundert
Kupferstich von Johann Dickmann, 1617
Bibliothek PAN, Gdańsk
Foto: Kazimierz Lelewicz

16 Grüne Brücke und Grünes Tor, im Vordergrund beladener Weichselkahn, 17. Jahrhundert
Kupferstich von Johann Dickmann, 1617
Bibliothek PAN, Gdańsk
Foto: Kazimierz Lelewicz

17 Władysław IV. (1595–1648)
Kupferstich aus der Porträtsammlung Hansen der Deutschen Staatsbibliothek Berlin/DDR
Foto: Deutsche Staatsbibliothek Berlin

18–23 Danziger Gedenkmedaillen
Oben: Besuch von Johann Kasimir, 1653
Medailleur Johann Höhn, Silber, 64 mm Durchmesser
Mitte: Friedensschluß, 1642 oder 1660
Medailleur Johann Höhn, Silber, 59 mm Durchmesser
Unten: Friede zu Oliva, 1660
Medailleur Johann Buchheim, Silber, 57 mm Durchmesser
Staatliche Museen zu Berlin, Münzkabinett
Fotos: Staatliche Museen zu Berlin

24 Andreas Stech, Der Danziger Bürgermeister Heinrich Schwarzwald, 1682
Ölgemälde mit Signatur «ANDR. STECH 1682», 127 mal 93 cm
Muzeum Pomorskie, Gdańsk
Foto: Archiv PAN, Instytut Sztuki. Jerzy Langda

25 Daniel Schulz, Porträt der Konstanze Schumann, um 1674
Ölgemälde (85 × 77 cm)
Muzeum Pomorskie- Gdańsk
Foto: Archiv PAN, Instytut Sztuki. Jerzy Langda

26 Anton Möller, Allegorie des Danziger Reichtums, o. J.
Lavierte Federzeichnung (190 × 152,5 mm)
Staatliche Kunstsammlungen Dresden, Kupferstichkabinett
Foto: Staatliche Kunstsammlungen Dresden

27 Danziger Meister, Zehngebotetafel aus der Marienkirche, um 1480–1485
Muzeum Narodowe, Warszawa
Foto: Archiv PAN, Instytut Sztuki. Ewa Kozłowska

28 Katharinenkirche, 15. Jahrhundert
Kupferstich von P. Willer, um 1687
Bibliothek PAN, Gdańsk
Foto: Kazimierz Lelewicz

29 Nikolauskirche (auch: Kaufmannskirche) ursprünglich dreischiffige Basilika, im 13. und 15. Jahrhundert zur Halle umgebaut
Kupferstich von P. Willer, um 1687
Bibliothek PAN, Gdańsk
Foto: Kazimierz Lelewicz

30, 31 Marienkirche, eines der größten und bedeutendsten Werke der Backsteingotik, erbaut im 14./15. Jahrhundert
Kupferstich von P. Willer, um 1687
Bibliothek PAN, Gdańsk
Foto (30): Kazimierz Lelewicz
Foto (31): Archiv PAN, Instytut Sztuki. Jerzy Langda

32 Marienkirche nach vollständiger Wiederherstellung, links die Kuppeln der Königlichen Kapelle
Foto: Archiv PAN, Instytut Sztuki, Witalis Wolny

33 Königliche Kapelle, erbaut von Tylman van Gameren und Andreas Schlüter, 1678–1681
Foto: Edmund Kupiecki

34 Inneres der Marienkirche, Gewölbe erbaut 1499–1502
Foto: Edmund Kupiecki

35, 36 Joos van Cleve, Detail vom Reinholdsaltar in der Marienkirche, 1517. Links: Begegnung im Goldenen Tor. Rechts: Verhöhnung des Joseph.
Fotos: Archiv PAN, Instytut Sztuki. Ewa Kozłowska.

37 Trinitatiskirche, erbaut um 1500
Kupferstich (S. 334) aus Reinhold Curicke «Historische Beschreibung der Stadt Dantzig», Amsterdam und Danzig 1688
Universitätsbibliothek Leipzig, Histor. Bor. 60
Foto: Sabine Hüthel

38 Elisabethkirche und Karmeliterkloster im 17. Jahrhundert
Kupferstich (S. 331) aus Reinhold Curicke, a. a. O.
Foto: Sabine Hüthel

39 Jakobskirche im 17. Jahrhundert, im Vordergrund exerzierende Bürgerkompanie, links im Hintergrund Schiffe auf Reede
Kupferstich von P. Willer, um 1687
Bibliothek PAN, Gdańsk
Foto: Kazimierz Lelewicz

40 Bartholomäikirche im 17. Jahrhundert
Kupferstich von P. Willer, um 1687
Bibliothek PAN, Gdańsk
Foto: Kazimierz Lelewicz

41 Langgasse mit Stockturm, 17. Jahrhundert
Kupferstich von Johann Dickmann, 1617
Bibliothek PAN, Gdańsk
Foto: Kazimierz Lelewicz

42 Langer Markt mit Rechtstädtischem Rathaus, Artushof und Neptunbrunnen, im Hintergrund Stockturm und Langgassentor, 17. Jahrhundert
Kupferstich von Johann Dickmann, 1617
Bibliothek PAN, Gdańsk
Foto: Kazimierz Lelewicz

43 Marktbuden und ambulante Händler vor dem Rechtstädtischen Rathaus, 17. Jahrhundert
Kupferstich (S. 52) aus Reinhold Curicke, a. a. O.
Foto: Sabine Hüthel

44 Roter Saal im Rechtstädtischen Rathaus
Kupferstich von J. K. Schulz, 1850
Bibliothek PAN, Gdańsk
Foto: Kazimierz Lelewicz

45 Rechtstädtisches Rathaus, Neptunbrunnen und Artushof
Foto: Archiv Instytut Sztuki PAN. Witalis Wolny

46 Treppe und Portal des Rechtstädtischen Rathauses
Foto: Sigrid Rodemann

47 Altstädtisches Rathaus und Josefskirche
Foto: Edmund Kupiecki

48 Altstädtisches Rathaus, 17. Jahrhundert
Kupferstich von P. Willer, um 1687
Bibliothek PAN, Gdańsk. – Foto: Kazimierz Lelewicz

49 Unbekannter Meister, Die Danziger Patrizierfamilie Henning, Anfang 17. Jahrhundert
Ölepitaph (163 × 118 cm) aus der Katharinenkirche, 1626
Muzeum Pomorskie, Gdańsk
Foto: Archiv PAN, Instytut Sztuki. Jerzy Langda

50 Langgartentor im 18. Jahrhundert
Kupferstich (Blatt 5) von Matthias Deisch, a. a. O.
Foto: Sabine Hüthel

51, 52 Die Vorstädte Schottland und Schidlitz im 18. Jahrhundert
Kupferstiche (Blatt 17 und 57) von Matthias Deisch, a. a. O.
Fotos: Sabine Hüthel

53, 54, 55, 56 Daniel Chodowiecki, Danziger Stadttypen: Perückenträger, Mönch, Garkoch und polnische Flößer, 18. Jahrhundert
Zeichnungen (Feder, Sepia, Graphit) aus «Die Reise von Berlin nach Danzig» (Nr. 38, 39 a, 43 b, 43 a)
Staatliche Museen zu Berlin, Kupferstichkabinett und Sammlung der Zeichnungen
Fotos: Staatliche Museen zu Berlin

57 Danziger Drehorgelspieler, Mitte 18. Jahrhundert
Kupferstich von Matthias Deisch aus «Danziger Ausrufer», Danzig 1763
Bibliothek PAN, Gdańsk (Sign. Z IV 3336 fol. 35)
Foto: Bibliothek PAN, Gdańsk

58 Das hölzerne Theater (rechts), im Vordergrund «musikalischer Aufzug», 17. Jahrhundert
Kupferstich von P. Willer, um 1687
Bibliothek PAN, Gdańsk
Foto: Kazimierz Lelewicz

59 Arsenal
Foto: Edmund Kupiecki

60 Arsenal, vorn links der Richtplatz, 17. Jahrhundert
Kupferstich von P. Willer, um 1687
Bibliothek PAN, Gdańsk
Foto: Kazimierz Lelewicz

61 Arsenal, Plastik an der Fassade
Foto: Edmund Kupiecki

62 Blick durch die Piwna (Jopengasse) auf das Arsenal
Foto: Sigrid Rodemann

63 Arsenal, Portalplastik
Foto: Edmund Kupiecki

64 Arsenal, Detail der Fassade
Foto: Edmund Kupiecki

65, 66 Dominikanerplatz, der spätere Kohlenmarkt, von Norden (oben) und Südwesten (unten), Anfang 17. Jahrhundert
Kupferstiche von Johann Dickmann, 1617
Bibliothek PAN, Gdańsk
Fotos: Kazimierz Lelewicz

67 Befestigungsanlagen an der Weichselmündung, im Hintergrund (rechts) die Silhouette der Stadt, 17. Jahrhundert
Kupferstich von Johann Dickmann, 1617
Bibliothek PAN, Gdańsk
Foto: Kazimierz Lelewicz

68 Artushof, 17. Jahrhundert
Kupferstich (S. 54) aus Reinhold Curicke, a. a. O.
Foto: Sabine Hüthel

69 Artushof und Neptunbrunnen
Foto: Edmund Kupiecki

70 Observatorium von Johannes Hevelius auf dem Dach seines Hauses, 17. Jahrhundert
Kupferstich von T. Saal nach einer Zeichnung von A. Stech, 1673
Bibliothek PAN, Gdańsk
Foto: Kazimierz Lelewicz

71 Daniel Schulz, Porträt des Astronomen Johannes Hevelius, 1677
Muzeum Pomorskie, Gdańsk
Foto: Archiv PAN, Instytut sztuki. Jerzy Langda

72 Saal des Artushofes mit den Bänken und Tischen der verschiedenen Bruderschaften, die Ausstattungsstücke stammen aus dem 16. bis 19. Jahrhundert
Bibliothek PAN, Gdańsk
Foto: Kazimierz Lelewicz

73, 74 Teerhof und Aschhof, 17. Jahrhundert
Kupferstiche (Blatt 13 und 12) von Matthias Deisch, a. a. O.
Fotos: Sabine Hüthel

75, 76 Die Große Mühle aus dem 14. Jahrhundert
Oben: Archiv PAN, Instytut Sztuki. Foto (histor.): H. Poddębski
Unten: Kupferstich von Johann Dickmann, 1617
Bibliothek PAN, Gdańsk
Foto: Kazimierz Lelewicz

77, 78 Zeugnisse alter Schmiedekunst, Gittertüren vom Arsenal (links, 1605) und Rathaus (rechts, Anfang 17. Jahrhundert)
Muzeum Pomorskie, Gdańsk
Fotos: Kazimierz Lelewicz

79 Danziger Schrank im holländischen Stil, um 1670
Muzeum Pomorskie, Gdańsk
Foto: Kazimierz Lelewicz

80 Danziger Kabinettschrank, um 1700
Foto: Staatliche Museen zu Berlin, Kunstgewerbemuseum

81, 82 Bernsteinschüssel und zwei kostbar verzierte Bernsteinkrüge, um 1610/1620
[81] Meistermarke «AM», wahrscheinlich Königsberg, um 1610 (Inv. Nr. III, 76)
[82] Königsberger Arbeiten. Links: Werkstatt Georg Schreiber, um 1620. Rechts: Walzenkrug, um 1610 (Inv. Nr. III, 78 und 79)
Staatliche Kunstsammlungen Dresden, Grünes Gewölbe
Fotos: Klaus G. Beyer

83 Am Kaminfeuer, allegorische Stickarbeit, 17. Jahrhundert
Muzeum Pomorskie, Gdańsk
Foto: Kazimierz Lelewicz

84 Hohes Tor, Ansicht außerhalb des Stadtwalles, Gebäude innerhalb des Walles von links nach rechts: Arsenal, Stockturm, Marienkirche, Rechtstädtisches Rathaus, 17. Jahrhundert
Kupferstich (Blatt 1) von Matthias Deisch, a. a. O.
Foto: Sabine Hüthel

85 Hohes Tor mit Hauptwache am Stockturm, Ansicht innerhalb des Stadtwalles, links der Richtplatz, wo gerade diverse «Täter» ihre Strafe verbüßen müssen, 17. Jahrhundert
Kupferstich (Blatt 20) von Matthias Deisch, a. a. O.
Foto: Sabine Hüthel

86 Stockturm mit Hohem Tor und Hauptwache, am Stockturm findet soeben eine öffentliche Auspeitschung vor einem «interessierten» Publikum statt, 17. Jahrhundert
Kupferstich (S. 59) aus Reinhold Curicke, a. a. O.
Foto: Sabine Hüthel

87 Hohes Tor, erbaut von Johannes Kramer, 1586–1588
Foto: Edmund Kupiecki

88 Hohes Tor, Attikareliefs von Wilhelm van dem Blocke, 1586 bis 1588
Foto: Edmund Kupiecki

89 Gebäude der Georgsbruderschaft, erbaut von J. Glotau, 1487–1494
Foto: Edmund Kupiecki

90 Langgassentor, auch Goldenes Tor genannt, erbaut von Abraham van dem Blocke, 1612–1614
Foto: Edmund Kupiecki

91 Reich geschmückte Fassaden, typisch für die Danziger Stadtarchitektur
Foto: Edmund Kupiecki

92 Neptunbrunnen auf dem Langen Markt, 1612–1615
Foto: Edmund Kupiecki

93 Reich verzierte Barockfassade am Langen Markt, 1609
Foto: Sigrid Rodemann

94 Vier Häuser in der Św. Ducha (Heiliggeistgasse) aus dem 16. bis 18. Jahrhundert
Foto: Archiv Instytut Sztuki PAN. Witalis Wolny

95 Marienkirche von der Piwna (Jopengasse) aus
Foto: Edmund Kupiecki

96 Rekonstruierte Gebäude in der Św. Ducha
Foto: Archiv PAN, Gdańsk. Witalis Wolny

97 Portal mit Galeonenrelief der Św. Ducha Nr. 109, Anfang 17. Jahrhundert
Foto: Archiv PAN, Gdańsk. Witalis Wolny

98 Giebel des Hauses Nr. 109 in der Św. Ducha, Anfang 17. Jahrhundert
Foto: Archiv PAN, Instytut Sztuki. Witalis Wolny

99 Giebel des Hauses Nr. 111 in der Św. Ducha, Mitte 17. Jahrhundert
Foto: Archiv PAN, Instytut Sztuki. Witalis Wolny

100 Grünes Tor am Ende des Langen Marktes, erbaut 1563 bis 1568
Foto: Archiv PAN, Instytut Sztuki. Witalis Wolny

101 Grünes Tor und Grüne Brücke, 17. Jahrhundert
Kupferstich (S. 49) aus Reinhold Curicke, a. a. O.
Foto: Sabine Hüthel

102 Haus der Pelpliński-Äbte, Renaissancebau, 1612
Foto: Edmund Kupiecki

Register

STADTTOPOGRAPHIE

PERSONEN- UND ORTSNAMEN

A Brabank
B Teerhof
C Grüne Brücke
D Milchkannenbrücke
E Kuhbrücke
F Aschbrücke
G Lastadie

1 Hl.-Leichnams-Kirche (K. Bożego Ciała)
2 Bartholomäuskirche (K. Św. Bartłomieja)
3 Waisenhaus und Armenasyl (Dawne przytułki dla dzieci i starców)
4 Radaunekanal (Kanal Raduni)
5 Brigittenkirche (K. Św. Brygidy)
6 Katharinenkirche (K. Św. Katarzyny)
7 Große Mühle (Wielki Młyn)
8 Elisabethkirche (K. Św. Elżbiety)
9 Josefskirche (K. Św. Józefa)
10 Altstädtisches Rathaus (Ratusz Staromiejski)
11 Haus der Pelpliński-Äbte (Dom Opatów Pelplińskich)
12 Reste der alten Stadtbefestigung
13 Heiliggeistkirche und -spital
(K. Św. Ducha i Szpital Św. Ducha)
14 Johanniskirche (K. Św. Jana)
15 Häkertor (Brama Straganiarska)
16 Johannistor (Ruina Bramy Świętojańskiej)
17 Königlicher Speicher (Spichrz Królewski)
18 Kran (Żuraw)
19 Heiliggeisttor (Ruina Bramy Św. Ducha)
20 Frauentor (Brama Mariacka)
21 Brodbänkentor (Brama Chlebnicka)
22 Grünes Tor (Brama Zielona)
23 Kuhtor (Brama Krowia)
24 Königliche Kapelle (Kaplica Królewska)
25 Marienkirche (K. N. P. Marii)
26 Arsenal (Wielka Zbrojownia)
27 Hohes Tor (Brama Wyżynna)
28 Stockturm
29 Goldenes Tor (Brama Złota)
30 Uphagenhaus (Dom Uphagena)
31 Ferberhaus (Kamienica Ferberów)
32 Rechtstädtisches Rathaus (Ratusz Głównego Miasta)
33 Artushof (Dwór Artusa)
34 Langer Markt (Długi Targ)
35 Mennonitenkirche (K. pomenonicki)
36 Trinitatiskirche (K. Św. Trójcy)
37 Peter-und-Pauls-Kirche (K. Św. Piotra i Pawła)
38 Kleines Arsenal (Mała Zbrojownia)
39 Leegetor (Brama Nizinna)
40 Steinschleuse (Śluza Kamienna)

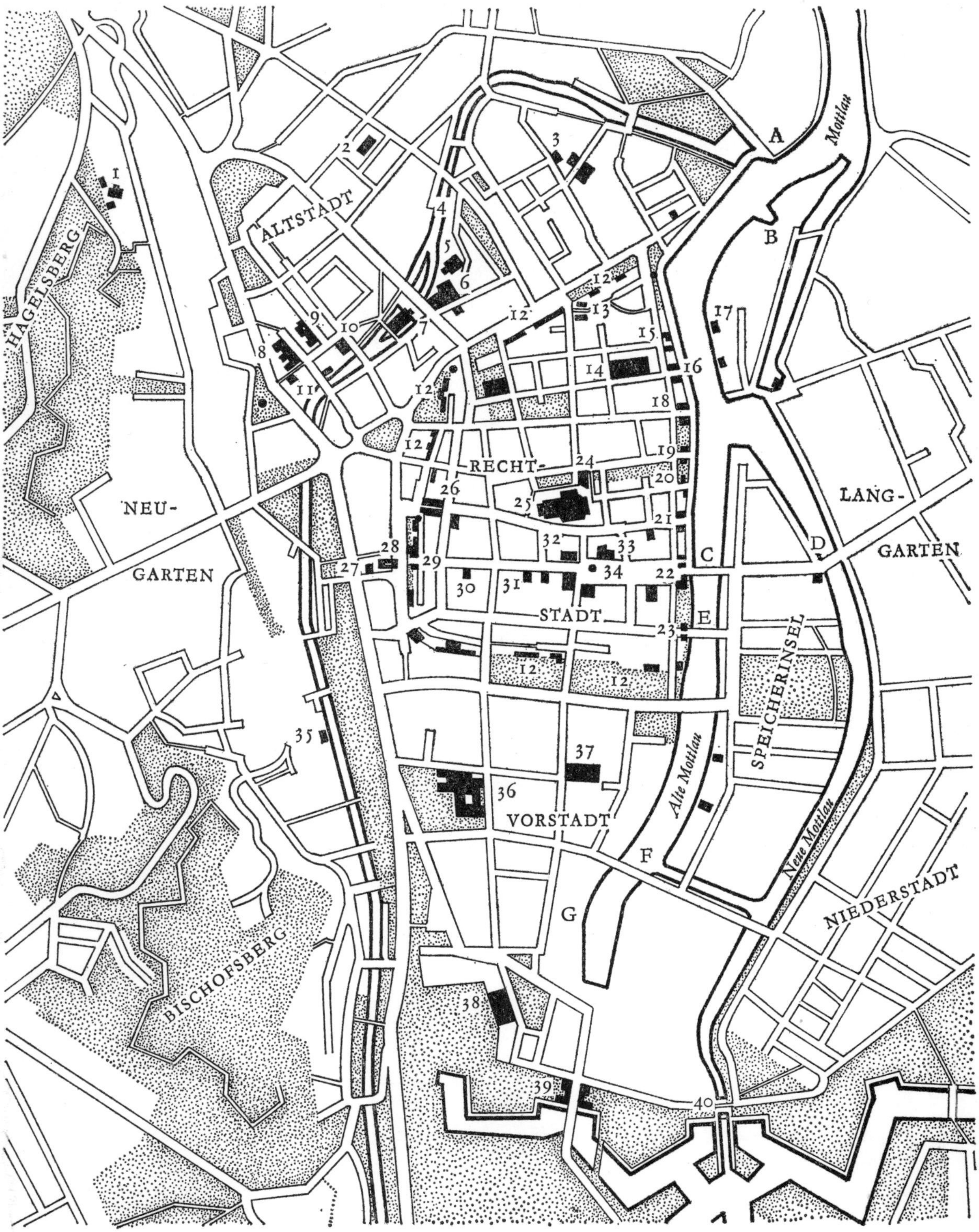
ALTSTADT
HAGELSBERG
NEU-
GARTEN
RECHT-
STADT
LANG-
GARTEN
Mottlau
Alte Mottlau
Neue Mottlau
SPEICHERINSEL
VORSTADT
NIEDERSTADT
BISCHOFSBERG
A
B
C
D
E
F
G

Das heutige Gdańsk mit den historischen Stätten des 14. bis 18. Jahrhunderts